许成钢文集①

探索的历程

许成钢 著

中信出版集团 | 北京

图书在版编目（CIP）数据

探索的历程 / 许成钢著. -- 北京：中信出版社，
2021.7 （2025.6 重印）
ISBN 978-7-5217-3037-1

Ⅰ. ①探… Ⅱ. ①许… Ⅲ. ①经济学—通俗读物 ②社
会科学—文集 Ⅳ. ①F0-49 ②C53

中国版本图书馆CIP数据核字（2021）第063969号

探索的历程

著　　者：许成钢
出版发行：中信出版集团股份有限公司
（北京市朝阳区东三环北路 27 号嘉铭中心　邮编　100020）
承 印 者：嘉业印刷（天津）有限公司

开　　本：787mm × 1092mm　1/16　　印　　张：23.25　　字　　数：345千字
版　　次：2021年7月第1版　　印　　次：2025年6月第6次印刷
书　　号：ISBN 978-7-5217-3037-1
定　　价：89.00元

服务热线：400-600-8099
投稿邮箱：author@citicpub.com

目录

第二篇

思想之路和师友

第四章 困惑与思考

第五章 通往科学：父母与师友

序言

编辑这卷文集的目的，是为了与经济学和经济学之外更广大的读者交流。我心里想到的读者，包括所有对社会科学、科学、社会问题感兴趣的读者，以及对“文革”时期的知青和对改革初期的留学生感兴趣的读者。虽然这本文集不完全专门针对经济学领域，我仍然希望经济学领域的同事，尤其是年轻同事和学生，发现其中的一些想法而有所启发，或者值得探讨争论。如果其中某些想法能起到抛砖引玉的作用，我自是乐不可支。

除了三篇文章（其中两篇是附录）原本是发表在学术出版物的科学论文外，这卷文集收录的所有文章，都曾在最近十几年发表在媒体上，是面向广大读者的，但是也包括两篇比较早的学术论文。其中最老的是四十几年前翻译的科学史－科学哲学的论文。之所以收录这篇论文，是因为它对我研究经济学和社会问题的影响很深。那种影响是思想方法上的，也可以说是哲学层面的。许多收入本卷的有关方法论问题的文章，都与其密切相关。

本卷的第一篇集中讨论经济学和社会科学的方法论。我的想法最集中地表达在 2002 年发表的《经济学、经济学家、经济学教育：五个“不相关性”理论基准》，以及 2020 年发表的《经济学理论的贫困：从博尔顿“货币主义的贫困”得到的启发》这两篇文章里。其中的核心问题是制度研究在社会科学中的位置。从亚当·斯密起，经济学被称为政治经济学（political economy），这本身就意味着制度问题是这门学科的核心问题。但是，从 19 世纪末马歇尔的《经济学原理》教科书出版以来，经济学（economics）取代政治经济学，其核心问题变成了资源配置。但是，制度问题从来没有完全离开经济学。以米塞斯和哈耶克为代表的奥地利学派，以及奥斯卡·兰格等主流经济学家，在 20 世纪三四十年代关于市场社会主义和资本主义的大辩论，就是其中一例。从教科书看，主流经济学理论似乎很少提及制度。但是，这并不意味着主流经济学理论完全忽略对制度的讨论，更不意味着面对现实经济问题，能够成功应用主流经济学解决问题的人们可以忽略制度。而且，应用经济学理论分析任何重要的实际问题，都不能靠套用教科书的模型解决问题（即便应用物理学和工程学，也不可能如此）。所谓的制度问题，往往涉及经济学理论模型的基本假设和基本条件。在应用教科书或者期刊中发表的原本没有讨论制度的理论讨论现实中的问题时，人们必须知道，在应用的时候，违反了那个理论中的什么条件。更重要的是，对制度的研究，在最近二十年来已经成为主流经济学的前沿领域。之所以经济学里深入研究制度的文献比例相对较小，最大的原因是困难。这包括概念和认识上的困难、理论上的困难、技术上的困难，以及数据上的困难。我希望这两篇文章能够帮助对社会科学有兴趣的读者在主流经济学与研究制度问题的经济学之间，搭建桥梁。鼓励有兴趣的学者，克服困难，获得突破。

除了制度问题这个主题外，这两篇文章也涉及科学哲学的纯方法论问题。我在这方面的讨论虽然简短，但都是长期思考的结果，深受我四十多年前理解的爱因斯坦的思想方法的影响。这与我早年系统自学物理学、物理学史和科学哲学密切相关。直接反映这部分内容的一篇文章，是在本书第二篇第五章中收录的《马赫、爱因斯坦和对实在的探索》一文，该文曾收录在我 70 年代后期翻译的杰拉尔德·霍尔顿（Gerald Holton）教授（哈佛大学科学史和科学哲学专家）关于爱因斯坦方法论的文集中。本书第二篇第五章中关于科斯的文章，其主要内容也是关于方法论的。

发表于 1993 年的《中国经济改革与现代微观经济学理论》一文，是一篇访谈，反映了我在获得博士学位后的早期参与中国经济改革时的想法。在那次访谈的前一年，我曾经作为世界银行的顾问，参与了上海的国企改革规划（上海市体改办及市政府相关部门）。那时，我同中国改革第一线的经济学领军人物吴敬琏有过很多深入讨论，从他那里学习到很多。我也同其他经济学家有过很多讨论，例如周小川、楼继伟、陈清泰、高尚全等，受益匪浅。当时，全世界几乎所有的社会主义经济都在转轨时期；我所在的伦敦经济学院的许多同事以及过去在哈佛的许多同学和老师，分别受各转轨国家政府邀请，或国际组织（包括世界银行、国际货币基金组织、联合国等机构）邀请，前往中东欧和苏联国家，为改革提供咨询援助。这篇文章在相当大程度上，反映了那个时代许多主流经济学者看待相关问题的角度。今天的认识比那时更清楚，在制度方面更深刻。但这篇文章既真实反映了我当时的认识水平，也在一定程度上反映了当时国内改革中讨论的问题的性质。

第一篇第二章收录了三篇关于制度经济学方面的文章。其中，《新制度经济学的过去和未来》一文，从历史发展的角度和主流经济学的角度，概述了新制度经济学的由来和发展趋势。当初写作此文的目的不仅是为了说明什么是新制度经济学，更是为了说明这个经济学分支实际已经融入主流经济学。只是由于这个分支面对的问题更复杂，因此更困难，人数相对较少。但是制度问题的重要性和未开发的程度决定了在这个领域做出重大成果的机会更高。

《资本主义和社会主义：评科尔奈的〈动态变化、竞争和过剩经济〉》一文，是应《经济学文献期刊》（JEL，美国经济学会的会刊）之邀，为科尔奈的著作《动态变化、竞争和过剩经济》写的长篇评论。科尔奈是新制度经济学中，国际公认的唯一专门研究社会主义制度，以及从对比社会主义的角度研究资本主义制度的领军人物。我个人的看法是，在制度问题里，最大的制度问题就是资本主义和社会主义制度的问题。无论从理论上还是在实际政策中，这都是影响最大的问题。而这本著作是科尔奈一生研究社会主义与资本主义的总结性大著作的简写版，也很可能会是他一生出版的最后一本著作（2013 年出版）。这本书最突出的要点是，分析资本主义和社会主义的最大差别之一：创新能力（动态能力）之间的天壤之别。我在这篇文章里，尽我所能，从主流经济学和经济学思想史的角度，概要论述科尔奈关于两个基本制度的基本思想。同时，这篇文章也结合 21 世纪以来的重大现象，尤其是创新和中国现象，做了评论。对这篇文章感兴趣的读者，可以把收录在第二篇中的关于科尔奈的另外几篇文章作为背景。反之亦然。

第一篇的第三章收录了几篇最近几年我对刚获得诺贝尔奖的经济学工作的评论。每一篇都是在宣布诺奖之后的几天内写的。每篇都多少与自己的朋友或者同学相关。与 2018 年诺贝尔奖密切相关的朋友是魏茨曼教授。收录在第二篇中的《一个天才的陨落：怀念马丁·魏茨曼》与这篇高度互补。2019 年的三位诺贝尔奖得主中有两位是我的同学。因此，财新峰会安排了我与班纳吉的视频对话。这里收入的是对话的记录，以及我对相关问题的讨论，主要集中在方法论上。这篇文章与专门讨论方法论的《经济学理论的贫困：从博尔顿“货币主义的贫困”得到的启发》那篇互补。而关于2020年诺贝尔奖得主米尔格罗姆的《从理论到实际：我所认识的米尔格罗姆》一文，则涉及从制度设计理论角度研究制度的新制度经济学的内容，与《新制度经济学的过去和未来》一文互补。

第二篇收录的是关于我自己学术探讨的经历以及在我形成系统学术思想上起到重要影响的师长的文章。前几篇文章概要反映了我试图探索社会问题的经历和过程。我对制度问题的兴趣产生于“文化大革命”期间。1967年，作为清华附中初中二年级的少年，我在那场“史无前例”的“无产阶级文化大革命”之初，从目睹、亲自经历的大量无法理解的社会现象中，产生了强烈的要寻找其制度根源的兴趣。为探索这类问题，我在1967年底，主动离开北京去了黑龙江农村。之后在北大荒的10年间，我始终尽一切可能自学、观察和寻找答案，但不幸因言获罪。这个过程坎坷曲折，但是为我后来深入分析制度奠定了基础。第二篇的前几篇文章，概述了这段经历。

在形成基本的人生观和学术观的过程中，我的父母对我有深刻的影响。在学术上，他们如同我的老师、同学和同事（这是在我十几岁时父亲给我的信里的说法）。特别是在初中二年级之后，在进入清华大学研究生院之前，我完全依靠自学。而自学的绝大部分内容都集中在独立探索和研究上，与考试等毫无关系。这些当然离不开父母的影响和支持。在他们一生最后的十几年从事《民主的历史》遗著的过程中，我们成了研究相关问题的同事，其间有大量的讨论。我最近10年来研究中国制度的历史根源和宪政，从精神上和学术上，都是他们工作的延续。此卷收录的几篇关于父母的文章，叙述了我所理解的他们的学术观点、对学术的基本态度，以及这些对我走上科学探索道路的影响。

《民主在中国的常识与误解：评许良英、王来棣的〈民主的历史〉》一文，原本是我为父母的遗著《民主的历史》所写的出版说明。之所以收录在这里，一方面是因为这篇文章尽我所能地系统概要了父母在民主的理论和历史方面长达几十年的探讨；另一方面，也是因为这部分工作对我的影响特别大。我最近十几年的工作，尤其是现在正在做的工作（多数尚未发表），很大程度上是他们这部分工作的继续。

在科学方法论方面，对我影响最大的是在“文革”刚结束的 1977 年，参加每周一次的爱因斯坦研讨会。那时我刚从农村回到北京。研讨会是在父亲的办公室里举办的。在本书第一篇中的第一篇文章，讨论了“五个‘不相关性’理论基准”，以及在《经济学理论的贫困：从博尔顿“货币主义的贫困”得到的启发》这篇文章里讲到的方法论问题，尤其是与物理学的方法论相关的部分，都反映了那一系列研讨会对我的深远影响。在参加爱因斯坦研讨会时，我参与翻译并且报告和讨论过霍尔顿教授关于爱因斯坦的方法论的科学哲学和科学史论文（我们翻译出版了一本文集）。霍尔顿教授是国际上最重要的研究爱因斯坦的科学哲学家和科学史家。他的这篇文章在科学哲学和方法论上对我有很大影响，因此我将这篇文章也收录在本书中。

接下来是三篇关于科尔奈的文章。我在哈佛的博士论文导师包括科尔奈和马斯金，他们两人对我的影响都很大。我还与马斯金有过长期合作，发表过两篇合作的论文。之所以这里只收录关于科尔奈的文章，一是因为科尔奈在中国改革早期的重大影响和中国读者对他更熟悉；二是因为他对我在研究制度的基本问题上有更多的影响。其中，《科尔奈的学术贡献和影响》一文，是 2017 年为祝贺他的九十大寿的访谈。《思想的历程：我所知道的科尔奈》和《科尔奈：我的老师、导师、密友和父辈》两篇文章是在国内出版科尔奈自传《思想的力量》中文版时发表的。这篇文章从我的角度看科尔奈的生平和成就，记述了我作为他的学生、同事、朋友和晚辈，与他几十年交往的经历。

《一个天才的陨落：怀念马丁·魏茨曼》一文，是为纪念我的老师、合作者和亲密的朋友马丁·魏茨曼。马丁在世时，曾经是西方最杰出的研究苏联经济、苏联制度的理论经济学家，后来又成为最杰出的理论环境经济学家。学界普遍认为他应该获得诺贝尔奖。所有了解哈耶克—兰格关于社会主义大辩论的人都知道，社会主义经济面临的最大问题，就是国有产权带来的极其困难的激励机制问题。作为最杰出的研究苏联经济的理论经济学家，魏茨曼是激励机制理论的先驱。他在激励机制方面的理论独立于如今成为主流的机制设计理论与合同理论。他的相关理论不仅深入讨论了苏联经济和改革中的实际问题，而且在理论上开创了新的道路。这些理论发表在 1976 年，是激励机制方面最早的理论之一。可惜他的理论太过超前，能跟上他的人寥寥无几。

作为纪念他的附录，收录了我们合作的关于乡镇企业的文章《中国的乡镇企业：模糊界定的合作制》。这篇文章是首次清楚地指出“中国经济改革产生的许多重要现象对经济学本身提出了挑战”的经济学文献。而且，我们提出“合作”与“不合作”这些行为因素（我们在文章里称此为“文化”），试图以此解释地区发展中的差异。但是，当时无论“行为经济学”还是“文化”都没有成为主要成分进入主流经济学。因此，很多人对我们引入行为因素颇有争议。27 年后重读这篇文章，最大的遗憾是，我没能继续深入做这方面的工作。中国不同地区（大到省，小到县甚至镇）之间民营企业发展模式差距巨大，而且往往都有悠久的历史轨迹可以追溯。例如，改革开放前非常贫困的温州地区，早在宋代就有活跃的出海贸易活动。在不同地区的历史中长期积累产生的称为“文化”或“行为”的因素，深刻影响了当地民营企业的发展，值得人们深入探讨。但是另一方面，我必须承认，当年写这篇文章时，我对产权的认识很肤浅。与经济学的主流一致，我的眼光完全局限于效率方面。如果今天面对同样的现象做分析，我不会局限在效率问题上。

关于科斯的那篇文章，原文是在纪念他百岁大寿的视频会上的演讲。我是在伦敦经济学院（科斯的母校，也是他获得诺贝尔奖的论文之一的产生地）教书时，对科斯的工作才有了深入的了解。后来我也在会议上见到过他，听过他的演讲。我与他个人的接触，是在他九十多岁时，两次参加他亲自组织的关于中国经济的小型研讨会。每次研讨会都持续一周，在芝加哥大学举办。最后一次见到科斯，是在他去世前不久，在纽约州立大学参加他获得荣誉博士学位的典礼和研讨会。我从来都对方法论问题感兴趣。对科斯这位非常特殊的理论经济学家，我思考他的方法论历时已久。因此，在祝贺他的百岁寿辰时，我借机整理了我的相关思考。据视频会时在科斯身边的王宁博士说，科斯对我提到的他的科学探索与爱因斯坦的科学探索的相似性，感到欣慰和新奇。因为他过去不知道爱因斯坦的科学探索高度依赖直觉的特点。关心方法论的读者，可以把这篇文章与我其他关于方法论的文章放在一起读。

《不做容易的事：追忆詹姆斯·莫里斯》，是为悼念他去世而作。作为在激励机制理论方面最早获得诺贝尔奖的人之一，所有读过经济学教科书的人都知道他的基本贡献。我希望这篇文章，从个人的角度，让读者看到一个伟大学者的更多方面。这既是纪念他，也是为了更多人能学习他，尤其在学风方面，他是我们的榜样。学术界过强的名利激励机制、以发表数字论英雄，严重损坏学术环境，甚至损坏学风。我们需要知道，良好的学风、学术的诚实，不仅是品格，而且本身就是学术探索的动力所在，是学术探索最终有所得的基础。

本书最后一篇文章《麦克法夸尔："文革"起源的探索者》是为了纪念"文革"研究的权威，史学家、政治学家麦克法夸尔。在编写本书的目录时，我曾经犹豫将此文编在什么地方，原因是我曾经考虑把它放在第二篇第四章里。那里的文章，大都有关"文革"。麦克法夸尔的一生都与"文革"有关。我的一生也都与"文革"有关，这是我们最相近的地方。当然，他是"文革"研究的最知名权威，而我至今还没有发表过关于"文革"的主要著作。但是，我决定探讨社会问题是始于"文革"的刺激。实际上，我一生从事社会科学，从研究的动机到研究的问题，都离不开"文革"。我现正在分析产生"文革"的制度、"文革"对中国制度的影响，以及这个制度的起源，希望在两年内贡献给读者。现在收录这篇文章，不仅是表达对麦克法夸尔教授的纪念，也希望启发更多读者对研究"文革"产生兴趣。

我衷心感谢史颖波在编辑这本文集中付出的巨大努力。感谢银观的慷慨资助。特别感谢吴敬琏教授和他主编的《比较》二十多年来对我的帮助。也非常感谢《比较》的执行主编肖梦和吴素萍的长期合作和帮助。

这本文集献给我的妻子郭迪。为了她给我的爱、无限的支持和精神的启发。

2021 年 1 月 18 日于伦敦

第一篇

经济学和科学

第一章

方法论

经济学、经济学家、经济学教育：五个“不相关性”理论基准

经济学家需要具备的能力

如何培养最好的经济学研究人员？具备哪些标准和条件才能成为一个好的经济学家？怎样才能在应用经济学或经济学上做出贡献？这些问题近来常常被提及。我以为，一个好的经济学家最重要的是要具备三方面能力：观察能力、分析能力和创造能力。

一是观察能力。很自然地，这是指经济学家要有能力在现实中观察出重大问题，特别是规律性和决定性的问题。这包括现在正在发生的问题，也包括历史问题。人们是否能够发现和解释历

* 本文发表于《比较》第1辑，2002年7月。本文提到的五个理论基准在读者中引起广泛关注，并被大量单独摘录转载。2016年当代经济学基金会将首届中国经济学奖颁给许成钢和钱颖一，吴敬琏先生在颁奖贺词中提到本文，并肯定了五个“不相关性”的理论基准：“他把阿罗－德布鲁的一般均衡模型、莫迪格利亚尼－米勒定理、科斯定理、卢卡斯关于货币中性的理论、贝克尔－施蒂格勒关于最优阻吓司法制度的理论等五个‘不相关性’理论称作研究制度问题最重要的基准理论，并且逐一论述了它们对于制度研究的意义，澄清了在中国常见的误解。例如，阿罗－德布鲁的一般均衡模型，就是一个在市场完备、不存在信息不对称等严格假设条件下建立起来的理论模型。换句话说，只有在阿罗－德布鲁的假设条件下，才能实现具有帕累托效率的均衡。以此为基准，就能导出对计划经济与市场经济差别的制度性解释。”——编者注

** 本文根据就教于伦敦经济学院和清华大学经济管理学院经济系的许成钢教授，在2002年4月28日清华大学经济管理学院召开的讨论会发言和会后采访整理修改而成。编者感谢时任《财经》杂志主编胡舒立和记者叶伟强提供的记录稿。——原刊注

*** 作者感谢李稻葵、黄海洲对发言的修改意见。书中未标明出处的注释，均为作者所加。

史问题，直接关系到是否有能力解释现在。如果没能力解释历史，往往也没能力解释现在。现实问题总是非常复杂的。从学术上说，如何找出现实或历史中最重要的问题，提出一个解释，这是很大的挑战。面对这样的挑战，学者与非学者是如何区分的？什么是经济学者心里特别重要的东西？一个区分的标准就是看他们心里有没有一个理论的基准（benchmark）。

好的经济学家要能在观察现实的时候发现问题，寻找到疑问，也就是说有洞察力。好的社会科学家一定要有能力找到问题。提出一个好的问题相当于解决了问题的一半。所谓的问题即是疑问。比如，看到的现象有没有规律，能不能解释。如果没有规律，那就谈不上是经济学问题；如果这个规律能够被已有的道理解释，也谈不上是问题。观察到某个现象并且能发现里面有什么样的问题，这在很大程度上取决于学者心里存在的理论基准。一个经济学者能抓到什么样的问题，基本上决定了他是什么样的经济学家。重要的经济学家抓到的是重要的问题。有理论素养的经济学家和非经济学家的差别，在于脑子里有没有这个基准。

经济学教育中大量的内容是机械的。问题在于怎么培养人的观察能力。这是教育中的重要问题。在观察能力中，有一部分是可以培养的，有一部分是不能培养的。从经济学教育的角度，我们现在只讨论可以培养的部分。要培养出观察能力，核心是脑子里要有对经济学基准的透彻理解。

当一个好的学者吃透了经济学理论中提供的基准，这个基准就能帮助他判断什么地方是有疑问的，什么地方并不是疑问。讲得更通俗点，可以比喻为结晶。基准就相当于一种结晶的基本结构。它是反映现实的一种理想的、简化的结构。脑子里有这样一个结构，在观察现实的时候，就能依据它来判断什么问题是原有的基准解释得了的，什么是解释不了的。解释不了的问题就可能成为好的问题。这就是好的经济学家要做的事情。

历史上一个重要的例子是人们很熟悉的科斯定理。它是科斯暑期在美国打工时发现的。他观察到一个重要现象，认为经济学的理论不能解释这个现象。他在伦敦经济学院念本科的时候，学到经济学的一些基本知识，形成了他头脑中的基准。经济学告诉他，市场在理想竞争状态下是最有效率的。在理想竞争状态下，企业应该是无限小的，经济行为是由市场价格协调的。可是，科斯观察到，在通用汽车公司，大量的交易不是在市场上完成的，不是靠市场价格机制协调和运转的，而是在企业内部协调的，是上下级调动的关系。什么是企业的边界？是什么决定了什么应当在市场上交易，什么不能在市场上交易？当时学到的经济学不可能给他好的结论。科斯虽然只是本科生，但他脑子里有这样一个经济学理论的结晶，这就相当于阿罗－德布鲁[①]的一般均衡理论里厂商理论[②]的基准。没有这个基准，就没有后来的发展。头脑里没有好的基准，就很难发现问题。

一个好的基准一定是抽象的、简单的。所以，当我们讨论经济学的限制和经济学的指导能力时，绝不应该只由于某个理论有“不符合实际”的假设，就断言它是不真实的、不适用的。实际上，往往正因为好的理论做了好的重要假设，才给了我们重要的分析力量。

二是分析能力。分析能力大体上分为两大类：一是理论的，其中包括数学类型的分析能力和使用自然语言的分析能力；二是实证的，其中包括案例（收集材料）分析和数学统计分析。经济学大部分使用数学统计方面的分析工具，虽然用非数学工具分析并非不可。

为什么现代经济学发展的总趋势是运用数学工具呢？因为当人们不运用数学工具时，推理、分析的能力会受到很大的限制。只有当问题相对简单，或者一个人有用自然语言进行分析的天赋时，才有可能不用数学进行分析。当然，数学分析并不一定永远是最高超的。科斯在数学上一窍不通，高中数学考不过，但他有超凡的使用

① 阿罗－德布鲁（Arrow－Debreu）模型是以美国经济学家肯尼斯·阿罗（Kenneth Arrow，1921—2017）和数学家杰拉德·德布鲁（Gérard Debreu，1921—2004）的名字命名的。自20世纪50年代以来，阿罗－德布鲁模型一直是经济学一般均衡理论的核心部分。阿罗和另一位经济学家因为“对一般经济均衡理论和福利理论的开创性贡献”共同获得1972年诺贝尔经济学奖。德布鲁，著名数学家与经济学者，拥有法国与美国国籍。因为他“将新的分析方法纳入经济理论，并对一般均衡理论进行了严格的重新表述”获得1983年诺贝尔经济学奖。——编者注

② 厂商理论（Theory of the Firm），也称企业理论。——编者注

自然语言进行分析的能力。为什么今天的经济学主要使用数学分析能力，因为语言能力非常难以具备，使得只有少数天才方能达到深入。科斯是天才，马克思亦然。这样的人，不使用数学工具，用哲学性方法思索便能把问题想透。但是，只有天才而且碰到的问题相对简单，才有可能不使用数学工具。如果要求学生都有科斯这样的分析能力，可能一千个学生最多只能出一个经济学家。

在讨论到经济学家的培养时，运用数学工具进行分析的能力是可以培养的。如果是实证工作，除收集数据、案例之外，往往不可避免地要进行数据处理，所以要有数学能力。这些因素加在一起，经济学需要有数学的帮助，需要进行微观、宏观、数理、计量等一系列基本训练，才能帮助学生掌握分析的手段。这些是当今成为经济学家的基本条件。但是，观察能力和分析能力要两者并重，必须要强调观察能力，而不能只强调数学，两者是互补的。

三是创造能力。将创造能力从观察能力和分析能力中独立出来并没有很好的道理，我这样表述只是为了更强调创造能力。前两者都要创造能力。因为只有具备创造能力，才能成为好的经济学家。创造力指有创造性的观察能力和创造性的分析能力。创造性的观察能力是提出疑问，找到现有经济学不能解释的主要规律。首先，有没有创造能力去观察，能否在观察中发现问题，发现基本的挑战。其次，有没有能力创造性地进行分析，是否有能力处理现有的分析工具没能处理的问题。德布鲁和纳什①其实是数学家，对经济问题并不十分熟悉，但对经济学有非常重要的贡献。经济学毕竟是一门巨大的学科，有众多分工。他们两人最重要的贡献是在分析上，为经济学家提供了非常重要的分析工具，有创造能力的经济学家可以运用他们的分析工具，进一步推动经济学的发展。

总的来说，创造能力是最难培养的，因为这往往是不能训练的。可以训练的一般是规则的、机械的。这也是为什么经济学中大

① 约翰·纳什（John Nash，1928—2015），美国数学家。他在 28 页的博士论文中提出了“纳什均衡”。他和另外两名经济学家因“在非合作博弈理论中均衡点的开拓性分析”共同获得 1994 年诺贝尔经济学奖。——编者注

量的训练是数学性的，以及应用数学解决问题。数学可以训练，但创造能力是没有系统的方法教授的。一般来说，创造能力不能训练，只能培养。而培养创造能力大部分靠环境熏陶，没有机械的办法。

经济学的不同教学方法

经济学如何培养和训练观察、分析及创造三方面的能力，西方国家不同的重要学校和教育制度的安排是不同的。为了看清楚问题，帮助理解，我们先看两个极端。

一个极端是传统的英国教育，是精英教育的典型，以牛津和剑桥为代表。美国的教育制度是从中衍生出来的，哈佛的制度起源于剑桥，耶鲁则效仿了剑桥。牛津和剑桥有好几百年的历史，其教育特点是培养天才。培养的方法是师傅带徒弟，很多人中偶尔会有天才产生。由于天才是不可训练的，而英国传统制度是培养天才，所以不侧重训练，而侧重创造一个环境，让天才脱颖而出。这一制度强调的是识别和创造天才的环境。

英国教育的传统是一种宽松和充满闲情逸致的学术环境，每天有不同学科的学者共同喝茶、喝酒的时间。识别的方式不是考试，而是看人有没有能力和别人辩论，表达出新意。谁来评判？委员会。这是一个长期的历史演变过程。例如，牛顿出名之前，当时物理还不是科学，而属于哲学。当时，在剑桥三一学院中，他很难说服年资者关于他通过光学实验得到的对光的认识。

他们用古希腊的哲学与牛顿辩论，用哲学上对光学的认识驳回牛顿的实验结果。但是，实验的结果怎能用哲学驳回呢？当时学者没有科学的头脑，不懂得科学最终的标准是实验，而不是古希腊传统的辩论！虽然微积分是牛顿发明的，是牛顿的重要贡献，但那基本是从他的直觉中产生的，而不是从数学推导出来的（莱布尼茨给出了数学推导）。这些重要的贡献跟英国的教育制度有关，跟英国培养观察能力和把握事情的基本规律的能力有关。在这之下是导师制，没有系统课程，不强调训练。其优点是，因为特别强调环境，所以特别能识别天才，也产生了许多天才，如牛顿、凯恩斯都出自剑桥。历史上，英国在自然科学和社会科学中对人类都有极其重要的贡献。原因与此传统密切相关。其缺点是，学生的质量很不稳定，学生之间的差别很大，天才在此制度下可以快速成长，但由于大部分人不是天才，如果没有训练，水平就会很差，天才与非天才之间会有巨大差距，很多毕业生的素质并不好。

另一个极端是法国的教育方式，强调系统训练，在拿破仑时期推广到全法国甚至全欧大陆。拿破仑本人是炮兵学校毕业的，是很不错的应用数学家，可以根据具体的地点和环境在很短的时间内计算炮弹的弹道曲线和距离等。他很崇拜数学能力，仗打到哪里，就在哪里建起理工大学，也就是 polytechnic。所以，和英国传统教育制度比较，法国不是寻找天才。它并非不要天才，而是寻找的方式完全不同，法国式的理工大学也是培养精英的制度。其数学训练非常强，给学生进行非常大规模的数学训练，用很严格的考试淘汰的办法寻找最强者。强调训练，可以产生大批训练有素的人，这批人都有很强的技术能力。从这些人中产生一些人从事经济学。但这种训练方法使人们比较缺少观察能力和想象力。虽然受教育者可以有技术上的创造力，但与技术无关的创造力会有所欠缺。同任何科学相似，经济学的发展中很重要的是学者的直觉，而法国式的教育方式往往会缺少直觉。而且如果一个人在技术上缺乏能力，可能根本没有机会进入培养体系。比如科斯，在法国式的教育制度下，可能第一轮就被淘汰，不能生存。到底是淘汰制还是训练过程更容易扼杀天才呢？更大的可能是过早地被淘汰的方式。

当今学术上占优势的制度是美国顶尖学校经济系及欧洲个别经济系的教育制度，它介于两种极端之间：一方面侧重系统的数学、理论、方法论的训练，但也不单纯靠考试；另一方面也提供一系列的环境，刺激学生发展观察能力、创造能力和批评能力，而观察能力包括了非常关键的批评能力。批评，在这里并不是负面的意思，而是正面的意思。比如，发展任何一个新的东西，要到处开研讨会演讲，目的——或者说主要的目的——不是为了宣传、鼓吹自己的新观点、新东西。最主要的目的是要寻找批评。最好、最值得演讲的地方，是能找到最好的批评的地方。如果无人能批评，那么从做研究的角度来说，演讲往往就不是最成功的，不是最有效率的。在学术界，别人对自己有否帮助也取决于他能否提出好的批评。这是西方学术界的传统，与中国的历史传统不太一样。批评能力也是观察能力，观察到什么是有疑问的，不能自圆其说的。总之，欧美最好的学术机构强调系统训练，同时也提供环境刺激。

所以我们可以非常清楚地看到，英美体制下产生的经济学家和法国体制下产生的经济学家，一方有想象力，另一方有技术能力。眼下在世界上占优势的、最流行的培养经济学家的方式主要集中在美国的经济系，个别的在欧洲的经济系。它们把两种极端组合在一起，对研究生进行数学、统计学、微观经济学理论、宏观经济学理论、计量经济学理论以及实证方面的系统训练，还要加上历史和现实经济政策的混合训练。然后，创造环境，即用各种各样的研讨会刺激学生，增强其观察能力和想象力。

中国经济学教育的问题

对中国的教学怎么培养研究生，我套用一个词概括，即“眼高手低”。眼高，即目标和眼界要高，盯住世界上最好的学校，要培养出最好的经济学家，能找到最重要的经济学问题，发现最重要的挑战，鼓励我们的研究生能独立观察，有批判和创造的能力，要发现大才。手低，就是要从做得到的事情做起，尤其是培养学生。什么是做得到的？这需要认真讨论。简单地说，中国现有的高考制度严格筛选出来的学生是非常棒的。高等院校，尤其是国内最强的那些院校，比如北大、南开、复旦、清华等，其学生的背景和接受的训练可能很接近法国制度。学习法国的训练方式实际上是有好处的，比较容易做到。这就相当于中国的经济改革是渐进式的，这一步应该可以做到，至少可以训练。给定中国特点之下的另一条件：经济学仍很落伍，怎么赶超、培养？中国经济学教育应该更侧重严格的数理训练，培养出一支整齐的队伍。所有的条件相加，目前阶段最容易做到的是偏向法国式的强调训练，特别是数学和统计学。

因为中国在这方面有足够好的数学家和统计学家。当然，我们眼还要高，不应限于这些，还要把目标放在培养出有观察能力的经济学家上。

经济学的五个“不相关性”理论基准

我把经济学中关于制度的最重要内容概要为五个“不相关性”的理论基准。这只是我个人的见解，不一定所有的经济学家都同意我的全部说法。但是，我表达的精神是很多经济学家广泛共有的。

如前所述，成为一个具有好的观察能力、分析能力和创造能力的经济学家，核心的必要条件是要非常清楚地把握经济学的理论基准。经济学最重要的关于制度的内容有如下五个基准：1. 阿罗－德布鲁的一般均衡模型（Arrow－Debreu Model）；2. 莫迪格利亚尼－米勒定理（Modigliani－Miller Theorem，简称 MM 定理）[①]；3. 科斯定理（Coase Theorem）[②]；4. 卢卡斯关于货币中性的理论[③]；5. 贝克

① 莫迪格利亚尼－米勒定理，由经济学家弗兰科·莫迪格利亚尼（Franco Modigliani，1918—2003）和默顿·米勒（Merton Miller，1923—2000）提出，它是现代资本结构理论的基础。该定理认为，在不考虑税收、破产成本、信息不对称并且假设市场有效的情况下，企业价值不会因为企业融资方式的改变而改变。即不论公司选择发行股票、债券，或是采用不同的股息政策，都不会影响企业价值。因此该定理也被称为资本结构无关定理。莫迪格利亚尼是意大利裔美国籍经济学家，因“对储蓄和金融市场的开创性分析”而获得 1985 年诺贝尔经济学奖。米勒是美国经济学家，因“对公司金融理论的基础性贡献”与另外两名经济学家共同获得 1990 年诺贝尔经济学奖。——编者注

② 罗纳德·科斯（Ronald Harry Coase，1910—2013）在 20 世纪 60 年代的论文中提出这一观点，被后人称为科斯定理。其核心思想是交易成本。对该定理的一般解释是：只要交易成本等于零，产权的初始分配并不影响效率。因“发现并澄清了交易成本和产权对制度结构和经济运行的重要性”，科斯获得 1991 年诺贝尔经济学奖。——编者注

③ 货币中性是指货币存量的变化只影响经济中的名义变量，如价格、工资和汇率，而不影响实际变量，如就业、实际 GDP 和实际消费。这意味着中央银行不会通过创造货币来影响实体经济，例如工作岗位数量、实际 GDP 规模、实际投资额。相反，货币供应量的增加会被物价和工资的成比例上涨抵消。罗伯特·卢卡斯（Robert E. Lucas）因“发展和应用理性预期假设，从而改变了宏观经济分析，并且加深了我们对经济政策的理解”获得 1995 年诺贝尔经济学奖。——编者注

尔－施蒂格勒关于最优阻吓司法制度的理论（Becker－Stigler Model，简称 BS 模型）[①]（这是我的见解，我认为这是一个认识司法制度的理论基准）。把这五个基准弄懂之后，经济学的精华大体就把握住了。这五个基准的共同点是“不相关性”（irrelevant），即每一个理论都是关于某种制度的不相关性。当然，把经济学概述成五个“不相关性”的基准是我个人的见解。

第一个理论基准，阿罗－德布鲁的一般均衡模型。这个理论意味着经济体制同经济效益不相关。这个理论讨论市场经济时有非常重要的基本条件：一是市场完备；二是不存在不对称信息。在以上条件下才有这个不相关性。这实际上已经远超出一般均衡自身的内容了。在经济学文献中，虽然阿罗和德布鲁自己并没有讨论过计划经济，但文献中有在阿罗－德布鲁条件下分析计划经济的内容，结论是在阿罗－德布鲁条件下，计划经济同市场经济的结果是一样的。阿罗－德布鲁的两个基本社会福利定理已经包含这层含义。实际上，一般均衡和帕累托最优的相互关系并不是单纯技术上的结果。它们说的是经济制度同效益不相关。即在阿罗－德布鲁的条件下，帕累托最优结果并不一定必须用市场经济，用别的体制也可以达到。证明这一点需要的技术条件，对于计划经济同对市场经济是相同的。阿罗－德布鲁一般均衡模型是新古典经济学方法的典范，虽然这个定理的假定和现实并不正好是一回事，但它提供了一个基准，人们可以在此基础上进一步分析和认识。一个非常重要的认识是：任何解释计划经济同市场经济基本差别的理论一定要超出阿罗－德布鲁模型的范围。

第二个理论基准，莫迪格利亚尼－米勒（MM）定理。这个定理要表达的是，金融工具同效益不相关。公司不论用发债还是发股

---

① 贝克尔－施蒂格勒模型：法庭以外的执法制度同效益不相关。该模型由加里·贝克尔（Gary Becker，1930—2014）和乔治·施蒂格勒（George Stigler，1911—1991）联合提出。贝克尔是美国著名经济学家与社会学家，因“将微观经济分析的领域扩展到人类行为和相互作用的广泛领域，包括非市场行为”获得 1992 年诺贝尔经济学奖。施蒂格勒是美国经济学家，因“对产业结构、市场运作和公共监管因果关系的开创性研究”获得 1982 年诺贝尔经济学奖。——编者注

票的方式融资，从利润的角度看其结果是一样的。MM 定理设定的基本假设条件是——厂商与投资者间没有不对称信息；股息与资本所得都不缴税；买卖证券是无成本的。MM 定理为人们认识金融工具、金融体制提供了理论基准。当金融工具同利润不相关时，金融体制同效益也不相关。为了认识为什么现实中不同的金融工具收益不一样，以 MM 定理为指导，就要寻找现实中是什么违反了这一定理的假设条件。MM 定理的重要性远超出公司金融的范围。实际上，货币本身也是一种金融工具，因此它同时指导我们认识货币的功能。

第三个理论基准，科斯定理。这是指导我们认识产权功能的理论基准。它的结论是：只要交易费用趋近于零，法定产权的最初分配方式同效率无关。科斯定理说，只要定义好所有制，无论它是国有或非国有，谁拥有财产与效益并不相关。在现实中，产权的所有制是同效益有关的。科斯定理的力量在于，它指导了我们寻找答案的路：什么重要的现实因素违反了科斯定理的前提，使得产权与效益相关。

第四个理论基准，卢卡斯的货币中性理论。这是经济学中最重要的理论基准之一。货币中性从狭义的角度看，意味着从长远来说货币政策同经济效益、经济增长无关。从广义看，它意味着金融工具、金融体制同经济效益、经济增长不相关。这是从理性预期模型中推导出的重要结论。实际上，预期理论的假设同阿罗－德布鲁模型是相似的，而阿罗－德布鲁模型中根本就没有货币。卢卡斯模型为理解货币及金融体制提供了重要的理论基准。至今经济学家还在为理解货币与金融体制努力奋斗。有了这个理论基准，人们知道，在现实中货币的功能以及金融体制的功能一定有什么地方违反了卢卡斯模型的基本条件，寻找这个条件就是指导人们寻找理论突破的道路。

第五个理论基准，贝克尔－施蒂格勒模型。这个模型指导我们认识司法制度。该模型的基本推断是：除法庭以外的执法体制同效率不相关。该理论的直接结论是，一个好的司法体系只要有法庭执法就足够了，寻找其他执法方式没有意义。前提是法律要把什么是违法定义清楚，把对违法者的惩罚设计为最优。在这种最优法律下，假定所有人都是理性的，都懂得最优法律的惩罚，都会推理，对违法所得的好处和可能的坏处比较清楚。最优法律制定得有最优的阻吓力，使违法对所有人都是坏处大于好处，结果这个社会中人们就不违法。只要制定的法律是最优的，而且是由独立的法庭执行，就不存在其他更好的方式。也就是说，执法体制同执法的效率不相关。但是在现实中，在最有法治传统的国家，也有同法院并行的其他执法形式，比如监管。为了认识它们，我们要寻找贝克尔－施蒂格勒模型的哪些基本条件在现实中被违反了，这就是基准的力量。

按照我的见解，经济学结晶的内容就是这五个基准。它们以"不相关性"的形式提供了理论基准来指导我们认识现实中最重要和最相关的社会、经济、法律制度。

不熟悉经济学的人可能会对这五个理论基准产生两种极端误解：第一，误认为理论可以为现实提供解决问题的现成答案。但是，事实上这些关于"不相关性"的理论并不能提供现成答案。所有这些理论中说的"不相关性"在现实中都是特别相关的，甚至是最相关的。理论的作用是指导性的，理论不是提供现成的答案，简单照搬理论到实际，绝大多数情况都会失败。第二，认为经济学理论完全不现实，或认为理论是依赖假设的，而那些假设根本就是不现实的。实际上，好的假设是理论分析的力量所在，不是弱点。因为依赖这些理论基准才能帮助我们判定在碰到问题时从什么地方入手。比如看到经济体制问题时，阿罗－德布鲁模型告诉你经济体制不相关，它就帮助我们寻找在阿罗－德布鲁模型之外，是什么东西影响经济绩效，比如合同是否不完备，是否有不对称信息。为了研究为何产权的所有制与效益是相关的，我们要寻找是什么东西违反了科斯定理的条件。这就是理论基准的力量，理论教给人们的主要就是这些。在观察能力中，能够训练的部分主要就在于理论基准，有了"基准"，就知道寻找问题的方向，这就是理论给我们的帮助。

经济学的普遍性和特殊性

人们普遍关注经济学在中国如何发展的问题，即经济学的普遍性和中国经济的特殊性的关系。这里有两个极端的看法都是不利的。一个极端是完全忽略中国的特殊性，认为经济学是普遍适用的，可以到处照搬。这是对经济学的误解。经济学寻找的是普遍规律。作为理论，一定是抽象的。“抽象”意味着理论必须要离开许许多多经济现象的细节。一个普遍的道理只是给人们提供想问题的方式和思路。所以经济学是为重大问题提供线索的，而无法对所有具体问题提供现成的答案。另一极端是认为中国是特殊的，所以经济学没有办法应用于中国的特殊情况。但如上所述，经济学提供的是思路，尤其是提供理论基准，用基准帮助分析。

从普遍性和特殊性结合在一起的角度看，作为一个经济学家，什么样的工作是好的工作？大体上有两大重要标准：如果是政策性工作，那么标准是对政策是否有帮助。学术标准则是有无能力解释有疑问的规律性现象。从学术上讲，标准是在解释中国的现象时，能否给经济学自身带来什么贡献。好的经济学研究，不仅限于研究中国的事情，而是要通过解释中国的事情，帮助世界上的经济学家理解新的东西。这是对经济学的贡献。换言之，通过解决特殊的问题，找到普遍解，这是很高的标准。中国是特殊现象，要在这里找到普遍内容，上升到经济学，反过来发展经济学。这是很重要的。

普遍性与特殊性的另一个问题是跨学科研究。例如，经济学与法学。经济学与法学看上去是根本不同的学科，但在实际的社会问题和经济问题上，两者从来就不是分立的。比如在经济学中，古典经济学只讨论完全竞争市场怎么运行得好，从来不讨论完全竞争背后的社会条件是什么。实际上，完全竞争背后的社会条件是所有的合同都能执行，所有分配好的产权都能受到保护。这些都是古典经济学的基本假设，也是古典经济学能使经济学和其他学科分开的重要假设（条件）。当面对市场以外的经济问题，特别是发展中国家或转轨经济时，即从一种经济体制向另外一种体制转变的转轨经济时，这些假设条件并不成立，古典经济学提供的所有结论就都变了。再比如说法学，为了定义清楚，往往把经济问题剥离，假定经济上的东西都能完美地自我运转，从而收窄讨论的范围，只关注与法律相关的问题。这是经济学与法学通常分开的历史情况。现在我们有了新的学科，即法和经济学，帮助两者结合在一起。

经济学有好多领域，由此产生了细分化与经济问题的整体性之间的矛盾。现代经济学的细分化趋势增强，这同进入经济学的人数增多相关。人越多就会有越来越多的分工，细分化对学科的发展往往是有好处的，但同时人们必须认识到这是有代价的。代价就在于领域的细分化本来只是为了讨论问题的方便，是人为的划分，而现实世界不是这样人为分开的。许多重大的经济和社会问题，原本是不便分开的。于是细分可能带来很不好的后果。例如微观经济学与宏观经济学的分开，但现实不是按照教科书把宏观和微观分开的。最典型的例子是货币制度。在经济学的分工里，讨论货币的叫作宏观，但制度是属于微观的。那么到底金融制度是属于宏观还是微观呢？如果一个学术领域很窄，所有人只关注各自的狭窄领域，所谓微观的只知微观，宏观的只知宏观，那就没有人能弄懂货币和金融制度。

事实上，经济学家对货币的功能是什么至今仍然没有很好地理解。经济学家至今还在寻找货币功能和它之所以存在的道理。由此自然可以想象，如果对什么是货币都没有好的理解，那就不可能理解什么是好的货币政策，什么是好的金融体系。传统上，货币被理解为交换媒介，记账的媒介，这是古老的解释。但用这样古老的理解解释今天的货币就无法区分古代货币和今天的货币。任何对货币的好的理解要能解释今天的货币和古代货币的重要区别。从今天看，货币的核心功能是帮助解决整个经济的“广义流动资金”问题，这是决定现代经济能否正常运转的一个基本要素。由此可引出对货币政策的理解。货币政策就是试图调整货币供给以影响整个经济中的流动性（liquidity）。如果对货币的功能不清楚，又怎么能通过中央银行调节经济中的流动性，又怎会知道通过什么样的机制才能把货币供给的变化传导到经济中去？这些至今仍然是经济学中最头疼的问题。

大量的宏观经济学家跳过了什么是货币这个问题，假装不知，或者从来不知。但最好的宏观经济学家都知道这是非常重要的问题，而对这个问题的理解，仅用微观、宏观分开的方法是做不到的。给学生教学时，将各个领域分开的好处是可以帮助训练。但观察、分析重大经济问题时，就要经常打破这个界限，做研究工作也是如此。研究工作是否定义在一个专门领域里，要看是什么性质的研究工作，究竟是领域内的贡献，还是对整个经济学有基本影响的重大贡献。如果是领域内的贡献，可以遵守界定好的领域，但如果是对整个经济学有基本影响的，就要打破界限。

理解比较经济制度的重要性

需要特别强调的是，如何理解比较经济制度是理解经济学特别重要的方面。当人们谈到比较经济制度的时候，往往以为这个领域就是资本主义市场经济制度和中央计划经济制度的比较，缺少对制度的总体了解。与之相关的就是如何改革计划经济。所谓的休克疗法（shock therapy）正是因为对经济制度的无知而产生的。当我们讨论中国的经济改革时，有人担心，因为经济学有很强的假设，它是否能适用于中国。为了回答这个问题，可以看看经济学在美国的情况，这有助于我们更好地了解经济学和经济制度的关系是怎么一回事。

最近刚发生了知名的安然事件。① 经济学家在什么程度上可以帮助我们理解安然事件？我最近参加了一个联合法学家和经济学家的会议，议题之一就是安然。会议讨论到公司治理结构。经济学其实已经提出了非常好的分析思路帮助我们理解公司治理结构，但直接套用，距离还是很远的。安然事件表明，简单套用经济学理论解释美国的经济是行不通的，即使讨论美国的企业亦然。所以很难简单地说，经济学是否适合中国，是否因为有经济学中的假设，经济学就不适合中国。

实际上，经济学作为一门社会科学，提供的是思想方法和分析

---

① 2001 年 12 月，美国能源公司安然公司破产，成为美国历史上第二大破产案，直接导致安达信会计师事务所解体。安然公司曾经是世界上最大的能源、商品和服务公司之一，名列《财富》杂志“美国 500 强”的第七名。——编者注

方法，帮助我们分析问题。如果人们不分析问题，而是把教科书上的经济学理论搬来作为政策，那就糟了。休克疗法就是典型。只要看看休克疗法的提倡者是什么背景就知道了。他们过去从来没有研究过比较经济制度，没有研究过中央计划经济，根本不知道中央计划经济是怎么回事，只是从经济学教科书里搬来了结论。因此，这个问题并不是经济学本身造成的。在任何一门学科里，如果只照搬结论，一定会搞得乱七八糟。比如，物理学是最成功的科学，但将其简单地搬到现实工程中，一定也搞得乱七八糟。因为任何一个工程问题都有其自身的特点。物理学为工程科学提供了基本分析方法，但并不提供现成答案。

无论公司治理结构还是中国经济改革的每一个特定问题，都有一些重要的特殊因素需要讨论。当经济学家面对特殊问题时，往往没有现成的结论可以从经济学中照搬。有无经济学头脑，关键在于有无能力面对问题进行分析。而观察和分析，很重要的一点就是要了解制度是怎么回事，发生了什么，从中寻找什么样的假设是合适的，用什么办法进行分析。理解比较经济制度是帮助我们观察、分析问题的重要方面。

经济学理论的贫困：从博尔顿“货币主义的贫困”得到的启发

老友博尔顿教授的演讲非常精彩，胸怀深远。但我不是货币理论的专家，不宜做专业角度的评论，因此，我的评论只是借机而发的感想。

首先，我特别感谢北大国发院建立严复讲座，并邀请博尔顿教授做这个讲座的演讲。严复是推动中国第一次立宪改革的重要人物之一。首次立宪改革失败后，严复成为系统地向中国引进亚当·斯密的《国富论》和孟德斯鸠《论法的精神》的第一人。早在一百多年前，他就警示国人，法治的建立是经济发展的前提，并尽其后半生于立宪之努力。这个讲座给了我们机会，回顾和检讨从严复以来我们走过的道路。

博尔顿教授讨论的“货币主义的贫困”，批评经济学中已有的货币理论，同时试图建立一个统一的货币理论体系，意义深刻。受博尔顿教授的启发，我的观察是，“货币主义的贫困”来自更深层次的问题。借用博尔顿教授的命题，我称这个问题为“经济学理论的贫困”。我试图从科学方法论的角度，从自然科学和社会科学方

---

* 2019 年 12 月 12 日，哥伦比亚大学的帕特里克·博尔顿（Patrick Bolton）教授应北大国家发展研究院之邀，在“严复经济学纪念讲座”上做了题为“货币主义的贫困”的演讲，本文则是受《经济学（季刊）》之邀，对博尔顿演讲做的评论。并与《货币主义的贫困》一文共同发表于《经济学（季刊）》2020 年第 05 期。20 世纪 80 年代博尔顿教授在哈佛大学教书时，本文作者是他课程的助教。后他们又成为伦敦经济学院的同事，曾经是论文合作者。除了学术关系之外，他们在几十年里始终保持紧密的朋友关系。——编者注

法论对比的角度讨论这个问题，而与当年马克思批评蒲鲁东的名著《哲学的贫困》[①] 的方法毫不相干。我的讨论更接近科学哲学家波普《历史主义的贫困》（虽然我并不完全同意其中的一些具体看法），以及哈耶克关于科学主义的讨论。而且必须说明，我所谓的"经济学理论的贫困"没有任何贬低经济学理论之意，而只是希望指出，经济学理论长期以来忽视了自身面对的一些巨大挑战。所谓的贫困，指的是忽视。这是我从博士研究生时就藏在心里的个人见解。我自己并没有能力解决这个巨大的问题。在这里抛出这个话题，是为了能够抛砖引玉。

哈耶克在批评科学主义[②]时曾经提到，自 19 世纪以来，经济学家，尤其是很多伟大的经济学家，一直努力学习物理学的方法论，学习牛顿构建物理学体系（人类文明中第一个统一解释宇宙和地面的实证物理现象的理论）的方法，构建社会科学体系。但是，一百多年来的这个过程，并不十分成功。萨缪尔森把这归因于自然科学可以做实验，但社会科学不能做实验。这当然是其中的重要原因。即便如今经济学为做实验的学者授予诺贝尔奖，其中质的差距仍然显而易见。但是，理论方面的方法论差别也非常巨大。

经济学家在效仿物理学构建自己的体系时，关注物理学严格的表达和逻辑，关注定量和度量，关注数学。但是，似乎普遍没能深入了解建立物理学体系的目的和起点。在物理学里，无论是建立牛顿力学体系、麦克斯韦电磁学体系、爱因斯坦相对论体系，还是量子力学体系，都是有意把已知的描述或分散的体系综合成一个统一的理论。例如牛顿建立体系的目的是统一开普勒的行星体系与伽利略的地面运动体系。而建立每个体系的起点，都是将某些最基本的没有争议（无争议可以只是暂时的）的物理现象或猜测作为公理或原理。例如牛顿力学的万有引力，相对论中的光速不变。然后在这

---

① 马克思 1847 年的《哲学的贫困》（*The Poverty of Philosophy*）是对皮埃尔 – 约瑟夫 · 蒲鲁东（Pierre – Joseph Proudhon，1809—1865）所著《贫困哲学》（*The Philosophy of Poverty*）的回应。蒲鲁东是法国社会主义经济学家、哲学家，无政府主义的奠基人。

② 弗里德里希 · 哈耶克，《科学的反革命：理性滥用之研究》，冯克利译，译林出版社，2003 年。

些起点上，以逻辑即数学的方法将体系建立起来。关于构建科学理论体系的过程，爱因斯坦曾经指出，最需要创造性、最具挑战性的是，寻找或者猜测理论体系的起点，即通常被称为公理或原理的那些内容。找到了起点之后，他说，任何受过良好数学训练的人，都能完成后面的步骤。他将寻找或选择公理的工作称为猜测上帝意图的工作，意指寻找理论体系的起点，而不是数学（即便涉及最前沿的数学，例如牛顿为建立体系发明了微积分；爱因斯坦在广义相对论中应用了当时最前沿的非欧几何工具），是最需要创造性的部分，也是难度最大的部分。

可惜，伟大的经济学理论家似乎没有意识到，寻找这样的理论的起点，其自身的不可争议性，以及其在体系的逻辑构造方面的重要性。非常具有代表性的是伟大的经济学家米尔顿·弗里德曼。他在著名的《实证经济学的方法论》（The Methodology of Positive Economics）中说，只要一个理论（无论是经济学还是物理学）的预测能被证伪，这个理论就是科学的，而其假设并不重要。他在讨论这个论点时，以物理学里的无摩擦假设为例，说明这个似乎违反常识的物理假设，并不影响可证伪的物理学结论。但是，无摩擦的理想实验只是伽利略的工作假设，并不是建立牛顿体系的基础。为方便而设的工作假设，不属于爱因斯坦说的建立理论体系的基本假设，不属于公理性质的假设。实际上，从牛顿建立第一个完整的物理学体系伊始，建立任何物理学的理论体系都不需要这个假设。

回到经济学，无摩擦假设也只是工作假设或中间假设，而不是基本假设。因为经济现象中的摩擦，是从一些基本原因产生的，例如信息问题、激励机制问题、制度问题。所谓的无摩擦假设，实际上就是暂时不考虑这些问题。由于分析这些问题十分复杂，存在技术困难，统称这些问题为摩擦。这是绕过困难的简化方法，是简约形式（reduced form）。因此，经济学的无摩擦假设，不仅算不上是理论体系的起点，而且研究摩擦背后的机制原本是经济学的基本任务。从这个例子可以看出，导致经济学理论的贫困的一个基本原因是对构建科学理论体系的方法论缺乏正确的认知。

另一个重要的方法论问题是如何评价一个理论体系是否成功。

经济学家强调对新理论的预测证伪，即用观察和实验验证理论的预测。把能否证伪作为对科学发展的基本评价，在任何科学领域，这个标准都没有争议。但是，如果新体系只局限于在建立这个体系有意要解释的方面能被证伪，显然不足以成为最好的理论。在从牛顿到爱因斯坦以来的物理学理论体系的发展中，一直遵循的一个原则是，好的新理论体系必须不仅能解释新现象，也能解释过去的理论已经解释了的现象，必须能在所有这些方面证伪。也就是说，成功的新的理论体系必须能包括和兼容老的体系。例如，相对论体系与牛顿力学体系在小尺度低速度世界里是等价的。但是，很多经济学家忽略理论的普遍性问题，往往只限制在很狭窄范围里证伪（如弗里德曼的表述）。缺少统一的理论，没有体系，使经济学理论变成零敲碎打的“工具箱”（如罗宾逊教授①所说）。这当然也与经济学的特点有关。尤其是在经济学里，通常称为“纯理论”的部分，不涉及具体的经济现象，不关心证伪问题。而在物理学领域，那些不针对具体物理现象的纯工具类型的研究工作称为数学（例如物理数学），而不称为纯物理学。把不直接涉及经济现象，不涉及以实证方法证伪的数学（例如博弈论），称为纯经济学理论，这不仅使经济学的方法论与物理学非常不同，而且让人在基本概念上产生混淆。

与以上讨论的问题紧密相关的是，虽然物理学早在三百多年前就建立了统一的理论体系，但到目前为止，经济学中不存在统一的理论体系。罗宾逊教授称经济学理论为工具箱，这道出了经济学的实际状态，成为经济学界的名言，出现在许多教科书中。在经济学的这种状况下，各个领域各自为战。每个领域经常划分得非常细小。在没有统一理论的经济学中，也就不存在从基本理论体系中导出的货币理论。

另一方面，长期以来，经济学的主流把经济学定义为研究资源配置的学科，忽略从根本上左右资源配置的制度问题。虽然在最近

① 琼·罗宾逊（Joan Robinson，1903—1983），英国经济学家，凯恩斯主义的主要代表人物之一，萨缪尔森的朋友和辩论对手。

二十多年里，情况有了很大改变，但是努力排除制度问题，集中讨论“纯经济问题”的倾向在经济学里仍然很强，甚至仍然是主流。博尔顿教授批评的货币主义和货币数量论，是在试图排除制度问题的条件下，集中讨论货币在资源配置中作用的典型产物。股权、主权、中央银行等是经济制度的不同方面。当有意要排除制度问题时，博尔顿教授讨论的货币本质类似于国家的“股权”，带有“主权”性质，且与“中央银行”不可分这个特点不仅容易被忽略，而且在制度缺失的条件下无法准确理解。

虽然经济学的主流不研究制度，但是，经济学家刻意抽象掉制度（即无摩擦假设）而积累的理论，为分析制度提供了有用的分析框架。我把经济学主流里可以作为研究制度的起点的主要分析框架，总结为五个制度“不相关性”的理论基准。其中包括 1. 阿罗－德布鲁的一般均衡理论：在无摩擦的经济里，制度和金融与效益无关；2. 卢卡斯的货币中性理论（理论上与阿罗－德布鲁模型完全一致，可以认为是其扩展）：在无摩擦经济里，货币、金融工具、金融制度与经济效益和经济增长都不相关；3. 莫迪格利亚尼－米勒定理（MM 定理）：在无摩擦经济里，金融工具和金融制度同效益不相关。这三个理论基准的共同结论是，在无摩擦的市场经济里，货币和金融对经济没有重要作用。另外两个理论基准与金融密切相关，但与货币的关系稍远，这里暂且略去。我之所以称这些为理论基准，是因为在现实中观察到的制度的重要作用，一定是违反了这些理论基准的无摩擦假设。例如，当经济中存在不对称信息、激励机制问题、合同不完备、有限理性（bounded rationality）、流动性约束（liquidity constraint）（这是个导出的问题，因为在完美的市场中不存在流动性约束）等，经济中就有了摩擦。

有趣的是，如果人们机械地搬用五个制度“不相关性”的理论基准，作为理论的结论应用到现实世界，就可以在理论上证明，全面国有制的社会主义与全面私有制的资本主义之间没有差别。的确，在现实中，全面国有制的社会主义计划经济，没有经济学意义上的中央银行、货币和金融。一般均衡理论中的部分核心内容（如今微观经济学教科书中的两个基本福利定理），是 20 世纪 30 年代奥斯卡·兰格[1]为了证明市场社会主义不亚于资本主义提出和证明的。而哈耶克与他的辩论指出，由于存在激励机制问题，是政府还是私人拥有产权决定了效率的高下。也就是说，现实存在的制度问题就产生于信息和激励机制，违反了一般均衡理论的无摩擦假设。兰格的理论在逻辑（数学）上是没问题的。但是，假设的出发点使这个理论经不起实证的证伪。

博尔顿教授的演讲首先批评了弗里德曼和施瓦茨（Friedman and Schwartz，以下简称弗施）1965 年的货币理论。弗施受一般均衡理论的影响，认为 M2（广义货币）与通货膨胀有一一对应的关系（如果他们的理论是严格从一般均衡理论推出的，M2 和通货膨胀对经济活动就应该都没有影响，如同卢卡斯在 1972 年的论文证明的）。但是，弗施的理论没有认识清楚一般均衡理论的基本假设或起点（例如，一般均衡理论的基本假设从根本上排除了货币理论的立足之地）。他们试图解释的数据或者观察，例如 M2 对经济活动的影响，是无法从一般均衡理论导出的。即，货币与实体经济的关系是不可能真的靠逻辑从一般均衡理论推导出来的。概要地说，从方法论角度看，弗施理论试图解释货币现象，但没有提出与经济学的基本理论（例如一般均衡理论或卢卡斯理论）保持一致的理论。博尔顿教授在文章中指出了弗施理论与大量观察相矛盾的地方，本文从略。

相比之下，凯恩斯主义的传统集中在描述世界和制定政策，而不试图从基本假设出发，建立严格的公理化理论体系。由此避开了这种内在的矛盾。传统凯恩斯主义的理论依赖专门假设（ad hoc assumption）针对专门问题，没有公理性的基本假设，也没有完整的体系。这使凯恩斯主义理论可以用特定假设囫囵吞枣地抓住制度产生的问题。在理论尚未成熟时，这不仅减少了束缚，而且帮助人们抓住了一些重要现象，使传统的凯恩斯主义理论摆脱了上述制度不相关性的理论基准问题。这有点像哥白尼和开普勒，靠摆脱了托勒密模型（包括基本假设）的束缚，对宇宙现象的观察取得了突破。

---

① 奥斯卡·兰格（Oskar Lange，1904—1965），波兰经济学家，以提倡市场社会主义模式，即在社会主义制度中使用市场定价工具而闻名。——编者注

在某种意义上，明斯基[①]对弗施理论的批评，就属于这一类。如何把依赖特定假设建立的特定理论，发展成为只依赖基本假设的基本理论，而且不仅能证伪，还能统一解释广泛的经济现象，这是经济学和其他社会科学一直面对并且仍将面对的基本挑战。博尔顿教授报告的工作，是朝着这个方向的重要努力。

狭义地看，关于货币的理论必定涉及上面讨论过的三个制度“不相关性”的理论基准。因为货币是金融的基础，任何完整的货币理论必定是金融的理论。而金融本身从产生起，就是一种特定的制度。实际上，在博尔顿教授的演讲中已经讨论了这三个方面。广义地看，讨论货币就是讨论金融，而超出货币发展的金融，必定涉及另外两个制度“不相关性”的理论基准：科斯定理和贝克尔－施蒂格勒模型。[②] 因为近现代金融都是在法律制度下做出的安排，而近现代产权的主体是以金融形式交易和配置的。

博尔顿－黄海洲（以下简称博黄）理论首先证明国家资本问题的莫迪格利亚尼－米勒（MM）定理。证明在制度“不相关性”的基准下，或者在无摩擦时，可以得到经典数量货币理论。如前所述，这个理论基准对应于一般均衡理论和卢卡斯货币中性论的理论基准。即，货币对经济没有实质作用。通货膨胀对经济没有影响的原因是所有人的收入与物价同时同比例上升。但在现实中，有信息问题、激励问题、制度问题，不同的制度存在不同的摩擦。博黄理论证明，在现实中，当违反了 MM 定理这个制度“不相关性”的理论基准时，资本结构非常重要。也就是说，国家发行多少货币，借多少外债，会从根本上影响经济。

在金融理论中，对资本结构的讨论集中在效率问题上。所谓资本的最优结构往往是从最优效率的角度评价的。但是在现实中，除了效率问题外，资本结构对金融和企业带来的另一个重大后果是安

---

① 海曼·明斯基（Hyman Minsky），凯恩斯主义经济学家。

② 科斯定理：产权的分配方式同效益不相关。贝克尔－施蒂格勒模型：法庭以外的执法制度同效益不相关。这两个理论基准的共同结论是，在法庭执法的无摩擦市场经济里，所有其他制度，包括产权的配置和监管都对经济效率没有作用。

全。也就是说，资本结构直接影响企业兼并和破产。比如，即便是原本运行良好的企业，如果在扩张中借债过多，就可能导致企业资不抵债，走向破产。另一方面，大规模发行新股，在一定条件下，可能会使企业成为兼并的对象。可见，安全问题事关生死，往往比效率问题更重要。当资本结构影响安全时，最优资本结构很可能受此影响。因此，最优结构可能对应的不是一个最优的数字，而是一个区间。如同工程设计里的最优往往是一个区间的概念。而且，考虑安全往往会牺牲部分效率。

在讨论一个国家的资本结构时，安全问题往往也是一个基本问题。1997 年东南亚金融危机和 2008 年全球金融危机时，许多高举外债的国家遭遇的情况与企业资不抵债确实极为相似。另一类例子是全面国有制基础上的中央计划经济。在那类制度下，软预算约束无处不在，由此银行体系积累巨额债务，靠的是中央银行最终可以发行货币支付。确切地说，在全面国有制下，银行只是财政的窗口，并没有市场经济意义上的中央银行。1989—1991 年苏联和东欧经济破产的时候，以巨额货币发行应对几十年积累的巨额内债，最终爆发了恶性通货膨胀（hyperinflation）。中国在改革开放时期才建立了中央银行制度。但是，中国绝大部分的银行仍然是国有的。在 20 世纪八九十年代的改革中，抑制甚至解决软预算约束问题曾经是改革的重点，并取得了可观的进展。但近十几年里，在完全忽略软预算约束问题的情况下，软预算约束问题以新形式卷土重来。情况严峻不可掉以轻心。下文还会再谈到这个问题。

与博黄理论相关的另一个有趣问题是，各国的货币体系和国际货币体系与黄金脱钩只有几十年历史。当货币与黄金挂钩时，从理论上看，情况应该更简单。例如，18 世纪英法战争时期，双方都在金本位制下。但是，当时英国政府发行的国债广泛地被国内市场和企业作为具有充分流动性的货币使用，帮助解决了市场上的流动性，维持了英国经济的稳定。这是当代经济史学家发现的，而当时的英国政府并不知道，也不可能设计这个机制。但是从理论上说，我们面对这样一个有趣而富有挑战性的问题：当货币与贵金属挂钩时，什么是货币？什么是国家的资本结构？这也许是博黄理论的一个特例。

在结束本文之前，请允许我再提一个更具体的挑战性问题。博尔顿教授开篇提到改革开放以来中国的货币供给巨大，但没有明显的通货膨胀，以此作为货币数量理论不能解释现实的例子。如前所述，对于货币数量理论不能解释经济现实，我完全同意博尔顿教授的意见。但是，我想补充提一下中国的货币供给与制度问题。与货币问题相关的具体制度问题之一是，政府直接拥有巨大量资源［包括银行业的基本国有制和土地的全面国有制（按照控制权定义产权）］带来的软预算约束问题。2020 年初，中国 M2 余额超过 200 万亿元人民币，是 GDP 的 2 倍。相比之下，欧美国家 M2 大体是 GDP 的百分之七八十。作为长期趋势，在过去 40 年里中国的 M2 平均每年增长 15%。借用国内流行的说法，与长期积累的大规模货币“超发”并行的一个现象是房地产的极大发展。2019 年底，中国的房地产总市值为 450 万亿元人民币（大约 65 万亿美元），约为中国 GDP 的 5 倍。这相当于美国、欧盟、日本房地产总市值的总和。而 30 年前中国尚不存在房地产市场，在刚开放房地产市场时，房地产总价值极低。房地产总价值的极高速发展，一方面与中国的土地所有制和银行制度密切相关。这些制度结合在一起，严重影响货币的传导机制。另一方面与房地产的基本面发展和房地产价格狂涨相关。而房地产价格狂涨，则引发对通货膨胀的思考。例如，20 世纪 90 年代时美联储主席格林斯潘就警告，经济学通用的通货膨胀只关注消费品，忽略了金融和地产等资产价格的狂涨。这个警告是经济学面对的挑战，至今仍然是经济学悬而未决的大问题。一个实例是，如今疫情之下，货币供给的超宽松与全球资产价格飙升之间是什么关系？

此外，当前中国的总债务超过 GDP 的 3 倍。抑制其持续快速增长非常困难，因为债务的主体是国企和地方政府，它们的背后是软预算约束（非常大比例的地方政府债务，是房地产抵押贷款）。如前所述，在国有银行主导的货币金融体系里，国有银行是产生软预算约束的根源。而国有银行与中央银行背后是同一个最终所有者。这使货币发行与软预算约束密切相关。讨论这个问题既涉及理论

（也许博黄理论能帮助提供有用的起点），也涉及实证，更与政策高度相关，是值得认真研究的重大问题。

最后让我再次感谢博尔顿教授的创新工作，它为货币理论和金融理论的发展开辟了新的探索之路，也给了我机会在这里发挥一点感想。经济学理论的贫困是一个需要认识到的现状。对志向远大的年轻经济学家来说，不仅需要关心数学，更需要关心科学，需要关心建立科学体系的基本原理，关心基本假设与构建科学理论体系之间的关系。

经济学是不是科学?

我想从三个角度讨论经济学是不是科学:理论的角度、经验研究的角度、经济学研究的基本动力。我对这些问题有长期思考,并从与科斯先生就经济学方法论展开的若干次讨论中受到启发。因为时间的缘故,每一个方面我都只能讲得非常简略。

2008 年金融危机以来,经济学是不是科学变成一个重大的辩题。实际上,经济学是不是科学从来都存在辩论,金融危机之后就更是一个重大的辩题。在科学界和哲学界,一门学科是不是科学,通常的标准是看这门学科是不是可以证伪。这个标准是 20 世纪以来的通用标准。比如意识形态、宗教、语言文学等,因为它们是不能够证伪的,所以这些都不是科学。所谓的证伪是指可以用事实证明它是错的。由于数学也不是可以用事实证伪的学科,所以按照这个标准,数学也不是科学。

那么经济学是不是科学呢?如果我们去看经济学若干位非常重要的大家对经济学的讨论,比如在萨缪尔森撰写的《经济学》这本至今仍然是发行量最多的经济学教科书里,他把经济学定义为一组分析工具或者一个工具箱。其实这并不是萨缪尔森本人的发明,而是可以一直往前追溯。对此,科斯有相当的批评意见。如果我们把经济学定位成一个工具箱,按照通常的标准,工具箱是不能证伪

---

* 本文为作者 2014 年 11 月 1—2 日出席《经济解释》学术研讨会时的演讲致辞。研讨会由浙江大学科斯经济研究中心主办,香港大学经济金融学院、浙江大学经济学院、浙江大学社会科学学部和中信出版社协办。网络流传版本为《好奇心是最好的动力》。——编者注

的，这就出现了基本问题。

和这个问题直接相关的是经济学是不是数学。数学是什么？数学是在公理和结果之间构造逻辑关系。因此，数学本身并不关心外在世界和现实。经济学是做什么的呢？经济学关心的是经济世界，关心的是社会，从这个意义上讲，经济学是社会科学。因此从关心的主题来看，经济学和数学有着基本的差别。

在最近关于经济学是不是科学的讨论中，有一些科学哲学家也认为经济学不是科学，原因是经济学不能证伪，支持的论据是经济学没预测到金融危机的发生。这当中有一个很重要的问题：所谓的预测和科学到底是什么关系。

科学关心的是我们在现实世界中看到的各种现象背后的规律性，我们关心的是如何理解它的机制。所以，这个问题应该比精确地预测更为深刻。举一个稍微具体一点的例子。在自然科学里，讨论火山、地震、台风，这些是不是科学？没有分歧，这是科学。但是，如果我们以证伪的名义把它缩窄到准确地预测地震发生的时间，准确地预测火山爆发的时间，准确地预测台风登陆的时间等，这些至今在自然科学里也是做不到的。但是，为什么没有人站出来辩论研究地震、火山、台风的这些学科是不是科学呢？因为这些学科帮助人们认识它们产生的机制。我们只要知道了它产生的机制，在定性甚至是粗略的定量上，我们是可以预测的。从某种意义上说，经济学与此非常相似。至今，经济学并不能准确地预测一些相当复杂的经济现象。但是，如果把证伪混同为准确地预测，那就混淆了一些基本概念。

再进一步，经济学理论和事实之间的关系是什么？理论是用来组织我们观察到的事实的。不同之处在于，理论是对观察到的事实的规律性理解，是对规律性内容的更确切理解。理论是针对观察到的系统事实，构建逻辑结构，帮助我们系统认识相关的所有事实。作为科学理论，它的起点是事实，终点或者目标仍然是事实。这是和数学不一样的地方：数学的起点是公理，终点是定理，公理和定理之间就是数学的核心内容。至于公理是不是事实，不重要。定理是不是事实，在数学上也不重要。所以，把科学和数学混为一谈就产生了误导。之所以讲这些，是因为在经济学里这种误导的现象是比较严重的。

关于科学与事实的关系，我想引用19世纪末伟大的物理学家和哲学家马赫的讨论。读过列宁著作的人肯定知道列宁曾经把马赫骂得狗血淋头。我引用马赫的目的不是为了反对列宁，而是因为马赫是对爱因斯坦的思想产生最重要影响的哲学家。马赫的时间跟爱因斯坦的时间是重叠的，爱因斯坦是个年轻小伙子的时候，马赫正是特别重要的人物。他的思想深刻影响着爱因斯坦后来的发展。实际上，20世纪科学哲学的大量想法基本来自马赫，马赫本人既是数学家又是物理学家，同时又是哲学家。我之所以介绍物理学家马赫，是因为现在经济学家有意识地模仿物理学家。

在马赫的讨论里，他说："科学的目的就是用最简单和最经济的抽象办法表达事实。但是任何我们发现的那些规律，一定比事实少。"这句话的意思是科学理论一定没有那些细节，因为科学只关心抽象的规律性内容。当然我们关心的主要是经济学理论，但实际上它和物理学等是一样的。这就涉及另一个问题：什么是好的理论？

一个好的理论首先能够解释已经知道的事实，同时还能够帮助我们预见尚未知道的事实，否则理论是没有用的。所以，理论一定是关于事实的：它来自已经知道的事实，它能够预见我们尚未知道的事实。具体来说，一个好的理论实际上是一个人造的结构，这个结构的起点叫作原理或者基本假设，是以直觉的方式概括我们知道的事实。比如物理学的万有引力定律。万有引力定律并不是一个被证明的东西，而是牛顿为了构造这个理论抽象出来的一个假设。再比如，经济学里常用的一个基本假设：理性（rationality），这是对观察到的事实的一个抽象。当然，今天经济学家对这个假设有重大的辩论，是经济学理论发展的前沿之一。经济学里面另外一类特别重要的基本假设有时被称为公理（Axiom），例如微观经济学关于人的偏好和技术的几个标准的基本假设。这些基本假设就是帮助我们构造理论的。

从基本假设出发，理论的第二步是逻辑上的一致性，它构成了在假设和结果之间的那个部分。这个部分可以是数学的，也可以不是数学的。比如张五常先生的工作，大部分是不用数学的。科斯是完全不用数学的。但是从经济学的角度看，不用数学很难。最难的部分如果不用数学，大概只有天才才能做到。所以，无论是数学推理还是语言推理，就是把我们已经知道的一组事实概括在一起，同时得到的还有预测。

我想强调的是，把理论和数学等同是严重的误导。因为在逻辑构造的过程中，数学相当有帮助，但它不是唯一的。即便在自然科学里也有极其重要的科学，其发展跟数学没有关系，比如说遗传学、进化论。再比如说经济学里的科斯定理，里面一行数学也没有。

我再用物理学的一个基本例子非常概要地介绍一下好的科学理论是怎样产生的。这个例子就是牛顿。牛顿的工作其实是整个现代科学的重大突破。它的来源是什么？通常流传的苹果落地的故事严重歪曲了事实。牛顿重大突破的起点是当时已经存在的对基本事实的若干观察。第一个基本观察是伽利略对地球上的事情的基本观察，并总结出的若干道理。第二个基本观察是，当时已经积累了二百多年非常详细的天文观察，到了开普勒的时候已经总结成了一套规律性的内容。但是，这两组对天上和地下的基本事实的系统观察，中间是连不上的。牛顿相信上帝创造世界时天上地下一定是连着的，于是他就构造一个逻辑把这两个东西合在一起。在构造这个逻辑的时候，他发明了微积分。他还需要创造几个基本原则，其中一个基本原则就是牛顿定律。

主流经济学里非常重要的理论，我把它概括成五个最基本的结果。这五个最基本的经济学结果都有一个共同的特点：都没有制度的成分，所以我把它们叫作无制度的经济学。而这五个无制度的经济学道理为我们研究制度、研究现实打开了一扇门，创造了基准。[①] 第一个基准就是科斯定理。科斯定理说的是在什么条件下产权的初始分配方式对经济没有影响。换句话说，科斯定理告诉我们，在什么情况下产权是不起作用的。反过来说，正是由于科斯定理，才帮助我们

① 参见《经济学、经济学家、经济学教育：五个“不相关性”理论基准》一文。——编者注

知道在什么条件下产权才会起作用。为了知道在现实中为什么产权起作用，就要回到科斯定理所说的两个条件。[①] 张五常教授的工作和现在主流经济学的大量工作，对产权的理解都是以科斯定理的基本内容作为基准发展出来的。

经济学最重要的理论就是一般均衡理论，它告诉我们在制度不起作用的情况下的结果。一般均衡理论最重要的结果是两个福利定理。这两个最重要的结果正好与制度相关，最早是由奥斯卡·兰格提出的。当时，他提出了市场社会主义。为了讨论市场社会主义可以和市场经济做得一样好，他提出了我们今天知道的一般均衡里面的两个福利定理。绝大部分经济学者并不知道这个背景。他们以为一般均衡理论是和制度无关的。但是概括地说，一般均衡理论讲的道理和科斯定理讲的道理基本是一回事。在科斯定理的两个基本条件下，我们得到了无论产权的初始分配如何，都可实现最有效的资源配置。在一般均衡理论里，道理是一样的。一般均衡理论运用了非常复杂的数学，有两个人因此获得诺贝尔经济学奖，其中一位就是数学家。但科斯定理用非常简洁的方法概括出了一般均衡理论中的基本道理。

最后，关于研究动力的问题。我想对经济学，尤其是主流经济学的激励机制提一点看法。这个领域里的激励机制基本上就是所谓的终身教职。这一机制存在非常基本的弊病，导致阻碍经济科学的创造性和突破性的发展。它更鼓励微小的技术上的改进，要想出现突破性的改进非常困难。现在流行的激励机制依赖于外来的动力，但实际上，科学的发展依赖内在的动力而不是外来动力。最核心的内在动力就是好奇心。

① 这两个条件是：产权界定清晰；交易成本低到了可以忽略不计。

经济学有用吗?*

最近频繁提到的所谓经济学的困境，主要是2008年金融危机刺激的。经济学对这场金融危机并不是真的没有预料到，也并不是真的没有帮助。如果将2008年的金融危机和1929年的金融危机做个对比：和1929年一样，2008年金融危机产生的根源在美国，并从美国扩散到全世界。但2008年美国应对危机的情况远远好于1929年，全球应对危机的情况也远远好于1929年。之所以如此，本身就是经济学在起作用。

经济学是一个非常宽泛的领域，有非常多的声音。有预料的那个声音和有帮助的那部分理论，在经济学里占的比例很小，没有得到人们足够的注意，但并不是没有。所以简单地把经济学说得一无是处，实际上是不了解经济学的发展，包括一些所谓的经济学家也并不真的了解经济学的发展状况。

我们不妨将经济学和物理学做一个对比。在研究物理世界的时候，物理学一定要做假设。经济学也一样，在研究经济现象的时候也一定要做假设。当我们面对一个社会现象做假设的时候，最重要的是这个理论产生的内容在多大程度上能帮助我们理解经济世界。如果你只是盯着那个假设看，就会觉得有一些假设很奇怪。但不管经济学还是物理学，科学得到的成果都是这样做出来的。科学最重要的作用是它能够在多大程度上帮助人们理解某个现象。好的假设是理论分析的力量所在，而不是弱点。经济学可以告诉你这个地方

---

* 本文根据2015年9月10日当代经济学基金会对作者的专访整理而成。原文标题为《好的假设是理论分析的力量所在》。——编者注

有危险，或者这个地方有非常大的产生金融危机的危险，但是哪一天产生，具体以什么形式产生，没有人能真正预测。

我之所以说经济学基本上是有用的，原因在于它是分析的基础，而不等于分析的结果。每一个经济学家有了这个理论基础，有了一些分析工具之后，还一定要面对现实。如果人们没有能力面对实际问题，只是简单地照搬教科书，或者简单地照搬某几篇研究论文，那就会错得一塌糊涂。当一个学者没有能力面对现实却指责教科书，这实际上是误导。

经济学里非常重要的一个理论是一般均衡理论。任何学经济学的人一定会学到这个理论。一般均衡理论有很强的基本假设。有些人会说，在这样强的假设条件之下的理论是没有用的，但其实，好的理论是对某个现象的理解，而不是对这个现象的预测。当你面对更具体、更实际的问题时，你一定要离开它，因为它只是一个理论基准，是抽象的。也就是说，一定要在基准的条件下面对现实的问题，同时要和简单的模型保持相当的距离。这样的训练是必须的。没有经过这方面训练的人，根本不可能理解市场经济的基本现象。

在过去十几年里，经济学有非常巨大的变化。比如，现在经济学的新兴领域是政治经济学。人们听到政治经济学这个词可能以为是很老的东西，但是今天的政治经济学和 19 世纪的政治经济学是两回事。即作为对象是一回事，但分析的方法和手段等完全是不同的。今天的政治经济学，背后的分析工具大量来自博弈论。如此一来，我们对政治经济学有了远比以前更深入的认识。如果你作为研究博弈论的学者，不能面对现实，当然就永远不能解释任何现实问题。这是纯理论的一面。

另一面就是实证的一面。实证一定是和理论工作相关的，但是实证一定是要面对现实的。什么叫作面对现实？就是要拿到数据，包括别人搜集和自己搜集的数据。自己搜集的数据还包括自己创造的数据。自己创造不是说自己造数据，而是自己创造搜集数据的好方法。数据可以反映现实中人们不知道的一些信息。比如，有大量现实的问题人们可以看到，但是没有办法度量。只要没有办法度量就没有可能在科学的范围内讨论。如何把数据收集起来，其中有大量创造性的工作，需要很踏实、很费力的工作。比如当代经济学基金会的成立就会非常有帮助。

政治经济学正面临着非常重要的机遇。比如讨论到中国的问题一定既是中国的经济问题又是政治经济学的问题，而不是离开政治的纯经济学问题。任何面对中国的重大问题，必须是政治经济学的。而讨论中国的政治经济学，我们面对非常基本的挑战，因为中国的制度和西方的制度有非常大的不同，西方的学者往往不了解中国的实际情况，很难认识深入。所以我们简单地搬一个模型过来就会搞错。面对中国的问题，首先要弄清楚是怎么回事，其次在科学的基础上进行抽象。在弄清楚事实的情况下，能够建立起跟中国相关的政治经济学模型，这部分工作既是巨大的挑战，又是极其巨大的机会。

现代经济学里取得的另一个非常重要的进步就是经济史。在讨论制度在历史上的演变过程时，人们开始使用经济学的分析方法分析历史上的问题，比如运用博弈论分析历史上的制度是怎么演变的。把历史上的数据整合在一起，再反过来进行验证，这是经济学最近非常重要的发展。在这方面，中国有极其巨大的潜力，应该会有充分的发展，但是目前仍然处在非常早期的起步阶段。

实证研究很费钱。一个基金会有很清楚的指导方向，专门向实证研究投入力量，尤其是面向年轻人，这是非常重要的。如果没有足够多高质量的实证研究，仅仅从形式上支持交流是没有用的。从中国现在的情况看，交流本身已经不是特别困难了，大量的学者是从海外回来的。交流渠道是畅通的。关键在于中国自己的实证研究要取得好的发展。中国的历史数据浩如烟海，但是这么巨大量的历史数据很少被使用。其中有很多的原因，一个非常重要的原因就是需要有愿意花力量且数量比较多的合格的年轻学者，他们能够投入这一工作中。

科学研究的价值观

终极目标是认识世界

肖梦：你的文章《经济学、经济学家与经济学教育》① 在《比较》第1辑发表以后很有影响。在我们刚刚出版的《理性的激情——国际经济学殿堂的中国建筑师》一书中，你的自述特别谈到爱因斯坦的思想对你的影响不只限于方法论，还有他如何看待科学研究和职业等问题。其中很有意思的是爱因斯坦关于致力于科学研究的观点：看守灯塔这类职业可使青年科学家“足以糊口”，“使他有足够的时间和精力”，“有机会有一段时间不受干扰地专心致志于科学问题”。你认为，深刻的学术发展最需要的不是竞争。为什么？我们如今面对着向市场经济的转轨，一切都在市场化、产业化和商业化，你却告诉我们学术探讨不是在竞争中取胜！请你把你的观点说得详细一些。

许成钢：爱因斯坦所说的“看灯塔的职业”有利于青年科学家专心致志于科学研究。说到底，什么是科学研究？科学研究的目的是什么？这些是我们必须搞清楚的。科学研究的终极目标是认识世界，而不是追求功名利禄。对科学有真正贡献的总是那些特别能耐得住寂寞和孤独的人。在中国的转轨过程中，大家都希望学到最好

---

* 本文发表于《比较》第12辑，2004年5月。原文标题为《科学研究的目标：市场竞争还是认识世界》。小标题为编者所加。——编者注

① 即本书第一篇第一章的《经济学、经济学家、经济学教育：五个“不相关性”理论基准》。

的东西，这时候也往往容易迷信。在学术领域，简单地把顶尖杂志和一流大学作为竞争或评价的标准，可能误导中国的科学研究。

先让我来解释一下市场的作用。市场在哪一类问题上效果特别好，在哪一类问题上产生的效果不一定特别好呢？经济学对这个问题已经讨论得比较清楚。一般来说，市场本身能够产生特别好的效果，需要有这样几个条件：一是没有特别严重的信息不对称；二是没有市场失灵；三是第三者能确认的情况；四是市场参与者都有无限的认知能力。所以，凡是碰到符合上述条件的问题，那么在市场上解决，效果总是很好。但是，如果我们讨论到研究，包括学术、艺术、思想等这些领域，往往严重违反上面说的这些条件。比如学术，尤其是最有创造性的那些贡献，一定意味着在它刚出来的时候，只有很少的人能够做出判断，大多数人根本无法判断。即便是所谓的专家，绝大多数也没有能力判断。在这种情况下，市场就不能很好地运作。

市场特别重要的运作方式是排序和评比竞赛机制。通过评比和竞赛，在一定条件下，能够给工作有成效的人最高的奖赏和回报。但这往往与最需要创造性的科学研究有很大的不同，甚至有冲突。什么是可评比、可排序的呢？可评比、可排序就是可以竞争，可以竞争的东西通常是相似的，不相似的东西之间很难竞争和排序，但是“创造性”的基本含义就是要做与别人不一样的事，要多样化，要差异化。越是创造性的科学研究工作，越是跟别人不相似。如果把科学研究都压缩到相似的领域来竞争的话，会引导许多人做相似的、低水平的研究工作。因为只有这样你才能和人家比。

对于科学研究者来说，自由是非常重要的。在一个对自由有压制的社会里，当然会扼杀创造。但是，在另外一种情况下，对于什么是自由，人们认识得并不是很清楚。在竞争特别激烈的情况下，竞争可以变成限制自由的一个重要机制。因为把研究的目标定在竞争取胜上，就意味着你不是以探索的兴趣决定你要研究的问题，而是做别人都在做的事，只是争取做得比别人好。

竞争有一个条件：能竞争的东西一定是相似的，不相似意味着没有办法竞争。而创造性正好做的就是不相似的东西，所以创造性是很难竞争的。因此，当一个机制特别依赖竞争，就一定引导人们去做相似、趋同的东西。所谓的顶尖杂志、顶尖大学等的排序就意味着竞争——论文之间的竞争。

研究领域划分过细的一部分原因是，分得细，人和人之间才能评比。一跨越学科就不能跟别人比了。一旦不能比，你就不参加竞争，不参加竞争就一定输。所以，最后的结果是，当竞争机制在研究领域里变得占统治地位的时候，它会很严重地伤害创造性。在创造性工作无所谓的社会里，竞争可能会增加效益，让大家努力工作，但这个社会的学术水平会下降，特别单调，没有色彩。

排名不能证明真实水平

肖梦：对于国内青年学子来说，是否更重要的是认真地做基本训练，能够在一流大学毕业，在一流杂志发表过文章，这毕竟是能让别人承认的一种参考标准。难道你们不是如此吗?

许成钢：单纯以论文排名和学校排名为竞争目标或工作目标，这是迷信和误导。用文章发表在排名第几的杂志上证明研究水平；用在排名第几的学校念书或教书说明水平高低，所有这些都是把研究性工作、创造性工作和知识性的工作庸俗化。这种庸俗化是极其有害的。害处之一是它没有真实反映一个人的能力。

历史上有很多这样的例子。最近的一个例子是刚刚获得诺贝尔奖的弗农·史密斯。① 他的研究从来不是在所谓一流大学，而是一直在亚利桑那州大学，退休以后到了华盛顿附近的学校。为什么那些一流大学看不出他可能获得诺贝尔奖而聘用他呢？因为他的研究与当时的主流不同。另一个例子是道格拉斯·诺思。② 他任教的学

① 弗农·史密斯（Vernon L. Smith），美国经济学家。因“开创了一系列实验法，为通过实验室实验进行可靠的经济学研究确定了标准”而获得 2002 年诺贝尔经济学奖。——编者注

② 道格拉斯·诺思（Douglass C. North，1920—2015），美国经济学家。因为“通过运用经济理论和定量方法解释经济和制度变迁，重新进行了经济史研究”与罗伯特·福格尔（Robert William Fogel）共同获得 1993 年诺贝尔经济学奖。——编者注

校也不是所谓的顶尖大学。所以，学校的排名不能用来说明一个人的真实水平和能力。

再比如爱因斯坦。当年爱因斯坦毕业的那个学校也不是最了不起的学校。他做出“狭义相对论”及“量子论”等重大贡献的“奇迹之年”，根本不在大学里，而是在专利局里当小雇员。因为他有了成就，普朗克才把他挖过去。不是因为他的学校好他才有了成就，而是正好倒过来的！爱因斯坦离开专利局以后在几个大学教过书，然后才被普朗克看中挖到柏林。量子力学也是如此。量子力学是以玻尔为中心的哥本哈根学派的贡献，那个学术机构原本也并不特别重要，最后变得重要，是因为他们有很多了不起的革命性想法。

最杰出的研究与研究者是否在第一流的机构，关系并不总是那么紧密。经常是因为某个杰出的学术领袖导致追随者聚集而来，使一个机构变得重要。另一个例子是“卢卡斯革命”。[1] “卢卡斯革命”的起源在卡内基梅隆大学，这并不是顶尖的学校。后来芝加哥大学发现“卢卡斯革命”对凯恩斯以来宏观经济学的价值，便把卢卡斯延揽至门下。如果再说清楚一点，顶尖大学可以培养和训练出好的做积累性工作的人。因为你可以从周遭的人那里学习，并再做一些积累性的改进。但是重大的革命性的想法并不一定从这里出来。

肖梦：所以，学校的排名并不能简单说明其中某个人的水平，杂志排名也并不能说明其中某些论文的研究水平？

许成钢：历史上不同领域里有许多这样的例子。以经济学为例，阿克洛夫[2]获得诺贝尔奖的论文曾经被最好的经济学杂志拒绝了好几次。我的印象里是他第四次投稿才被接受。阿克洛夫当时还是一个没有拿到终身教职的人。论文反复被拒严重打击了他的信

---

① 罗伯特·卢卡斯（Robert Emerson Lucas），美国经济学家。因为“发展和应用了理性预期假说而改变了宏观经济分析方法”获得1995年诺贝尔经济学奖。以他命名的“卢卡斯批判”（Lucas Critique）认为，完全根据历史数据尤其是高度汇总的历史数据中的关系预测经济政策变化的影响是幼稚的。卢卡斯批判在经济思想史上具有重要意义。“卢卡斯批判”又称“卢卡斯革命”。——编者注

② 乔治·阿克洛夫（George A. Akerlof），美国经济学家，他与迈克尔·斯宾塞（Michael Spence）、约瑟夫·斯蒂格利茨（Joseph E. Stiglitz）因为“对充满不对称信息市场进行分析”领域做出的重要贡献共同获得2001年诺贝尔经济学奖。——编者注

心，他几乎要放弃自己的研究方向。所谓的顶尖杂志的审稿人根本没有能力判断这项研究工作。因此，这也解释了为什么在顶尖杂志上发表的文章并不一定是第一流的。还有一个例子是前面提到的卢卡斯，他获得诺贝尔经济学奖的最主要工作也不是发表在顶尖杂志上，而是发表在《经济理论杂志》（*Journal of Economic Theories*）上的。

比这更让人震惊的例子还有很多。比如，科斯[①]没有一篇论文是发表在顶尖杂志上的。要是按照如今评终身教授的标准，科斯根本不可能在一个好学校得到终身教职。再往极端说，他也许根本不可能在一个好的学校得到一个教书的位置。和科斯有点相似的例子是诺思。如果我没有记错的话，他也没有一篇文章发表在顶尖杂志上。其实，科斯的文章贡献特别巨大，但是他的影响是在几十年后才显现的。他在做这项研究的时候，是伦敦经济学院的本科毕业生，他的论文发表在伦敦经济学院的杂志上。那时候，伦敦经济学院的杂志从来也不是最有名的杂志。

如果简单地用杂志等级判断的话，就会发现有这么多获得诺贝尔奖的重要学者的重要文章，当初是不能发表在顶尖杂志上的。这本身就说明了评审人没有能力及时地识别出一流的研究工作。他们之所以不能识别，原因特别简单，就是因为这些是创新，与人们已经认识的东西不一样，同人们已经习惯的不一样，所以没办法评估。

其实，我们离开经济学看其他领域，情况是一样的。比如，美术领域评比的重要机制是定期办画展。在巴黎，只有被评选进某些画展才被认为是最好的画家，否则就不可能被承认。我的导师科尔奈跟我讲过一个很著名的事件：由于画展评选制度很严，许多作品被淘汰。因此有人举办了一个淘汰作品展，结果那些被淘汰的作品远为更成功、更有影响。道理很简单，由于评审人很保守，只有平庸的作品才能入选。因此，具有新想法的前卫的被淘汰作品画展必然超过思想平

① 罗纳德·科斯（Ronald H. Coase，1910—2013），英国著名经济学家，因为“发现并澄清了交易成本和产权对制度结构和经济运行的重要性”而获得1991年诺贝尔经济学奖。——编者注

庸者的画展。

当年，爱因斯坦的论文都没有发表在同行审稿制的顶尖杂志上，但他的工作产生巨大的影响，改变了人们对整个物理世界的看法。至今，人们还在追随他，虽然那些追随他而做的更细致研究大都发表在顶尖杂志上。有意思的是爱因斯坦到了美国以后的故事。1936 年夏天，他给《物理学评论》提交了一篇论文，按制度他的论文要接受匿名评审。评审人要求他大幅修改论文。爱因斯坦很生气，他说评审人根本没有看懂，为什么我要按看不懂的人的意见修改我的论文呢？他写信给编辑说，你或者就按原样接受我的论文，或者我撤出我的论文，我不改。因为他是爱因斯坦，编辑就给他发表了，而一般人就不可能发表了。评审人要求你改，你就得改，其实许多评审人可能是水平很低的人，评审意见也可能是很荒唐的。但是，在这种制度下，作者必须尊重评审人的意见。科尔奈本人也有一例。两三年以前，他的一篇论文提交给《欧洲经济评论》杂志。评审人要他大幅修改，他就给编辑写了一封信：你或者听他的，或者听我的。你要听他的，我就不发在你的杂志上，我为什么要同意他的意见呢？我不会改。因为原则是文责自负，评审人又不负责任，我是要负责任的，那为什么要按他的意见修改呢？

评审制度的由来与利弊

肖梦：爱因斯坦和科尔奈都是大名人，他们可以对一流杂志的编辑这样说话，但对那些还没有出名的人来说，不就意味着不委曲求全就永无出头之日了吗？

许成钢：的确如此。在西方学术界，学者在没有成名之前，拒绝评审根本不能生存。也就是说，问题不在于你想不想这样做，有没有胆量这样做，而是能不能生存。你这样做了就意味着你一篇文章也发不出来。在我看来，这是当前学术界面临的一个很基本的问题。

现在的学术界和过去的学术界已经有相当大的差别。所谓过去，指的是 20 世纪 50 年代以前。那时候，学术中心基本不在美国而在欧洲。大多数学术杂志没有同行评审制度。之所以变成现在这个样子，我认为其中一个重要原因是二战以后大规模培养博士。大规模培养博士导致职业研究者突然大幅度增加。如果杂志没有增加相应比例，每一本杂志会突然面对投稿量增加太多的情况。因此，如何保证稿件质量就变成一个问题。

为了保证稿件质量，人们寻找到的一个办法就是评审制度。这就像考试制度变得越来越重要，是因为越来越多的人愿意接受高等教育。在美国大规模培养博士之前，英国并没有这么多人要念博士。当时英国的学术制度，不是所有人必须博士毕业才可以教书和做研究。直到我在伦敦经济学院教书的时候，我们系里还有若干教师是没有博士学位的。一个人往往从事了多年的经济学研究或教学工作后，有了成绩再去拿博士学位。只有那些认为自己可能会有成就的人才从事这个行业，否则他不会从事这个行业。这样，可以有一个自我选择过程。其结果就是只有比较少的人，事先看得比较清楚一点，才去从事研究或教学工作。过去的方式其实运转得挺好。现在的制度和过去的制度相比，顺序颠倒了过来。如果拿不到博士学位就不可以从事研究工作，不可以教学。因此，特别多的人在研究什么、是否适合都不清楚的情况下，就选择了从事研究的职业生涯。但是接受了大量训练以后，就变成好像所有人经过训练都可以写论文，写出来的论文质量当然参差不齐，挑选论文自然就变成非常严重的问题，于是评审制度就变成了一个重要制度。实际上，大规模培养博士与杂志评审制度是相关的，前者是产生评审制度的条件。

使用了评审制度之后，反过来会影响科学研究的质量。它对科学研究最关键的影响是鼓励学者做改进性质的工作，而不是特别创新的工作。如果我们把 1950 年及以前和 1950 年以后的科学放在一起做比较，就能发现，20 世纪前半叶，科学的重大突破远超过 1950 年以后，几乎所有领域都如此。这是我自己的一个猜测。虽然我没有做过系统的调查，也没有系统的证据，但我有粗略的证据。物理学就不用说了，1950 年以后没有一个在性质上可以与此前相提并论的突破，狭义相对论、广义相对论、量子力学，都是 20 世纪早期的突破。生物科学最重大的突破就是双螺旋结构，也是在 1950 年之前。

人们都说，二战之后科学技术有突飞猛进的重大发展。是的，但是这些都是什么性质的进步呢？基本是改进性质的，在大量积累下的改进。认清这一点非常重要。为什么？因为整个学术中心从欧洲转移到了美国，研究制度也随之变成以美国为中心。欧洲有自己的传统，比如德国和英国都有历史上积累几百年形成的传统，传统起到很重要的作用。德国在过去的制度下产生了那么多杰出的学者，哲学、艺术、科学各个方面都有，而现在怎么全都没有了？在当年爱因斯坦时代的制度下产生的伟大科学家不止他一个人。如果人们去德国柏林洪堡大学①看看，就会发现那么小的学校，四五十个诺奖得主同时在那里工作，满墙挂的都是诺奖得主的照片。当然，诺奖得主之间的贡献也不能简单地相提并论，只有少数是重大的开创性贡献。而在洪堡大学的获奖者中，有许多学者贡献巨大。

我更关心的是德国的制度。从表面上看，当时德国的科研制度与现在相似，但与美国是非常不一样的：每一个教授都有很大的权力，掌握很多的资源。当年这个制度的好处现在可能变成了坏处：当年每一个教授都很强，他一定要找强的人加入他的团队，于是就导致他的能力变得更强；现在由于教授的权力很大，他自己的水平却很差，所以专门找水平比他还差的人加入他的实验室。二战使大量优秀人才出走或遭受毁灭，德国把已有的传统打破了。一旦传统被打破就很难恢复。英国的学术制度也是如此，但英国不是因为二战，而是因为美国的竞争。美国学术机构提供的钱太多，有能力的人都离开了。

当然，我没有简单地得出结论说，二战以后全世界的科学研究比以前差了。但我们可以看到的一点是，二战以后，大量的积累性工作被做了出来，这样的工作在过去那种研究制度下是很难做出来的。因为只有培养这么多博士，才能有这么多人一起来做。但是另

① 柏林洪堡大学是德国首都柏林四所公立大学中最古老的大学，1810 年建校，是第一所新制的大学，也是欧洲顶尖大学之一。——编者注

一方面也要看到，这种制度更强调的是“因循守旧”，这个词也许有点太强，就是沿着已有的道路走，不鼓励革命性的创新，因为创新的东西很难发表。

人在年轻的时候最有创新能力。你年轻的时候制度不鼓励你创新。如果你创新就很难发表，很难发表就不能在学术界生存。只要你想在学术界生存，就得想出各种各样的办法，沿着别人已经有的东西做巧妙的改进，而不是重大变化。这就造成了巨大的差别。这样的制度更鼓励做积累性的改进，而不是重大的创新工作。这种制度不是好的制度。

应该集中力量研究中国问题

肖梦：太有意思了，你的话让我想起科尔奈在《制度范式》[①]一文中提出的美国一流大学训练的人的局限：他们不存在睁大眼睛的惊讶和人文学科的知识，他们也不会自愿开阔这种知识，因为这样做不会有很大的价值和回报。所以对于如此巨大的占世界人口四分之一到三分之一的转轨国家的制度变迁，他们基本上没有兴趣，以至于错过了最大的实验室。他们只关注自己的所谓主流惯例。这是否也就印证了你所说的美国的学术制度不鼓励做开创性工作，而只重视做那些积累性工作呢？

许成钢：这里面有好几个问题交织在一起。分工过细，是一个很重要的问题，当然分工过细本身是和大量的人进入科学研究，以及大规模培养科研人员联系在一起的。无论是制造东西还是制造人才，只要是要大规模制造，为了提高效率，为了保证质量标准，一定要细分化、专门化、标准化。但是，产品一旦标准化也就失去了个性，所有产品都长得一个样，没有特点。知识标准化以后，与此一样，也失去了特点。也许产品没有特点人们还可以忍受，如果知识都是标准化的，它到底意味着什么？就出了问题。

从某种意义上我们可以这么看，由于要大量生产，就需要标准

① 文章见《比较》第1辑。——原刊注

化，但是把知识标准化就和需要知识的创新自相矛盾了。尤其当我们讲的不是中小学教育，不是普通大学本科教育，讲的是高级人才，培养他们的目的就是为了让他们能创造。由于培养方式是标准化的，标准化的生产方式生产出来的人，去做杂志的评审人，杂志也相应地标准化了。因此整个制度是与创造性相矛盾的。我希望人们能够看到这个问题带来的后果。虽然，我们尚没有能力设计出一个更好的制度，但我强调的是，为了要设计一个更好的制度，要先看到问题，先知道现在这个制度有什么毛病。

我劝中国的经济学家和从事经济学研究的年轻人不要迷信美国的顶尖杂志及其发表的所有论文。这都是基于我观察到的实际情况。再说一点，绝大多数顶尖杂志都在美国，一篇论文如果讨论的是美国特定的经济问题，就常常被认为是基本的经济问题，如果讨论的不是美国的经济问题，就常常被认为是地区问题。如果讨论的地区问题有很强的特点，往往就被视作一个更小的问题。也就是说，有相当多的美国经济学家会认为这不是重要的经济学问题，也不是普遍的经济学问题。你要花很大的力量为自己辩护，为什么你认为这是个重要的经济学问题。当所谓的顶尖杂志的评审人普遍持有这种观念的时候，针对中国的重大问题，即便是深刻的讨论，也常常难以发表。

当然，必须承认中国的经济学研究还做得不够好，仍然存在多数评审人对中国问题没有兴趣，认为这是一个特殊的地区问题，而不是带有普遍性的经济学问题。举个具体例子，软预算约束问题，其实这是所有计划经济和转轨经济都面对的重大问题。把这些经济总量加在一起，比美国经济总量要大，而且这些现象在美国也存在。但在大部分经济学家眼里，这个问题不是普遍的经济学问题。软预算约束问题自转轨经济以来，虽然已经被普遍化很多了，但我们已经看到了它的顶点，绝大多数西方经济学家不愿深入研究。可见所谓的顶尖杂志其实有很大的偏颇。它们认为什么是重要问题，什么不是重要问题往往随大流。

在这种情况下，中国的经济学家如果眼睛只盯着那几份所谓的顶尖经济学杂志，中国的学校在评职称的时候，要求教师一定要在那种顶尖杂志上发表文章，其结果就是把中国的研究搞坏了。因为对中国经济的研究很难在西方顶尖杂志上发表，这就逼着许许多多的年轻经济学家不研究中国面对的重大问题，而被迫研究西方的经济问题。这是很糟糕的。例如，以色列的经济学家普遍在美国的顶尖杂志上发文章。他们人在以色列，研究的基本都是美国问题，用业余时间研究一点点以色列的事情。以色列是一个很小的国家，有这么多天才的经济学家，他们用业余时间解决自己的问题就够了。但中国是这么大的国家，有这么多的问题，又没有太多的天才，经济学家的主要时间应该花在研究中国经济中碰到的重大问题，不应该让我们好不容易培养出来的人才都研究美国的事情。所以，在看待所谓西方顶尖杂志的时候，一方面要学习它好的一面，另一方面要看到这个制度里面存在的问题。我认为里面存在的问题尤其不利于中国的学术界。

国内有很强的关心排名的风气，尤其是年轻学者，应该及时给他们泼点冷水，让大家清醒一点。有大量获诺贝尔奖的工作没有发表在排名最高的杂志上，有许许多多有影响的科学家没有在排名最高的学校教书。不要光看排名，要看学术的实质，要看学术的贡献，哪些思想是重要的，哪些贡献是重要的。任何学术工作，归根结底追求的是贡献，贡献的意思是帮助我们理解世界。

理想主义是基本素质

肖梦：可是我们面对的就是各种各样的商业化环境，也许还有个别的艺术家不受商业影响，在那里守持他们内心的骄傲与寂寞。你让经济学界的青年学子拿看灯塔的人的糊口工资，孜孜不倦地追求学术探索，是不是有点太理想主义了？

许成钢：你提的这个问题正好是我想强调的。作为科学家，作为艺术家，他们必须有理想。理想主义是能够做好科学工作和艺术工作的价值观和基本素质。对于没有理想和激情的人，追求的或者是立即出名、立即挣钱、立即得到社会地位，或者混日子，这些都无法成为一个真正的学者。对于科学和艺术，要想成为一个好的科学家和艺术家，理想主义是必要条件。如果一个国家，绝大多数人都没有一点理想主义，对科学和艺术的伤害就很大。如果周围的许多人都是理想主义者，那么他会得到启发和熏陶，就会发展科学。中国历史上为什么科学家那么少？重要的原因之一是中国的科举制度：学术变成了追逐名利的工具。国人在开始做学问的时候，脑子里想的不是认识世界而是为了升官。念书的最终目的是做官。念书第一直接目的是考试，考试才能考出一个官来。变法和五四运动的时候，反对科举制度是其中重要的一部分。科举制度跟现在我们讨论的问题非常像。在这种制度下，人没有创造性。如果整个国家的学问全部建筑在名利之上，那么这个国家的学术就很难有发展。

讲到反对科举制度，现在似乎没有很大争议，但是单纯强调竞争和通过竞争获得学术界的地位，实际上与科举制度很相似。竞争本身可以是一个损坏创造性的机制，这点我们必须要看到。现在的科举制度改一下就是得诺贝尔奖。科学研究的目的根本不应该是为了得奖，科学研究最终的目的是为了认识世界。如果要说竞争，那也不应是竞争社会地位，而应该竞争谁研究的问题更深入。所以人们根本不需要迷信得诺贝尔奖，迷信排名。

刚才讲的那些都属于现象，最终的实质性问题是一个学者应该追求什么。作为一个好的经济学家，追求的是对世界的认识，对经济现象的认识，而不是在什么地方教书，不是在什么地方发表文章。当然，每个人都要面对自己的现实问题，如果你不发文章可能你的教职就要出问题。所以，我想强调的另一个要点是，对于年轻的学者，对于将来有可能以研究为职业的人，我们需要设计一个好的制度帮助中国的学术研究前进。这样的制度或机制，第一要强调的是学术研究的最终目的不是在哪里教书，不是他本人的地位，而是他的认识，他提高人们认识世界的程度。

实际上，在任何社会里，真正追求精神境界、追求认识世界的总是少数人。制度本身是很重要的，当制度设计得特别不利于这些人的时候，会进一步扼杀理想主义。所以需要有一定的制度使少数有追求的人能够生存下去。如果一切都是在竞赛的情况下，逼着所有人都去排名次，最后就把这些人都扼杀掉了。

科学归根结底不是竞赛而是认识世界。这是一个很重要的命题。比如，国内经常议论哪位小提琴演奏者在国外比赛得了第一，哪个钢琴家比赛得了第一，但是最好的小提琴家和钢琴家之所以“最好”，不是因为他/她比赛得第一，归根结底是艺术上的成就，是艺术上的理解和艺术上的造诣。比赛得过第一会有一些帮助，比如帮助别人认识他/她，但最终靠的不是这个。

科学家更是这样。绝对不是说某个人在一流杂志发表了多少篇论文，由论文数量推出谁是世界第一。如果我们计算发表论文的数量，过去 30 年哪些人发表文章的数量是第一的，都有记录可查。那些在顶尖杂志上发表文章最多的学者，没有一个得过诺贝尔经济学奖。相反，多数诺奖得主在顶尖杂志发表文章的数字是平均水平或低于平均水平的。在学术上有重大贡献，和在一流杂志上发表文章最多，是两回事。看问题是不是深刻，对世界的理解是不是深刻，与发表文章数量的多少不是一回事。

当然，我需要指出，在任何成熟的学术领域，如经济学，创造新的和批判旧的必须是基于对已有文献、已有理论事实的透彻理解。没有这个基础的“创造”或“批判”则很难成为科学研究成果。

理想主义的精神是必须发扬的，同时，我们也要思考能否有一个比较宽松的环境，让那些追求理想和探索世界的人生存下来。就拿人类科学发展史上最伟大的革命家哥白尼来说，中世纪的意大利之所以可以产生哥白尼，是因为那些教会办的研究机构把科学家、艺术家养起来。在这样的制度下，专门有一些人研究天文学。他们没有商业上的压力，可以追求他们的理想和理解世界的目标。一方面，哥白尼的学说颠覆了那个时代人类对宇宙的认识，因此受到教会的迫害；但是另一方面，因为这样一个制度，让他有基本的生活保障去做研究。当然，这里特别重要的一点是，如果哥白尼的价值观念是追求名利，他就不会安心坐在那里研究，而是会想办法变成牧师或教主。因为他的价值观是追求对宇宙的认知，才坐在那里冷静地思考和研究，创立了“天体运行论”。

市场价值与科研价值

肖梦：与20世纪前半叶比较，对那些有学术追求的人来说，环境是今不如夕。我特别羡慕哈耶克的那个时代，他常常参加跨学科的沙龙，讨论的都是实在令人着迷的大问题。现在商业化深入我们这个社会的每一个角落，不让人的心灵安静。它不仅扼杀天才的产生，还可以把天才断送。我甚至认为，商业化对思想的迫害要大过专制，在专制的苦难之下，天才和执着的思想者不肯放弃压制而不断追求，越压迫越勇敢。

许成钢：讲到这个程度，经济学家会说"拿证据出来"。爱因斯坦说，学术自由、发表意见的自由"是任何一个民族在精神上健康发展的基础"。专制对个人自由表达意见的压制和摧残一定会为整个社会发展造成巨大伤害。对于非专制的国家，实质上对创造性也会造成伤害，只是方式不同。你还有选择权，这竞争是你自己选择的，你可以不参加竞争。商业化和竞争对思想和创造性的破坏可以是根本性的。如果一个艺术家，一个学者在年岁很轻的时候，就上了竞争轨道，脑子里的兴奋点永远在竞争，永远在和别人争第一，而不是深入地思考问题，就不会有了不起的创造。

我们已经反复讲了好几遍，创造和竞争不是一回事。创造是要做不一样的东西，竞争是要做跟人相似的东西，而且做得比别人更完美。做得更完美和做得不一样这是两个不同的东西。一旦进入创造性领域就没办法竞争了。当竞争成为所有一切的条件，就扼杀了创造。

爱因斯坦在晚年曾经有过一些精彩谈话，直接与你说的内容相关。爱因斯坦说过，"青年人被灌注过分渲染的竞争精神，被教育成贪婪地渴望成就，并且以此准备他们以后的职业生活"是"资本主义带来的最大祸害"。他非常憎恨年轻时在德国的教育，这个教育制度特别强调竞争，给学生特别重的压力，他那个时候感到窒息，几乎要丧失了对科学的兴趣。像他这么天才的人，在巨大的压力下也会丧失对科学的兴趣，那可能世界上就没有相对论了，我们对宇宙的认识就不是今天这个样子了。他打了个比方，一个年轻人在学习知识的时候，像一头野兽捕获猎物，如果拼命给猛兽喂食，它就不会有兴趣捕获猎物。

实际上，现在学生面对的竞争和压力远比爱因斯坦时代大，所以我觉得他讲的其实给了我们一些启发。为什么那时候人们做出的科学贡献比现在多，其中重要的原因就在于此。市场活动和科学研究活动有什么不一样的地方？市场活动的目的是交换，所以它的价值一定是别人给的，其动机一定是要想办法让别人给你这个价值。与此相反，科学研究的终极目的不是为了获得价值，而是为了获得理解，最终的价值并不需要别人给。概而言之，市场活动和科学研究的区别就在于，市场活动总是要让别人驱动，而科学研究是由探索的热情驱动。

肖梦：那会不会造成这样一种悖论，科学研究就成了自娱自乐，而不是造福于人类？

许成钢：科学本身并不总是直接从物质上造福于人类，而主要是帮助人们认识和理解世界。任何做科学研究的人，脑子里要清楚，你对认识世界的贡献最终会帮助大众，有的也可能有物质上的贡献，可是重要的研究成果并不总是立刻就能被人接受。更不是为了得到别人的肯定，并立即得到回报。研究工作的最终目的是为了理解世界。科学和市场的目标可以是非常不一致的，甚至可以有冲突。市场要追求大众喜欢的东西，而科学研究追求的是深入和彻底。这样的例子历史上比比皆是。一个好的例子是哥白尼，他是冒着生命危险理解世界的。如果科学家的目的是为了讨好大众，那么科学根本不会走到今天这一步。在市场上运作的东西一定是可以在市场上拿来卖的，大众立即喜欢才有商业价值。好的科学研究成果，虽然最终会对大众有益，但可能需要很长时间才被大众接受。而在市场上，为了追求商业价值，所以要见效快。但是快对科学研究并不总是最重要的。

在现实中，即使发达的市场经济对最深刻的研究结果、最伟大的艺术作品也要用很长时间才能认识其价值。例如，很多伟大的艺术家在活着的时候其价值都没有被充分认识到，而是在辞世之后才被认识到的。如果这些艺术家追求市场价值，服从市场竞争的压力，他们就只好放弃自己追求的美的目标，那么我们就永远不会有这些艺术瑰宝。比如凡·高，当时荷兰是世界上最富有和市场最发达的国家，艺术品交易在欧洲已经是洲际范围的了，但是没有人欣赏他的作品。可以很清楚地看到，市场在这样的领域并不能判断出最好的东西。如果艺术家、科学家脑子里想的都是商业价值，想的是要立刻出名，要和别人竞赛等，当发现他的东西不被大众接受，没有市场价值时，他就会放弃，就会去做容易被别人接受的东西，那么最后剩下的能够被人接受的都是商业性的东西。如果艺术都是商业性的，研究都是立即有实用价值的，那么，像凡·高这样伟大的艺术家和像爱因斯坦这样伟大的科学家就不会产生。实际上，我们人类最伟大的科学研究成果、最伟大的突破都不是从立即的商业价值引发的。

说了这么多，听上去好像我特别反对竞争，反对排序。如果对科学研究这么不好，为什么竞争在现实中又用得这么多呢？特别是在以美国为首的西方社会。为什么竞争、排序和评比这么重要呢？我想其中一个重要的原因是通过竞争、排序和评比可以为外界提供信息。本来科学研究自身的性质并不是这样的，但由于它面对资源限制，包括学生的质量和物质资源等问题，这时候，以市场配置资源的机制就启动了。

虽然科学研究本身的价值不是为了立即讨大众欢喜，学术机构却需要人众关心，需要金钱，所有这些是属于市场的。怎么能够把人们不熟悉的东西传递到外界？在这个时候，竞争、排序和评比就成为向外界传递信息的主要方式。换句话说，市场是在没有办法的情况下找到一个办法，用评比、排序和竞争为学术以外的社会提供信息。其质量是非常低的，经常是不可靠的。而且这样的方式误导人们过于依赖这样的信息，误导年轻一代学生或研究人员。

我之所以特别强调竞争和评比可能带来对学术研究的伤害，原因在于，我们讨论的不是面对如何把科学研究的信息传递给外部和外行，而是讨论怎样培养新一代的年轻科学家，对于打算从事科学研究的青年学子，引导他们该怎么样思考，怎么样工作。这时候就要特别小心。因为竞争、排序等实际上是面向外部，而不是面向内部。内部和内行本来不需要凭排序来了解，而是凭借自己对本领域的了解做出独立判断。只有这样，科学才能发展。如果大家都是一窝蜂去排队，或者研究机构和大学都把排序作为评判研究者唯一的标准和指标，那对科学的发展会非常不利，会严重影响科学工作者研究的动力。

肖梦：如果一味地用竞争、排序等方法，会扼杀那些天才的创造性，因此，对于理解世界是最大的伤害？

许成钢：我想说的不止限于最伟大的天才会不会被扼杀的问题。对于任何人，他对科学有强烈的兴趣、他想要从事科学研究，就应该建立起基本的科学探索的价值观。如果他的脑子里没有这个基本价值观，他的价值观就是市场价值，就是为了在市场上竞争能够赢，或为了赚钱，或在什么方面立即得到回报。这样的价值观是很难在科学上做出贡献的。例如，即使只想研究清楚中国某个地区的经济问题，如果研究的目的只是为了在市场上竞争和挣钱，问题是弄不清楚的。在这样的状态下，甚至学习都学不好。价值观到底是为了理解世界，还是在市场上赢，这两者是不一样的。我想这是很基本的东西。此外，杰出的科学家总是在大批对科学有狂热兴趣的年轻人中产生，必须在年轻的时候使这样的价值观在一部分人中间生根，鼓励、培养他们的好奇心、探索的兴趣、批判的精神，树立“为了认识世界而不是为了市场价值”的价值观。

我认为，有没有一个追求理解、认识世界的价值观是很本质、很重要的。缺乏学术兴趣是学校和研究机构里最大的麻烦。学术兴趣当然同制度有关。中国过去的制度是从苏联学来的科学院制度。苏联科学院制度是从欧洲大陆学来的。这种制度中有很多有益的成分，它和过去教会研究机构的制度有相似之处：由政府出一笔钱，养一批科学家，让他们专心致志地从事研究工作。然而，我们可以看到中国科学院的制度过去也不是很有用，很重要的原因跟价值观有关系。这个制度里有晋升制度，当然还有政治运动等。这就打乱了人们追求理想的观念，扭曲了追求真理的行动。但是，自从政治运动过去后，又出现了新的麻烦：研究机构变成了半商业机构。这就从另一个角度扭曲了科研工作者的动机：人们都去找挣钱的项目，研究课题变成了“准商业项目”。另一个重要的制度是西方大学的终身教授制度。其实，大学里的终身教授制度有可能把人养起来，使他没有竞争的压力，做更深入的研究。但是，仅仅依靠这个制度本身是不够的。现在西方的研究机构都在市场上运行，每一个得到终身职位的教授仍然面对着市场，市场会引导人们很快得到收益，很快被外界认识，使自己在市场上的价值上升。对于没有探索热情的人来说，这样的制度并不能引导深刻的科学研究成果。

总之，深受爱因斯坦学术精神的影响，我认为，最深刻的学术研究的动力是对学术探讨无止境的好奇心，而不是在竞争中取胜。一个普遍的道理是：竞争并非对所有领域都是最重要的。历史上，绝大多数最伟大的科学、艺术成就不是受竞争驱使。相反，庸俗化地全面推行市场竞争会误导年轻人。

中国经济改革与现代微观经济学理论

许成钢博士访谈录

肖梦：你这次从伦敦赶回国参加在海南召开的有关中国经济改革的国际研讨会，大概会有许多感想。现在社会主义市场经济已经成为我国的改革目标，不再有任何意识形态上的障碍了。可是如何向市场经济转轨，在许多人心中这一图景并不那么清晰。怎样才能使设计改革方案的人，或者说专业人士，了解现代市场经济的运作知识，以及当代经济学有关理论的发展，就显得更重要了。因此，我们很想利用这个难得的机会，请你介绍一下国际上经济学理论的前沿问题，以期对我国经济改革有所推动。

许成钢：这次回国确实使我从中国经济改革中观察到一些问题，表现在人们对现代微观经济学理论存在很多误解。因此，我想先简单地讲一下一般均衡理论，然后介绍一下厂商理论，以及一般均衡理论同厂商理论的关系，趁此机会纠正一些误解。

第一个问题：市场是否总存在均衡，而且这个均衡又是最优的。

如果我们只看大学生本科的标准教科书，很快就可以看到这样一条：市场存在均衡，而且这个均衡是最优的。但重要的是，市场存在均衡且均衡最优的条件是什么？概要地说，这些条件有以下这五条：

1. 假定厂商都是很小的。

---

* 原文发表于《改革》1993 年第 5 期。——编者注

2. 凸性（convexity）。凸性是一个纯粹的数学词，其中一个重要的经济含义是没有规模经济，例如没有很高的初始投资。举例来说，建大坝搞水力发电，这需要非常大的初始投资，因此这种技术是违反凸性条件的。

3. 没有外部效应。

4. 市场完备，即对应于每一个不确定性的情况都存在一个独立市场。不确定性就是指人们事先不能预料的事情，每一个可能发生不确定性的情况下都有一个独立的市场。这里独立的含义是数学上的含义，意思是与其他东西不相关。在这种条件下的市场被称为完备的。实际生活中，市场总是不完备的，完备市场这个条件是经常被违反的。后面我会再详细讲。

5. 信息对称。买者与卖者有同样的信息。最简单的情况是，市场上的买者与卖者之间对某个产品的了解是完全一样的。

在所有这些条件都满足的情况下，市场存在均衡，且均衡是帕累托最优的。但是，当其中任何一个条件不满足时，市场可能不存在均衡，或者均衡不一定是最优的。

让我们简单举几个例子来说明。比较古典的问题是对前两个条件的违反。这种例子在标准的教科书中都能看到。自然垄断行业，比如铁路需要很大的初始投资，铁路公司的规模总是很大的。例如电网，发电厂初始投资总是很大，而且有明显的规模效益，厂商不会是很小的。因而第一个条件经常是要被违反的。如果没有外力加以控制，让自然垄断的厂商追求利润，由于它处于垄断地位，即便放开让市场运作，厂商也会把价格定得很高去追求利润最大化，由此得到的结果是低效率的。虽然也可由市场达到均衡，但均衡不是最优的，均衡点是低效率的。所以，在这种情况下，政府必须出来干预。要有政府的法规，政府要给它定价，定到对社会最优的价格上，这通常是同厂商的利益冲突的。

我讲这个很古老的东西，是因为我感到中国经济改革中有一种倾向，主张任何事情都要交给市场来做，包括公用事业和其他自然垄断的行业。前些时候，我听说有人主张电力要私有化，由企业自己定价。我想强调，实际上经济学对这样的问题早就有很好的指导。

肖梦：不过，美国、英国和其他西方国家在20世纪80年代的那次私有化浪潮中，对公共事业包括电厂、铁路等，难道不是与你说的有些不相符吗?

许成钢：只要我们仔细观察一下在私有化以后发生了什么，就会发现政府对私有化后的自然垄断企业仍是非常紧密地干预的，仍然保持政府通过法规对价格的控制。比如在美国，虽然大部分电厂是私有的，但是电的价格是被政府严格控制的，并不随市场自由浮动。

让我们回到市场完备和信息对称这两个条件，这是经济学最近20年的新发展。如果只看本科标准教科书的一般均衡理论，这两个问题是不会提到的。因为早些时候经济学还没有研究不确定性和信息对称的问题。标准的一般均衡模型被称为阿罗-德布鲁模型。一般均衡的存在是由他们两个人证明的。以后关于不确定性和信息不对称的工作很大程度上是由阿罗本人推动的。在阿罗证明了一般均衡的存在、一般均衡最优的条件后，他认为这个理论和现实有很大差距，这个差距正是市场完备和信息对称这两个条件。

先说市场完备。当经济中存在不确定性因素的时候，如果对应于每一个不确定因素都存在一个独立的市场，那么不确定性因素之间可以通过这些独立的市场进行交换。比如季节性因素造成的不确定性：当多雨时，水稻丰收，棉花歉收；干旱时棉花丰收而水稻歉收，那么种水稻与种棉花的人可以通过保险公司交换其在不同情况下的损失和收益。如果对每一个不确定性因素都有一个独立市场，那么，标准的一般均衡理论的结论就是成立的。企业市场、期货市场和证券市场等就属于这种性质的市场，市场存在唯一的均衡且该均衡是最优的。但如果市场不是完备的，比如发生了地震，没有任何一个企业可以在地震中发财，就没有什么能与之交易。当市场完备的条件被违反时，一般均衡是否存在就有了问题，均衡是不是唯一的就有了问题。当出现这种情况时，20世纪80年代有一个定理证明：当市场不完备的时候，而且经济中存在金融市场（两个条件），市场的均衡是不定的（indeterminate）。数学上的意思是方程式的数字超过了未知数的数字。翻译成图去想，如果均衡是不定的，那么均衡就不是一个点而是连起来的一大片。例如在两维的图中，不定的均衡就是一条线。在三维中，均衡是一个面。把它再翻译回实际中，就意味着：不存在一个孤立的、确定的均衡点，均衡是连在一起的，因此需要市场以外的力量稳定住均衡点。市场以外的力量是什么呢？是人们的信心、猜测，以及政府的干预等。换句话说，当市场完备条件被违反，同时又存在金融市场的时候，市场不能自动地达到唯一的最优均衡点。注意，定理证明的是当有金融市场（包括股票市场、证券市场）的时候，市场不能自动确定一个最优的均衡点，外界的干预是必要的。这是理论上已经清楚地证明了的东西。

肖梦：我想打断一下，你说的“外界力量”指政府通过法规限定等干预手段总是必要的，这点会遭到某些希望保持双重体制的新特权阶层的人的反对，他们会说，市场经济就是这样，“不要任何政府干预”，反对任何自上而下的规划领导的改革。实际上，近来腐败等“寻租现象”的蔓延，也受制于理论上的许多误解。

许成钢：这里我先要声明的是，我指的政府干预不是过去中央计划经济那种靠行政命令直接操纵企业的办法，而是要强调，我们应该清楚什么地方是要市场来做的，什么地方单靠市场是做不好的。在我们打算向市场经济转轨的时候，同时要有政府的法规和独立的司法机构强制执行这些法规。

我有意讲这个内容，就是看到改革还在比较初级的阶段时，大力推动股票市场，对此我有保留意见。我并不反对股份化，也不反对建立股票市场、证券市场，但在没有政府法规、没有政府能够采取相应监督措施的时候，大力推动股票上市、期货市场等会给经济带来严重问题，这在经济学上是有定理的，是清清楚楚的。一方面管制仍大量存在，一方面却主张“所有事情应交给市场去做，让人们去投机，最后就能达到均衡”，当然会造成腐败等现象，而且这恰恰违反了经济学定理。虽然以上讨论的定理在数学上很抽象，但其经济含义是很清楚的。

关于信息对称这个条件，在新古典经济学中讨论一般均衡时，实际上隐含了一个假设：买者与卖者对产品信息的了解是对称的。

但实际上人们经常发现买者与卖者对产品信息的了解是不对称的。这里我举一个经济学中著名的例子，即旧车市场。卖旧车的人又是修车的，他对所卖旧车了解得一清二楚，知道旧车性能究竟怎么样。在交易时，买主仅仅是开上两圈，即便专家对这辆车的了解也是有限的。利用卖主相对于买主在信息上的优势，卖主就可能坑骗买主。再举一例，保险业是倒过来的，买主知道自己的风险有多大，卖主却是不清楚的，买主有信息上的优势，这时，买保险的人有动力利用其信息上的优势坑骗保险公司。理论上已经证明，当存在信息不对称的时候，市场不存在均衡，或者均衡不是最优的。如果市场没有均衡点，又没有外界干预的话，那么，保险公司也许会被搞垮，靠市场得出的结果会是非常低效率的。基于对这个问题的认识，在保险业，在产品有明显的信息不对称时，政府必须出面干预。例如旧车市场为此制定了专门的法律，规定如果卖主坑骗买主，在一定时间内被发现，卖主必须如数退款，这使卖车的人要小心，不能坑人太邪乎了。美国的这一法律叫《柠檬法》（Lemon Law）。“柠檬”在这里就是坏车的意思。再比如对保险业，政府强制规定所有买汽车的人都得买一份最低的保险。

肖梦：如何解决国有企业低效率的困境，早已引起人们严重关注。近年来，国内关于推行产权制度改革的浪潮颇有一浪高过一浪的势头，产权理论相当时髦，认为只有当产权界定清楚了，或者说“自个儿的东西是最爱护的”，效率才能提高。产权理论或厂商理论又是新发展起来的，希望你能尽量浅显地做些介绍。

许成钢：我在对中国改革的观察中发现，改革的理论中存在逻辑上的不一致。当一些经济学家说市场能自动解决一切问题的时候，他们同时又说产权是决定性的。实际上，如果一般均衡的上述条件都满足了，即市场能自动解决一切问题，经济学告诉我们产权是无所谓的。

理论是新近发展起来的，真正理论上的探讨只是最近十几年的事，虽然一些概念性的东西是半个世纪前提出的。产权理论、合同理论、厂商的组织结构、所有权与经营权分离的问题是与一般均衡理论有联系的。如果一般均衡中所有假设的条件都满足了，就没有必要讨论厂商理论，厂商理论也就没有存在的必要。在20世纪60年代，保罗·萨缪尔森[①]证明过，在信息对称的条件下产权是无所谓的。没有产权的问题，当然也就没有厂商的问题，这是经济学中一个很重要的结果。

在什么时候产权是重要的？只有当存在不确定性，存在信息不对称和其他条件时，产权才可能是重要的。实际上，厂商就是要解决市场解决不了的问题。企业和市场这两个是一对儿，在有些事情上市场好使，有些事情上企业内部好使。厂商理论就是解释企业在什么时候、为什么和怎样比市场能更好地解决问题的，其中的关键问题是产权和组织结构。厂商理论方面最著名的著作之一是威廉姆森[②]的《市场和层级制》（*Markets and Hierarchies*：*Analysis and Antitrust Implications*）一书，书中的“层级制”指的就是厂商。为什么他要有意地将市场和层级制对应起来说呢？就是因为有的问题市场解决不了，就得放到企业里去解决，而有的问题不放在企业里而要放到市场上。有组织的机构——企业和市场是互补的，经典的一般均衡理论假定企业都是很小的。在标准的教科书讨论生产函数的时候，实际上假定了企业里是没有结构的，产权的问题是不存在的，以一个函数代替了企业。或者用通俗的工程上的语言来说，把企业看成黑箱，只管投入与产出之间的关系就够了。这与现在涉及的厂商理论是不同的。厂商理论要把这个黑箱打开，看看里面是什么东西。里面的东西包括产权和组织结构，基本问题是半个世纪前由科斯提出来的。当时他是伦敦经济学院的本科生，念了新古典经济学，夏天到美国通用汽车公司打工。他到那儿一看，发现不对劲儿，这里不是一般均衡理论描述的企业。通用汽车公司很大，公司

---

① 保罗·萨缪尔森（Paul Anthony Samuelson，1915—2009），美国经济学家，其撰写的教科书《经济学》是历史上最畅销的经济学教科书。他是第一位获得诺贝尔经济学奖的美国学者，因“发展了静态和动态经济理论，并为提高经济科学分析水平做出了积极贡献”而获得1970年诺贝尔经济学奖。——编者注

② 奥利弗·威廉姆森（Oliver Eaton Williamson，1932—2020），美国经济学家，因“对经济治理的分析，特别是对公司边界的分析”与埃莉诺·奥斯特罗姆（Elinor Ostrom）共同获得2009年诺贝尔经济学奖。——编者注

里有不同的工厂生产车体、后桥、引擎等，有这么多工厂不是在市场上交易而是组成一个公司，而且分成好几个部，在各个部里还生产不同的牌子。那为什么这样的生产方式是最优的呢？为什么不是由市场交易的还能胜出？为什么这样的组织方式比市场交易更“优”？工程师会说，这里有规模经济。但再仔细看，这超出了规模经济。比如说，你生产车体，车体可以有规模经济，但为什么不到市场上卖车体呢？为什么要一个公司中分这么多部组织在一起？再举一个简单的例子，在市场上会看到这样的情况，煤矿、发电厂、输电网相互在市场上进行交易。但更多的时候并不是这样的，更多的是一个公司把煤矿、电厂、电网组织在一起。国内对这些已有介绍，即所谓交易成本的说法。这是由科斯提出的，后来由威廉姆森进一步发展。其间，钱德勒①这位经济史学家研究了大量美国企业的发展，找到很多事实表明，在许多情况下，市场不能达到最优，所以组成了企业这种层级制形式。在他们研究工作的基础上，理论上又有发展，把这个问题弄得比较清楚了。

在这几个条件下产权是重要的：一是不完备合同，二是存在连锁关系。完备合同是与完备市场有一点对应关系的，因为合同实际上是市场交易。完备合同的含义是：当这个世界上有不确定因素的时候，今天不能预料明天会发生什么，但可以猜明天会有许多可能性，能够在合同中把 100 种可能性都写下来，写得天衣无缝，双方就可以交易，这样的合同就是完备的。如果我们不能在今天把明天发生的所有可能性都写下来，比如你以为有 100 种可能，到时却发生了 103 种，那 3 种没写进去但发生了，怎么办？这时双方就会起争执，这就叫不完备合同。理论走到这一步已经比较清楚了。这个理论说，如果合同是完备的，那么产权无所谓，不需要规定产权，执行合同就行了，如果煤矿与电网之间可以有完备的合同，那就不需要建立一个公司把它们弄到一起，这样煤矿就是煤矿，电厂就是

---

① 阿尔弗雷德·钱德勒（Alfred D. Chandler，1918—2007），美国商业历史学家，著有《看得见的手：美国商业的管理革命》（*The Visible Hand：The Managerial Revolution in American Business*）。——编者注

电厂，在市场上进行交易就行了。如果合同是不完备的，再加上另一个条件——存在连锁关系，一旦你们两家建立了合同关系，两边都按合同有专门投资，互相有了连锁关系，如同中国人说的一条线上拴两个蚂蚱，哪个也跑不了。例如，电厂要建一个锅炉，这个锅炉是专门设计针对某种煤的，煤厂就应该专选那一类煤给这个锅炉用。它们一旦合伙干，有一个设备专选这种煤，有一个设备则专烧这种煤。一旦投资，两家就拴在一起了。这时，如果合同是不完备的，事后煤厂发现把煤卖给另外一家更合算，电厂不是就亏了吗？电厂的锅炉已经设计成这个样子，煤厂却跑了。所以在合同不完备时，两方面事先都悠着点干，哪个也不敢真往里投资。这样的结果自然是低效率的。在这种情况下产权是重要的：如果煤厂和电厂归一个公司所有，不完备合同的问题就不存在了。

以上这些是对桑福德·格罗斯曼（Sanford J. Grossman）和奥利弗·哈特（Oliver D. Hart）发表在1986年《政治经济学杂志》（*Journal of Political Economy*，简称JPE）上关于产权问题的著名模型的通俗、简要介绍。

我想有必要把关于产权的重要文献非常简要地列出来。

1. 阿尔钦-德姆塞茨（Alchian-Demsetz）和张五常。他们的理论集中在两点。

（1）产权解决内部激励问题：如果要生产一种东西，一个人是做不出来的，非要一伙人不可，那么就排除了市场交易的可能。但一伙人在一起干就会引出“偷懒”的问题，即“搭便车”，要解决就得找一个人看着干活的人。假如一个工厂需要雇用1000人才能生产，一个人看10个人，得雇100人，这100个人要是也偷懒怎么办？这样推理下来，最后得归到一个人身上，是最终看着所有人的那个人，这个人怎么才能有动力呢？你得给他收益权，这就叫作产权，换句话说就是由谁看着经营者？由所有者看着经理不要偷懒。经济学的偷懒是广义的，他可以一天都挺忙，可以忙着造一座宫殿，钱全让他胡花了。

（2）当存在外部效应时，产权可以把外部效应内部化。举个例子，有一个湖是公有的，大家都去这个湖里捞鱼，可能最后湖里的鱼就被捞光了，大家就谁也别想发财。假如这个湖分给某个人所有，这个人说捞鱼者必须付费，于是所有者有动力保证湖里总是有鱼的，这样不仅他个人能获益，最终也使捞鱼者获益。公有的变成私有，出来一个人管这件事，就是把外部效应内部化。

经济学对第二类问题没有什么可争论的，但第一类问题却不那么简单。因为这只适用于企业规模很小的时候，当企业的所有者就是管理者的时候，是行得通的。如果所有者不是管理者，这一理论就不适用了。

2. 雅诺什·科尔奈。科尔奈的软预算约束理论在国内很流行。科尔奈的理论是说，当产权不清楚的时候，就会出现软预算约束。是什么意思呢？当企业运气不好，或工作不努力亏损的时候，由于没有人对此负最终责任，政府就会补贴亏损的企业，当然预算约束是软的。在软预算约束下能产生出好多结果，社会主义经济中能看到的一系列糟糕的事情，都能归到这上面来。科尔奈说，软预算约束的根子是因为所有权没有分配到个人身上。这一说法同阿尔钦等人的说法有一定的联系，也有相似的局限性。理论上的发展已经得知，软预算约束不见得是公有产权下特有的。换句话说，硬预算约束不见得一定要在私有产权下，即便不是私有产权也可以是硬预算约束，这在理论上也已经证明了。

3. 威廉姆森 – 哈特（Williamson – Hart）。威廉姆森把科斯没有说清楚的交易成本概念说得更清楚了。他说产权是为了减少机会主义行为。当合同不完备、两家企业之间存在连锁关系的时候，由于事先无法在合同上把各种情况写清楚，以后关系又锁在一起，当事后发生什么事时，就会出现机会主义行为，即某一方会利用合同不清楚和连锁关系做其他事坑害对方。适当界定产权可以减少机会主义行为，使效率提高。这是威廉姆森对交易成本的解释，但他没有对“机会主义行为”做进一步解释。交易成本从经济学理论上看不是一个很清楚的概念，因为它很模糊。在威廉姆森之后，哈特作为理论经济学家把这个问题进一步弄清，压缩到产权是用来减少机会主义行为的。

肖梦：可是国内普遍流行的看法是，产权明晰化就是股份化，可以通过组成股东代表大会，选出若干董事，最后由董事决定，控制总经理，决定总经理的任免。如果总经理不好好干，股东代表大会一投票就能把他选下去。还有好些人认为国有企业股份化后使股票上市，就可以通过股票市场评价企业绩效，从而改变企业的效率。

许成钢：当国内人们讨论产权的时候，基本上局限于所有权和经营权没有分离，即小企业的情况。张五常等人的理论只适用于小企业，并不适用于大企业。如果我们仔细看一看美国、英国、日本等发达资本主义国家，那里存在许多大企业，这样的企业是成千上万甚至可以是几十万乃至上百万人拥有的。在这种情况下谁监督谁啊？那些小股东能监督总经理吗？那些经理比股东富多了，权力也大多了。总经理对公司的了解程度远比股东多得多，这就存在信息不对称的问题。外边的人虽然是股东又怎么监督他？虽然传统的说法是可以组成一个股东代表大会等，但最近十来年经济学家做了非常系统的研究，包括案例研究和经济计量学研究，最后发现股东代表大会总的来说起不到监督总经理的作用。所以我们平常说的国有企业所有权与经营权分离问题，在资本主义大企业也是存在的。这就引出了如何解决两权分离时经理人员的激励机制问题。但我们现在强调股份化、股票上市等，一些人对产权问题的理解就是股份化，通过股东监督经理，股票上市就可以通过股市评价企业绩效，从而改变企业的效率。经济学家的大量研究告诉我们事情不是这么简单的，单纯的股份化与股票上市做不到这一点。

肖梦：那就请你谈谈企业理论的进一步问题，产权界定清楚是不是国有企业摆脱困境的充分必要条件。当所有权与经营权分离后，是什么监督企业的经理好好干？是什么机制使经理不至于挥霍而全力提高企业效率呢？

许成钢：这个问题正是我想要谈的。从经济学上说，产权界定清楚是不是充分条件？经济学告诉我们，没有证据表明单靠私有产权可以保证经理好好干。因此，产权界定清楚不是充分条件。第二，股票市场是不是有效的监督和控制工具，来保证企业有效地运行？且不说中国刚建立股票市场，即使在发达的西方经济中，经济学研究也告诉我们，不是！单独的股票市场不是有效工具，必须有若干个条件结合在一起才能保证经理好好干。这是一个相当复杂的问题。任何一个单独的机制都不能保证，需要一大串机制合在一起才能保证。

1. 产品市场的竞争。这一条的重要作用就是通过产品市场的竞争，一方面使消费者知道，这家公司制造的产品的质量、产品的价格究竟怎么样，由此决定该公司长期的声誉。

2. 经理人员劳动力市场的竞争。经理人员并不总在一处当经理，他们是有劳动力市场的，因而他们要关心其未来职业生涯能否发展，能否另谋高就。如果有很好的声誉与绩效，就有可能被其他公司挖走。这对经理人员是很大的激励与限制。

3. 内部的激励机制。简单地说就是奖金制度与惩罚制度。干得好了就奖励，干得不好就惩罚。

以上三条可以说与产权无紧密联系。通过十几年的改革，除了第 2 条差一些，第 1 条和第 3 条在中国大体上已初步形成了。

4. 股票市场信息。经济学家做了实证研究，股票市场有些作用，但作用不是特别大，原因与前述一般均衡理论是联系在一起的。当市场是不完备的，同时又存在股票市场的情况下，市场是不稳定的。股票市场带着很多噪声。当噪声大到一定程度时，你分不清楚信息和噪声。股票持有者搞不清楚，投机行为不见得与企业经营有关，大量的是外界噪声。所以这一条对经理人员的监督不太关键。

5. 破产与兼并。这是经济学理论中目前相当热门的理论问题，是经济学研究中的前沿问题。经济学家中搞厂商理论的，普遍认为这是逼迫经理玩儿命干活的关键。前边的那些条件很重要但不如这条。经理会贪图私利，在企业里盖一座宫殿，当一天经理就坐一天宫殿，开上一辆豪华昂贵的奔驰车等。可以看得清清楚楚的是，内部的激励机制可能不起作用，用不着腐败或者贿赂，他的经理资历就可以享有这一切，外人是搞不清楚的，股东也没有办法。但如果有破产有兼并，就对他有很大威胁。一旦企业破产了，宫殿就坐不成了，一旦兼并，宫殿就归别人了，所以这是最强的压力。

对于破产和兼并，由于某些意识形态原因或者误解，许多人认为是件坏事。实际上，在西方经济的运行中，破产与兼并在许多情况下是好事。一方面对经理是一个很大的威胁，另一方面也是让运行不灵的企业起死回生的一条出路。例如，根据 1992 年美国总统报告，在当今的美国，几乎所有行业的 2/3 的新建企业生存不会超过 6 年，即在 6 年内会破产或被兼并。这个部分是眼下经济学研究的重点，与产权是什么关系目前还不是非常清楚。有一点可以肯定的是：当产权界定清楚的时候，特别是当私有的时候，破产与兼并比较容易执行。不过，从 1989 年中国乡镇企业大量破产的实例中，我们看到产品的升级换代，结构的优化，而乡镇企业大都是集体所有的，这表明破产也不一定必须是私有企业。

肖梦：非常感谢你给国内经济学界带来的信息，相信这样的介绍能够达到《改革》杂志追求的探索改革理论、传播改革信息、振奋改革精神、推动改革实践的目标。

简述曼昆《宏观经济学》

格里高利·曼昆现任哈佛大学经济学教授，教授宏观经济学和经济学原理。曼昆的教科书《宏观经济学》是国际上最有影响力的中级教科书之一。这本书不仅在美国取得了巨大成功，而且在国际上也声誉卓著：它已被翻译成法文、德文、意大利文、日文、葡萄牙文、俄文和西班牙文。曼昆的才华和使经济学进入大众生活并为使大众对此产生兴趣所做的努力，为他在经济学家和大众中赢得好评。我确信这本书的中文版将和其他版本一样获得成功。

这本《宏观经济学》是以曼昆多年的成功教学为基础的，他教授的课程曾被认为是哈佛最好的课程之一。1991 年他被授予加尔布雷斯教学奖，并且获得莱文森教育奖提名。

曼昆是在理性预期革命之后新一代最杰出的新凯恩斯主义经济学家之一。20 世纪 80 年代中期，在成功地揭示凯恩斯经济学缺乏微观基础之后，许多经济学家曾感到奇怪：为什么像曼昆这样的一些年轻经济学家仍在继续研究凯恩斯主义经济学。现在，人们可以清楚地看到曼昆及其同事为发展凯恩斯主义的观点做出了有益的贡献，他们的探索方向是正确的。曼昆和其他新凯恩斯主义经济学家的一个主要贡献是在理性预期的框架下为凯恩斯主义思想提供微观基础。有兴趣深入探讨新凯恩斯主义经济学的读者可以进一步阅读曼昆与他人合编的《新凯恩斯主义经济》。其中，第一卷主要阐述不完全竞争和黏性价格，而第二卷是关于协调失灵和经济中的不灵活性。

---

* 本文原标题为《曼昆的〈宏观经济学〉教科书和他的观点》，发表于《网际商务》2001 年第 5 期。——编者注

这本教科书除了讲述新凯恩斯主义经济学，还以大量篇幅讲述理性预期宏观经济学，使这本书在两个学派之间保持很好的平衡。这一特色对中国读者，无论是学生还是专业经济学家，理解西方主流宏观经济学至关重要。

作为一位有影响力的经济学家，曼昆不仅在学术期刊上发表文章，还为许多著名的大众媒体撰稿，如《纽约时报》《华尔街日报》，而且他还定期给《财富》杂志撰写专栏文章。

下面我们举例说明曼昆如何从他的新凯恩斯主义观点出发，解释当前重要的实际经济问题。借助这个例子，读者可以体会怎样看待实际中的重大经济问题。

截至2000年年中，美国经济繁荣期达到了历史上最长的一次——110个月。与此对比，1854—1919年，美国的平均经济繁荣期仅持续27个月。在1945年后平均经济繁荣期达到50个月。从1982年起，美国经济变得尤为稳定：平均经济繁荣期达到90个月以上。为什么现在经济萧条的影响比20世纪30年代前减少了这么多？曼昆解释为如下原因：

1. 1930年以来建立的存款保险制度防止了银行恐慌的发生和由此导致的19世纪及20世纪早期的那类经济不稳定。

2. 在美国，政府在经济中的作用日益加强。与GDP相比，当今美国政府的开支大约是20世纪初期时的7倍。政府的税收与开支是经济中的自动稳定器。当经济衰退时，所得税会下降，同时失业保险和反贫困计划的支出会上升。

3. 中央银行的作用。当今的美联储制度是到1914年才形成的。而直到20世纪50年代，美联储才开始承担全面的货币政策职能。直到20世纪80年代，美联储才真正理解如何最好地制定和执行货币政策。

无疑，以上所有这些都是重要原因，但曼昆或新凯恩斯主义经济学家可能还是忽视了其他一些重要因素，例如金融市场的管制。金融市场管制是从20世纪30年代建立并逐渐发展起来的。此外，真正建立起宏观经济学的微观或制度基础还有很长的路要走。例如价格黏性的制度原因是什么？这一答案还未知，希望在不久的将来由我们的读者给出回答。

第二章
制度经济学

新制度经济学的过去和未来

制度经济学与新制度经济学的发展历程

自从亚当·斯密时期的政治经济学以来，其研究主体就是制度。从政治经济学一产生，它的主要研究对象就是制度和经济现象之间的关系。后来在经济学不断走向社会科学的过程中，越来越多地引入了科学的手段。在这个过程中，人们发现，讨论制度相当困难。当把制度抽象掉之后，许多经济现象分析起来更容易。因此到了19世纪末之后，在经济学逐渐向经济科学转型的过程中，为了避开分析制度带来的困难，经济学家就用假设的方式把制度固定住，对制度不予讨论。这样的经济学，它的研究对象是市场经济。在市场经济中，在制度都是一样的假设条件下，经济学家的工作是寻找“没有制度”的经济中的规律性现象。

科学地讨论制度的主要困难在于定量化。任何科学都始于定量观察，由此得到系统而又严密的结论，并使理论可以得到定量验证。当经济学变成科学的时候，非常重要的第一步就是要能够定量地度量其研究对象。比起没有制度的“纯”经济和金融现象，制度的度量更具难度。因此，从20世纪初以来产生的新古典经济学，其最重要的基本特点之一就是把制度固定住（或称为没有制度），只探讨相对比较成熟的市场经济现象。

在那个时期，经济学界还存在一个和新古典经济学有所区别的

---

* 本文发表于《比较》，2017年第5期。——编者注

制度学派，或叫作奥地利学派。严格地说，所谓的制度学派或者奥地利学派继承了政治经济学的老传统，因此并不是新的学派。

今天讨论的所谓新制度经济学，区别于奥地利学派，区别于老的制度学派。新制度经济学的奠基人是科斯和诺思。其核心内容是科斯的交易成本理论、科斯定理，以及诺思的路径依赖理论等。新制度经济学运用这些新概念和分析工具讨论制度。但是，从制度作为研究对象来讲，无论是新制度经济学、奥地利学派，还是 20 世纪以前的政治经济学，这个传统是一脉相承的。

新制度经济学的“新”就是指上述新概念和新分析方法。但是，当我们讨论新制度经济学的时候，如果强调的是新概念、新分析方法，那就不局限于科斯和诺思。在科斯和诺思那个时代，他们提出的概念是新的。到现在，人们对这些概念已经耳熟能详，它们已经不再是新的了。所以，新制度经济学面临着和整个经济学的主流融合及共同发展的趋势。

当人们用新制度经济学讨论问题的时候，有一种倾向是清楚地区分新制度经济学和主流经济学。但如果我们关心的是对制度的研究，实际上这两者之间并不真的有明确的界线。因为主流经济学自 20 世纪 70 年代系统地引入了博弈论（尤其是非合作博弈论）和制度设计理论（又称机制设计理论）以来，制度就成了主流经济学理论的研究重点之一。比如制度设计理论，顾名思义研究的就是制度。而且制度设计理论产生的直接背景就是兰格和哈耶克关于市场社会主义制度和私有制的资本主义制度之间的辩论的延续。这一辩论的内涵就是最大、最基本的制度问题。所以，从某种意义上说，制度设计理论与制度经济学在许多方面是重合的。只不过它和传统的制度经济学使用的方法不同，它和新制度经济学中科斯的理论、诺思的理论看上去也不同，但整体上，研究对象是一样的，都是制度问题。

值得指出的是，主流学术界通常将制度设计理论视为博弈论的一个分支，而博弈论本身也从根本上改变了经济学研究的方法和对象。在引入博弈论以前，经济学者把制度假设拿掉，在不看制度的情况下分析市场经济，中心问题是市场上的需求和供给均衡，由此建立一般均衡理论模型，并用这个理论框架讨论市场经济。但是，引入了博弈论以后，讨论的对象就扩展到人和人之间在社会上的任何博弈，超越了单纯的市场供求。

如果我们看一下诺思关于制度的定义，就可以看到制度经济学在概念上与博弈论的重合。诺思将制度定义为社会博弈的规则，而博弈论讨论的正好是人在不同规则下的社会博弈。当我们讲社会博弈的规则时，我们讨论的就是在什么样的制度下博弈会出现什么样的结果，这正好就是博弈论要讨论的内容。从这个角度看，自博弈论和制度设计理论以来，主流经济学已经为系统地从理论上研究制度奠定了基础或者部分基础。就此而言，新制度经济学和主流经济学之间的关系是日益融合而不是相互分野的。

除了理论，另一个重要方面是经验研究。在最近二三十年的时间里，无论是新制度经济学还是新政治经济学，经验研究都有了巨大发展，这主要是由于以下几个原因。第一个原因是制度变化。20世纪80年代末90年代初的苏联、中东欧国家，还有中国、越南，从中央计划经济转向市场经济。这段时间里人类历史上发生了最大规模的制度变化，极大地刺激了新制度经济学的发展。

第二个原因是技术变化，包括互联网的发展、计算机技术的发展。大量与制度相关的数据在过去很难获得，但现在由于互联网的发展，变得更加容易获得。有没有数据实际是科学发展的决定性问题。任何科学的经验工作的第一关就是数据，而互联网的发展为获取大量数据奠定了技术基础。另一个重大的技术基础就是个人计算机的发展，这使学者们对数据的统计分析变得极其容易，人人都可以在家里对数据进行复杂的统计分析。上述两个因素相结合，在最近二三十年里，使新制度经济学、新政治经济学和新经济史学领域的经验研究蓬勃发展。需要指出的是，这三个领域在很大范围内是互相重叠的，往往很难清楚地划出界线，实际上也没有必要人为地划清界线。

经验研究的迅猛发展告诉我们，新制度经济学不但获得了巨大的发展，而且一定会有更大的发展。实际上，已有的这些发展是为下一步更大的发展奠定基础。一方面是在理论上，引进了博弈论和制度设计理论；另一方面在经验研究上，已经积累了大量的数据和从大量经验研究中发现的规律性内容。这些都有待于好的理论的发展。

新制度经济学对主流经济学的推动

新制度经济学至今能够取得如此成就，原因之一是新制度经济学的分析框架更具科学性和可操作性。科斯的交易成本理论和科斯定理、诺思的理论，包括对制度的定义和路径依赖理论，对新制度经济学研究的发展，不仅有概念上的推动，也包括经验研究上的帮助。下面我分别就诺思的理论和科斯的理论各举一个例子来说明。

首先，是诺思关于路径依赖的理论。概括地说，路径依赖理论是指在制度演变的过程中，不同国家中不同制度的演变和过去的制度相关，进而可以分析，过去的制度在什么意义上会决定后来的制度演变成什么样子。例如，一个关键的制度因素是，过去的制度能否使这个制度本身有兑现承诺的能力。过去的制度如果使其统治者能够兑现其承诺，那么制度就会向良性循环演进：从具备部分兑现承诺的能力到兑现承诺能力越来越强。但是，如果过去的制度里没有这种能力，这个制度可能很难向良性循环演变。在一个统治者完全没有兑现承诺能力的制度中，可能一直发展不出统治者兑现其承诺的能力。

这是一个非常重要的概念上的讨论。诺思及其合作者应用这个概念讨论了宪政的发展：为什么英国是世界上第一个发展出现代宪政的国家，为什么很多国家发展不出宪政。诺思认为，在英国产生宪政之前的封建君主制下，贵族们在一定程度上可以强迫君主兑现某些承诺。也就是说，在英国的封建君主制度中，存在部分使君主兑现其承诺的机制。从13世纪的大宪章运动开始，经过几百年的演变，这个制度实现了良性循环：君主在贵族的集体制衡下，被迫越来越多地兑现其承诺。从一开始能承诺一点点，到后来越来越多地兑现，最终建立宪政。宪政归根结底就是以分权的方式迫使统治者必须兑现他许下的承诺。

有不少经济史学家在这个理论的基础上，做了大量的研究和发展。诺思的理论甚至对博弈论也有非常大的推动作用。诺思关于制度决定承诺兑现能力的讨论，后来在博弈论中成了一大类主流问题，即所谓的动态博弈论。

科斯对主流经济学的影响更甚。例如，他的交易成本理论不仅应用非常广泛，它反过来对经济学的基本理论也有重大的推动作用。从理论的角度讲，交易成本理论是一种简约形式的理论。所谓简约形式的理论是相对于从经济现象最基本的原理（first principles）出发的理论而言的。所谓最基本原理相当于公理，是大家公认而不用解释的基本出发点。而简约形式的理论是以直觉为基础的，从中间假设或中间结果出发。

物理科学、生物科学的基本理论都是从最基本的原理产生的，尤其是物理科学，例如牛顿力学定律。经济科学也试图这样做。但社会科学面临的问题极其复杂，所以一切都追求从最基础的原理或公理出发构建理论，往往难以实现，而且会使人们落在技术陷阱里，看不到经济问题、社会问题。相比之下，科斯定理把被称为“交易成本”的中间结果作为起点，获得了极其丰硕的成果。由于交易成本不是最基础的原理，作为黑匣子，它启发人们如何去构建更基本的理论。面对简约形式的理论，到底什么是交易成本，什么东西决定了交易成本？市场上和企业内部这两种不同的交易方式，为什么带来不同的成本？到底哪种类型的交易成本更高？

进一步看，无论是在市场上交易还是在企业内部交易，都采用了合同的形式。在市场上交易的合同和在企业内部交易的合同，到底有什么差别？如果它们之间没有质的差别，那么世界上就不会存在企业和市场的差别。在现实中，人们感到（或者观察到），在企业内部交易和在市场上交易有质的不同。有企业和没有企业也有质的不同。如果是质的不同，又到底是什么不同？这里涉及合同理论（博弈论的一个分支）和产权理论。什么是企业？任何一个组织被叫作企业的时候，意味着整合在一起的一组产权。所谓市场指的是人们互相交换和买卖产权的场所。如果买卖的只是一个产品，那就是交易这个产品的产权；如果买卖的是股份，就一定在交易产权。所以，人们在市场上交易的内容和在企业内部交易的内容是有质的不同的。

为什么会有产权？有产权和没有产权到底会不会造成差别？为什么产权重要？这些是从交易成本理论受到启发提出的基本问题。奥利弗·哈特①在科斯的交易成本理论的启发下，打开了交易成本理论这个黑匣子。其出发点是合同的不完备性，以及由此产生的一系列过剩控制权如何分配的问题。所谓的过剩控制权分配就是产权的分配，因为谁有产权，谁就掌握了过剩控制权。过剩控制权存在的原因，既包括合同自身不完备的特性，也包括人们为了控制产权有意设计不完备合同。这是现代产权理论的基础。这些理论的发展对今天主流经济学的各个领域，包括金融学，都产生了极其重大的影响。

除了科斯和诺思，威廉姆森和埃莉诺·奥斯特罗姆②也被认为是新制度经济学的创始人。威廉姆森的理论是对科斯理论的直接延伸。在哈特之前，交易成本理论之所以变得威力巨大，非常重要的一部分贡献来自威廉姆森。科斯的写作并不多，他只是从原则上把这个问题提了出来，并在概念上说清楚。但在如何应用这个概念解释复杂的经济现象上，威廉姆森做了大量的工作。从不完备合同理论的角度解释产权，这个思路也源自威廉姆森，而哈特所做的是严格的理论构建工作。所以，他们是不同层次的贡献。在科斯那里，交易成本理论更像哲学概念，而威廉姆森把科斯抽象的哲学概念具体化，而且他有大量的观察。威廉姆森基本上不太使用系统的数据，而是根据经验观察。他用哲学概念把大量经验观察串在一起，然后又极富哲理性地讨论为什么要有产权，产权的作用是什么，最后发现它和合同的不完备性是相关的。

---

① 奥利弗·哈特（Oliver Hart），美国和英国双重国籍经济学家。他凭借“在契约理论方面的贡献”与芬兰经济学家本特·霍姆斯特罗姆（Bengt Holmström）共同获得2016年诺贝尔经济学奖。——编者注

② 埃莉诺·奥斯特罗姆（Elinor Ostrom，1933—2012），美国政治经济学家。她因“对经济治理，特别是普罗大众（commons）的分析”而与奥利弗·威廉姆森共同获得2009年诺贝尔经济学奖。她也是第一位获得此项荣誉的女性。——编者注

新制度经济学面对的挑战和未来的研究议程

新制度经济学面对的挑战可以分为方法论和制度两个方面。其中方法论包括理论和经验两个层面。从大问题的角度看，无论我们面对的是发达经济还是发展中经济，制度的问题都是最基本的。本文先讨论发达经济，然后讨论发展中经济，其中包括中国的问题。

发达经济的制度问题少一些。但即便如此，在发达经济中，今天面对的所有最困难的问题几乎都是制度问题。一个例子是不平等，一个例子是金融危机。发达经济中的不平等问题相当严重。前不久出版的托马斯·皮凯蒂[①]的《21 世纪资本论》，在经济学界和社会上都引起巨大的轰动。

无论人们辩论的观点是什么，有一个基本事实是不能忽略的：在发达经济，除了北欧国家，不平等整体上在扩大，尤其是美国的不平等在迅速扩大，而不平等是引起社会不稳定的最基本因素。这是发达经济面对的一个最大挑战。这个挑战是制度问题，而不是简单的熟练劳动力和非熟练劳动力的问题，也不是简单的教育水平高低的问题，或者掌握的是资本还是劳动力的问题。随着技术进一步发展，自动化快速发展，如果制度问题不能得到解决，不平等会更快地扩大，进而严重冲击社会稳定。

之所以把不平等问题中最困难的部分视为制度问题，是因为在高度自动化无限制地提高生产率的同时，也会替代劳动力。在这种情况下，被替代的劳动力在社会上怎么办？在没有合适的制度安排时，要么人工智能、自动化会遇到严重的抵制或导致社会不稳定，要么不适当的解决方案会带来大量的道德风险问题。如果解决不了与此相关的制度问题，一面是有抵抗，另一面是有道德风险。财富的二次分配问题就解决不了，社会不平等就解决不了，技术变化就可能使社会变得不稳定。

---

① 托马斯·皮凯蒂（Thomas Piketty），法国经济学家，专注于研究收入与贫富不均。——编者注

第二个大问题是金融危机。资本主义制度决定了产生金融危机是不可避免的。但是，制度也决定了危机的严重程度可以非比寻常。在2008年的全球金融危机之前，自20世纪30年代大萧条爆发后建立的金融监管制度，相当成功地保证了几十年来没有重大金融危机的发生。每一次爆发的金融危机都相对较小，容易处置。直到2008年，爆发了和1929年那次可以相提并论的危机，其原因就是制度上出现了重大的问题。

为什么过去的制度已经在几十年里避免了重大金融危机，后来又不行了呢？原因是技术变化以及与之相关的社会变化使过去建立的制度在一些方面过时了。技术变化中最突出的是信息技术和金融技术的变化。这是产生重大金融危机的制度原因。至今相关的学术研究仍然不充分，更没有寻找到好的解决方案。这是新制度经济学在发达经济中面对的重大挑战之一。

和发达经济相比，发展中经济面对的制度问题更为严重。世界上为什么存在不发达国家？为什么在过去一百年里，能从发展中经济演变成发达经济的国家屈指可数？长期以来，这是经济学关心的最基本问题之一。

如果没有制度差别，根据新古典经济学的框架，在几十年里，世界上所有的经济都应该大体趋同，换言之，不应该有发达经济和不发达经济之间的巨大差别。道理很简单，因为在没有制度障碍的情况下，从发达国家向不发达国家投资一定是有利可图的。于是就应该有大量的资金和技术进入不发达国家。在一两代人的时间内，所有不发达经济都会变成发达经济。之所以世界上大部分的经济是不发达的，原因就在于它们的制度阻碍了自己的发展。简单地说，经济长期落后的一个主要原因是严重的制度障碍。

当我们讨论中国改革的时候，绝大多数经济学研究结果表明，中国的经济改革过程就是制度改革的过程，中国的改革成绩主要是在制度改革上的成绩；而中国改革出现的最大问题，也是制度改革上存在问题。与此相似，所有发展中国家面对的最大问题也是制度问题。因此，对所有发展中经济来说，新制度经济学的发展和新制度经济学面对的最重要的研究议题，就是制度问题。

以上讨论的是新制度经济学面对的问题。从方法论的角度看，新制度经济学既有巨大的机会，也面临巨大的挑战。从理论上看，前文提到的博弈论和制度设计理论，都是研究制度非常重要的基本分析工具。但这些并不是问题本身，如同偏微分方程和欧几里得几何在物理学里是重要的分析工具，但不是物理问题一样。与物理科学必须要面对物理现象和物理数据一样，新制度经济学作为社会科学，也一定要面对数据和现象。如何从现象出发，利用这些分析工具构建能够被定量验证的解释制度的理论，这是一个极其巨大的挑战。

如果把理论的起点严格限制在基本原理上，至今在绝大部分的制度问题上，我们还很难构建出能够定量验证的、基于博弈论或制度设计理论的理论模型。这是制度问题的复杂性带来的重大挑战。在面对这个重大挑战时，一个可行的步骤可能是，暂时放松或绕开以基本原理作为构建理论的起点，发展简约形式的理论。实际上，科斯的理论、诺思的理论、威廉姆森的理论，都是简约形式的理论。

从方法论的角度看，另外一个重要方面是经验研究。其中包括数据的收集和数据的处理等，都涉及巨大的挑战，需要巨大的创造性。制度经济学和新制度经济学研究的发展，从来就受制于如何度量制度的问题。今天，我们对于如何度量制度有了很大的发展，但仍然面对一系列的困难。例如，非常重要的一个制度是法治。作为学术研究，什么是法治？怎样度量法治？如今，经过社会科学家，包括经济学家、政治学家、法学家，很长时间的集体努力，收集了多种数据，发展了若干种度量的方式，但是仍然存在基本缺陷。与此相关的例子还包括对产权、司法独立、宪政、民主等的度量。这些都是新制度经济学面对的一些非常基本的挑战。作为经验研究基础的度量和数据，需要当年库兹涅茨[①]发明 GDP 度量市场经济活动

① 西蒙·库兹涅茨（Simon Kuznets，1901—1985），俄裔美国经济学家。他“因为凭经验建立了对经济增长的解释，从而对经济、社会结构和发展过程有了新的更深的认识”而获得 1971 年诺贝尔经济学奖。——编者注

那样的突破。

青年学子在新制度经济学未来发展中的作用

新制度经济学面临的这些挑战也为研究者提供了机会，尤其是有兴趣在新制度经济学方面做研究工作的年轻学者。不过，要在制度经济学领域取得研究成果甚至取得突破，需要具备很多方面的基本技能。制度包括经济制度、政治制度、社会制度。新制度经济学实际上几乎覆盖了经济学的所有领域，甚至覆盖了社会科学的很多领域。作为研究领域，新制度经济学覆盖很宽，很全面。没有一个人能够知道其全部内容。因此，每一个学者，一定要有其侧重。

从经济学的角度看，在新制度经济学方面做出贡献，需要有好的经济学基础，包括理论的和经验的。理论方面包括博弈论、制度设计理论。即便不是做这方面的研究，不在这方面创新，也应该熟悉这方面的基本文献和基本理论。经验研究是新制度经济学的主体。在经验研究中，计量经济学的方法论是非常重要的。

当然，简单机械地应用教科书或者文献里的方法，是不能应对新制度经济学面临的这些巨大挑战的。仅仅熟悉方法论并不能保证你成为一个有创造性的学者。在我们面对的制度现象中，只有少数从新制度经济学已经得到解答。绝大部分的制度现象，至今都没有得到解答。所以，到处都是挑战，到处是年轻学者可以取得突破的地方。问题是，必须要有创造性。创造性又从哪里来呢？创造性来自对现象的观察。对现象的观察有多种角度，多种方法。以数据为例，哪些尚未被认识到的数据是可以被创造性地加以利用的；在已有数据和文献的基础上，可以如何构造（construct）数据，例如库兹涅茨构造的 GDP 数据。对制度的深入研究，依赖于创造出度量制度各个方面的指标。

今天有了网络，有了大数据，有了人工智能，如何利用大数据，如何利用人工智能，用大数据构造出度量制度各方面的指标，这既是巨大的挑战，也是可以做出许多突破的巨大机会。相关度量的突破，会带来经验研究的突破，甚至带来理论的突破。

多数理论的突破都不是从数学推导出来的。理论的重大突破，其起点都是概念上的。而概念上突破的起点，多数是经验上的观察。给定现在的技术发展，年轻学者从理论上、从数据上、从经验研究上都有非常大的空间去实现突破。

对于关心中国制度的年轻学者而言，应该看到，自从改革开放以来，中国取得的巨大成就主要是因为对过去的制度障碍进行了改革。但是，中国遗留的制度障碍仍然非常严重。探索这些问题，既是很大的挑战，也是很大的机遇。

现在的年轻学者，从事理论研究的比较少。在从事理论研究的学者中，更多人侧重数学，更少人面对制度问题。相比之下，远为更多的年轻学者从事经验分析。表面上，很多人能熟练地将文献上和教科书上已有的方法运用到比较现成的数据上。但问题在于，如果没有新的想法，机械地应用工作很难在学科上有突破。真正重要的突破性工作，要么就是发现了其他人没能发现的重要问题，要么就是提出了其他人尚未知道的重要方法。发现重要问题依赖直觉，或者称为洞察力、眼光。而洞察力需要学者有更宽广的视野。

新制度经济学的每一位奠基人，科斯、诺思、威廉姆森和奥斯特罗姆，他们的开创性突破都来自他们对制度现象的直觉。新制度经济学不局限在经济学范围，是跨学科的。好的新制度经济学学者，对政治制度、社会制度、法律制度、历史都要有所了解。要站得比较高，你要知道重要的细节，但更要把握和理解整体趋势。没有高度，没有直觉，就抓不到大的问题。

除了与文献相关的直觉，直觉的另一个来源是现实。在面对现实的时候，人的思想必须是完全开放的。当人的认识受到限制，有禁区、很多问题不敢或不愿意讨论的时候，就走不远。能在社会科学领域做出突破性贡献的人，必须是完全自由的人。思想上没有限制，其中包括政治制度，因为讨论制度不可能回避政治制度。

对于选择只做技术性工作的年轻学者，不应该限于机械地应用已有的技术手段。创造性工作有两类：一类是创造性的数据构造。由于大数据和人工智能的发展，这个领域的潜力特别大，突破的机会也特别多。大数据和人工智能（包括文字处理以及对文字的理解）包括了巨大的、传统上人们没有想到会使用的数据。如何创造性地利用大数据和人工智能技术，把大量文字变成数据，是新制度经济学的前沿问题。比如与法庭相关的数据，现在大量案件都在网上公开了，数据量非常大。如果能够利用人工智能的方式，把已经公布在网上的这些案件分门别类变成统计数据，就有可能在理解中国的司法制度上，打开一个突破口。此外，中国各方面的历史文献更是汗牛充栋，这里有大量领域等待着年轻人去开辟，打开深入认识中国制度的突破口。

大数据和人工智能的应用也可能对统计学、方法论带来挑战。现在已经有政治学者和经济学者在学习人工智能，以借此在经验研究的方法论上有所突破。而这些突破中最有前途的就是新制度经济学。因为新制度经济学面对新数据。在新制度经济学里，一旦方法论上有突破，数据上有突破，就会带来这个领域的突破。这些对于年轻学者来说，有很大的吸引力。

技术固然重要，从社会科学的角度看，大的想法更重要。让我们看看自然科学的大想法是如何和技术连在一起形成的。在人类文明史中，第一门形成系统的自然科学是物理科学。而奠定物理科学基础的是天文观察，是历经数百年的巨大量的天文观察数据。这些数据详细、精确地记录了天体运动的规律。从这个背景下产生物理学的第一个突破，即开普勒的行星运动规律，然后，才有伽利略的自由落体实验，而这两个突破奠定了牛顿力学的基础。如果没有这些坚实的天文观察记录，不能确切知道行星是怎么运行的，而是天天读古希腊人对物理世界的解释，就永远不会有突破，就没有物理学。突破的来源是看到别人没有看到的东西，而世界上绝大多数的东西是别人没看到过的。

回到社会科学。社会科学的“行星运动规律”来自哪里？来自历史记录！从大量国家的长期历史记录中寻找制度的规律性。现象会告诉你，有什么东西是我们还没有认识到的，有什么东西对我们今天非常重要但我们并不了解，这些才能真正指导我们在新制度经济学领域里产生对社会有重大影响的突破。

资本主义和社会主义：评科尔奈的《动态变化、竞争和过剩经济》

自亚当·斯密时代开始，理解资本主义的本质一直是经济学的永恒主题。东欧剧变和全球金融危机这样的事件激发了作为新前沿的政治经济学的复兴，重新燃起了人们探究资本主义本质的兴趣。科尔奈的新书《动态变化、竞争和过剩经济》，2013 年由牛津大学出版社出版，值得该研究领域的学者特别关注。在研究资本主义与社会主义的基本规律方面，雅诺什·科尔奈是最具洞见、最令人鼓舞的杰出经济学家之一。本书的独特之处在于，通过对资本主义和社会主义的比较研究阐释了资本主义的特点。从 20 世纪初期至今，覆盖了世界三分之二人口的社会主义制度的兴衰，是人类历史上最大规模和最重要的制度变迁。

从主流经济学的视角看，通过理解社会主义来审视资本主义的本质可以追溯至兰格、哈耶克和米塞斯①之间那场著名的理论争论。这场争论极大地影响了一般均衡理论（Lange，1936，1942）、信息和激励理论（Hayek，1935，1945，1948）以及机制设计理论（Hurwitz，1972；Myerson，2008）。没有这场争论，主流经济学就不

---

* 本文发表于《比较》第 82 辑，2016 年 3 月 15 日，略有删改。——编者注

** 作者感谢 Lee Benham、Mary Shirly、Gerard Roland、徐铁青对本文的有益建议。感谢 Steven N. Durlauf 编辑对本文初稿的详细建议。所有不当之处均由作者承担。本文获得主题研究计划（TRS）项目的资金支持。

① 从历史上看，社会主义源自对资本主义的批判，例如，罗伯特·欧文、查尔斯·傅立叶、皮埃尔－约瑟夫·普鲁东和圣西门。马克思的绝大多数著作，包括《资本论》，聚焦于资本主义的本质而非社会主义的本质。

会发展到今天的样子。然而，我们对现实资本主义经济和社会主义经济的理解，尤其是资本主义和社会主义的联系以及社会主义的兴衰，还远远不够。本书恰恰填补了这些方面的研究空白。

《动态变化、竞争和过剩经济》是科尔奈的巨著《资本主义经济》（*The Capitalist Economy*）（未完成）的简要版本。《资本主义经济》旨在全方位剖析资本主义体制（Kornai，2011），是科尔奈的经典著作《社会主义体制》（*The Socialist System*，1992）的姊妹篇①，综合了作者数十年来发展的理论、概念和观察。在比较资本主义和社会主义的分析框架中，有两对概念特别重要：短缺经济和过剩经济、软预算约束（SBC）和硬预算约束（HBC）。科尔奈在20世纪70年代首次提出社会主义的显著特点是长期短缺；与这一论断相比较，资本主义的特点是长期过剩，即过度供给，包括过剩的生产能力、大量的存货和劳动力失业。资本主义生产过剩的现象是长期存在的，这一观点与凯恩斯的周期理论不同。“过剩经济尽管存在着若干负面效应，但仍不失为资本主义的重大优势之一。”（Kornai，2013，第53页）

在异常宽泛的政治经济学和意识形态谱系中，不乏各种相互冲突的社会主义概念和各种所谓的社会主义体制：从私有产权和民主制主导的高度平等的社会（例如斯堪的纳维亚国家），到国有制和集权政策主导的高度不平等的社会（例如苏联某些时期）。这样看来，社会主义或者社会主义体制的含义必须被界定清楚。

在这本书中，“社会主义体制”一词（与科尔奈以前的著作中出现的完全相同）是一个理论概念，它概括了历史上存在过或现在仍然存在的诸如苏联、中国和越南等由共产党领导的一组政治—经济—社会组织的共同特征（参见《社会主义体制》，第4—11页）。

---

① 科尔奈的著作《关于资本主义的见解》（*Gondolatok a kapitalizmusról*）是其研究项目——资本主义体制——更为完整的版本。在这本书的前言中，科尔奈将对资本主义的研究与对社会主义的研究进行了比较，“我认为在我对社会主义体制和后社会主义转轨研究中提出并使用的研究范式、科学视角、概念框架以及方法论，同样也适用于对资本主义的研究。我使用的研究范式、概念框架以及方法论与其他研究人员使用的有所不同”（Kornai，2011）。

正如科尔奈（1992）指出的，社会主义体制是一个实证概念，它源自对现实的观察，并不带有规范的价值。社会主义体制的根本特征是国有制在国家中占主导地位并由共产党执政。相比之下，资本主义则是私人财产权占支配地位。按照科尔奈的用法，“共产主义”和“共产主义体制”与“社会主义体制”几乎是同义词。然而，在社会主义国家的措辞中，“共产主义”这个术语是马克思认为的社会主义第二阶段的社会（“按需分配……”）。因此，西方的社会福利国家（例如由社会民主党人统治40年的瑞典）不是社会主义国家，而是对社会问题做出敏感回应的民主资本主义市场经济体。科尔奈对社会主义的操作性定义与马克思（1875）、米塞斯（1935）、兰格（1936）、哈耶克（1944）等人一致。①

关于这本书

四十多年前，科尔奈在其著作《反均衡》（*Anti-Equilibrium*，1971）中提出，资本主义的特点是过剩经济，而社会主义的特点是短缺经济。阿罗在其诺贝尔获奖演讲中引用了这本著作，作为对一般均衡理论的另一种研究方法（Arrow，1972）；在法国，科尔奈的这本著作被视为“一本非常有影响力的书”，属于“必读书目之一”，“成了常识的一部分”（Blanchard，1999）；科尔奈本人也认为“这本书是我整个研究生涯中最具雄心的成果”（Kornai，2007）。现在，在《反均衡》出版已近半个世纪之后，科尔奈的新作《动态变化、竞争和过剩经济》问世，可以被视为对其终身研究课题的一个简要概括。

这本书由两篇论文组成。第一篇长文《创新》研究了资本主义和社会主义体制的动态特征。资本主义的动态特征由经济制度和技

① 马克思（1875）明确提出，社会主义的基本特征是公有制占主导地位，它只能通过无产阶级专政来实现；社会主义将取代资本主义，是共产主义的过渡阶段。哈耶克（1944）认为，社会主义中公有制占主导地位，它必须依靠强制计划来实现，而这将导致专政。米塞斯（1935）和兰格（1936）以及许多著名的经济学家和学者，也以同样的方式定义了社会主义，虽然这些定义并未包括政治方面。

术进步之间的相互作用决定。关于资本主义创新中的动态变化和竞争的讨论，是论述这本书第二篇文章《过剩经济》这一主题的基础模块。图1引自原书第二部分的第5.4节，提供了全书的一个概览。图1阐释了资本主义长期过剩的形成机制。但是，在科尔奈看来，过剩强化了竞争，导致创造性破坏。从这个角度来说，过剩既是一种结果也是一种原因。为简化起见，图1省略了因果关系的这个重要方向。

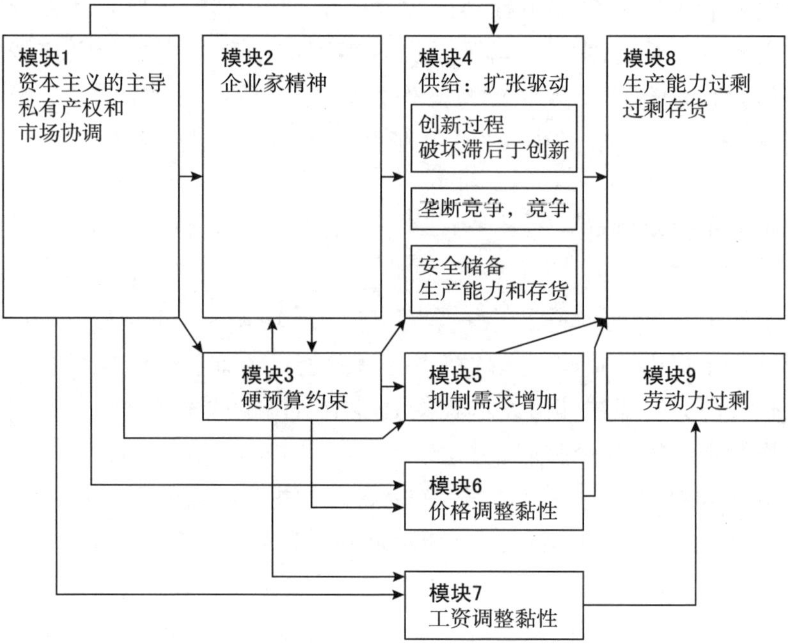

图1　产生过剩经济的因素

资料来源：科尔奈（2013），第120页，图5.2。

图1中，模块1、模块2和模块3分别描述了私有产权、市场协调、企业家精神以及硬预算约束，这些是资本主义体制的基石。而且，私有产权和市场协调决定了硬预算约束，它是资本主义体制的标志（这一特征化描述之外的更复杂的问题将在后文探讨）。反过来，硬预算约束决定了创造性破坏以及诸如创新、需求和价格等其他方面的结果。

这本书的第一篇文章主要讨论供给侧（模块4）。图1中其他模块的内容在第二篇文章中讨论。第一篇文章的核心论点是：伴随着快速创造和缓慢破坏的熊彼特式创造性破坏，是资本主义的主要优势之一，也是导致供给方的商品和服务反复过剩的根本力量。

在资本主义经济中，导致商品和服务在市场中反复过剩的机制包括过度供给、需求不足以及价格黏性。从需求侧看，有效需求不足的最重要因素是面临硬预算约束的雇主拒绝雇员涨工资的诉求。在新凯恩斯学派看来，向下的价格黏性（非对称价格黏性）、硬预算约束以及买卖双方非对称的议价能力也是重要原因。

除了商品和服务市场的过剩之外，资本主义的另一特点是劳动力市场的供给过剩（模块9），这一特点与发达社会主义经济体的长期劳动力短缺形成强烈对比。资本主义的劳动力过剩有两种情况：一种是熊彼特式的创造性破坏过程导致的结构性失业，另一种是劳动力供求不匹配产生的摩擦性失业。科尔奈是研究劳动力市场供求不匹配问题的先驱之一（Kornai，1971）。这本书也讨论了劳动力过剩的其他原因，包括凯恩斯主义的周期性失业和效率工资理论。

均衡和方法论

科尔奈强调，资本主义的特点在于它是彼此不可分离的多种属性的集合体，是由多种有利和不利属性组成的“集合”。一组基本属性就是过剩，即无论采取何种政策，伴随着活跃的进入和退出，会出现商品和服务供给过度、生产能力过剩和就业率不足或失业。[①] 因此科尔奈指出，过剩是资本主义经济的常态，而瓦尔拉斯市场出清均衡[②]是一个例外。关于市场中的摩擦，科尔奈对瓦尔拉斯均衡的批评和对资本主义作为过剩经济的描述，补充了凯恩斯对瓦尔拉斯均衡的批评（Keynes，1936），不过两人的视角十分不同。科尔

① 这本书与科尔奈备受好评的著作《短缺经济学》和《社会主义体制》具有同等重要的地位。社会主义的主要特点是短缺，而软预算约束是产生短缺的重要因素。

② 科尔奈在这本书中提到的“均衡”和“反均衡”，均指瓦尔拉斯市场均衡而非博弈论中的均衡。实际上，科尔奈在这本书和其他著作中讨论的多数思想与纳什均衡的概念是一致的。

奈强调的一个观点是，瓦尔拉斯均衡概念是静态的，忽略了资本主义根本的动态特点。在这一点上，科尔奈和熊彼特（1942）的观点一致，尽管他们对资本主义和社会主义的命运有着截然不同的看法。科尔奈试图通过考察买卖双方的相互作用替代一般均衡理论。但是，这种分析方法因受制于经济学家面对的环境（例如治理结构）而受到严峻挑战。这种方法能否成功取决于经济学家对市场参与者遵循的规则了解到什么程度。就此而言，埃里克·马斯金（Maskin，2004）在解释为什么拍卖理论在所有应用理论中最成功时所做的评论特别具有启迪意义："……产业组织和其他应用经济学领域的理论学家一直在这样的约束条件下工作，他们不了解他们所研究的市场参与者（例如厂商和消费者）的博弈是什么；他们的模型至多也不过是对现实的近似估计。相比之下，拍卖理论家通常都知道拍卖参与者们严格遵循的规则是什么。"

在科尔奈看来，过剩不只是资本主义的动态结果，也是其原因。过剩在推动资本主义发展过程中的核心作用，类似于短缺在达尔文的生物进化中发挥的关键作用（Kornai，2013，第 110 页）。在生物界，短缺（如食物、水和阳光的短缺）能够引起突变的传播，推动达尔文生物进化的进程。一方面，植物和动物等生物体之间的竞争造成了短缺；另一方面，在短缺造成的生存压力下，生物之间为争夺稀缺必需品进一步竞争，从而推动了物种的进化。同样，在资本主义制度中，竞争导致了过剩，过剩推动着企业和企业家为了生存和利益展开激烈竞争。这一根本力量推动了发明、创新、创造性破坏和资本主义的演进。将熊彼特式的创造性破坏融入政治经济学模型和增长模型是非常必要的（例如，Acemoglu et al.，2007；Aghion and Howitt，1998）。然而，如何在政治经济学模型和增长模型中纳入有关资本主义制度、过剩及其动态机制的见解仍然是一种挑战。

这本书总结了过剩经济学和搜寻理论之间的显著共性，后者研究了买卖双方在搜寻和匹配过程中的摩擦以及由此导致的失业均衡。所有这些现象均偏离了瓦尔拉斯均衡。自 1971 年以来，科尔奈发展了他在分析资本主义过剩（比如失业）和社会主义短缺时采用的搜寻和匹配模型（Kornai，1971），这是最早的搜寻理论之一。[①]

书中用作类比的达尔文进化论让我们想到，现代进化遗传学是如何在综合达尔文进化论和遗传理论的基础上发展起来的。实际上，如果科尔奈的过剩/短缺理论能够与博弈论、搜寻理论和一般均衡理论等主流经济学达成进一步的综合,[②] 其成果将更加丰富。然而，在科尔奈的思想中，我们可以清晰地看到这种理论综合的路线图。首先，科尔奈的分析与博弈论一致，包括博弈论中的均衡概念（例如纳什均衡）。事实上，鉴于科尔奈将需求和供给看作家庭和厂商的策略，其中厂商可以包括原料、中间产品和最终产品的生产商；他对供求相互作用的强调可以用厂商或家庭在纳什均衡中的最优策略来刻画。[③]

第二，如果将瓦尔拉斯均衡作为分析的基准模型，那么科尔奈的批判未必就不是对瓦尔拉斯均衡的补充。这种关系有些类似于新制度经济学或新凯恩斯主义经济学与新古典主流经济学之间的关系。对于识别和理解过剩（或过度供给）和短缺（或过度需求），一般均衡理论框架是一个方便的分析基准，它为动态分析提供了一个静态基准。而且，它可以为我们分析现实世界提供在不可实现的理想条件下的最优基准。具体而言，在讨论短缺、过剩和最优状态（社会福利）的概念和度量时，一般均衡的分析框架非常有用。

在有关过剩/短缺理论与搜寻理论的综合研究中，制度是一个重要因素。导致资本主义过剩和社会主义短缺的主要因素就是制度。制度决定了谁（卖方、买方和官僚）搜寻什么、什么激励着市场参与者搜寻（为了各自的直接利益还是遵循上级的指令）以及市场参与者如何搜寻（市场参与者必须遵循的规则或约束条件）。有法治的市场中的搜寻机制不同于自上而下的官僚等级制中的搜寻机

---

① 搜寻理论的最早提出者还有 Stigler（1961）、Phelps et al.（1970）、Diamond（1982）等。

② 著名的德瓦特里庞－马斯金模型（Dewatripont－Maskin Model，1995）就是将软预算约束理论与博弈论相结合的例证。

③ 主流搜寻模型中的均衡概念指的是纳什均衡及其衍生均衡（Diamond and Maskin，1979；Mortensen and Pissarides，1994）。

制。只有市场而无法治的市场经济中的搜寻机制又有所不同，比如，许多欠发达经济体即是如此。在资本主义经济中，拥有私人产权和通过市场进行协调的参与者（Kornai，1991）受个人利益驱动去寻找与之相匹配的需求，而这往往需要解决逆向选择和道德风险问题。社会主义制度缺乏熊彼特式的创造性破坏过程也证明了这一点。

将搜寻理论应用于分析创造性破坏过程仍处于研究的初期阶段，因为这个过程涉及制度。企业家/创新者和出资者（例如风险投资家）之间的匹配性搜寻是研发成功的重要因素。[①] 然而，并非所有资本主义经济体都同样有效地促成了这件事情。革命性的新产品和新的商业模式大多是在少数几个资本主义经济体中创造出来的，这些经济体中的制度（例如风险投资制度）因素推动这类匹配过程。

在社会主义的国家所有制和官僚协调机制中，搜寻的表现非常不同；在执行官僚指令中解决官僚的信息和激励问题是十分困难的（Hayek，1935，1988）。软预算约束意味着失败的项目可能不会被放弃，在社会主义体制下，创新者和出资者之间的匹配性搜寻问题以及企业研发中的道德风险和逆向选择问题难以解决的主要原因之一便是软预算约束（钱颖一和许成钢，1998）。

资本主义和社会主义的基本特点

深入研究作为资本主义镜像的社会主义，有助于全面理解资本主义，反之亦然。米塞斯曾说过："社会主义的理念一度是宏伟而朴素的……事实上，我们必须承认，社会主义是人类精神中最具雄心的创造之一……它是如此壮丽，如此大胆，理应受到最高的赞誉。如果我们希望于野蛮中拯救世界，我们不得不批驳社会主义，

① 与此密切相关的是，搜寻理论已经被应用于金融领域（Kiyotaki and Wright，1993）、劳动力市场（Pissarides，1990；Rogerson et al.，2005）和企业家精神研究（Acemoglu，1995）。

但是我们不能随意把它扔在一边。”（哈耶克引自米塞斯，1988，第6页）对这个极其重要的问题产生了深远影响的早期经典性的比较研究（Hayek，1988；Schumpeter，1942）① 主要是概念性的和基于推理的。相比之下，科尔奈的分析则基于事实，并有一个统一的概念框架。这个框架揭示了关键的机制；这些机制构成了两种制度之间的基本差异，例如社会主义制度下的软预算约束和资本主义制度下的硬预算约束。

通过列举自1917年以来（即自第一个社会主义制度建立以来）众多的革命性新产品，这本书的第一篇文章表明111个革命性新产品几乎全都是在资本主义制度下被发明或者被商业化的。唯一的例外是苏联为军事目的而发明的产品。②“快速创新和活力”是“植根于资本主义的制度特性”。同时，社会主义制度“在创造革命性产品上的不足以及在技术进步上的迟缓也是植根于社会主义的制度特性”（第3页）。

资本主义制度可以快速地产生创新而社会主义却不能，因为创新由资本主义的企业家推动并以熊彼特式的创造性破坏为特征。相比之下，社会主义没有私人产权，也就不存在企业家精神。书中的表1强调了有利于资本主义创新的最重要因素（第I.2.2部分）以及“社会主义无法发挥企业家精神”的制约因素（第18页）。

表1中的因素A和B由资本主义和社会主义的所有权制度决定。体制中的产权性质决定了谁对企业资源的使用做出决策，包括创新投入、由于成功的创新而得到回报以及如何得到回报等。

因素B中“财务报酬”的重要性和意义值得进一步阐述。从社会福利和长期经济增长的视角看，“财务报酬”的机制远远超出了激励或企业家的个人/家庭消费。“报酬”也指资源被大规模再次分

---

① 熊彼特（1942）是社会主义的支持者。他认为资本主义的成功，尤其是创造性破坏过程带来的成功，将导致发达资本主义中有利于企业家精神存在的社会氛围最终消失。从而，资本主义必将被社会主义取代。

② 科尔奈在这本书中的讨论集中于经济性生产的创新。运用科尔奈－德瓦特里庞－马斯金模型的软预算约束理论，钱颖一和许成钢（1991）解释了社会主义经济为什么通常在研发领域有所欠缺，而在核技术和太空技术等领域取得了很大的成就。

配至新技术领域。只有当大量资源被再次分配时，新技术（例如个人计算机和谷歌）、新商业模式（例如联邦快递、亚马逊和脸书）和新市场（例如电子商务）才能快速增长，进而取代过时的技术、商业模式和市场。因此，巨额的财务报酬是熊彼特式创造性破坏过程中不可或缺的一部分。然而，这种类型的资源再分配不会发生在私有产权得不到保护且成功者与失败者的冲突频发的经济体制中。

表 1　资本主义和社会主义创新过程的特点

	资本主义	社会主义
A. 研发动机和决策	企业家/厂商	政府
B. 成功企业家的财务报酬	巨额	微不足道
C. 竞争	激烈	微弱
D. 相关经验	丰富	有限
E. 项目融资	灵活	僵化

表 1 中的因素 A、C、D 和 E 与创新过程中成功者和失败者之间的竞争与冲突有关，而竞争与冲突又受资本主义的硬预算约束和社会主义的软预算约束的影响。硬预算约束是创造性破坏过程中的关键因素。“熊彼特式的创新过程……不可避免地具有两面性：大量的项目中只有少数几个会成功，同时，我们的社会中存在太多的项目了。”（第 34 页）① 这个过程的积极一面是新产品被创造出来，消极一面是旧公司的破产（硬预算约束）和过时产品的“灭绝”。消极一面是熊彼特式创造性破坏过程的重要组成部分，对于创新和市场机制也是必要的。然而，只有资本主义才支持硬预算约束（Kornai et al.，2003），而硬预算约束是有前景的项目可以获得融

① 根据 Maskin and Dewatripont（1995）的研究，硬预算约束和软预算约束分别是资本主义和社会主义的内生变量；钱颖一和许成钢（1998）以及黄海洲和许成钢（1998）讨论了资本主义经济和社会主义经济的创新问题，将因素 A、C、D 和 E 作为两类经济体的内生变量，模型预测的结果与这本书第 1—3 部分讨论的事实一致。硬预算约束与创造性破坏紧密相关。而且，Acemoglu et al.（2007）讨论了资本主义公司的集中化和分散化问题，并着重讨论了创造性破坏过程。

资以及成功的企业家可以获得巨额报酬的前提条件（第15页）。与之相比，在具有软预算约束的社会主义中，经营乏力的公司受到保护而免于破产，创新不得不通过官僚阶层的计划机制进行。结果，研发投资只能局限于几个项目，成功的回报当然也有限（第15页）。

追随熊彼特和哈耶克等人的研究，科尔奈认为资本主义和社会主义的动态特点是经济学研究中最重要的课题之一。然而，让他感到挫败甚至“愤怒”的是，“两种社会制度中的多数人甚至多数经济学专业的学生”对“极其显而易见的资本主义制度的巨大优点”“完全视而不见”（第3页）。第I.4节论述了许多人甚至许多经济学家对资本主义强大的发明和创新能力缺乏理解，而正是这一点决定了资本主义的长期增长和存续以及较之社会主义体制或其他制度的许多其他优缺点。

有关社会主义与资本主义的争论多集中于财富分配，无论过去还是现在都是如此。然而，专注于这个问题会导致人们忽视社会主义和资本主义的本质。举例来说，皮凯蒂在其著作中写道：“经济分析的核心是分配问题。”（Piketty，2014，第15页）科尔奈的观点与此不同，他认为只有将资本主义视为一整个体系，才能更好地理解资本主义的本质，分配源自资本主义整个体系（即分配并非经济分析的“核心”）。这一观点与斯密、熊彼特和哈耶克等许多伟大的思想家一致。我们看到，尽管马克思的《资本论》对资本主义进行了猛烈批判，但都无损企业家创新是资本主义的重大特点这一事实。而且，熊彼特的创造性破坏思想主要源自马克思（Schumpeter，1942，第I部分）。对于这些基本问题，科尔奈认为不平等和过剩是资本主义制度不可分割的两个特征，与资本主义快速而充满活力的创新一致（第6.6节）。而且，当需要国家干预时，了解国家干预的局限和代价十分重要：人类历史上国家干预的最强形式即是社会主义。实际上，社会主义是为了寻求社会公平而建立的。然而从现实看，尽管社会主义的目标是实现公平，这个体制的基本特征却是社会成本极高的短缺（第6.10节）。

动态变化的政治经济学

作为“植根于资本主义的制度特性”的“快速创新和活力”与作为“植根于社会主义的制度特性”的“新产品创新能力不足和技术进步缓慢”，是由这两种制度的政治经济学性质决定的。信息技术革命对全球经济的影响日益加深，它对人类社会和历史的影响堪比工业革命。对此，科尔奈提出了一个深刻的问题：信息技术带来的革命性变化将如何影响资本主义、民主和人类社会的未来？

25 年以前，苏联和中东欧国家从社会主义转变为资本主义。然而，在过去 10 年中，有些国家的政治制度经历了“U 形反转”（即完全或部分地偏离了民主）（Kornai，2015）。[①]《动态变化、竞争和过剩经济》对此进行了详细探讨。书中的表 II. 4. 1 和表 II. 4. 2 列举了中东欧国家的调查结果。这些调查结果表明，这些地区的大多数受访者高度赞誉源自资本主义社会的信息技术革命带来的深刻变化，尽管多数受访者憎恶资本主义。

为什么如此多的人对影响其福利的这类基本问题陷入自相矛盾之中？部分原因在于本国政客煽动反资本主义情绪，也有部分原因与人们获得的信息有关。[②] 书中表 II. 4. 3 和表 II. 4. 4 显示，使用互联网的人（获取信息更全面的个体）更加独立和有见解，而不使用互联网的人更易于被控制。

新技术带来的信息获取渠道的多元化，移除了信息流通的障碍，打破了信息的垄断，引发了深刻的社会经济效应。同时，信息技术与经济因素（例如市场竞争）结合，共同促进了更大的技术进步。但是，这些变化不会自动发生。当统治者控制并利用新技术来

---

① 这一现象已经引发了全球性的关注，可参见 Szikra（2014）、Wittenberg（2013）和 Zakaria（2015）。

② 科尔奈讨论的另一个原因是缺乏教育。他发现尽管有关资本主义经济促进技术进步的相关研究已经取得了很大的进展（例如，Aghion and Howitt，1998；Baumol et al.，2007），但大多数著名的介绍性的教科书（例如，Mankiw，2009）仍未涵盖这一重要主题。

强化他们的权力时，他们管制的经济和技术会受到影响。这些控制手段会阻碍创造性破坏发生的渠道。①

正如书中第 I. 2. 5 节讨论的，技术和制度的相互作用对长期增长的深刻影响揭示了某种普遍的历史规律。这一点可以通过比较分析中国和欧洲在文艺复兴时期信息革命的经历来详细说明。印刷术从中国经由伊斯兰国家传到欧洲（Tsien and Needhan，1985），引发了一场信息技术革命，由此引发的《圣经》的广泛传播是文艺复兴和宗教改革的必要条件。② 甚至可以说，这场信息技术革命对资本主义的诞生功不可没，而资本主义制度又催生了今天的信息技术革命。值得思考的是，这些技术起源于中国，对中国经济和社会的影响却远不如对资本主义的影响强大。③ 正如书中第 I. 2 节探讨的，无论历史上还是当代，技术进步带来的不同影响，尤其是在不同制度下信息技术革命产生的不同影响，都表明制度决定了长期的技术进步（包括信息技术）。而且，信息技术对社会的影响很大程度上依赖于具体制度。理解它们之间相互作用的动态机制是经济学、政治经济学和政治学面临的严峻挑战。

资本主义、社会主义和列宁式国家资本主义

从理论视角看，这本书的中心内容是第 II. 5. 4 节提出的命题，这些命题对“纯”资本主义和社会主义做出了预测。前两个命题陈述了资本主义制度持续不断地产生和再产生涵盖经济各个领域的过剩经济，以及不管政策如何长期过剩都会存在的机制。造成资本主义长期过剩的主要驱动因素有垄断竞争、需求的不确定性、创造性破坏和规

---

① Acemoglu and Robinson（2012）探讨了一些制度因素，这些制度因素阻碍创造性破坏的发生。

② 谷登堡（Davies，1996）改进了中国的印刷术，使《圣经》得以在世界上大规模、低成本地印刷。弗朗西斯·培根（1561—1626）认为造纸术和印刷术是最伟大的发明，它们推动了欧洲从黑暗时代进入现代世界（Jones，2003，第 58 页）。

③ “李约瑟之谜”反映了这种强烈对比。令人费解的是，从技术水平来说，至少在 11—16 世纪，中国领先于世界其他国家，但为什么中国没有发起工业革命甚至没有实现赶超呢？（Needham，1986，第 6 页）

模经济（第 II. 2. 2 节）。硬预算约束是创造性破坏产生的必要条件。

接下来的两个命题论述了社会主义制度持续不断地产生和再产生经济领域的全面短缺以及造成长期短缺的机制。短缺经济的出现归因于社会主义制度的软预算约束和其他因素，例如官僚协调（Kornai et al.，2003）。

上述四个命题的理论预测与来自发达资本主义经济体（接近于纯资本主义）和传统社会主义经济体（接近于纯社会主义）的观察一致。发达资本主义经济体以经合组织成员为代表，几乎覆盖了世界人口的六分之一；传统社会主义经济体以所有社会主义和前社会主义经济体为代表，约占世界人口的三分之一（见表 II. 2. 1、表 II. 3. 1、表 II. 6. 1、表 II. 7. 2 和表 A. 1）。[①] 与那些旨在分析一系列制度和体制的其他理论相比，既包括过去的理论也包括当代的理论（例如 Schumpeter，1942；Lange，1936，1937；Hayek，1988；North，et al.，2011；以及 Acemoglu and Robinson，2012），科尔奈提出了一个理解不同制度的最全面、最统一、最宏大的概念框架。

除理解“纯”体制外，对混合体制的理解也具有挑战性。实际上，世界上大多数经济体采取的都是混合体制。中国采取的混合体制尤为值得研究。[②] 改革开放前，中国是一个短缺经济体，与科尔奈的预测一致。改革开放以来，中国转型为一种混合体制，即列宁式国家资本主义，与列宁新经济政策下的体制类似。实际上，邓小平曾说，他的改革思想受到了列宁新经济政策的影响。[③] 在中国列宁式国家资本主义经济中，私人部门贡献了超过一半的 GDP，商品

---

① 对于短缺经济和软预算约束的详细理论和实证分析，参见 Kornai et al.（2003）。

② 研究中国的案例，除了其内在价值外，中国经济的规模和异质性也凸显了研究的必要性。中国的 GDP 比 26 个独联体国家和中东欧转型经济体以及 57 个非洲国家的总和还多。可以说，中国是世界上最具多样性的国家，富裕地区比爱沙尼亚富裕，贫困地区比冈比亚还贫困（以上信息均来自国际货币基金组织 2013 年的数据）。

③ 邓小平在一次后来被广为引用的讲话中说：“社会主义究竟是个什么样子，苏联搞了很多年，也并没有完全搞清楚。可能列宁的思路比较好，搞了个新经济政策……”在这个讲话中，他强调，“我们拨乱反正，就是要在坚持四项基本原则的基础上发展生产力……”四项基本原则的内容是“坚持社会主义道路，坚持人民民主专政，坚持共产党的领导，坚持马列主义、毛泽东思想”（邓小平，1986）。

和服务的市场竞争异常激烈。可是，与“纯”资本主义相比，私人产权有限且不安全。在重要的经济领域，政府垄断或者控制着所有权。全部土地归国家所有。[①] 而且，在关系国民经济命脉的行业（正如列宁的新经济政策所述），包括金融、能源、矿业、铁路、航空和通信领域，国有制占主导且政府控制着国有企业的管理和价格。[②] 与诸如基于品质的市场准入政策等其他行政性措施一起，市场在很大程度上受到政府的调控。国有企业和当地政府可以从银行获得低息贷款，而国有企业一旦面临破产，中央政府将给予救助。

商品和服务市场的激烈竞争、私人部门的硬预算约束和国有部门的软预算约束并存，中国经济发展成为以产能严重过剩为特征的超过剩经济，过剩程度远远超过了世界上所有主要资本主义经济体的总体过剩。严重过剩的产能主要集中于软预算约束的国有部门。[③] 国有企业的软预算约束综合征和“强制增长”行为造成了社会主义制度下的短缺（Kornai，1991；Kornai et al.，2003）。这种现象引出了一个问题，即为什么列宁式国家资本主义下的软预算约束也会导致过剩？

软预算约束/硬预算约束和短缺/过剩之间的关系是一个具有挑

---

① 名义上，中国制度规定土地所有权有两种类型：国家所有和集体所有。后者包括了所有农村土地。可是，所谓的“农村土地集体所有”仅限于农业使用。如果将集体所有的土地用于商业目的，土地需先国有化，才能合法使用。这意味着，只有国家才对“集体所有”的土地拥有最终所有权。

② 所有这些国有企业的 CEO 都由中央组织部任命。关于所有权，尽管几乎所有最大的国有企业都在交易所上市，但仅有三分之一的股份是可交易的，这些股份往往没有投票权。在关系国民经济命脉的部门，其价格由国务院的代理人，如发改委和中央银行设定。

③ 根据官方文件（国办发〔2003〕103 号文件），截至 2012 年末（其后，中国产能过剩问题更加恶化），中国钢铁和电解铝行业的产能利用率是 72%，船舶行业是 75%，风力发电行业不到 60%（张曙光和张弛，2013）。比较而言，近 30 年来在主要资本主义经济体中，产能利用率大约是 82%，最低是 75.7%（意大利），最高是 89.2%（新西兰）；以标准差衡量，这些国家的产能利用水平相当平稳（Kornai，2013，表 3.1）。举例来说，根据经合组织数据，世界钢铁生产的过剩产能中，约有 37% 来自中国；在 2012—2015 年，全球经济增长的产能中，中国占 41%（《华尔街日报》，16/07/2014，http://blogs.wsj.com/chinarealtime/2014/07/16/pain-spreads-from-chinas-excess-production/）。

战性的问题。不可否认，软预算约束在国有部门十分重要，因为它加剧了列宁式国家资本主义的过剩问题。可是，软预算约束综合征本身既不是造成列宁式国家资本主义过剩的充分条件也不是必要条件。社会主义与列宁式国家资本主义的最大区别在于经济中的混合所有制和市场竞争。

科尔奈的分析框架（第Ⅱ.2.2节）有助于应对这个挑战。四个主要的机制创造了资本主义的过剩，即（a）垄断竞争、（b）不确定的需求、（c）创造性破坏和（d）规模经济。关于机制（a），在关系国民经济命脉的部门，国有企业是垄断厂商或寡头，在国际和国内市场上进行激烈竞争以扩大市场份额。① 私营公司的大规模进入决定了市场竞争的产生。在这种情况下，分散化的地方威权治理结构是驱动中国国有企业之间竞争的另一制度要素（Maskin、钱颖一和许成钢，2000；许成钢，2011）。这一制度也决定了机制（b），几乎所有的最终产品市场都是买方市场，公司之间互相竞争以满足买方的不确定性需求。在所有四个机制中，机制（c）是最重要的。至于机制（d），对于像汽车、手机、钢铁和水泥等大多数产品来说，中国国内市场的规模是世界最大的。中国也是世界最大的出口国。

在机制（c）中，创造性破坏不仅仅是造成过剩的机制，它也决定了竞争的性质、竞争中的获胜者、成败的最终结果以及资本主义长期的演化路径。在这个机制中，资本主义和列宁式国家资本主义有着极大的不同。与资本主义制度下的私人公司不同的是，列宁式国家资本主义下的国有企业继续生产和扩大没有需求的和过时的产品，因为它们受软预算约束的保护（即没有“破坏性的”政策）。垄断力量和政府保护为国有企业提供了大额资金补贴的特权（Lardy，2008）。凭借与先进跨国公司签订的对它们有利的技术转移协定以及超大规模的垄断市场（例如高速铁路技术），它们以极低的成本

① 国有企业的CEO也是政府官员，经常在国有企业和政府部门切换任职。作为CEO，他们在政府部门的任职级别与他们所在公司的市场业绩相关。对他们的考核以他们负责公司的国内或全球市场份额作为标准。

模仿其他创新，政府对先进的跨国公司也给予一定的支持。这样，在列宁式国家资本主义体制下，国有企业在国内和国际的竞争力快速提升，但这种竞争力与资本主义下的创造性破坏完全不同，主要依赖于政府支持、补贴和保护（软预算约束），而非新技术或新产品的创造。[①] 而且，与过度超额供给相关，公司和地方政府债务负担越来越重，债务水平远高于国际标准，[②] 这是软预算约束的又一弊端。

在社会主义经济中，软预算约束和竞争缺乏造成了短缺。而且，软预算约束是一种阻碍竞争的机制（Kornai et al.，2003）。实际上，在苏联和中东欧国家进行了中央计划机制向市场机制的转型改革后，市场竞争仍旧不够激烈（Kornai，1986）。不同于中东欧和苏联的改革，中国经济中非国有企业尤其是私人企业的大规模进入，使市场竞争成为一种常态（许成钢，2011）。甚至受制于软预算约束的国有企业也被推进激烈的市场竞争和区域竞争中。当国有企业的 CEO 也享受到因市场份额或利润提升带来的高能激励且有软预算约束充当破产保护时，国有企业为了赢得市场竞争也会甘冒风险。这种情况似乎极大地推动了过剩的产生。因此，激烈的产品市场竞争和严重的软预算约束共存，造成了更严重的产能过剩问题。

激烈市场竞争下的软预算约束可能加剧过剩，这一现象不仅发生在社会主义经济，也存在于主要资本主义经济体中，例如日本的不良贷款问题和美国的次贷危机问题。如果软预算约束的基本机制源于消除了破产威胁导致的道德风险问题（比预警指标的警示更为宽泛），美国次级抵押贷款体系就可以被视为软预算约束在发达资本主义体制下的一种复杂变形。通过证券化，次级抵押贷款的放贷人出售证券化的抵押贷款，从而将破产风险释放到市场中，全球数以千万计不了解内情的购买人承担了巨大的破产风险。通过消除实

---

① 有证据表明，住房、金属、重型机械等部门生产能力严重过剩，与新产品和创新能力无关。

② 在不到 6 年的时间里，中国的总债务水平提高了 76%，2014 年达到 GDP 的 229%，其中，公司债务超过 GDP 的 150%，远高于大多数发达经济体的水平（BIS，2014）。中国多数公司债集中于国有部门（Lardy，2008）。

质性的破产风险，每一个抵押贷款机构都有激励在不充分了解资产风险的前提下发放贷款。此外，债务—股权互换使放贷人相信他们如同买了保险，更加安全，但是由于每个人都持有其他人的债务，当面临系统性风险时，这种保险毫无作用。软预算约束的抵押贷款体系导致大量抵押贷款的发放和住房的过度供给，极大地恶化了抵押贷款的质量。结果，这一体系加剧了全球金融危机。

软预算约束/硬预算约束和过剩之间的关系是一个既有挑战性又激动人心的研究课题。此外，为什么软预算约束部分（公有制）和硬预算约束部分（私有制）的联合效应催生了总量上的过剩经济而非短缺经济？对这些有趣问题的回答，需要进一步的理论和实证研究。

总结性评论： 概念问题和思想史

自亚当·斯密时代以来，经济学主要是关于资本主义的。社会主义的兴衰与资本主义的黑暗和成功紧密相关。资本主义国家的复杂性在于资本主义制度的作用，尤其是资本主义的动态变化。《动态变化、竞争和过剩经济》一书填补了理解资本主义性质的重要学术空白，涵盖了作者过去经济研究中的思想演变历程。书中还论述了作者的主张和观点如何受到新古典理论学派、奥地利学派、凯恩斯学派、后凯恩斯学派和马克思主义的影响。尽管书中提及的不同学派有针锋相对的政治和经济观点，但该书将这些互相冲突的观点统一在了一个框架中。

《动态变化、竞争和过剩经济》一书对研究资本主义提供了一般性指南和思路。要进一步研究该书的主旨和主题，比如混合资本主义，需要在理论和实证上继续探索。

（鄂丽丽 译）

参考文献

Acemoglu, D (1995), "Reward structures and the allocation of talent," *European Eco-*

nomic Review, 39, pp. 17 – 33.

Acemoglu, D. , Aghion, P. , Lelarge, C. , Van Reenen, J. and Zilibotti, F. (2007), "Technology, information, and the decentralization of the firm," *The Quarterly Journal of Economics*, 122 (4), pp. 1759 – 1799.

Acemoglu, D. and James Robinson (2012). *Why Nations Fail: The Originsof Power, Prosperity, and Poverty.* NewYork: Crown Business.

Aghion, Philippe – Howitt, Peter P. (1998). *Endogenous Growth Theory.* MIT Press, Cambridge MA.

Arrow, Kenneth Joseph (1972), "General economic equilibrium: purpose, analytic techniques, collec tivechoice," in (Arrow, K. J. , ed.), *Collected Papers of Kenneth J. Arrow: General equilibrium*, Volume2.

BBC (2013), "China employ stwomillion microblogmonitors state media say," *BBC News* 4 October 2013, http: //www. bbc. com/news/world – asia – china – 24396957.

Baumol, W. J. , Litan, R. E. and Schramm, C. J. (2007). *Good Capitalism, Bad Capitalism, and the Economics of Growth and Prosperity.* New Haven and London: Yale University Press.

BIS (2014), "Central banks and the global debt overhang," Speech by Hervé Hannoun (Deputy General Manager), 50th SEACEN Governors' Conference, Port Moresby, 20 November 2014.

Blanchard, Olivier (1999), "An Interview with Janos Kornai," *Macroeconomic Dynamics*, 3, pp. 427 – 450.

Davies, Martin (1996). *The Gutenberg Bible* British Library.

Deng, Xiaoping (1986 [1994]), "Reform is the only way for China to develop its productive forces," a speech on August 28, 1985, in *Selected Works of Deng Xiaoping*, Volume III. Beijing: Foreign Languages Press. 1994.

Deng, Xiaoping (1987 [1994]), "To Uphold Socialism We Must Eliminate Poverty," in *Selected Works of Deng Xiaoping*, Volume III. Beijing: Foreign Languages Press. 1994.

Dewatripont, M. and E. Maskin (1995), "Credit and Efficiency in Centralized and Decentralized Economies," *The Review of Economic Studies*, Vol. 62, No. 4 (Oct, 1995), pp. 541 – 555.

Diamond, P. and E. Maskin (1981), "An equilibrium analysis of search and breach of contract, II: a non – steady state example," *Journal of Economic Theory* 25, pp. 165 – 195.

Freedom House (2012), "Freedom of the press, 2012"; www. freedomhouse. org.

Hayek, F. A. (1935), "Socialist calculation I: the nature of the problem," in Hayek 1976.

Hayek, F. A. (1945), "The use of knowledge in society," in Hayek 1976.

Hayek, F. A. (1948 [1976]). *Individualism and Economic Order.* London: Routledge and Kegan Paul.

Hayek, Friedrich A. von (1988). *The collected works of F. A. Hayek.* Vol 1. *The fatal conceit: The errors of socialism.* Ed.: W. W. BARTLEY. London: Routledge, 1988.

Hayek, Friedrich A. von (1944 [1994]). *The Road to Serfdom*, University of Chicago Press.

Huang, H. and Xu, C. (1998), "Soft budget constraint and the optimal choices of research and development projects financing," *Journal of Comparative Economics*, 26, pp. 62 – 79.

Hurwicz, Leonid (1972), "On informationally decentralized systems," in C. B. McGuire and R. Radner, eds, *Decision and Organization: a Volume in Honor of Jacob Marshak*, North – Holland, pp. 297 – 336.

Jones, Eric Lionel (2003). *The European Miracle: Environments, Economies, and Geopolitics in the History of Europe and Asia.* Third edition. New York: Cambridge University Press.

Keynes, John Maynard (1936). *The General Theory of Employment, Interest and Money.* London: Macmillan.

Khrushehev, Nikita S. (1959). *Let Us Live in Peace and Friendship.* Moscow: Foreign Language Press. 1959.

Kiyotaki, N. and R. Wright (1993), "A search – theoretic approach to monetary economics," *American Economic Review* 83, pp. 63 – 77.

Kornai, János (1971). *Anti – Equilibrium.* North Holland, Amsterdam.

Kornai, János (1979), "Resource – constrained versus demand – constrained systems," *Econometrica*, July 1979, 47/4: 801 – 819.

Kornai, János (1980). *Economics of Shortage.* North – Holland, Amsterdam.

Kornai, János (1986), "The hungarian reform process: visions, hopes and reality," *Journal of Economic Literature*, Dec. 1986, 24/4: 1687 – 1737.

Kornai, János (1990), "The affinity between ownership forms and coordination mechanisms. The common experience of reform in socialist countries," *Journal of Economic Perspectives*, Summer 1990, 4 (3): 131 – 147.

Kornai, János (1992). *The Socialist System. The Political Economy of Communism.* Princeton University Press, Princeton and Oxford University Press, Oxford.

Kornai, János (2006). *By Force of Thought. Irregular Memoirs of An Intellectual Journey.* Massachusetts, Cambridge and The MIT Press, London.

Kornai, János (2011). "Preface" in *Gondolatok A Kapitalizmusról* (Thoughts about Capitalism), http://www.kornai – -janos.hu/Kornais% 20book% 20on% 20capitalism% 20 – % 20Hungarian.html.

Kornai, János (2013). *Dynamism, Rivalry, and the Surplus Economy: Two Essays on the*

Nature of Capitalism. New York: Oxford University Press.

Kornai, Jάnos (2014), "The soft budget constraint: An introductory study to volume Ⅳ of the life's work series," *ActaOeconomica*, Vol. 64 (S1) pp. 25 – 79 (2014).

Kornai, Jάnos (2015), "Hungary's U – Turn," *Journal of Democracy*, forthcoming.

Kornai, Jάnos, Maskin, Eric, Roland, Gérard (2003), "Understanding the soft budget constraint," *Journal of Economic Literature*, Vol. 41. No. 4: pp. 1095 – 1136.

Lange, Oskar (1936), "On the economic theory of socialism, part one," *Review of Economic Studies*, 4 (1), pp. 53 – 71.

Lange, Oskar (1937), "On the economic theory of socialism, part two," *Review of Economic Studies*, 4 (2), pp. 123 – 142.

Lange, Oskar (1942), "The Foundations of Welfare Economics," *Econometrica.*

Lardy, Nicholas (2008), Financial repression in China.

Mankiw, G. N. (2009). *Principles of Economics*, Mason, OH: South -- Western Cengage Learning.

Marx, Karl (1867 [1977]), *Capital: A Critique of Political Economy*, New York: Random House.

Marx, Karl (1875), "Critique of the Gotha Programme," in *Marx/Engels Selected Works*, Volume Three, pp. 13 – 30 Moscow.

Maskin, Eric (2004), "The Unity of Auction Theory: Milgrom's Masterclass," *Journal of Economic Literature*, Vol. 42, No. 4 (Dec., 2004), pp. 1102 – 1115.

Maskin, Eric, Yingyi Qian, and Chenggang Xu (2000), "Incentives, information, and organizational form," *Review of Economic Studies*, 67 (2): 359 – 378.

Mises, Ludwig von (1935), "Economic calculation in the socialist common wealth," in F. A. Hayek, ed, *Collectivist Economic Planning*, London: Routledge, 1935.

Myerson, Roger (2008), "Perspectives on mechanism design in economic theory," *American Economic Review*, 98 (3): 586 – 603.

Mortensen, Dale T.; Pissarides, Christopher A. (1994), "Job creation and job destruction in the theory of unemployment," *Review of Economic Studies* 61 (3): 397 – 415.

Needham, Joseph (1986). "Introduction" in Robert K. G. Temple. *China Land of Discovery and Invention.* Wellingborough: Patrick – Stephens, 1986.

New York Times, 29/01/2015, "China Further Tightens Gripon the Internet," http://www.nytimes.com/2015/01/30/world/asia/china – clamps – down – still – harder – on – internet – access.html.

OECD (2014). *Measuring the Digital Economy: A New Perspective*, OECD Publishing. http://dx.doi.org/10.1787/9789264221796 – en.

Piketty, Thomas (2014). *Capital in the Twenty – First Century.* Cambridge: MIT Press.

Pissarides, C. (1990/2000). *Equilibrium Unemployment Theory*, Basil Blackwell; second edition, MIT Press.

Qian, Y. and Xu, C. (1998), "Innovation and bureaucracy under soft and hard budget constraint," *The Review of Economic Studies*, 65/1, pp. 151 – 164.

Rogerson, R. R. Shimer and R. Wright (2005), "Search – Theoretic Models of the Labor Market: A Survey," *Journal of Economic Literature* 43, pp. 959 – 988.

Schumpeter, Joseph (1942). *Capitalism, Socialism and Democracy*, Harper, New York, 1942.

Stalin, Josef V. (1931 [1947]). *Problems of Leninism.* Moscow: Foreign Language Press. 1947.

Stigler, George J. (1961), "The economics of information," *Journal of Political Economy* 69 (3): 213 – 225.

Szikra, Dorottya (2014), "Democracy and welfare in hard times: The social policy of the Orbán Government in Hungary between 2010 and 2014," *Journal of European Social Policy* 24 (5): 486 – 500.

Tang, Wenfang (2005). *Public Opinion and Political Change in China*, Stanford University Press, 2005.

Tang, Wenfang and Dong Yu (2014), "Public policy satisfaction in urban China: evidence from survey data," mimeo, University of Iowa.

Tsien Tsuen – Hsuin; Joseph Needham (1985). *Paper and Printing.* Science and Civilisation in China. 5 part 1. Cambridge University Press.

Wittenberg, Jason (2013), "Back to the future? revolution of the right in Hungary," APSA 2013 Annual Meeting Paper. American Political Science Association, December 15, 2013.

Xu, Chenggang (2011), "The fundamental institutions of China's reforms and development," *The Journal of Economic Literature*, 49: 4, 1076 – 1151.

Zakaria, Fareed (2015), "The rise of Putinism," Washington Post, July 31, 2014.

Zhang, Shuguang and Zhang Chi (2013), "Macroeconomic analysis of Q3: resolving excess capacity and promoting restructuring," *Quarterly Economic Brief*, October 2013.

中国经济学的发展离不开对中国制度的研究

从 19 世纪后期开始，经济学力图变成一门严格的学科。在这个过程中，经济学家一直非常努力地、有意识地学习物理学，力争把经济科学变成一门像物理科学那样的学科。那么物理学是如何起源的呢？是从观察天象开始的。导致物理科学产生重大突破的工具是望远镜。在发明望远镜之前，人们对恒星运动规律了解得很清楚。发明望远镜之后，人们对行星运动的规律也搞清楚了，一个叫开普勒的人发现了行星运动的规律，这就是物理科学的基础。

物理科学的两个实证基础，即开普勒行星规律和伽利略自由落体定律，在牛顿的心里产生了一个重大的疑问。自古希腊以来，理论的讨论一直认为天地是在一起的，但是牛顿看到的事实是天和地并非连在一起：天上的东西按照椭圆轨道运行，而地上的东西遵循自由落体定律，是直线运动。于是，牛顿想办法创造了一个理论把它们连起来，这就是今天基本的物理学。

当我们讨论经济学的时候，经济科学作为一门学科，一定是理论思维和实证研究两个方面都特别重要。实证研究是决定性的。没有实证研究的基础，理论的辩论得不到任何结果。比如古希腊先哲关于天地的讨论，在他们之后也有无数争论，但这样的争论永远得不到任何结果。当年牛顿在剑桥的时候，曾经做过光的实验，并且发现实验结果和古希腊先哲讲的完全相反。他在剑桥做报告的时候人们认为他是在胡说八道。牛顿说他不管古希腊先哲讲什么，他说

---

* 本文根据作者在 2015 年 9 月 12 日举办的首届“思想中国论坛暨当代经济学基金会成立大会”的分论坛“中国经济学发展的痛点和难点”上的演讲整理而成。——编者注

的是实验结果。这说明实证研究一定是基础。整个理论的基础来自实证研究描述的规律性事实，同时理论研究还要回到规律性事实。离开了实证研究的规律性事实做基础，即使有理论也回不到实证规律上，这样的理论就不能叫理论。

中国经济学研究的问题实际上远远超出了中国经济本身。因为中国的经济从来不是单独的经济，而是和政治联系在一起，和全社会联系在一起，和中国制度联系在一起的。因此，研究中国经济问题碰到的一个最突出的困难，并且很多人没有充分意识到的困难，就是中国制度的特点。

中国制度的特点和世界上其他国家制度的特点有非常大的不同。第一个制度特点是两千多年的帝制留下来的。世界上其他国家不存在这么长的帝制。两千多年的帝制留下来的制度遗产，至今穿透我们的全社会。第二个制度特点，是中国从 1950 年起，全面照搬苏联的制度。苏联制度与中国的帝制嫁接后产生了一种混合制度，再经过“大跃进”时候的制度变化，以及“文化大革命”时的制度变化，这就是中国在改革前夕继承下来的制度。在此基础上，中国的制度在改革期间又有所变化，这就是我们今天的制度。如何认识这个制度、如何认识在这个制度下产生的一系列现象，是社会科学面对的非常重要的挑战。改革为什么走这样的路？为什么经济曾经有过比较好的发展？为什么今天看到严重的不稳定？这样的不稳定是不是有它的根源，是不是偶然的？这些问题统统是在中国制度背景下产生的。

在物理科学里，如果一个事物的物理结构不稳定，人们就会预测这个结构某天会垮掉。比如我们看到苏联东欧的体制存在非常严重的问题，中国的制度是从苏联嫁接到中国古代的传统制度上的，那么这个制度是否稳定？再稍微具体一点，比如说我们讨论金融市场的时候，非常重要的一个基本前提就是对私有产权的保护。原因非常简单。在证券市场上交易的是私有产权，如果制度没有办法保护私有产权，证券市场就没有办法正常运作。再就是所有的证券实际上就是金融合同，这些金融合同一定要有能够执行合同的制度，如果合同执行制度不存在，金融市场也是没有办法正常运作的。

所有发达的金融体系背后基本的制度支撑是独立的司法制度。在独立的司法制度下，当 1929 年发生了股市崩盘之后才引入了一个辅助手段叫金融监管。在没有独立的司法体系的情况下，试图用一种官僚式的监管体制替代，但这套体制是没有办法工作的。

我本人并不是研究宏观经济学的，但是我想谈一下我对货币政策相关的一系列宏观问题的看法。货币政策之所以有可能对实体经济产生作用，实际上依靠的是所谓的传导机制。这个传导机制其实就是一种制度，而且不同的制度下传导机制不同。中国的传导机制和市场经济下的传导机制有一个非常基本的不同，即软预算约束。普遍存在的软预算约束导致中国货币政策的传导机制与市场经济下的传导机制是不一样的。当传导机制不一样的时候，一系列跟货币相关的原理放到中国就不适用，所以照搬西方的理论就会搞错。

讲到实证工作的重要性，我的一个基本观察是，现在经济科学，或者更广泛地讲社会科学，正面临着一个重大的革命，不仅是中国，而且对整个学科来说也是如此。因为互联网带来的各种应用突然之间使社会方方面面的数据变成了可以应用和可以想办法收集到的，而且不仅仅是当前的，还包括历史的。这样巨大量的数据可以推动社会科学的重大发展。

第三章

诺奖和诺奖之外

2018 年诺奖点评：可持续增长

今年的诺贝尔经济学奖以可持续发展为主题，授予两位不同领域的经济学家。一位是斯坦福大学教授保罗·罗默（Paul Romer），奖励他在内生经济增长理论方面的突破性贡献，为解释长期经济增长的来源和条件奠定了基础。另一位是耶鲁大学教授威廉·诺德豪斯（William Nordhaus），奖励他在环境经济学方面做出的突破性贡献。尤其是为认识全球气候变暖的环境经济学问题和政策奠定了基础。

罗默与内生经济增长理论

罗默是罗伯特·索洛（Robert Merton Solow）的继承者和突破者。索洛是第一个因经济增长理论获得诺奖的经济学家。在 20 世纪 50 年代后期建立的索洛模型中，技术进步是决定长期经济增长的最大因素，而技术进步是外生的。当时被索洛称为技术进步的因素或者变量，后来被称为全要素生产率，简称 TFP（Total Factor Productivity）。所谓 TFP，指的是劳动力、资本、土地这些投入要素之外所有影响效率，进而影响经济增长的因素，包括技术、管理、商业模式、制度等因素。因此，技术进步只是 TFP 中的一个部分。在解释不同制度的国家之间长期经济增长的差别时，最大的因素是制度。

如果很狭窄地把 TFP 解释成技术进步，那么知道了技术进步这

---

* 本文 2018 年 10 月 12 日发表于 FT 中文网。原文标题为《诺奖和诺奖之外》。——编者注

个变量，索洛模型就能确定长期经济增长率。但又是什么决定技术进步呢？这是长期困扰经济学家的难题。在索洛模型提出 30 年之后，罗默第一个把技术进步从外生因素变成内生因素。罗默模型的解释是在市场经济中，企业为了自身利益，为了满足消费者的需求，推动技术进步和投资，进而决定了长期的经济增长。罗默模型可以相当好地定量解释英国、美国及其他发达国家自工业革命以来的长期经济增长。这是经济增长理论的重大突破。

罗默模型有三个非常基本的隐含假设，每个假设都对应着一层基本制度。这三个假设是：最终产品的市场是完全竞争的、人的思想是充分交流的、知识产权是受到完全保护的。这三个隐含假设背后的基本制度是对个人产权和自由的基本保护。在基本满足这些隐含假设的经济里，应用罗默模型就会得到正确的分析和结果。在制度与罗默模型的隐含假设不一致的经济里，应用罗默模型的时候，由于实际机制和模型不一样，生搬硬套就会出错。比如，如果一个经济体的市场不是充分竞争的，即违反了罗默模型的第一个隐含假设，或者在那个经济体中思想交流有阻碍，即违反了罗默模型的第二个隐含假设，或者知识产权不能受到保护，即违背了第三个隐含假设，应用罗默模型就会出错。

从历史上看，英美的制度早在 18 世纪就大体满足了这三个隐含假设，并成为工业革命的发源地。因此，罗默模型能够刻画发生工业革命后，这些经济体会如此快速持续地增长。西北欧和日本、韩国等相对后发国家，在其制度变化满足了这些基本条件后，应用罗默模型也能刻画其长期经济增长的规律。但是对于违反这些基本条件的经济体，长期经济增长就不会按照罗默模型刻画的规律增长。对于这类经济体，罗默模型更是一个理论基准，而不是直接可以应用的模型。理解这个理论基准，可以帮助我们理解为什么许多国家没能产生工业革命；没能产生工业革命的国家，经济为什么不能快速持续地增长。

在内生经济增长理论方面做出突破性贡献的另一位经济学家是哈佛大学的菲利普·阿吉翁教授（Philippe Aghion）。1990 年他取得这项突破时还在麻省理工学院（MIT）执教。阿吉翁模型从熊彼特的“创造性破坏”的角度，解释技术进步的经济过程，由此解释长期经济增长。所谓创造性破坏，指的是革命性技术变化的过程总是伴随着对老技术和老经济的破坏。在经济学界，人们普遍预料内生经济增长理论会被授予诺奖，而且大家的预期是罗默与阿吉翁共享殊荣。

如前所述，技术进步是TFP中的重大因素之一。但是，对于发展中国家，TFP中更重要的因素是制度，甚至技术进步本身也深受制度制约。从制度层面探讨内生经济增长理论，尚处于初期阶段。阿吉翁教授和麻省理工学院的达龙·阿西莫格鲁教授（Daron Acemoglu）在这方面有重要的贡献。但制度复杂多样，与经济、技术交互影响，而且是内生的。因此，如何在内生增长模型中抓住内生的制度，不仅罗默模型尚未涉及，整个经济学文献都仍然在初步探讨中，这是对经济学的重大挑战。有待今人甚至后人解决。

诺德豪斯与环境经济学及可持续发展理论

诺德豪斯是最早建立经济－环境模型的经济学家，也是最早建立全球变暖模型的经济学家。他建立的DICE（Dynamic Integrated Climate－Economy，动态整合的气候经济）模型，是今天世界上用来讨论全球变暖的模型的基础。国际上最重要的气候政策，例如《巴黎气候协定》，其认识框架、理论基础、定量依据，都是在DICE模型的基础上发展出来的。这个模型定量分析了经济发展如何影响环境，环境反过来如何影响经济发展。最终，经济增长和环境一起影响人类生存。国际上，限制碳排放，争取把气温提高限制在1.5℃（后改为2℃）之内的政策目标，就是基于DICE模型的计算结果。即便面对环境问题，诺德豪斯的核心观点也是政府要以市场为基础，为污染定价，通过税收等市场机制解决问题。

在环境经济学方面，与诺德豪斯并驾齐驱的是哈佛大学的马丁·魏茨曼教授（Martin Weitzman）。魏茨曼和诺德豪斯都有物理学背景，是麻省理工学院经济学博士的同学，同年毕业后到耶鲁大学任教。诺德豪斯在环境经济学方面的研究集中在全球气候变暖的定量分析，而魏茨曼则对环境经济学有更广泛的贡献。其中包括气候变化导致的重大灾难模型、物种保护模型等。他们也都在可持续发展的其他领域有重大贡献。诺德豪斯与魏茨曼曾经有过一场有名的辩论，关于如何应对气候变化可能带来的重大灾难。学术界很多学者长期认为，诺贝尔经济学奖一定会颁发给环境经济学，而诺德豪斯和魏茨曼应该是共同获奖者。

除了气候经济学方面的研究，诺德豪斯另一项很重要的工作是关于如何度量经济增长。如今度量经济增长的指标是 GDP 增长（GDP 是哈佛大学已故的库兹涅茨教授提出的度量方法，并因此在 1971 年获得诺奖）。在人们长期普遍把 GDP 作为天经地义的指标时，诺德豪斯提出，GDP 不是一个合适的度量指标。用 GDP 这个指标度量经济增长，会低估科学技术进步带来的成果。GDP 计算的是市场价值，即市场价格和市场数量的乘积。但是，当技术快速进步时，市场价格不能反映市场上物品的质量。

诺德豪斯为举例说明 GDP 指标的问题，设计了一个非常直观的度量方法：用照明量做指标。他分析了生产一单位的亮度，在马克思的时代烧天然气（或煤气）的成本、爱迪生时代电灯泡的成本、荧光灯的成本，以及如今 LED 灯的成本。由此可以看到，随着技术进步，生产同样亮度的照明成本下降到不可思议的程度。

更令人震动的是关于医药的定价。医药界技术变化非常快。几年前，甚至几个月前无法治愈的疾病，今天已经完全可以治愈。有能力支付医药费用救命的人都乐于接受非常高的价格。但实际上，医药的市场定价远低于需求方的受益。计算机互联网技术等也反映了相似的问题。

诺德豪斯的基本结论是，由于没有适当的度量，越是技术发展特别快的国家，现有的度量方法就越低估了实际的增长。当技术发展非常快，市场价格快速下降时，用 GDP 的方法度量经济增长，得到的增长速度就会过低。比如美国，从 GDP 看，随着技术进步，经济增长反而逐渐衰落，这也正是诺德豪斯的老同学罗伯特·戈登（Robert Gordon）影响巨大的著作《美国增长的起落》（*The Rise and Fall of American Growth*）中的基本结论。在这类问题上，魏茨曼则从另外的角度提供了理论，证明任何一个革命性的新成就，会以排列组合的方式与已经存在的技术结合，产生指数级增长的巨量新技术，使技术革命越来越快，推动经济增长。

今年是诺贝尔经济学奖的第 50 个年头，也是中国改革开放的第 40 个年头。这个奖项一直备受国人瞩目，其中的一个原因就是人们对可持续发展的渴望，一方面是长期经济增长的动力何在；另一方面，自然资源的破坏令我们对自身的生存环境忧心忡忡。今天的中国，比以往更加关心研究与开发，更加注重科学与技术，但试图超出市场或控制市场去推动研究与开发，去左右经济增长，结果往往适得其反。

2019 年诺奖点评：方法论的贡献

2019 年 10 月 14 日，诺贝尔经济学奖授予阿比吉特·班纳吉（Abhijit Banerjee）、埃丝特·迪弗洛（Esther Duflo）和迈克尔·克雷默（Michael Kremer）。这三位诺贝尔经济学奖得主中，有两位是我的同学：迈克尔·克雷默是我的低年级同学，阿比吉特·班纳吉是我的高年级同学，我和他们二人都是朋友。埃丝特·迪弗洛是阿比吉特·班纳吉的太太。

他们三个人做的基本是同一类型的工作：发展经济学的实证研究。诺贝尔委员会在致辞中提到贫困，是因为贫困乃发展经济学的核心问题之一，而他们比较侧重的问题之一也是贫困。但实际上，诺贝尔经济学奖的颁奖原则一定是学术贡献，而不单纯是某个具体问题。他们对学术界造成的影响是在发展经济学的实证研究上；而且他们的实证研究方法在整个经济学界都有普遍影响，而不仅是对发展经济学。

经济学作为社会科学分成两部分：理论和实证。他们的重大贡献在后者。过去，经济学中的实证工作主要是用经济计量学的方法（翻译成大众的语言就是统计学的方法）处理大量数据。经济学家运用这种方法已经有一百多年的历史。在这个过程中，人们发展出了大量技术手段，努力用统计学的方法在数据里寻找规律性的现象。而规律性里最重要的关系之一就是因果关系。社会科学从来都面对如何做实证研究、如何在实证研究里找到因果关系的重大挑战。

---

* 本文根据 2019 年 10 月 16 日网易研究局的专访整理而成。原文标题为《许成钢：今年诺贝尔经济学奖得主更重要的贡献是方法论》。——编者注

一个学科是不是科学，关键不在于是否能构造理论，而在于理论是否能得到证据的验证。作为科学的学科，理论基础来自实证证据。理论被承认，仍然依赖实证证据。如何弄清楚证据、如何找到因果关系等，是经济学和社会科学面对的挑战。用传统的统计学方法判断因果关系，从来都会遇到基本困难。他们三个人的重要贡献是改变了实证研究的方法。除了使用传统统计学方法之外，他们大量使用了实验的办法研究经济发展过程中出现的问题。过去人们说社会科学或经济学不是科学，理由之一就是不能做实验。因为人们不知道如何在社会科学、在经济学中做实验。

他们三人中第一个开始大规模做实验的是迈克尔·克雷默。他从哈佛大学毕业后的第一份工作是在麻省理工学院。当年，他仅工作了几年时间就获得了十分著名的“天才奖”麦克阿瑟奖（MacArthur Fellowship）。他用获得的50万美元奖金在非洲贫困地区进行了大规模的实验。这是在20世纪90年代中后期。之后他们一直做这方面的工作，在经济学界影响很大，使整个发展经济学发生了重大变化。人们有时候开玩笑说发展经济学被他们“统治”了。所谓“统治”并不是指强权统治，而是大量研究者在方法论上的追随。

通常人们认为获得诺贝尔奖一定是有具体贡献，比如通过实证工作发现了什么。我的个人看法是，他们三人更重要的贡献是方法论，而不是具体的发现。他们发表了很多论文，每篇论文讨论的问题都颇为专业。如果要说具体的某一项发现，我个人的看法是，虽然有重要性但并不是特别重大。重要的是他们的方法论形成了很大的力量，变成了现在经济学的主流研究方法。

在任何学科，特别有影响的巨人都是极少数。不仅仅是经济学，物理学也一样，自从一个多世纪前爱因斯坦的重大突破以后，至今的物理世界仍然是爱因斯坦的世界。一百多年过去了，仍然没有出现过这种类型的突破以及这样的个人。科学的主体是无数人，他们分别在许多具体领域里做出许多具体贡献。

当然，经济学也面临着很多困难，其中最大的挑战之一是实证工作究竟应该怎么做。今年的诺贝尔经济学奖颁给他们，是不是意味着在这个方向上就有了重大解决？我个人的看法是没有。他们在这个方向上有重大推动，但我并不认为眼下他们已经做的工作就是真正为社会科学、经济科学解决了实证工作的方法论问题。我认为仍然没有结论，只是承认他们在朝这个方向推动。

经济科学、社会科学面对的最核心挑战就是理论和实证的关系。过去二十多年里，曾经多次获得诺贝尔经济学奖的博弈论、机制设计理论和合同理论等，都是理论工作。但理论工作碰到的最严重的挑战就是它和实证的关系。在经济学里，这个问题至今没有解决好。今年的三位诺贝尔经济学奖得主的贡献是帮助推动实证工作，但他们推动的实证工作距离能和经济学理论挂钩，仍然还有相当大的距离。

这次获得诺贝尔经济学奖的三位同事里，其中两位都是从理论研究转为实证研究的。我的前后两个同学迈克尔·克雷默和阿比吉特·班纳吉，在哈佛大学时师从马斯金从事理论研究（我也是马斯金的学生）。他们在做年轻教授期间，仍然集中做理论研究，后来才转为主要做实证工作。我特意介绍这个背景，是为了说明经济科学的性质和挑战。数学和应用数学可以不关心证据，但经济科学不是数学，也不是应用数学，必须关心证据。而建立理论和证据之间的关系，在经济学里是一个重大挑战。这个挑战至今未能解决，可能永远也不会解决，而只能是不断推进。曾经在相当长一段时间里，许多最有才华的经济学家都研究理论。但后来人们发现，那个所谓的理论更像应用数学，而不再是科学了。自从金融危机以来，人们说经济科学遇到了非常大的困难。困难的源头就是大量的理论工作与实证证据脱节。

在此背景下，最近十几年来，越来越多有才能的年轻学者转而集中做实证工作。但反过来说，实证工作是不可能离开理论的。现在经济学面对的另一个挑战是大量做实证工作的年轻学者对理论了解得非常少。实际上，没有理论指导的实证工作变成了数据挖矿，原则上是做不出科学的。很多人只是跟着潮流走。任何好的实证工作一定要有理论的指导，这两者不能分开。

经济学理论碰到的另一个困难就是缺少“大的想法”。理论有两个层次，一个层次是“大的想法”，另一个层次是把想法变成严格的模型。人们经常有一种混淆，认为只有“大的想法”才是理论，但为什么只有“大的想法”通常难以形成完整的理论？因为作为科学，理论必须要能用证据来验证。而为了验证，就需要通过严格的逻辑推理，推出可以验证的结果。没有后面这些步骤，就难以验证。没有验证的结果，就不能成为科学上承认的理论。

另一种流行看法认为，只有数学模型才是理论，这也是一种混淆。因为任何数学模型的来源一定是“想法”，一定是想法在先、数学模型在后。任何科学理论的发展都是这样。当没有任何人有“大的想法”时，所有数学模型都是越做越细、越做越窄。只有出现一个“大的想法”以后，才能把问题推到大的方向上，然后有许多人在这个方向上越做越细、越做越窄。

爱因斯坦之所以伟大，是因为他一个人做了两件大事：一是提出“大的想法”，二是把“大的想法”变成非常严密的理论推导。重要的是，他的“大的想法”是从大量观察到的系统性证据里产生的。这与另一位巨人牛顿相似。没有证据来源的“大的想法”很难建立经得起实证检验的理论。在经济科学里，现在比较缺少“大的想法”，其中一部分原因与学科越变越窄有关；另一方面，也因为人们收集证据越来越窄，缺少大尺度跨领域的、系统性的证据。

中国社会科学发展的时间很短，从改革开放以来才慢慢重新开始建立。整体上，中国社会科学的研究环境很不利于社会科学自身的发展。在任何学科，重要的问题绝对不是得奖，尤其是当这个学科还不发达时，过度讨论得奖不仅不重要而且容易误导。中国经济科学的发展还相当弱小，更应该关心的是怎样让中国的经济科学更好地发展。

减贫与政策：许成钢对话班纳吉

班纳吉：减贫政策干预的五点建议

每当我们谈到加强消除贫困的斗争时，首先要记住的是，贫困人口已经大大减少。让我们看看全球的贫困趋势。目前，贫困线以下的总人口数已经下降，而贫困人口占世界人口的比例下降幅度更大。这是令人瞩目的转变，可喜可贺。中国在此变化中发挥了重要的作用。

事实上，还值得一提的是，随着经济的改善，如人均 GDP 和穷人收入的提高，其他方面也随之改善，这是更加令人振奋的事实。例如，在过去 10 ~ 15 年间，死于疟疾的儿童人数急剧减少。从 2010 年到 2017 年，非洲疟疾死亡人数下降了 40% 或 50%（见图 1）。这些都是了不起的事实，我们应该深感高兴。这也说明人们不仅越来越富裕，而且过去活不到五岁的孩子如今能活过五岁，母亲不会死于分娩，各种美好的事情接连发生。

我想谈的框架包含五个要点，这五点也许没有多少人支持。第一，我们从研究中看到，大量研究花无数时间在讨论全球趋势。我刚才也提到了一些全球趋势，但是我认为，要指导政策，我们就需要弱化对全球趋势的关注。我们花大量时间预测中国是否正在人均

* 原文发表于《比较》第 106 辑，2020 年第 1 期，题目为《减贫政策干预的五点建议：班纳吉和许成钢的对话》。本文根据两位作者在 2019 年 11 月 9 日“财新峰会”上的对话整理而成。感谢许成钢教授在文章整理过程中提供的大力帮助。——编者注

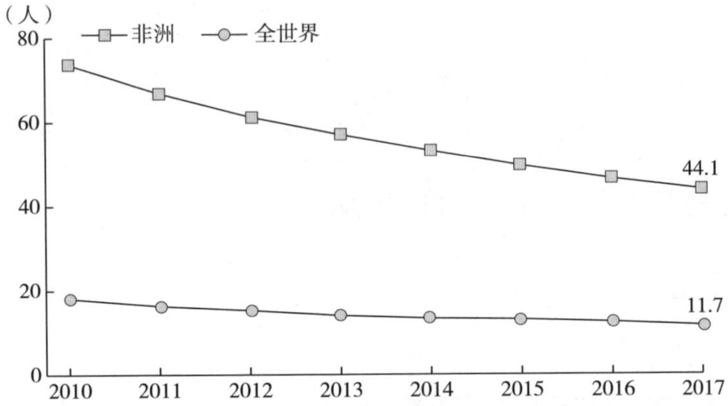

图 1 疟疾死亡率趋势图（2010—2017 年，全世界和非洲每 10 万人群死亡人数）

水平上超越美国，哪些方面已经赶上，哪些方面可能还没有赶上，这类全球趋势的预测虽然有趣，但大多数时候并不正确。我在这里给大家举一个 1989 年的例子。

《华尔街日报》一直凭其智慧预测未来趋势。它们想预测未来 50 年会有哪些辉煌无比的增长故事。自那之后 30 年过去了，正是我们观察其预测结果的好时机。那么，《华尔街日报》都预测了些什么呢？它们预测的第一个赢家是孟加拉国。这个预测相当准确，因为当时孟加拉国被认为属于没有希望的国家之一，亨利·基辛格（Henry Kissinger）称之为“一无是处”。然而，孟加拉国做得非常好。在过去几年里，孟加拉国的经济增长率位居世界前列，而且一直在加速增长。它已不再是世界上最贫穷的国家之一。《华尔街日报》预测的第二个赢家是泰国。有那么一段时间，泰国几乎没有增长，然后突然有点起色，但这算不上辉煌的成功故事。最后一个会把你逗乐的预测是津巴布韦。

根据《华尔街日报》的预测，津巴布韦将成为下一个伟大的非洲增长典范。然而，众所周知，津巴布韦已经几近崩溃。显然，世事起落、祸福难料，虽然也有一些让我们为之兴奋的发展，但津巴布韦显然不是一个成功的增长实例。那么，《华尔街日报》预测哪个国家不能成功实现增长呢？答案是中国。中国被预测为落后国家之一。鉴于《华尔街日报》的这些预测记录，我不想因为预测而让自己尴尬，所以我不打算做预测。相反，我想要探讨的是，如果我们无法确切地判断经济增长到底会如何发生，那么我们应该做些什么。

第二，我认为美国乃至全世界都很痴迷根本性变革。大家都想推倒重来，采取某些颠覆性的措施，但对此又不甚了了，只是认为它们会改变一切。在我看来，这么多年来的一个好消息是，人们在一些不那么革命性的、更边际的领域取得了进展。当然，其间也有一些根本性变革，如邓小平领导下的中国改革就是其中之一。但我认为，也有很多人不曾注意到的细小变化对我们所有人来说不仅是能够做到的，而且极其重要。我这里要提到的这种细小变化就是预防性医疗产品的使用率。这也是我们的研究工作之一。

我们的研究旨在说明，当降低预防性医疗产品（比如蚊帐、净水药片、驱虫药丸）的价格时，疟疾这样的疾病感染会发生怎样的变化。这些物品都很平常但没有得到使用。人们不断因疟疾死亡，却不使用蚊帐。为什么人们突然就用上了蚊帐呢？这些曲线的背后都有相同的故事（见图 2）。大致说来，蚊帐没有得到使用的原因是价格太高，它们的定价接近市场价格。而当把价格降到近乎零时，人们就会使用蚊帐。有一种说法认为，人们免费获得某样东西时，就不会使用它。这种观点是没有根据的。

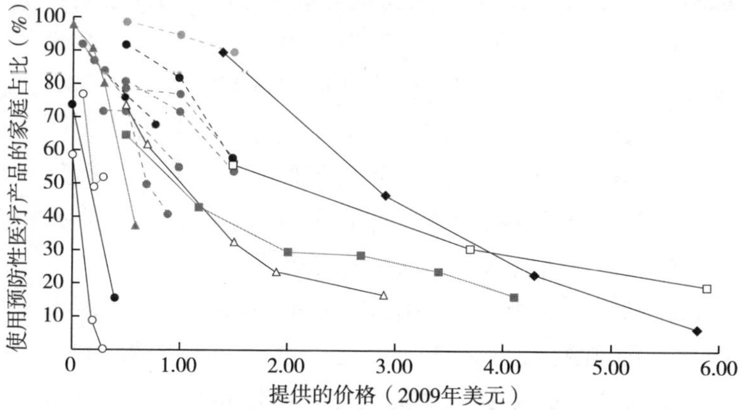

图 2 预防性医疗产品在不同价格下的使用率

事实上，这也正是我们的研究结论。我们的研究证据显示，如果价格下降，就会有更多的人使用。当更多的人使用时，就会有更多的生命得到挽救。我们常常假定，任何东西都需要定价。但实际上我们的研究表明，如果免费或低价给人们提供某种预防性医疗产品，他们就会使用这些产品。而当他们使用时，生命就得到挽救。这里的基本要点在于，这些都是寻常的变化，需要细致的实验才能发现，但并不需要革命。然而，这些变化挽救了无数人的生命。从图 1 中，您可以看到幸存孩子的数量发生的变化。因此，我想传达的信息是我们需要关注“改进”（augument），而不仅仅是瞄准根本性变革。如果可以推动根本性变革，那当然好，但如果不能，也没有关系，我们依然可以做很多改进工作。

第三，不要忽视显而易见的事情。我们在减贫方面已经有过很多尝试，小额贷款就是具有标志性意义的尝试之一。一种广为流传的说法是，在小额信贷的助力下，人们的创业热情会喷薄而出，所有国家都将发生根本性变革。但是，我们对小额信贷开展了一系列随机对照实验。研究表明，它既没有带来改进，也没有引发根本性变革。人们依然贫困如初！于是，人们大失所望，甚至不知道该怎么办。

现在，麻省理工学院的一些学生决定做一些显而易见的事情。他们想确认：“大家认识谁是真正优秀的企业家但没有资本吗？”就这样，他们去印度一些低收入社区四处搜寻。他们问那里的人，你知道谁会成为优秀的企业家吗？你知道附近有好的企业家吗？然后有人会说：“知道啊，他就是！”于是他们惊奇地发现，大多数人都说，“知道，实际上这里就有一个。但他只是个小企业家”。之后，他们把 100 美元当作礼物送给这些潜在的企业家，既送给那些被预测会成功的人，也送给那些被预测不会成功的人。

一切完成后，出现了一个引人注目的事实：那些被预测为非常成功的人，即预测组排名前三分之一者，每月的资本回报率为 25%，其他的则基本为零。我想让大家从中明白的一点是，提出问题是很容易的。我们经常做一些自认为很复杂的事情，而不是做显而易见的事情。有时候做显而易见的事情效果更佳。

第四，寻找好的解决方案时，不要把创新和新事物混为一谈。在发展中国家，很多事情都是创新的，但并不是新鲜事物。新鲜并非创新的必要条件。这恰恰是美国当前环境中发生的事情。我们总是宣称一切都是新的，一切都是变革性的，一切都是美好的，可实际上，非常平凡的事物也助益匪浅。这就是我要提出的观点，尤其是所有技术都可以提供帮助。

许多国家已经在尝试使用各种技术提高农业产量，我知道中国也在致力于这样做。又如，研究人员给印度和肯尼亚农民发短信，提醒他们每周使用三分之一杯某种肥料。他们使用了 20 世纪 90 年代的短信技术，成本很低。这一做法谈不上新颖、创新或了不起，但非常有效。研究结果表明，农业产量提高了 10% ~15% 。同样，这一做法也并非什么根本性变革，却非常重要。

最后的第五点也是我们在《贫穷的本质》（*Poor Economics*）一书中提出的核心思想，即我们经常制定错误的政策，因为我们不会去问穷人是怎么想的，也没有设身处地为他们着想，而是假设他们应该以某种方式行事。如果某件事是好的，那么对他们也应该是好的，他们就应该做这件事。

我们并不理解为什么有些事情行不通。例如，改良炉灶在发展中国家是一项十分先进的技术，在 6 ~8 年前非常流行，还得到希拉里 · 克林顿的支持。改良炉灶旨在解决因使用炉灶和不清洁燃料引起的室内空气污染问题。世界上有很多贫困人口因使用炉灶而吸入大量颗粒物，尤其是儿童吸入过多这类颗粒物后，肺部很可能变得像吸烟者。改良炉灶项目的工作人员设计了一种新炉子，以排放炉灶产生的烟雾，净化室内空气。这是一个很好的项目，得到了许多人的支持，包括克林顿夫人和其他有识之士。有大量资金投入这个项目。那么，改良后的新炉灶是什么样的呢？它们是固定在墙上的，屋顶有一个烟囱可以把烟排出去。

结果，没人使用这种新炉灶。整个项目以失败告终。这不是因为大家不在乎空气质量，而是设计者忽略了一个关键因素，那就是在天气良好的时候，负责做饭的人（通常是妇女）喜欢把炉子搬到外面，挨近邻居，边做饭边聊聊八卦，唠唠家常，看着孩子们玩

图3　改良后的炉灶

要。人们更喜欢这种一举多得的做饭方式，而把炉灶固定在墙上以后，根本就不能把它挪到外面。

设计者忘记了做饭也是一种社交活动，人们可以聚在一起做这件事。从这个意义上说，我觉得他们犯错，是因为没有考虑到穷人是怎么过日子的。倘若我们想改变穷人的生活，就需要了解他们的生活和生存方式。我们必须思考他们会如何使用物品，而不是我们自己想要什么以及我们会如何使用物品。

以上就是我们的一些研究案例。我大致上持乐观态度，并认为只要我们细心，一次解决一个问题，认真思考问题的根源，而不仅是弥补问题，我们就能成功。不要一想到空气很脏，就弄台机器来净化它，而完全忽略了人们想要如何生活。我认为，假如我们理解了我们所提的建议与人们生活方式之间的联系，同时牢记要一步一个脚印，我们就能解决问题。让我们去做实验吧，让我们去仔细测量吧，让我们看看什么是有效的，什么是无效的。让我们诚实地对待结果。我相信我们已经在减贫方面取得巨大的进步，我们还可以取得更大的进步。

昔日同学共话减贫与政策

许成钢： 我首先介绍阿比吉特·班纳吉。他是我的高年级同学，一位杰出的经济学家。他在学术生涯的早期，在理论经济学方面做出了极其重要的贡献。后来，他的研究领域有了重大转变，他也从纯理论经济学家转变为从事实验的发展经济学家。他目前的研究重点是贫困与不平等，这些是包括发展经济学在内的经济学中最基本的问题。为什么有些国家在发展，有些国家却裹足不前？还有政策问题：为什么一些主要政策不成功？我们应如何设计政策，如何评估政策？班纳吉教授的重要贡献包括经济增长与发展、不平等与贫困、教育与发展等基本理论。他获得诺贝尔奖的重要贡献之一是方法论，特别是随机对照实验（RCT）。他将随机对照实验这一在医学临床研究中行之有效的方法，应用到经济学中。

现在，我将与班纳吉教授对话。我想根据你的案例提一个非常简单的问题。你表示疟疾死亡率已经大幅下降。我们能再多了解一点吗？是什么原因，或者说是什么因素促成了这种稳步下降？

班纳吉：我想我已经做过解释，但我肯定说得不够清楚。我认为最大的一个因素是用杀虫剂处理过的蚊帐的价格大幅下降。这一技术是众所周知的。多年来人们已经知道，让孩子睡在用杀虫剂处理过的蚊帐里，蚊子会死亡，孩子则不会感染疟疾。这早就不是新鲜事。不幸的是，人们觉得这种蚊帐很贵，承担不起，因此都不使用。于是，在我亲爱的同事、斯坦福大学教授帕斯卡琳·达帕斯（Pascaline Dupas）的鼓励下，政府降低了此类蚊帐的价格。她在一系列实验中表明，降低价格确实提高了儿童使用蚊帐的比例。

降价遭到诸多阻力，因为有一个普遍的理论认为，如果降价，人们就不会尊重他们得到的东西。如果蚊帐降价，他们只会滥用蚊帐。事实上，为了验证这一点，她不得不在晚上派人检查孩子们是否睡在蚊帐里。如果他们睡在蚊帐里，就不会感染疟疾。事情就这么简单！正是降低蚊帐的价格导致了疟疾的减少，而这很大程度上归功于达帕斯提出的证据。

许成钢：非常好！我的下一个问题与实证工作的方法论有关，尤其是随机对照实验方法。这个方法在医学临床研究中已经并不新颖，但将它引入社会科学却是创新。将随机对照实验从临床医学转变到社会科学问题，研究对象和环境都有巨大的改变，我想知道，其中的主要挑战是什么？

班纳吉：我认为有两个挑战，挑战之一是遵从率。在一项医学实验中，譬如有 70 人，其中 35 人服用一种药丸，另外 35 人服用另一种药丸，大家照此行事。他们每周都来，通常都是病情严重的人，所以他们有很强的动力参与。在社会科学实验中，你知道，我们经常有 300 万人。他们中的一小部分实际上会直接受到干预的影响，但我们不知道他们是谁。我们可以在村庄做实验，选择一些村庄，对它们干预，而对其他的村庄不干预。在被选中进行干预的村庄里，可能有 10% 的人口受到干预的影响，其余的则不受影响。我们使用大量的样本，以确保能够实际检测到这样的效果。我们的研究里可能有一万个村庄，于是测量时必须考虑一个事实，即大多数人不会受到影响。所以，我们的随机对照实验研究在整个统计思维方式和控制方法上与医学中的随机对照实验并不相同。

许成钢：在社会科学家尝试进行随机对照实验研究时，如何能在实验中获得有意义的结果，这些实验的做法一定需要遵循一些隐含的假设。第一个隐含假设是，研究者的目标应该是客观的发现，而不是有意偏向某些政策；不是取悦政府。第二个隐含假设是，研究人员以及在研究中试图设计的政策，都必须尊重穷人的基本权利。因此，要发现的内容，或想要设计的政策，都只能以受试者的自由选择为基础。我特意阐述这两个重要问题，是因为在不同环境中，有些研究人员可能会违反这些隐含假设。我想听听你对此的回应。

班纳吉：这个问题很有意思。我认为，整个学术界都应该清楚地意识到这一点。我们的实验不能随心所欲，否则会造成伤害，所以“不伤害”内嵌于我们的研究之中。如今，这相当于一个基准。假设政府正在实施一个项目。这个项目或许对人们很不利，当我们对它进行评估时，并不是选择这个项目，而是说：“你们要做这个项目，我们会将项目随机指派给某些人。”因此，并不是我们决定大多数事情的道德维度。政府、非政府组织和私人公司采取行动，我们通常只是安排谁参与项目谁不参与。政府规定把项目发给 100 个人，那么我们会尝试影响哪 100 人参与该项目，但并不是我们决定采取什么干预措施。也就是说，我们并不做未启动的项目，我们只是评估已经启动的项目，而不是开展我们自己的项目。当我们开展我们自己的项目时，会有意识地建立一个机构化的评估委员会，让它参与进来。我们不能做项目，更不能为所欲为。

许成钢：在你总结的五个要点中，第二个要点提到了改进而不是根本性变革。因此我想回到“根本性变革或改革”的话题。我想说的是，如果我们讨论的环境中已经存在私有产权，个人有选择的权利，我会同意你说的“强调根本性变革可能并不是很有用”。然而，假如在我们所处的环境中，最基本的所有权和个人选择受到限制，甚或人们完全没有私有产权，个人没有投资和就业等方面的选择权。在这种情况下，赋予人们产权和选择权的根本性变革应该是非常重要的。让我再说得具体一点，在你的研究中，你强调个人选择。所以，在个人可以自由选择的地方，如果不了解穷人，我们就无法设计出有效的政策。但是，如果个人根本没有产权，人们对自己做什么和不做什么没有个人选择的权利，他们必须在集体中工作，在这种情况下，赋予他们自由和产权的根本性变革，应该是重要的。实际上，这样的根本性变革才奠定了你做实验的基础。对此，你怎么看？

班纳吉：这是一个非常重要的问题。我并不是说，我关于改进而不是根本性变革的观点在任何情况下都是正确的。我是说，的确在有些地方，根本性变革也是必需的。在你举的例子中，请想想产权的演变过程，曾经有很多小实验，涉及很多个人的改变。我就不谈中国了，毕竟我对中国的了解不多，让我们聊聊美国的产权。产权并非一蹴而就，而是许多法院判决的结果。它始于某项法律，但随后施加了诸多限制，这些后来又被取消，法律也以不同的方式得到修订。不同时期还通过了不同的法律。《州际贸易法案》旨在限制某些财产的使用者，另外还有《谢尔曼法案》。法律上出现各种各样的变化，逐步定义什么是合法的财产所有权，什么不是。这并不是说有一种东西叫自由财产所有权，另一种东西叫非自由财产所有权。即使在最显而易见的资本主义国家，所有权也有一定的限制。这些限制可能是对的，也可能是错的，但它们随着时间演变。总之，我也认同，根本性变革是必不可少的。但我认为，在很多情况下，比如创建产权制度，实际上是逐步推进的。以美国为例，产权制度的确立也花了大约200年的时间。不同的法院判决有不同的解释。有《谢尔曼法案》《州际贸易法案》等不同的法案，每一部法案都有其影响。即使在界定产权时，有没有自由产权也并非我们说了算。实际上我们总是渐进地变化，每一个变化都可以进行测试、评估，并确定它是不是好的变化。

许成钢：你们在教育与发展、教育与穷人方面做了很多研究。能简要总结一下你在这方面的主要发现吗？

班纳吉：我认为我们的研究有两个关键发现。第一个发现是消极的，即你认为会起作用的很多事情都不起作用。例如，我们可以改变班级规模，更改教科书，可以向人们提供更多教科书，给他们制作更多图表。但如果基本的教学方式是错误的，那所有这些都不起作用。第二个较为积极的结果是，如果你改变教学风格，就可以改进。也就是说，要因材施教，而不是整齐划一地施教，完全不管孩子能学什么、学过什么、知道什么。如果你带的是五年级的孩子，但他们不识字，那你教他们历史，他们当然什么都学不到。所以我们必须面对一个事实，即发展中国家的孩子，他们来自不同的背景，他们学习的进度不同。除非我们能适应这种速度差异并帮助孩子，否则他们无法学习。但如果教授他需要学习的东西，他会学得很快。事实上，迎头赶上是非常快的事。总之，我们关于教育的研究得出了两个事实。第一，如果坚持让每个孩子都学相同的课程，这行不通。第二，如果因材施教，他们会很快赶上。

许成钢：你是否可以赠送给我们几句话，概述一下你对中国研究人员的建议。

班纳吉：我觉得，中国是研究质量持续迅速提升的国家之一。当前我读了很多在中国做的研究，质量相当高，进步非常快。因此，我首先要说的是祝贺你们。在过去10～15年里，中国科研人员的素质有了极大的提高。大家有目共睹，越来越多高质量的研究从中国出现。其次，我认为高质量数据的可用性，以及政府大规模项目的实施，使中国成为研究许多发展问题的一个非常有趣的地方。这种学习绝不仅仅与中国有关。

（颜超凡 译）

专栏 随机对照实验的基本原则

科学的最基本部分之一是实验和观察。但长期以来，能否做实验是人们区别社会科学与自然科学的最大特点之一。这个特点使人们质疑社会科学，包括经济学是不是科学，或者能否成为科学。2019 年诺贝尔经济学奖授予班纳吉等三人，从科学贡献方面，是因为他们系统地把随机对照实验方法引入经济学。这或许改变了社会科学不能做可控实验的历史。

随机对照实验在临床医学中的使用已经有上百年的历史，但应用在社会科学场景，则是最近二十几年才开创的。随机对照实验在技术上并不复杂，但能否在实验中得到有意义的结果，依赖是否遵从一系列的基本原则。这些原则实际上是科学的共通原则，但在社会科学里，人们往往会有意无意地忽略这些基本原则。当这些原则被忽略时，不仅得不到有科学价值的实验结果，而且会误导科学的发展，误导政策制定。这本身也是长期以来人们怀疑社会科学不能使用实验方法的部分原因。

我在提问中提到的两个基本隐含假设就是这些基本原则。第一个基本原则是关于研究者的。任何科学研究的目标，都只能是发现客观现象。在自然科学里，这比较简单。但在社会科学问题里，涉及很多人的大规模实验，涉及政策目标时，甚至需要获得或者寻求政府帮助，此时如何保证研究者的目标只限于客观的发现，是一个实质性的重大挑战。研究者必须不有意偏向某些政策，不取悦政府。当有些结果使政府不愉快时，他们仍然能坚持客观。

第二个基本原则是关于实验的受试对象。在临床研究中，如何对待病人，存在一系列道德和法律方面的基本原则。在社会科学研究中，相关的问题变得更基本。有时问题的严重性使实验的执行面临基本困难。之所以做随机对照实验，是为了用这个方式，发现社会中的人对相关问题的真实反应。但是，只有受试者享有相关的自由，才能在实验中发现其真实的反应。但他们是否享有自由，是科学研究者和实验设计者无法控制的。这是社会科学是否可以系统地进行可控实验的基本问题。例如，在一个民众感到压抑的环境里做实验，如果实验的问题正与人们感受到的压抑相关，在压抑的环境中，实验得到的结果，更可能是人们在被压抑的环境中被迫的扭曲反应。因此，在个人享有更多自由的社会中，实验更容易获得客观结果。在个人自由受到严重限制的社会中，实验方法会更困难，甚至不可行。

赋予还是限制社会中所有的个人基本权利，尤其是自由和产权，会从根本上影响实验环境。因此，我接下来向班纳吉提出的问题是，赋予人们自由和产权的变革，不仅重要，而且实际上是为对照实验奠定基础。但是，由于时间限制，我没有机会展开和解释。因此，他可能没能完全理解我提出的基本问题。他认为美国的产权是逐步定义、逐步改进的，这是事实。但是过于强调这一点，就忽略了一个更基本的事实：美国从殖民地时期开始，就是以私有产权为基础的。在这个基础上，至少拥有私有产权的个人享有基本的自由。后来的改进是在这个基础上产生的。更重要的是，这个制度与个人的产权和自由被系统剥夺的专制社会形成基本对照。这些认识依赖跨国比较。而随机对照实验通常是非常局部的。如何在随机对照实验中面对这些问题，仍是有待解决的挑战。

从理论到实际：我所认识的米尔格罗姆

2020 年的诺贝尔经济学奖颁给了保罗·米尔格罗姆（Paul Milgrom）和罗伯特·威尔逊（Robert Wilson），表彰他们在拍卖理论方面，在无线电频谱拍卖的应用方面，对经济学、对社会福利、对全社会做出的重大贡献。米尔格罗姆是我认识近 30 年的朋友和师长。此文不仅祝贺他获此殊荣，感谢他对我的很多帮助和支持，也试图根据本人的观察和体会，发些议论。

拍卖：私有产权交换方式

很多人把这次诺贝尔经济学奖看成非常技术性的贡献。这点的确不错，但是很不完全。首先，所谓拍卖，是在私有制下，在市场上交换产权的一种方式。在不承认私有产权的地方，即便人为制造拍卖的形式，由于缺少私有产权带来的激励机制完全不同，故无法模仿私有制下的拍卖。此外，任何一种特定的拍卖方式，都是交换产权的一套程序，一种特定的合同。即便在私有制下，如果没有独立的司法，使产权得不到充分的保护，使事先制定的程序、合同无法执行，使有特权的人或机构可以不遵守拍卖的规则，无论设计得如何精致的拍卖，也都无法执行。因此，拍卖是制度。拍卖是私有制，是市场制度，是资本主义制度。拍卖依赖包括司法独立在内的法治制度。

此外，还需要特别指出，美国联邦通信委员会向公司拍卖无

* 本文 2020 年 10 月 23 日发表于 FT 中文网。——编者注

线电频谱，实际上是私有化过程。即，拍卖频谱涉及比拍卖其他物品更宽泛的产权问题。在不承认私有化的地方，在不保护私有产权的地方，如果试图用同样的方法拍卖频谱，结果会非常不同。

我这里强调的制度问题，不仅与实际密切相关，而且是具有普遍意义的基本问题。此外，设计频谱拍卖的经济学领域是机制设计理论。机制设计理论产生于20世纪六七十年代，从70年代末获得重大突破后，在八九十年代成为经济学主流的一部分。激发产生机制设计理论的背景，是40年代关于国有制的市场社会主义（奥斯卡·兰格提出）与私有制的资本主义的辩论；信息问题、激励机制问题和产权问题系统进入经济学分析的关键领域。这个领域理论体系的发展，为解决一系列信息问题、激励机制问题、产权问题，提供了基础框架。拍卖是典型的同时涉及信息、激励、产权问题的具体应用领域。

拍卖作为一种市场机制，在人类历史存在上千年。当然传统拍卖的形式相对简单些。在机制设计理论产生之后，人们能够对拍卖进行严格的定性和定量分析。当经济学家能够解释拍卖活动之后，就可以利用机制设计理论，设计更完美、更复杂的机制。比如频谱的拍卖机制。但是，为什么这次授奖的理由要锁定在拍卖机制上，一个可能的原因是，当今人们普遍怀疑经济学是一门没有用的学科。这个怀疑不仅存在于大众中，也存在于经济学家中。但其实，经济学的某些领域，不仅是有用的，而且已经对社会产生了极其巨大的价值。经济学在一些领域，已经超出了抽象的理念，而是像工程设计一样，能够设计出具体的方案，直接在市场上产生巨大价值。其中最好的例子可能就是这次授奖表彰的无线电频谱拍卖。

据瑞典皇家科学院诺贝尔经济学奖委员会对获奖人学术贡献的介绍，米尔格罗姆与威尔逊领衔设计的同时多回合频谱拍卖，在1994—2014年的20年里为美国联邦通信委员会创造了1200亿美元的拍卖收入。从全球看，该机制为无线电频谱拍卖创造的收入超过2000亿美元。

机制设计理论与公共资源分配

诺贝尔奖颁给在现实中成功运用的机制设计理论，今年并不是第一次。2012 年诺贝尔经济学奖颁给埃尔文·罗斯（Alvin E. Roth），理由是“稳定配置理论和市场设计实践”（for the theory of stable allocations and the practice of market design）。具体来说，他用机制设计理论研究肾移植的分配方式。肾移植的分配之所以要用到复杂的机制设计理论，是因为在肾移植中，肾脏捐献者的器官往往和接受者不匹配。于是在肾移植的市场上，怎么样能够帮助几十上百的捐献者和接受者通过交换成功配对，就变成一个很复杂的资源配置问题和机制设计问题。罗斯用机制设计理论解决了这个问题。在罗斯的工作的指导下，目前在全世界，肾移植变成了一个全球性协调的工作。协调处于全球不同地理位置的捐献者和接受者，经常是几十台手术在全球同时进行，成功实现了许多肾移植手术，挽救了很多生命。

米尔格罗姆的频谱拍卖工作，是在克林顿政府期间开始实际运行的。在那个时期，移动通信技术发展巨大。但这种技术要在商业上推进，首先要面临频谱的分配。人们所谓的 3G、4G、5G，指的是第几代的无线电频谱用作手机信号。2G 的频谱属于波长比较长的，3G 比 2G 的波长要短一些，4G 的波长就再短一些，5G 的波长就更短一些。给定某个波段，在每一个地理位置，一共能够容纳多少带宽是有限的。因此，频谱是稀缺的公共资源。

在运用机制设计理论之前，世界上所有国家对公共资源的分配都是官僚化、行政化的。在国有企业统治通信的社会，政府分配频谱给国有企业，造成的问题集中在国企自身的低效率上。在以私有制为基础的市场经济中，政府如何把频谱分配给私人企业（私有化频谱）？简单的分配方式不能把频谱分配给最合适的企业，导致重大的浪费，同时也涉及公平这一基本问题。而利用机制设计理论帮助设计的拍卖方法，把公共资源以最合理的方式私有化，同时为社会和政府创造了价值。这为移动通信和数字经济的蓬勃发展奠定了基础。有人说数字经济的一个特点是不再有稀缺性问题，因为扩大数字产品的边际成本为零。但是，那只是一部分，只是某一些方面不再显示稀缺性。而数字经济的起点，即频谱，恰恰是非常稀缺的。

频谱拍卖只是米尔格罗姆和威尔逊设计机制的一个应用。他们发展的机制，被应用到更多的稀缺公共资源的分配上，比如机场起降时段的分配。有些起降时间段对乘客来说更舒适方便，有的则不是。那么该怎么分配？应用米尔格罗姆和威尔逊的机制，通过向航空公司拍卖起降时段，豪华的航空公司以高价获得最舒适的时间段起飞和降落；廉价航空公司则可以省钱使用不方便的起降时间。这些方便和价钱，通过航空公司传递给乘客，人们各有所图，大大改进了社会福利。

需要强调的是，米尔格罗姆和威尔逊在经济学中的贡献大大超过了拍卖理论。他们的贡献远不止于此，远远超过了这个奖的定义。从科学的领域看，他们的贡献包括博弈论、机制设计理论、合同理论、激励机制理论等。诺贝尔奖委员会每一次授奖都会给出授奖理由，但这个理由并不一定全面完整地反映获奖者的成就。这样的例子很多，最著名的例子就是爱因斯坦。他最重要的工作，无论是狭义相对论还是广义相对论都没有得过诺贝尔奖，他获奖的理由是光量子说。在经济学界，特别突出的例子是肯尼斯·阿罗（Kenneth Arrow）。阿罗的研究涉及的范围非常宽泛，而他获奖的社会选择理论（social choice theory）只是他许多重大贡献的一部分。另一个例子是阿马蒂亚·森（Amartya Sen）。森对经济学有非常全面的贡献。但是一些不了解情况的人，误认为森获得诺贝尔奖，只是因为他讨论饥荒贫困问题，为穷人说话。其实，那只是他诸多贡献中的一部分。

米尔格罗姆与霍姆斯特朗

对于研究中国经济问题的学者，很多人引用过或者熟悉霍姆斯特朗（Bengt Holmstrom，2016 年与奥利弗·哈特共享诺贝尔奖）和米尔格罗姆合作的关于多任务激励机制的著名论文。这是理论经济学里被引用次数最多的论文之一。在经典的激励机制理论里，为了简化，只分析上级分配给下级一个任务的情况。但在大量实际问题中，上下级都面对多项任务。例如，学校的任务是育人，这是许多项任务的综合，而不是升学那样的单项任务。政府的任务是所辖地区的社会福利，这是极多项任务共同贡献的，而不是经济增长那样的单项任务。霍姆斯特朗和米尔格罗姆的这篇论文，是对多任务激励机制问题的第一个系统的理论分析。

如今学术界特别在意在顶尖刊物发表论文。但是，这篇特别重要的文献，不仅其作者后来都是诺贝尔奖得主，而且是被引用最多、影响最大的论文，并没有发表在所谓的顶尖刊物上。相关的趣闻是，他们原本将论文送到了顶尖刊物，但是在审稿过程中，他们不同意审稿人和编辑要求他们修改的意见，不愿意只为了发表而违心修改，因此撤稿，转送更容易发表的刊物。

他们的关于多任务激励机制问题的理论，对分析中国改革面临的问题尤为重要。中国改革的早期，依靠地区竞争经济增速的办法发展经济，曾经是一个非常行之有效的办法。但是人们早就看到，地区之间竞争经济增速的办法正在失效。原因是政府不可能只关心经济增速，而必须关心全社会所有人的利益，必须面对多重任务。当上级把下级的奖惩与经济增速这类单一指标挂钩，就严重扭曲了地方政府的激励机制，破坏了他们的激励机制。问题是，在这种情况下，什么是最好的激励机制呢？他们的论文在理论上证明，在多任务的情况下，为了避免误导，避免偏差，最好的激励机制往往是没有激励的机制。即，上级不把对下级的奖惩与下级的任何具体任务挂钩。换句话说，地方官员的激励机制不应该与具体指标挂钩。在高效率的发达市场经济中，只有在不得已的情况下，才使用官僚机构。而且，所有官僚机构都是低效率的。原因就是，那些不得已使用官僚机构的领域都是多任务的。为了官僚机构能正常运作，都不对官僚提供激励。这实际上深刻地间接解释了，为什么尽量不要用政府直接管理经济；为什么要尽量保持小政府，集中处理市场不能处理的事。而在市场上，尽量让民企运作。

米尔格罗姆与霍姆斯特朗合作的，1987 年发表在《计量经济学》（*Econometrica*）上的一篇理论文章，在激励机制理论方面有特别重大的贡献。在这篇论文之前，人们对激励机制问题的理论分析，停留在非常抽象的层面上，只能讨论数学定性的问题，因为没有清楚的理论基础可以在模型中使用具体形式的函数。他们的论文证明，不需要特殊假设，最简单的线性函数实际上概括了一大类问题。一旦在数学上可以使用具体函数，可以具体求解，而不限于抽象的定性讨论，激励机制理论就变成了可以应用的理论。这从基本上改变了激励机制理论的局面。在此之后，大量的应用文献以及教科书，都得益于这篇论文。而激励机制理论相关的研究获得多次诺贝尔奖，都在他们这篇论文之后，原因就在于此。

米尔格罗姆和霍姆斯特朗对激励机制的贡献是密不可分的，以至于人们常常把这两个名字连在一起：Holmstrom - Milgrom。2016 年霍姆斯特朗和哈特共同获得诺贝尔经济学奖，米尔格罗姆曾经受邀参加了诺贝尔奖授奖仪式的所有活动。

米尔格罗姆与商学院

米尔格罗姆在机制设计理论、拍卖理论、合同理论、激励机制方面做出了巨大贡献，除了他在数学方面的天赋外，他与众不同的一个重要方面是他对实际问题有广泛了解，有非常强的直觉，看实际问题尖锐深刻。多数理论经济学家是数学出身，一直都在学术界，对实际情况了解比较少。而米尔格罗姆并非如此。他大学毕业就到公司工作。之后他在斯坦福大学读 MBA 时，被教授看中，邀请他进入博士项目。此后他一举成为著名的理论经济学家。他与约翰·罗伯茨（John Roberts）给商学院写的教科书《经济学、组织与管理》（*Economics*，*Organization and Management*），是唯一一本由机制设计理论专家为商学院写的教科书。这不仅是最好的商学院教科书之一，而且同时适合在本科的微观经济学学习中使用。

通常的商学院教科书强调案例教学，把大量案例放在一起讨论。这本教材的重点是解决企业的激励机制问题。在没有数学模型的情况下，用白话讨论激励机制问题、机制设计理论、合同理论。他们能做到这一点，是因为他们有创新、有突破、有深刻的认识。没有深刻的认识，仅仅通过学习相关理论的数学模型，是搞不透的。

当我们讨论企业的时候，都知道科斯关于企业边界的讨论。什么是企业的边界？什么样的事情应该放到市场上交易？什么样的事情应该放到企业内部解决？放到企业内部解决，意味着企业事先要安排好一些机制，那么边界在哪里？在科斯的时代，这个问题被抽象出来，科斯本人也有一些比较抽象的讨论。在他们的教科书里，对企业边界的讨论，从科斯的抽象讨论变成了具体的分析。具体讨论什么样的事情放在企业内部配置更好、什么样的事情在市场上配置更好。例如，救护车的调度。为什么救护车都是由中央配置而不是在市场上分配？使用拍卖机制调配救护车是不是更好？为什么在实际中不采用拍卖机制？所谓拍卖的方式，就是每辆救护车都像出租车一样等候乘客。如果一个病人需要救护车，那么他就出价。根据出价、地理位置和需要的服务，由市场决定是否成交。由此延伸到这次获得诺奖的题目，频谱拍卖。过去很多人说这是科斯定理的应用，原则上这样讲没有错。但是具体讲，频谱拍卖涉及相当多的技术内容，需要技术上的突破。

米尔格罗姆在分析制度方面也有广泛和深入的贡献。他的重要工作之一是与青木昌彦（Masahiko Aoki）和阿夫纳·格雷夫（Avner Greif）共同撰写的著作《比较制度分析》（*Towards Comparative Institutional Analysis*），这是制度分析方面影响重大的文献。他和阿夫纳·格雷夫及巴里·温加斯特（Barry R Weingast）合作的论文，研究中世纪的犹太商人在没有正式合同的情况下，如何通过商会保护了产权，使他们可以在全球大规模开展贸易。在运用博弈论分析经济史上的制度和贸易方面，有巨大影响。

米尔格罗姆与中国

米尔格罗姆对中国的经济改革有很大兴趣。1993 年，十四届三中全会通过了《中共中央关于建立社会主义市场经济体制若干问题的决定》，涉及公司治理、价格、金融等诸多领域的制度变革。1994 年 8 月 23—26 日，由吴敬琏、周小川、楼继伟分别牵头的两个课题组联合当时的国家经贸委，在北京京伦饭店召开了一次国际会议，主题为“中国经济体制的下一步改革”，后来人们称之为“京伦会议”。会议荣幸邀请到了米尔格罗姆参加。除了他和斯坦福大学的其他同事，以及钱颖一教授、麦金农教授和青木昌彦教授外，还邀请了哈佛大学的奥利弗·哈特。会议的主题是当时改革的重点，建立现代企业制度。而米尔格罗姆跟哈特都是合同理论、企业理论方面的最重要学者。会议期间，米尔格罗姆与哈特及参会的部分代表一起，与时任国家总理朱镕基座谈了企业改革的问题。

米尔格罗姆是一个非常友好，很容易亲近，很腼腆，很安静，但非常敏锐的人。我同米尔格罗姆从认识到产生友谊是从 20 世纪 90 年代初开始。那时我的一部分研究工作是与当时在斯坦福大学执教的钱颖一合作，所以我经常到斯坦福大学去工作。了解米尔格罗姆的工作但与他不熟悉的人，会误认为他是一个数学类型的学者，只关心非常技术性的问题。实际上他的兴趣非常宽泛，对制度、社会主义国家经济转轨、中国的改革，都兴趣盎然。他是那时在斯坦福大学最支持钱颖一的资深教授之一。我几乎每次去斯坦福大学都会见到他，我们谈得非常愉快。当时米尔格罗姆和青木昌彦等几位著名经济学家组织了一个名为比较制度分析（comparative institutional analysis）的非正式沙龙，戏称 CIA。我参加过多次他们的小聚会。有时是一起在室外吃午饭，边讨论边吃饭；有时刘遵义教授也参加。

我的工作得到米尔格罗姆的很多支持、批评和建议。因此，每当有机会，我们都会深聊，这使我获益匪浅。例如 1999 年，在斯德哥尔摩举办的诺贝尔论坛，主题是“经济转轨经济学”。在午饭后的休息时间，米尔格罗姆找我单独在花园里聊了很长时间。几年后，他在麻省理工学院访问，我们又在那里聊了很多。2019 年春天，我在斯坦福大学发表关于“制度基因”的公共演讲。他非常认真地听了演讲。之后在晚饭时，他对相关的问题，包括制度演变问题、路径依赖问题等，都提出了深刻的见解。他对我提出的制度基因概念，提出了挑战性的问题：“在实证中，如何识别制度基因？

如何度量制度基因?”

米尔格罗姆不仅是杰出的理论经济学家，他还创办了自己的公司，提供算法和软件，帮助用户解决拍卖问题。他提供的算法和软件是从基础科学的突破中发展出来的，而不是通常搞数学的人提出来的算法，或者软件工程师制作的软件。在这里我有意提到这个问题，是为了让国人理解，所谓“卡脖子”的技术问题，包括软件、芯片、操作系统等，原本都产生于基础科学中的突破。在没有基本突破的情况下，靠举国之力，靠人海战术，靠大规模投资，无济于事。

第二篇

思想之路和师友

第四章
困惑与思考

我的“文革”十年

放在我桌上的是一份近40年前的手稿，末尾的署名和日期是：许成钢，1969年12月31日。这是今年（2009年）夏天母亲在中关村的家里找出来的。她还找到一摞厚厚的70年代家书和1975年上访的文稿。刚巧最近北岛提到要编撰关于70年代的专集，再加上不久前曾在北大荒插队的战友张莹传来她的相关回忆，好像骤然间这一切都在提醒我重新梳理记忆，尽管那10年似乎从来没有真的远离我。

我们习惯把历史以10年计，这种断代法常有不尽如人意之处。可我回头看自己走过的路时发现，70年代，的确整齐地切割了我的人生。1970年，我不到20岁，在北大荒建设兵团被打成“反革命集团”的“头目”，被关押、审讯、批斗以及监督劳动管治。在监督劳改的过程中，我自学了高中及（中国和美国）大学本科的数学、物理、电子工程及英语，并搞了不少技术革新。在70年代最后一年，近而立之年，我考入清华大学机械工程系，成为该校唯一没有本科学历的研究生。那10年，我从阶下囚到所谓“科举及第”，对历史无足轻重，而对我自己却是一生最重要的转折之一。

我70年代最初的灾难就始于上面提及的那份完成于60年代最后一天的手稿，那是计划中的一本书的最初四个章节，长达66页，有引言有脚注有文献索引，工整地复写在当年的小格稿纸上，书名

---

* 原文标题为《探讨、整肃与命运》，发表于北岛编辑的《七十年代》一书。牛津大学出版社和三联出版社均有出版。网络流传版本题为《我的“文革”十年》。此处有删节。——编者注

** 作者感谢张莹和郭迪对本文写作提供的重要帮助。

为《试论社会主义时期的政治经济学研究》。我忘了当年到底复写了多少份，给多少人寄过，总之，这份文稿成了我最重要的“罪证”之一。黑龙江建设兵团二师九团党委1974年对我的“案件”所下的结论，主要是组织遍布全国9个省、市、自治区和军队的“反革命集团”，因此定为“反革命集团案”。

说到这份书稿，就一定要回溯到“文化大革命”（以下简称“文革”）。“文革”开始时，我在清华附中读初中二年级。“文革”前，我最大的兴趣是工程。清华附中有很好的无线电业余小组和实验室，我的课余时间大都花在无线电上。那时我已开始自学无线电电子学和相关的数学，沉醉于技术设计和发明。我出身不好，父亲许良英于1957年被打成“右派”，其“罪行”见诸《人民日报》和《光明日报》等主要媒体，后被迫离职到农村当农民；母亲王来棣受株连被开除党籍并降职处分。不过，我在政治上还算活跃，“文革”前我是清华附中少先队的大队副。父母曾是中共地下党员，即使遭到残酷整肃，他们仍持有非常正统的观念，并用它教育我。我在“文革”前是一个坚信共产主义的好学生。

而“文革”让我感到非常困惑。“文革”前，“反修”“防修”已成为学校里每日的话题。“文革”最初反对的是修正主义教育路线。1966年5月，清华附中高二的干部子弟成立了“红卫兵”。当毛泽东离京到外地视察时，团中央奉党中央之命派工作组进驻学校。工作组层层打招呼说，“红卫兵”是非法组织，如同当年的右派学生。随后毛泽东回到北京，他立即表示支持“红卫兵”。

一时“红卫兵”成了“文革”主力军，矛头指向学校领导、教师、学生干部和出身不好的学生。我出身不好又是学生干部，自然成了打击对象。这犹如晴天霹雳，我一下成了革命的对象。

1966年夏天的形势变化是以天计的。清华附中和清华大学成为全国政治运动的中心。毛泽东表态支持“红卫兵”后不久，周恩来及中央“文革”小组到清华大学为蒯大富翻案，而蒯大富案是刘少奇夫人王光美及工作组在两个月前亲自定的案。此举意义重大，“文革”的矛头转而指向“走资本主义道路的当权派”。造反派组织蜂拥而起，成为“文革”的新主力。我糊里糊涂，但因亲眼所见有些领导人对造反派的支持，认定他们代表毛主席，于是参加了造反派。

紧接着是一件惊天动地的大事：清华大学出现直指刘少奇的大字报，随后是毛泽东的《炮打司令部——我的第一张大字报》，意味着共和国主席成了革命的对象。让我困惑的是，我父亲的罪行之一，就是指控他造谣党中央分裂，说以刘少奇为首的老干部反对毛主席和百家争鸣。1965 年我为了与父亲划清界限，读过 1957 年的相关报刊文章及评论。莫非我父亲十年前就说对了？

刘少奇的“罪行”是走资本主义道路，他和邓小平都被称为“走资本主义道路的当权派”。这对我来说是全新的概念。我试图弄明白，到底什么叫作走资本主义道路的当权派？很快，在清华大学展开大辩论：“文革”的目标是什么？打击的是什么？什么是走资本主义道路的当权派？随后毛泽东一再发出各种指示。总体而言，“文革”不是简单的路线斗争，而是阶级斗争。从此，“阶级”矛盾越来越激化，打击面也越来越广。

关于社会主义时期阶级斗争的性质，在清华大学的激烈辩论中有一种提法，即“文革”之所以是阶级斗争，是因为产生了新的阶级——官僚特权阶级，所谓“走资本主义道路的当权派”即官僚特权阶级。关于“文革”，对我影响最大的观点是，在过去 17 年（1949—1966 年）产生的官僚特权阶级与人民大众之间构成基本的阶级矛盾。“文革”就是要发动人民大众同官僚特权阶级进行斗争。1966 年下半年的大辩论对我思想的发展产生了巨大影响。

群众冲突的升级让我对“文革”更感到困惑。为了试图理解这一切，我刻意与外界拉开距离，把自己关在家里，大量阅读毛泽东的文章和马列原著。

我开始阅读以前较少涉猎的社会科学书籍并越陷越深，甚至到了狂热的地步。首先让我自以为找到打开理解现实的钥匙的，是普列汉诺夫的《论个人在历史上的作用》和《历史唯物论》，这两本书让我第一次认识到个人在历史上的作用，特别是毛泽东在历史上的作用。我以历史唯物论的观点看待毛泽东、看待“文革”，意识到毛泽东作为伟大个人在历史上有巨大作用，但不是决定性的作用，起决定性作用的是历史进程自身的规律。根据马克思主义理论，历史进程的规律是生产力决定生产关系，经济基础决定上层建筑。上层建筑会起反作用，但归根结底，历史发展的进程是由经济基础决定的，而伟大个人只是上层建筑的一部分。

持续的阅读和观察让我觉得“文革”是人类历史上一段极其重要的特殊时期，是尚未认识的仍在演进中的重大历史事件。我自以为已经捕捉到对“文革”及当时社会的理解线索，这让我尤其兴奋。

我强烈地感觉自己对中国社会发生的事知道得太少，尤其强烈地感觉到自己不了解农村。我从来就生活在城市，而“文革”中所看到的，人们能够告诉你的事情也都发生在城市，可是对农村发生了什么知之甚少。当时，我认为中国 80% 的人口在农村，为了了解中国社会的阶级关系就必须了解农村的社会阶级，不到农村去就不能了解中国。1967 年深秋，我产生了到农村去的念头。

有了这种想法后，我在清华附中找了我熟悉的几个同学，当时来往最多的有高年级同学车宏生、常放、刘满强和刘刚等，后来还有戴建中、仲维光、宋海泉等，我们几个人讨论一起到农村去。结果谈了一阵子，很多人都认为这是个激动人心的想法，但没有一个人真能下决心去，我感到很失望。我觉得“到农村去”的想法已经无法抑制，所以决定自己去。刚好当年的初冬，黑龙江国营农场到北京招工，我就报了名。当时清华附中一共有三四十人报了名，而这些同学我都不熟悉。清华附中有三个学生组织。第一个是清华附中“红卫兵”，即“老红卫兵”；而造反派分两支，一支是“井冈山红卫兵”，一支是“毛泽东思想红卫兵”。“井冈山红卫兵”相对较为激进，“毛泽东思想红卫兵”则较为温和。报名参加支边的人，主要是“井冈山红卫兵”的成员，其次是“毛泽东思想红卫兵”的成员。也就是说，多半是造反派。如果我没有记错的话，我们一行人大约是 1967 年 12 月 8 日离开北京的。

当时无论政府也好，中央“文革”也好，都还没有关于学生下乡的政策，学生全都是自愿去的，都是一腔热血。他们中多数自己也并不懂得“革命”的目的，有的是为了支援边疆，有的是去进行

“文化革命”的，至于“接受贫下中农再教育”的口号，当时还没有提出，是我们下乡一年之后才有的。我们这一批北京知青大概有一千多人到黑龙江，乘一辆专列，到黑龙江鹤岗后又分别由卡车送到各个不同的农场。我们第一批分到绥滨农场的学生有两三百人，到了绥滨农场的场部，集体学习了几天。我们之中，大约一半是高中同学，一半是初中同学，初中同学里大多是初三的同学，没有初一学生，而我是初二年级的。也就是说，从清华附中来的学生里属我年龄最小。在集体学习的几天里，我同几位清华附中的高中同学住在同一个招待所的房间里，认识了高中同学刘先立、庄平、张邦宁，我们几个比较谈得来。初中同学王贞平和章士伟给我的印象最深，他们也和我分配到同一个村子——第十五生产队，我们是往来最多的人。

到了十五队以后，我们知青统统集中起来，住在知青的大房间里，每间都有能住二三十人的大通铺。当时我觉得这完全违背了自己的愿望，我来农村的目的绝对不是要和一群中学生住在一起，而是为了了解普通老百姓的生活。因此我就去寻找能和普通农村老百姓在一起的住处。后来我就发现了马号，那里有农民住家，也有住的地方，于是我把行李抱了过去，我印象里是刘先立和我一起住到了马号。这决定了我以后在农村将近十年里大部分时间的工作是放牛、喂养牛马、赶车。这就是我脱离知青主流的开端。

我去东北，心里装了一大堆关于制度的问题，更准备要面对非常艰苦的环境。然而，北大荒给了我极为震撼的印象，这里非常惊人的平静，与处于惊天动的“文革”中的北京完全不一样。我曾去过房山的农村，见到过极度贫穷的农民。北大荒却是机械化的耕作，场部实际上是小城镇，人们的住房比较整齐，生活相对舒适。北大荒的冬天，寒冷但是异常美丽。我感觉出乎意料的好，因为令人惊异的自然景观和久违了的正常生活状态。

打破那里平静生活的是我们这批知青的到来。我们来之前，当地也开批斗会，只是那种批斗会比起城市的激烈斗争来，都是有一搭无一搭的，不那么激烈，也没有很尖锐的冲突。多数农民并不真的在意谁曾经是地主、富农，谁是现行反革命、历史反革命。是城市知青把暴力带到那里。我们一起来的北京知青，有些人以暴力标榜革命，有些人也许从暴力和虐待中获取快感。开批斗会时，有些人会不分青红皂白上去就打，甚至使用酷刑。

年少的我，自信自负，非常以自我为中心，一心想寻找我要找的答案，对周围的人和事关心甚少。由于那个村庄相对平静，我把绝大部分时间都用来阅读。我一直以为，世界上的一切制度都是从历史唯物论来的，而历史唯物论属于哲学。因此，我要通过研究哲学弄懂“文革”和理解中国社会。当我阅读了更多的马克思主义著作以后，我才意识到，要了解社会和分析社会，需要研究的是政治经济学。因为阶级是从经济基础中产生的，是经济基础决定阶级之间的关系，以及他们之间的斗争。认识到这些基本道理后，我很兴奋，觉得是在发现真理之路上的第一个突破。因为这是我在没有任何人指导甚至没有人交流的情况下，完全靠自己通过阅读悟出来的道理。同时，也因为这些想法同当时中央“文革”的宣传背道而驰或毫无关联。当时，我给还在清华附中没有下乡的同学写了很多信，跟他们交流这些看法，告诉他们自己在农村钻研这些问题的重要进展，希望更多的同学能和我一起探索。

1968 年的春节，在刚到农村没多久的时候，我回了一次北京，和在京的同学交流了我的这些感想，鼓动大家都下乡。虽然没有任何人受我的鼓动下乡，但是我的想法对一些同学产生了影响。我的信和“论文”在一些同学中流传。1968 年初春，“文革”的斗争还相当激烈。我的清华附中“井冈山红卫兵”同学绝大多数是高中的同学，都对“文革”向何处去特别感兴趣。当时我的学习心得是，认为所有这些权力斗争都是一时的。若不能解决社会主义时期阶级根源和阶级斗争的问题，在权力斗争中的得势只是过眼烟云。最重要的是要认识历史发展的规律，要了解社会主义制度下产生新阶级的来源是什么，要解决向共产主义过渡的基本问题。不解决这些问题，仍然不可能避免新阶级的产生，阶级斗争仍然继续进行，永远不能过渡到共产主义。

我当时最主要读的是《资本论》。我把《资本论》当成数学和物理学那样在学习，即我学习的是《资本论》的分析方法。目的是要应用从《资本论》中学到的工具去分析社会主义制度中的问题，分析中国社会的现在和将来，去解决要解决的问题。我信仰共产主义，因此认为这些问题是全人类面对的尚未解决的问题。我探索的问题是马克思列宁未能见到的问题；是毛泽东见到但未能解决的问题。

当时我写了好多东西，跟很多同学讲，自己觉得很兴奋，认为自己的思路是一个重要的起点，一个重要的探索的起点。所以我就把相关的认识和在绥滨农场第十五生产队的一些谈得来的知青讨论。当时与我来往比较多的同学有王贞平、章士伟、常慧如、张莹。在张邦宁、刘先立这些高中同学没有离开十五队之前，我也经常试图同他们探讨。当时即使高中同学也都只是十几岁的孩子，在那个年代，基本上所有学生都没有受过历史唯物主义和政治经济学的教育。所以包括当时清华附中的同学在内，很少有人明白我说的写的是什么。所有这些都让当时的我感到精神上很孤独。但更为严重的是，在那个无知及极端的个人迷信盛行的年代，一些知青把我的见解当成异端邪说，把我的一些言论逐渐传开演变成别的一些内容。有人以为我有什么政治野心。当时，在十五队的知青中有人对我表示了异议。一些知青对我持很尖锐的批判意见。他们认为我违背了林副主席（林彪）的指示。他们引用林彪的说法批判我，说因为毛泽东思想是当代马列主义的顶峰，离开毛主席著作去读马列著作意味着我有政治问题，等等。我当时对林彪的这些说法有不同的看法。因此，反林副主席就成为我后来的主要罪名之一。

在同这些知青辩论的过程当中，我为自己的探讨辩护，提出了一些说法。我很清楚地记得当时我说过，由于毛泽东思想是马列主义的顶峰，为了要登到这个顶峰，为了理解毛泽东思想，我们就需要知道马克思列宁主义是什么，否则你就没办法知道为什么毛泽东思想是顶峰。而且马克思已经说过的话，毛主席就不一定重复了，因为毛泽东思想是在马克思主义基础上发展的。但是，由于毛主席没有说过，我们并不懂，所以还是要学习马克思主义。更要害的是我对“毛泽东思想是顶峰”的质疑。我谈到毛泽东思想自身也还是要发展的，而毛泽东思想的发展需要大家的努力，包括我们的努力等。我沉醉在发现问题的兴奋里，以为讨论本身就是找到答案的途径。

在 1968 年底冬天的时候，我又回了一趟北京，同当时在北京还没有下乡的同学进行了一些交流。当时毛泽东发表了关于“知识青年到农村去，接受贫下中农再教育”的号召。我的同学们在准备下乡，大家也就分散在不同地方的农村。我和去山西太谷的同学一起到了太谷县，访问了太谷不同的村子，并和他们在不同的村子里一起生活了一段时间。其中印象特别深的是，我去过一个山村，已记不得村名了。当时在这个村子里的同学有车洪生和郑光昭（后来笔名为郑义）。那是一个非常艰苦的山村，和黑龙江国营农场是完全不同的耕作方式，那里太贫穷落后了，大部分是手工耕作，由于山坡地很陡峭，连用牲口做动力的都比较少。在回北京的路上，我访问了当时驻扎保定的在三十八军当兵的清华附中同学王湘林。这是我一生唯一一次走访真正的兵营。在兵营里，我们讨论的仍然是“文革”。

1969 年发生了一件重要的事情，就是在黑龙江中苏边界爆发了珍宝岛战争。我们绥滨农场就在松花江和黑龙江之间的那个岔里边（从地图上看“叉”很形象，我们农场的北面是黑龙江，南面是松花江），所以在中苏边界开始发生纠纷的时候，我们农场情势很紧张。在这期间，黑龙江农垦总局的国营农场改编为军管，称为建设兵团。整编为建设兵团以后有大批知青进入，我所在的绥滨农场改称为“中国人民解放军黑龙江省生产建设兵团第二师第九团”，原第十五生产队整编成第二十四连。通信地址则变成：黑龙江生产建设兵团设字（兵团共分六个师，分别以“建设钢铁长城”这六个字命名，二师为设字）九团二十四连。中苏边界珍宝岛爆发军事冲突，甚至更严重的战争都在酝酿中。

边界冲突之前，前线调动部队大多是从黑龙江江面上走的。战争爆发以后，江面基本被苏联控制，边防军的供给都要靠陆地运输，可是整个黑龙江沿江内地多是沼泽地，运输极其困难。因此把黑龙江兵团的相当一部分力量调去修战备公路。我当时就被调去修战备公路。修战备公路是一项极其艰苦的工作，也是一个很长见识的机会。为了在最短的时间内在沼泽地上修起一条战备公路，以便军队的炮车、坦克、给养能从这条路上过去，采用了很极端的做法，就是大量伐木，把那些木材直接往沼泽地里铺，然后再在铺倒的木材上堆积大量的石块，就这样硬是用人工的办法在沼泽地里堆出一条路来。石块都是从沿线山上采来的。在山上用炸药打眼放炮。在修这条公路时，除了卡车没有任何机械，一切都是用人工，用人工打眼放炮，由人工用大锤子把石块打碎，然后再用铁锹把石块装上卡车，由卡车拉到路上，再由人工用铁锹卸车，人工取土，再由卡车把土运到公路上，非常艰苦。当时修公路的主体是知青，十几岁二十刚出头的青年，男孩子女孩子都有，没有固定的房子，都是搭的临时帐篷。因为那个地方极其荒凉，有时会有狗熊出没，当地人管它们叫熊瞎子，在我们住的帐篷周围有一段时间经常有熊瞎子光顾。它们经常是晚上跑到食堂来吃东西，白天就走了。记得有一天早上开工时，一只母熊带着两只小熊一家三口跑到我们食堂里坐在那不走了，吓得大家都不敢出来。最后，有人打电话叫来武装连民兵带着冲锋枪把它们打死了。这就是当时的情景。那时候，大家都是学习毛主席著作，“一不怕苦，二不怕死”，拼了命地修战备公路。在刚刚修好的公路上，会看到从前线带下来的苏联俘虏，也有从后方去前线的炮车、战车、弹药和粮食。看得出来当时的情况非常紧张，上来的车和下来的车给大家很大的刺激，也时不时地会有军官来做鼓动、报告前线的战事等。大家都觉得自己是在为反修防修保卫祖国做贡献，觉得很光荣，周围充斥着很强的理想主义情怀。为了赶战备任务，大家每天工作 18 小时以上。有相当比例的知青累病了，但情绪极其高昂。我当时在爱国主义方面的思想简单得和任何一个知青一样，甚至有过之而无不及。我在工作之余作诗作曲歌唱我们“兵团战士”的“革命”豪情。

其实在去修战备公路之前，批评我的“反革命思潮”、组织“黑格尔小组”等流言蜚语就已经开始了。那时的批判都不是来自官方的，而是来自知青。实际上，“文革”中我遭遇整肃的起源，就是知青发起的攻击和中伤。尽管来自知青的攻击不会导致我正式成为“反革命”和被打击对象，但是精神上，我已经开始感觉到很大的压力。我知道虽然还没有正式开始整肃我，但是当时的上级已经很关注我潜在的“政治问题”。所以，当我到达修战备公路的驻地时，我感觉到九团似乎已经向修战备公路的领导有交代。在修战备公路期间，他们对我的行动已经开始有所监督。

从1967年底到农村直至1969年这两整年时间里，除了必需的体力劳动以外，我把全部时间和精力，都用在了研读《资本论》上。有趣的是，当初下乡的初衷是为了了解农村社会。而事实上，到了乡下后，我远离了政治运动的旋涡，既远离了北京的“文革”，也没有加入当地的政治斗争。我把农村当成我的书房，安安静静认认真真地思考。在阅读《资本论》的过程中，我一直在不断地做笔记。1968年至1969年，我写了多篇论文，与此同时就产生了一个写书的计划。当时我想写一本相当庞大的书，囊括所有我探索的主要问题，分析社会主义制度和“文化大革命”。当时我深受马克思著作的影响，不仅探索的方式是马克思主义的，连写作计划很大程度上也是学习马克思的。

我当时感到，自己面对的理论问题之庞大不是一个人的智慧和能力能解决的，所以我非常迫切地希望能有更多的人一起讨论这些问题。因此，我除了在本村找一些同来的知青外，还通过大量书信与清华附中原来的同学探讨。那时我每天都在写信、记笔记，总是在读、在写。后来被打成“反革命”以后，我几乎所有在农村写的东西都被没收了，也就遗失了。目前留下的，只有这篇文字最初提到的那一小部分文稿和书信。前面提到过，结束这部分书稿的时间是1969年12月31日，那一天是我19岁的生日，也是我到达黑龙江刚满两年。我已经不记得是有意还是巧合，我在70年代新年到来的前夕完成了那本书的前四章。那时年少轻狂的我不知道，一场劫难已经不期而至。

1970年成为我生命里一个重要的转折点，虽然，我在思想上和精神上的成长和转折都并不始于这一年，而是更早。自从父亲在我6岁的时候被打成“右派”，离开北京，我从此成为出身有问题的孩子，因为出身而遭遇政治歧视。但是，从1970年起，我第一次完全独立地为自己的行为付出代价。

在全国的“文革”进入“一打三反”运动（打击现行反革命破坏活动、反对贪污盗窃、反对投机倒把、反对铺张浪费）及清洗“五一六反革命集团”的大背景下，1970 年初，整党整团的工作组进入二十四连。他们的目标锁定在所谓的我组织“反革命集团”问题上。实际上，无论是我个人还是和我来往的知青，没有一个人是党员。但是，早在一年前已经有大量流言蜚语认为我极端反动。这些置人于死地的流言蜚语及报告送到上级，所以工作组下来时，我的问题就已经被列为重点。在整团的时候，和我来往较多的知青共青团员张莹和常慧如都碰到了严重的问题。工作组试图从她们那里找到“突破口”，证明我的“反革命”活动及“反革命”言行。紧随整党整团之后，所谓“一打三反”运动正式开始。我被视作“现行反革命”成为重要打击对象。

1970 年夏天，在团、党委派来的工作组领导下，全连对我展开了大规模的批判和斗争。从连部到宿舍，从修理厂到场院，从食堂到学校，铺天盖地的大字报、漫画和极尽侮辱之词的人身攻击等，批判我的“罪恶言行”和其他所谓“反革命”行为。对我的大批判还总是要和我的“右派”父亲连在一起，以编造的罪名咒骂我父亲，用以说明我的反动思想始于反动家庭教育。这使很多不明真相的知青公开唾弃、咒骂、侮辱我。

1970 年 7 月的一天晚上，连队里突然吹起紧急集合号。兵团是军队的组织方式，凡是重大事情都吹号。一般晚上是很少吹集合号的，那天晚上突然吹起紧急集合号，全连的人全部集中到二十四连的修理厂。二十四连是一个比较特殊的连队，这个连队有自己的拖拉机修理厂。那是一个相当大的厂房，可以同时修理很多台拖拉机。由于 7 月份正是农忙时节，拖拉机都下地作业去了，厂房基本上是空的，厂里的大修理厂房可以容纳全连二百多人。

那天晚上，全连的职工都集中到修理厂，门窗全都关闭，突然间宣布对我进行隔离审查。在宣布的同时，就把我关押了起来。这实际上是没有审判的拘捕。这一切来得极其突然。集会中一些领导及知青极尽手段煽动群众对我的仇恨情绪。从出身到个人，从思想到行动，从政治到道德，无不卑鄙龌龊。一些“义愤填膺”的人借我的肉体当众宣示了他们的深刻政治觉悟和强烈阶级仇恨。

那天宣布隔离审查之后，我被捆绑到二十四连的酒坊。酒坊在夏天农忙时不作业，是空的。我被带到酒坊的一间很小的休息室里，从此这间小休息室就变成关押我的狱室。那个房间非常小，屋顶是斜的，人在里面站立不起来，只能坐着或躺下，有一条很窄的只能容纳一人的小炕，别的什么都没有。被关押后，我基本的生活状态就是白天被严格地押送出去，接受批斗，在监督下进行劳动改造，晚上接受审讯。我到什么地方，总有两个人看守。我在任何一个地方干活，不允许其他人和我接触。我睡觉的时候仍然有人看守。每天我除很少的时间睡觉，其余所有时间不是劳改就是接受审讯和参加斗争会。斗争会一天可多达四次。

不知为何，我的这个“反革命”案件成了当时建设兵团的重大案件。一度广为流传的关于“黑格尔小组”的流言，在那个年代其政治含义已然彰显凶相。在我被关押后，师团级领导多次亲自参加斗争会，加强批斗力度，指导整肃方案。我的所有论文、信件、照片、书籍都被没收。我自制的无线电收音机也被送到师部鉴定是否为特务设备。除书籍外，其他被没收的所有东西至今一律不知去向。

斗争会或批斗会被用来作为打击和施压的手段，目的是要我招认莫须有的“反革命集团”罪。除了我的“反革命言行”外，当时斗争会上最常打击的对象就是我的“反革命嚣张气焰”。我动不动就被人指称为“不老实”，而任何“不老实”都可以是被斗争的理由。斗争会同时也是打击其他知青和向其他知青施压的办法。在斗争会上，一些同我有过交往的知青被迫当众“揭发”我的“罪证”，或交代和我的“罪恶关系”。每当他们的交代“避重就轻”时，斗争的矛头立即对准他们。对我来说，斗争会主要是一种体罚方式。除极度精疲力竭外，在斗争会上也常有一些人或义愤填膺或幸灾乐祸地上来对我拳打脚踢。看守我的有些人也会拳打脚踢或找借口体罚侮辱。但是，这些体罚以及斗争对我精神上的冲击并不是最大的。

当时对我最大的摧残来自审讯，以及审讯采用的手段。在一开始审讯时，我以为他们的目标是要整我所谓“反毛泽东思想”的罪行。当审讯深入之后，我才意识到他们是要把我打成一个“反革命”集团案的首领。他们莫须有地把我从事理论探讨的活动编织成所谓的“五一六反革命集团活动”，他们甚至把我的 19 岁年龄都当成审讯内容，要我交代伪造年龄、伪造历史的罪行。他们说我写的论文是 27 岁有大学毕业文凭的人都写不出来的，因此我一定是伪造年龄。审讯中他们使用剥夺睡眠轮番打击、威胁利诱等恶劣手段，胁迫我承认莫须有的罪名及不存在的“反革命集团活动”。他们极其恶劣的审讯迫害曾经使我感到自己会终身受尽侮辱而没有活下去的价值。在政治迫害最高潮的时候，我的心理状态曾极度悲观，甚至一度产生过自杀的念头。记得在那期间，一天夜里审讯后，我被押回狱室，看守感到我的神情反常，紧急叫上级增派一名看守，并把狱室内所有金属及陶瓷物品清理一空。该看守带着明显的恐惧情绪对我实施虐待，我猜测他是误把我的悲观绝望当成仇恨情绪。我就这样在严格监禁的状态下生活，一直持续到 1971 年“林彪事件”的发生。

我被关押的时间，正值全国大搞整肃“五一六反革命集团”的狂潮，各地整肃之手段无所不用其极。在残酷折磨下，自尽身亡的事时有发生。母亲在她所在的学部（社科院前身）近代史所目睹了整肃的残忍，担心我会发生意外。深知我已丧失所有自由（在被隔离监禁的这段时间里，所有通信来往都要通过专案组的审查），她大量寄信寄书给我，用隐晦的语言和各种曲折的方式鼓励我坚持下去。那段时间和我唯一有通信来往的就是我母亲。母亲的通信是我重要的精神支柱。

使我从那种极度悲观的状态下挺过来的一个重要因素是对探索的愿望。用整肃的暴力强迫我停止探索使我感到生命的绝望，但是我感到如果将自己的探索精力转移到别的问题上，比如转移到探索工程技术，去发明点什么，解决一些重要的生产技术上的问题，我还是能找到些许生命的价值的。从此，钻研数学和工程就成了我的精神寄托。我给母亲写信，要求她给我寄一些工程技术方面的书。幸运的是，当时的工作组并没有禁止我读这些工程上的资料。此后的 70 年代，我的探索从政治经济学转移到了工程方面。

记得有一次，押送监督我去劳动的人是年轻兽医庞春泰。他在押送我的路上对我说："你真是很可惜，为什么要去花时间关心那些政治上的事呢？你本来在无线电上很有才能（因为我自己组装过一些无线电设备。所以，在方圆几十里，老百姓或者农场里有收音机或者拖拉机的有关电器设备出毛病，常会找我帮忙），你就做这件事不是很好吗？"虽然他的话说得很简单，但在那些残酷的日子里，这些话给我的鼓励令我铭记在心。

那段时间，重新捡起小时候对工程的兴趣，给了我精神上很大的帮助。发明和工程探索成了我主要的精神寄托。虽然我当时的政治经济学探索已经离开了主流思想，但我的政治思想还是很正统的。"正统"是当时年轻人很喜欢用的一个词。所谓"正统"，简单地说就是紧跟党中央的号召走。那时候搞"农业学大寨"，我也很相信。但是我相信农业学大寨最终是为了提高农业生产力，而为了提高生产力最重要的应该是搞技术革新。在机械化的农场里，我看到了很多严重的技术问题，在收割季节有大量粮食浪费在地里，这是由于收割机械不够好所致。所以我想，如果能发明一个收割机割台高度自动控制装置，就可以大幅度地改进收割的效率，减少浪费。为了完成自己的这一愿望，我开始了系统的自学。

我基本上同所有的北京知青都隔离开了，看管我的人主要是哈尔滨知青，有时是上海知青。由于斗争会、大批判把我的名声搞得很臭，几乎所有来监视我、押送我、看管我的这些知青都对我有着很强烈的敌意。因此，在这段时间里，很少有人能和我有稍微正常的交往，在连队里能够谈几句话的人仅有兽医和当地的一些农民。在被隔离监禁之前，我的工作大部分时间都在马号，和几个兽医都比较熟悉。这几位兽医对政治都不感兴趣。他们是二十四连很少的几位知识分子，大家更谈得来一些。被看管之后，我还勉强能和他们有一些接触。几个和我来往比较多的兽医名叫张跃生、杨修岐和庞春泰。他们非常幽默，在我最危难的时候，他们一如既往拿我当一个普通人，和我开玩笑，这对我精神上是相当大的安慰。另外还有一些老职工（农民）也对我精神上的帮助很大。我们马号的班长叫陆书坤，他是山东梁山人，有点梁山好汉的气质，他父亲陆诗勤是老八路。老陆始终对我很和善。记得他曾经用一种很特别的口气批评我，要我远离政治，过好自己的日子。有时候，他们还会从家里带些好吃的东西送给我。在那段最坏的日子里，这些在我的精神上都起着很大的支持作用。

到1971年10月以后，我的情况有了很大的转变。当时，关于林彪事件的文件已经传达到团一级。我的案子中“反对林副主席”的罪名一下变成无害言论。我事后猜测，得益于林彪事件，我的“案情”比原来有所松动了。从那以后，虽然我的“反革命”案子没有解决，但是对我的严密监禁逐渐放松。审问也停止了，斗争会也基本上没有了，我的隔离监禁，变成了让群众和知青监督劳动。

劳动时，我被放到“地富反坏右”的行列里，连里的一些“地富反坏右”也有人主动接近我，同我聊天，表示对我的同情。

我开始有了业余时间。实际上我能够认真系统地自学数学、自然科学、工程和英语主要是从这时候开始的。1972年恢复了我的放牛工作，放牛对我来说是最好的工作，因为这份工作使我有自己控制的大量时间。大多数最难的自学内容我都是在放牛时候学的，例如物理和数学的学习。我先是集中几个月的精力把高中数学和物理自学完，之后就系统地自学了大学物理和微积分、高等代数、电动力学等课程。

对我来说，所有自学的课程里，最困难的是微积分。我读了好几本大学教科书，其中包括好几本高等数学习题集。我拿着习题集，一道题一道题地做，以此保证我自学的扎实性。我不仅读了教科书，而且还做了习题，包括非常困难的习题。把高等数学和大学物理学习完以后，我又开始学习电动力学、无线电电子学、自动控制原理等。就这样我把当时能够找到的大学教科书一门一门地自学下来以后，我感到，虽然把“文革”前的大学教科书都学习过了，但是要做发明设计工作，这些知识还是不够用的。这时候我就跟与我常在一起的同学王贞平提起这个苦恼，他告诉我：“其实现在北京已经可以买到影印的国外原版教科书了，你可以让你母亲买到影印的美国教科书寄给你，你就读那些书。”我说：“英文我是不会的。”他又告诉我，实际上英文学起来很容易，因为他自己就在自学英文。他说：“你可以找一本内容上你基本懂得的英文教科书，借助字典你就读它的内容，就把里面的英文弄明白了。你自己再读一本这样的书，你就会了。”我就照他说的方法做了，写信给我母亲，让她给我寄英文版的美国电子学方面的教科书。我记得特别清楚，我收到的我母亲寄来的第一本英文教科书的名字叫 *Modern Electronics*（《现代电子学》）。这是20世纪40年代末美国大学的教科书，是我母亲从中科院图书馆买来的报废书，因为40年代末到70年代已经过去近30年了，但我如获至宝。我把它从第一页一直看到最后一页，每一页看得都非常认真。从电子学角度讲，大学二年级的教科书，所有的内容我都能看懂，实际上这本书是我的第一本英文教科书。

从那以后，我就非常自信地开始阅读美国大学里电子学方面的教科书。以这种方法，我自学了美国大学的许多门课程，如计算机工程和自动控制方面的教科书。其中还有一个悲凉而有意思的故事。当时我母亲给我寄来了英文的《模拟计算机原理》，现在模拟计算机已经不存在了，但在70年代这还是一个很重要的领域。我拿到这本书时特别激动，特别渴望能尽快把它学下来。可是，我的时间很少。正在这个时候，我们连发生了一起惨痛的事故，上海知青潘金根是当时的连队油库保管员助理，他到油库楼顶上擦天窗的玻璃时，不慎一头栽下来，头部撞在水泥台阶上，当场摔死了。他是上海知青，发生了这样的严重事故，他的葬礼需要等他的父母家人从上海赶来参加，他的尸体周围放满冰块安置在二十四连的仓库里，晚上要有人看护。几乎没有知青敢在晚上看护尸体，连里只好公开让大家报名。我认为这是一个绝好的机会，全脱产地进行学习，这对我来说实在太难得。于是我就报名了。这是我记忆格外深刻的一件事，那些日子我每天晚上在仓库里打着一盏油灯，在一具尸体旁边聚精会神地读我的这本《模拟计算机原理》的教科书。我的这门课程几乎完全是在这两个星期时间里自学完成的。有些知青很奇怪，他们中有些人打架斗殴很勇敢，可到这时候他们都怕鬼，他们觉得我很奇怪，怎么敢和死人天天晚上在一起？其实就是因为晚上夜深人静才能够集中精力潜心钻研，这对我来说是个很激动人心的难得的学习机会。

那个年代，系统地自学钻研中国和美国大学工科的内容，虽是精神的寄托，但也给自己施加了很大的压力，长期的高度精神压力导致我患上了严重的神经衰弱。北京知青吴先当时是卫生员，他对我这个“反革命分子”的关心和帮助，让我至今都心怀感激之情。

从1973年夏天起，尤其是1974年，大学开始招收工农兵学员。在连队里，知青开始为读工农兵学员而竞争。为了能上大学，很多知青变得十分焦躁。一些没有上成大学的落选知青变得非常悲观。我知道自己是个“反革命”，觉得完全不可能有机会出去上大学，心里反而很平静。我自认为我自学的水平已经超过了大学里教授的内容。那段日子，我几乎所有的精力都花在了我的革新项目上。我当时满脑子琢磨的最大的革新项目就是“联合收割机割台高度自动控制”。我认为，如果自己能够解决这一割台高度的自动控制问题，就可以解决大豆在收割过程中严重浪费的问题。当时在农场里，联合收割机的高度是按小麦的高度设计的，所以当收割大豆的时候，大约有1/4到1/3的产量浪费在地里，相当巨大。我当时自己制作了一个包括详细电路图的设计方案。

1974年，对我的政治管制进一步放松。当时中国政治的大环境发生了一些变化，邓小平重新出来工作，“四人帮”的势力有所削弱。我申请回京探亲，居然得到了批准。这是自从我1968年底回北京之后，第一次回北京。我把这次回京看得很重要，我想利用回北京的机会，拜见有关老师帮助我改进我的设计。到北京以后，我找过若干人，其中最重要的是清华大学的常迵先生。常先生是中国无线电电子学和自动控制方面的权威，是美国麻省理工学院的博士，40年代末期回国后就一直在清华大学任教授。常先生的女儿常放是我的同学，也是清华附中“井冈山红卫兵”的成员，我们曾在同一个小组，非常熟悉要好。“文革”刚开始的时候，我去过她家很多次，同她的父亲认识。1974年夏天回北京时，我自己闯到她家里请教常先生。先生给了我很好的原则性指导，这对我后来的自学起到了非常重大的积极作用。尤其是在自学的方向上，先生给了我很重要的建议。一直以来，我都认为常先生是我在工程学习方面的导师。当时我也曾经访问过中科院自动化所及清华数力系流体力学实验室，请教我的技术革新设计方案。在北京的那段时间里，我非常忙碌，完全都是围绕我的设计请教奔波。

从北京回到连队后，我的若干个技术改革方案得到了连队技术领导及修理厂的支持。所以，虽然当时我的正式工作是放牛，但实际上我每天晚上都在修理厂实验我的一些设计。实验基本是半成功半失败，也有许多设计即使实验成功也并不能真正实施运作。实验成功但未能实施的有大犁自动高度控制液压装置等；实验成功并在生产中使用的有自动称重灌袋机等。1975 年师里曾在我们连召开技术革新推广会，自动称重灌袋机得到好评，我这个“反革命”在技术革新方面得到了一些称赞。记得团长碰到我大声喊着对我说，“你整的那玩意儿挺好使呀，以后多给咱整点儿这些就好了”。

1974 年以来，母亲不断提醒我必须关注我的政治问题的结论。实际上，从 1972 年起，我几乎把全部的精神都寄托在工程上。我有意识地回避了自己被整肃的事。但我明白，这是我始终要面对的。这样，在母亲的提醒下我去团里询问了。

1975 年初，团党委对我的案件给了一个正式的结论。结论把我定案为“组织全国九个省市和军队的阴谋反革命集团的头目，目标对准无产阶级司令部，目的是要夺取全国政权”。这个结论始终让我莫名其妙，因为我根本不知道我究竟有什么九个省市的网络组织，而夺权更是莫须有的罪名。这个结论最后的签注日期是 1974 年 10 月，但是我拿到的时候已经是 1975 年。母亲在亲历了新中国成立后诸多的政治运动之后，坚持让我必须为这个错误的政治结论上诉，因为这有可能影响我一生的命运。这样，从 1975 年初开始，我不得不时常中断我在北大荒乡下的学习和设计，准备我的上诉材料。1975 年夏天，我回到北京，通过各方面的关系，递交上诉材料。我曾经找到父亲的好友，40 年代的浙大同学吕东明，又通过他的儿子吕匡益将上诉材料经由他的一个同班同学递交到其父——当时的总政治部常务副主任手里，希望通过他给兵团一个批示，转到中国人民解放军黑龙江生产建设兵团来解决我的问题。同时，母亲还带着我到当时总参作战部部长家里，希望他从军内帮助解决我的“困退”问题。该首长曾和我母亲是同乡同学，并且曾是我外公的学生。

1975年的夏天，对我来说还有一件重要的事情，就是到杭州见我的父亲。这是1962年最后一次见到父亲以来，十几年里我第一次见到他。1962年最后见父亲时，我才11岁。1975年时我已经是二十几岁的成年人了。到杭州见到父亲时，他几乎都认不出我来了。当时我还带了好友车洪生同行。他是我在清华附中最要好的同学，我们一起讨论过很多理论问题，1970年之前我曾和他通过很多信讨论理论问题，并给他寄过我的论文。当时父亲非常急迫地想要见我，见面之后才知道，他急着把我这个十几年未见的儿子找来，除了叙父子情之外，更重要的是想跟我讨论当时的形势。1975年在邓小平治理整顿之际，“四人帮”又开始反扑，父亲当时非常担心的是中国的前途和命运，担心“四人帮”会篡权，中国可能会面临巨大的灾难。他迫切希望同我讨论我的人生，同国家前途相关的我的人生道路。

虽然当时我已经很多年被迫和政治保持距离，也没有机会接触社会科学的文献，但我的本性并没有改变。潜意识里，社会主义制度内在的问题仍然是我思考政治问题的出发点，历史唯物主义和政治经济学在我心里的影响根深蒂固。记得当时父亲特别关注“四人帮”可能篡党夺权，以及由此可能带来的严重后果等。而我认为当时的问题更主要起源于中国的制度，弄不清制度本身的机制，就无法真正解决问题。当时父亲很吃惊，因为他没想到我认为现有社会制度并不完善。在我的一生中，从6岁时父亲离开北京，我和父亲一直是聚少离多，但他对我有很重要的影响。从我最初对科学和技术的热衷，到后来思考更多的社会问题，无不和父亲相关。那次见面前，他更多的是我的师长以及崇拜的偶像。而那次见面，是我一生第一次以成人的方式同他交谈，讨论的是我们共同关心的社会问题，也由此开始了我们父子之间几十年从未间断的讨论。

除了分析和讨论重大社会问题外，针对我的政治遭遇，父亲给了我很大的精神支持。他给了我一本传记，主人公是中世纪因持不同政见而遭受教廷残害的空想共产主义创始人——康帕内拉。在我当时的处境下，阅读那本书的价值实在是非同凡响。自幼受父亲影响，我对中世纪教廷和愚鲁迷信的民众共同迫害科学家及异教徒

（如哥白尼、伽利略、布鲁诺等）之残暴有深刻印象和感触。在我自己遭受整肃时，我深感奉命而来的工作组犹如中世纪罗马教廷煽动民众残害异教徒的无知且虔诚迷信的暴民。当时那本书对我的影响很大，一本关于残酷虐待异教徒的暴行的传记居然成了我同吕匡辉（我的前妻）开始恋爱时共同阅读的书。在这种精神的支持下，我逐渐恢复了一点对社会问题的探讨。记得在 1975 年底，“四人帮”大张旗鼓地在全国引用马克思的论述来批判资产阶级法权。我查阅了英文版的《资本论》，发现来势汹汹的批判资产阶级法权运动依赖的竟然是文字翻译中的基本误解，或者是有意利用翻译中出现的误解。

递交了申述材料，又见到久别的父亲，1975 年对我是重要的。我回到北大荒，回到连里，在前面提到的双重关系的帮助下，我的状况有了很大的好转。尽管我的“反革命”案子还没有真正得到平反，我的“困退”手续也没有真正在法律上确认，但对我的政治监督管治事实上已经结束了。我于 1976 年唐山大地震余波未息的时候离开黑龙江，回到了北京。1977 年“文化大革命”结束后没过多久，我的案件得到了彻底平反。

回到北京，我成了无业游民，却有了更多的时间和机会探索自己感兴趣的事情。也就是在那个时候，父亲从浙江乡下回到北京，继续他有关爱因斯坦的研究。当时他在商务印书馆的办公室里，组织了一系列的小型研讨会，一两个星期碰一次头。当时经常来的人有赵中立、张宣三和范岱年等。我旁听了许多讨论并参与了一些科学哲学及科学史文献的翻译工作。经济学是同物理学有许多共同性质的学科。爱因斯坦对世界的探索方法，或者是我理解的爱因斯坦对世界的探索方法，对我自己探索世界产生了重大的影响。

在这段时间里，通过阅读文献，我非常兴奋地了解到经济计量学的发展。当时我以为它像物理学里的统计物理（以后我知道自己当时对经济计量学的认识并不正确），渴望有机会用经济计量学的方法从事对制度的研究。记得那时我曾同父亲一起去看过于光远。我对他谈起希望用经济计量学的方法从事对制度的研究，虽然于光远是个思想相对开放的老一辈学者，但他对此并没有显出多大兴趣。

1978年，张宣三成为刚刚组建的社科院工经所副所长。他多次通知我去旁听或参加工经所的讨论会。在一些讨论会上我听到过工经所所长马洪、副所长蒋一苇和时任室主任朱镕基的高见。我得益于他们关于企业自主权改革方面的讨论，但同时也感到对相关体制问题需要更透彻的学术分析以指导进一步改革，虽然当时我对经济学的知识只限于1970年之前的《资本论》及后来对经济计量学的相当肤浅的了解。在1978—1979年，我曾经带着极大的兴趣在社科院听过苏绍智等报告南斯拉夫与匈牙利的体制改革、布鲁斯关于波兰的改革及“市场社会主义”模式等。所有这些讨论都是将中东欧经济改革当作中国改革学习和借鉴的对象。这些重要的信息及当时的思考都对我以后研究的发展奠定了重要的基础。

1978年夏天，“文革”后第一届研究生考试开始了。因为没有我认为合适的经济学方面的导师及研究方向招考，我报考了中科院地理所遥感室（后分出成为中科院遥感所）的计算机图像处理研究生，以数学及英语第一的成绩通过初试，但复试时因种种原因没有被录取。下一年我报考了清华大学计算机系的研究生，通过了笔试。但因为当时清华大学计算机系对没有本科学历的我的能力颇具怀疑，所以增加了额外的复试。复试后他们把我介绍到机械系再来一次复试。经两轮复试后我才被清华大学机械系录取。1979年秋天，我进入清华大学，成为清华大学研究生中唯一一名没有大学本科学历的研究生。我是清华机械系第一个计算机辅助设计的研究生，从事的是有限元分析及非线性最优设计研究。除理论工作外，我还与导师及同学一起，解决了马鞍山钢铁公司8000吨水压机最优设计的难题。我负责该项目的计算机模型及计算。1982年研究生毕业时，清华大学机械系非常希望我留校做计算机辅助设计的博士论文。但从60年代末开始贯穿70年代始终的，是我自己对社会制度的探索。面对中国改革的现实，我的心无法不回到经济学。经于光远帮助，我以一个机械工程学硕士的身份进入了正在组建的社科院技术经济所（后正式改名为数量经济与技术经济所）。从此我进入了或者说回到了经济学。

如果一定要以10年来记，我的70年代至此为止。而比起70年代戏剧化的命运，其后我的生活异常平静。出国、读书、教书，和我当年的大多数朋友的轨迹相似。只是，不得不提的是，这么多年之后，从大的方向上说，我其实又回到了起点。从清华机械系毕业后，我在社科院工作了一段时间，后来到哈佛大学研习经济学。这么多年来，在“文革”之初困扰我的最基本问题，即社会主义的经济制度，从来都没有远离我。我研究的课题从来没有脱离过制度，只是更宽广了一些，包括世界各国的制度，包括各种体制的制度。重读近 40 年前自己的文稿，除了当年的政治用语和年少的踌躇张扬让我忍俊不禁，面对文中提出的很多问题，我依旧没有办法给出让自己满意的答案。

我的自学生涯

我的自学是从幼年开始的。

所谓自学，实际上就是自己发现问题、探索问题、解决问题的过程。在我还是幼童，看见任何东西都要问为什么的时候，我的父母就有意刺激我持续地问问题，寻找对问题的理解，而不仅是答案。我的父亲许良英是一位物理学史家、科学史学家，我的母亲王来棣是一位历史学家。

记得我刚懂事的时候，北京天文馆刚建成。父亲带我去天文馆，给我讲解宇宙、太阳系、地球的常识，为什么有白天、黑夜、日食、月食、钟摆（引力）等自然现象。他的讲解并不是专门给儿童做的粗浅说明，而是面对普通成年人的科普，所以当时会有很多成年人跟着听。

在日常生活里，父亲会不断把我幼稚的问题引到基本的科学问题上。天底下的小孩都会提问题，我的父亲有意识地认真对待我的问题，对我的帮助非常巨大。在幼儿园阶段，我曾问过他，为什么开车的时候人会向后仰倒？为什么开车时，看到车外的东西都向后移动？他初步回答之后，告诉我这是物理学最基本的问题，以后会继续给我解释。

我之所以现在还能记得提过这样的问题，是因为在这以后他不断根据我的理解力，继续解释这些问题。到我念完小学，他还在给我解释这些问题，这使我在小学阶段已经知道这类问题与伽利略建

* 本文于2019年1月30日发表于《澎湃新闻》。由许成钢口述、《澎湃新闻》记者柴宗盛采访整理而成。文中照片全部由作者提供。——编者注

立物理学的基础直接相关。这些刺激和教育是启发我自学的基础。

我从小学三年级开始，自发地比较系统地自学。那时中国刚开始生产晶体管，晶体管质量不稳定，就把劣等的产品放到市场上卖，许多小孩买回来组装收音机。大多数小孩只关心做一台会出声的收音机。我因为很小的时候就关心许多“为什么”的问题，所以在这个爱好的基础上，稍微进了一步，希望有更深入的理解，能自己设计电子设备。当时，我所在的清华附中有无线电实验室。清华大学有些被打成“右派”的教师，不可以上大学讲台，被下放到清华附中的无线电实验室。这个实验室对我有很大的帮助。

因为有兴趣弄明白电子技术的原理，于是我就开始自学与电子线路相关的书籍，试图设计简单的电子设备。但我在念初中一年级时，在电子技术方面遇到了不懂的数学。我的数学张老师（也是班主任）告诉我，那是高中才学的三角函数。出于对学习电子技术的迫切感，我那时已经自学了一点高中的数学。

我自学的另一部分是历史。我母亲是历史学家。我真正对历史感兴趣不是直接因为父母说过什么，而是家庭环境让我容易接触到历史书籍、文献。记得小学高年级时的电影《甲午风云》，讲中日海战，非常轰动，孩子们都很感兴趣。我在报纸上看到对这段历史的讨论，很关心这段历史到底是怎么回事。于是在暑假，我刚看完那部电影，就跑到母亲所在的中科院近代史所（当时没有中国社科院）的图书馆，查原始资料，而不是看教科书，希望弄明白这段历史的史实。

这是我一生第一次自学：自己摸索着学会使用图书馆，查卡片，了解图书馆资料是怎么分类存放的，如何查到一份文献或档案，再接着顺藤摸瓜地查下一份，等等。我读到了别人不知道的东西，讲给院子里和班里的孩子听，北京话叫吹牛，好不愉快。

这种自学没有专门的目的，是纯粹的好奇和好玩，好玩就是自学的最大动力。

当然，成长在历史考古研究的环境，是自学的有利条件。在儿童时期，妈妈没有能力照看我，她有时候就把我带到办公室，我在那儿胡乱写写画画，所里的同事全认识我，所以我才能够去图书馆查资料。

1957 年，许成钢（右二）与父亲许良英、母亲王来棣和弟弟许平在北京展览馆

在“文革”以前，我在无线电方面的自学，与中学同学比，已经走得挺远了。除了学校的课程外，我自己阅读书籍和刊物，了解无线电的前沿动态，不断地设计各种设备，有的设计实现了，但多数只是空想而已。电子设计是需要计算的。有了想法，想要实现先要画图，把相关的数据计算出来。我那时候设计的东西都是电子线路，因为对音响感兴趣，也学了一点声学。

当时被打成“右派”的父亲被迫在农村劳动改造。劳改之余，他从事爱因斯坦研究和编译爱因斯坦文集。与父亲的大量通信，启发我从初一开始自学物理和哲学。

“文革”使我对政治经济学产生了巨大的兴趣。在“文革”期间，我的思想受到的一个巨大冲击来自一场辩论：“文革”的性质是什么？当时官方的说法是，“文革”是阶级斗争。但什么是阶级斗争？我被这个富有挑战性的问题激励得如醉如痴，希望要弄明白，为什么在社会主义制度下会产生新阶级。从逻辑上，只有解决这个问题，才可能过渡到共产主义。

为了解决这个问题，我开始了理论探索。在对政治经济学一无所知的情况下，我自学了大量的马克思著作之后才意识到，在马克思主义里，研究阶级和阶级起源的领域是政治经济学。这就是我自学政治经济学的起点。这个自学并不是因为我要自学这门学问，或有任何目的，只是因为我有问题想要解决。

为了理解为什么社会主义中国会产生新阶级，除了马克思主义理论探索，在上山下乡运动开始之前的一年，我主动去了农村，到了黑龙江的农场。但是，在“文革”那个时代，因为探索政治经济学，我在农村被打成了“反革命”，被迫停止了政治经济学的学习和探索。我以为大概一辈子要待在那里，作为“反革命”接受劳改。

1968 年底，许成钢（后排左一）与下乡的同学去看当兵的同学

如果精神没有寄托，作为“反革命”，活着还不如死。剩下的问题只是活着还是死去。如果活着，还能干什么对社会有意义的事？在求生的欲望和寻找精神寄托中，我找到了一个缝隙，就是回到过去曾经着迷的电子工程。因为不涉及政治，而且对农场的工作和人们都有用，这一努力得到了允许。

在那个残酷的时代，自学成了我的精神寄托。从数学和物理中学到的规律美好而和谐，对我的精神来说这像是一种宗教。同时，我的技术能力对我处境的改善起了很大的帮助作用。

我所在的机械化农场有大量的技术问题需要解决。我有一些想法，希望以技术发明大幅度提高效率。但实现这些想法，需要坚实的工程设计能力。为了系统地自学工程，我自学了高中到大学的数学、物理、电子工程、自动控制。经过一段时间的自学，我把中国大学的教科书都读完了，自认为都掌握了。但是我的理解水平仍然很低，不能达到进行设计的要求，无法实现我的发明。

有一次，我跟当时在同一个连队（村子）的同学王贞平提到这件事情，他建议我去读国内影印的美国大学教科书。但我只念过初二，英文不行。他说，英文很容易，建议我读已经懂得内容的英文的电子学教科书。因为已经知道内容，所以英文就变得很容易。之后，再去读没学过的电子学的教科书。我的第一本英文教科书是《现代电子学》，美国1948年出版的大学二年级教科书。这本教科书的内容对我来说很浅，所以这一本书读完，我就可以用英文自学电子学了。我除了自学《控制理论》《模拟计算机原理》《数字计算机》等，也依赖英文自学了数学、物理等。

1976年，许成钢（左一）与马号的农民（在农场称老职工）合影

那些英文书籍都是我母亲从北京寄来的。在监督劳动下，所有寄过来的东西都要历经检查，确认无害再转给我。我给母亲的信，也需要交给他们读过，然后由他们寄走。他们看寄来的书有很多数学公式、电路图等，就不再限制。此外，我帮他们修理电子和电器设备，让他们很高兴。本来作为一个“反革命”被监督劳动是很残酷的，但是我能够帮他们修理机器、解决难题，他们就放松了对我的管制。

“文革”结束我获得平反。在恢复高考时，我自认为我已经自学了两个不同领域的大学主要课程，不应该浪费时间读大学，因此没有参加高考。后来全国研究生考试也恢复了，我考了工程方面的研究生。我原本更有兴趣考政治经济学，但我不愿意死记硬背官方的政治经济学标准解释。所以我宁愿考工程，因为数学、物理、工程的考试，更侧重的是分析能力。

在清华大学机械系念研究生期间，我的大量时间还是用于自学。我是第一个在清华大学机械系做计算机辅助设计（实际上是有限元分析加非线性规划的组合）的研究生。而清华大学是国内最早做这方面工作的，所以没有人做过这方面工作，也没有相应的教学安排。我自己找到的最主要的文献来自麻省理工学院，包括著作和刊物。当时我的研究工作主要是提出算法和把算法变成可以执行的软件，用来计算结构力学的问题。

研究生毕业的时候，清华大学很希望我留下来做博士论文。1981—1982年，新成立几年的中国社科院组建数量经济与技术经济研究所，需要既懂政治经济学又能操作计算机的研究人员。我决定毕业后去中国社科院。虽然我对工程仍然有很大兴趣，但是远没有对经济学兴趣那么强。中国社科院新组建的这个研究所，一个研究室来自经济所，其成员是以前研究投入产出的学者。代表人物乌家培是这个新组建所的第一任所长。另一个研究室来自工业经济研究所，朱镕基就是那个研究室的，他是从工经所过来的。后来他被调到国家经济委员会，但他一直带研究生。他在我们所的研究生是楼继伟。还有一个研究室是从科学院综合考察委员会过来的。在组建期间，杨小凯曾经是我们所的同事。

数量经济与技术经济研究所这个名字是从苏联来的。所谓数量经济，是为计划经济服务的；所谓投入产出，是从计划经济里衍生的一门学科。所谓技术经济也是苏联的概念。在苏联的计划经济制度下，任何大的工程项目，在计划期间，都要进行成本效益分析。苏联把成本效益分析叫技术经济学。所以，组建这个研究所时，所里学术比较强的人，很多是有留苏背景的。即便不是留苏，使用的方法和思考的角度也是从苏联学来的。

这个研究所里能读英文文献的人很少，我是那里极少能主要依赖英文文献工作的人，实际这也是一个自学过程。

1984 年，哈佛燕京学社来国内挑选哈佛大学的访问学者。国内的候选人来自中国社科院、北京大学、复旦大学、山东大学、南京大学、中山大学等。我被数量经济与技术经济研究所和中国社科院选为候选人。哈佛燕京学社通过面试，平均从每三四个候选人中挑一人，资助去哈佛访问。那年的面试官是哈佛燕京学社的副社长贝克（Edward Becker）。他对我的经历很感兴趣。到美国以后，他们对我说，你还年轻，如果愿意念博士学位，他们提供奖学金。哈佛燕京学社是一个独立的基金会，需要我自己申请，申请到任何顶尖学校他们都出钱。我申请了六所学校，得到芝加哥大学和哈佛大学的录取通知。我最后决定到哈佛。

在申请进入博士班的时候，我计划的研究题目是社会主义制度下的技术创新。我计划使用的研究方法与格瑞里克斯（Zvi Griliches）的工作密切相关。我已经做了一些工作，发表在数量所的杂志上。在申请博士的时候，我说社会主义制度下的创新面临很大的挑战。因为制度不同，许多在市场制度下发展的理论模型不能简单应用。我并不知道，当时哈佛经济系的系主任正是格瑞里克斯。我的申请得到了他本人的回信，他说非常高兴我到哈佛从事这方面的研究。格瑞里克斯是创新经济学最重要的奠基人，人们都认定他要得诺贝尔奖，他的很多学生都得了诺贝尔奖，但是他去世早了一点，没有得到诺奖。

我原来想从经济计量学的角度，研究为什么计划经济在创新方面表现很差。进入哈佛大学后，埃里克·马斯金（2007 年诺贝尔奖得主）讨论激励机制的课程改变了我的兴趣。我发现研究与激励机制相关的制度问题，是我真正从来都想干的事，只是过去没有找到理论的切入点。

一方面，我的兴趣似乎不断改变；另一方面，我的兴趣的最基本内涵一直没变。不断在变的是具体内容，但骨子里的基本问题一直没变。创新与制度的问题我关心了一辈子，现在仍然是我的兴趣所在。

我对很多东西有兴趣，我现在研究人工智能，我不可能成为人工智能的专家，但我的知识背景和我的兴趣决定了我乐于比较扎实地掌握人工智能的一些最基本的内容，知道它是怎样发展过来的，用什么办法，能解决什么问题。我现在和这方面的专家在合作，做实际的人工智能应用工作。我们不仅讨论人工智能的影响，还用人工智能技术做一点技术研究工作。

在多数人的概念中，学生应该是学校教出来的，自学是很少有人能做好的。但如果我们讨论的不仅仅是学生，还包括研究工作者，那么，所有好的研究工作者的研究能力都来自自学。因为任何研究都包括自学的过程。一个人能不能自学，决定了这个人能不能做研究。任何必须有人教的人永远不会做研究。

做研究一点不稀奇，也不少见，小孩子都可以做，任何人都可以做。专业的、业余的，都可以做。大量的发现、发明、创造都是业余的人做的。当然，作为职业，现在通常通过上课学习、考试，直到拿到了博士资格之后，才开始研究。但一个人完全不需要局限于这种形式和阶段。要创造机会让孩子从小就自学，不过国内教育方式是灌输式的，可以很早就训练一些技巧，但许多最重要的能力远远超出训练得到的技巧。而且，几乎所有可以训练的技巧，早晚有一天会被人工智能超过。但是，任何人掌握了超出训练得到的能力，人工智能就追不上了。

犹太人可能是出人才最多的族群。他们的教育是要孩子从小就学会挑战，甚至连念的经书都要挑战。他们父子之间、师生之间都不是服从的关系。小孩子从学校回家，父亲往往会问，今天你问了老师什么问题？你挑战老师了没有？他们从小教的是挑战。如果强调服从，人不可能有什么创造力。这种问问题、挑战的精神是自学和探索的起点，也是动力。

漫漫求索路

由于我出国前在学校学习年数甚少，谈到出国前的经历，需从我的家庭背景开始讲起。父母对我有很大的影响。父亲在培养我对科学问题和社会问题的兴趣方面起到了十分重要的作用。他鼓励我提出问题，鼓励我寻找对问题的理解。即使为了理解要付出沉重的代价，包括不被人理解甚至受打击的代价。这使我自幼就不满足于仅仅知道事情的表面现象，我感到世界上重要的事往往是有深刻道理的，而且道理应该是能够找到的。科学是用于寻找这些道理的，它既有作为工具的价值又有其自身的价值。在道理不清楚的时候，应该寻找，而不应囫囵吞枣地记住别人告诉的结论，不应该人云亦云。

从小面对政治压力

我的父亲许良英是科学史家（中科院科学史所），母亲王来棣是历史学家（社科院近代史所）。他们都曾是共产党的干部（也曾是地下党的干部）。父亲对共产党十分忠诚。1956 年，毛泽东提出“百花齐放，百家争鸣”，他受到极大鼓舞。1957 年 6 月突然发动“反右派”斗争，他认为这是违背当初反复动员“鸣放”时许下的“言者无罪”的诺言，完全失信于民，感到非常气愤，到处奔走呼吁反对“反右”运动。他因此被打成“右派”，并且被定性为“极右分子”。批斗他的新闻曾在国内主要报纸上刊登。吴敬琏先生曾

---

* 本文发表于《生产力研究》2008 年第 14 期。原文标题为《悠悠岁月艰苦磨砺成长起来的经济学者：许成钢自述》。小标题为编者所加。——编者注

向我提起，他对中科院全院第一次“反右派”大会斗争我父亲的情景记得特别清楚。

作为惩罚，中科院要送他到黑龙江劳改，他拒绝接受劳改，而是选择了所谓的“自谋生路”。于是他被开除公职。随后，我母亲也被开除党籍。在重压之下，1958 年夏天父亲离开北京，回到浙江农村老家做一个被监督改造的“右派”农民。当时我还在幼儿园。从此到 1975 年，我一共只见过他两次。但他对我的影响超乎寻常。他对我的影响主要通过与我的通信。

由于出身问题，我从小就面对政治压力。连院子里和我年龄相仿的小孩子都会告诫我：你爸爸是“右派”。但我很小就知道，父亲虽是农民，但他同时也是研究爱因斯坦的专家——他在当农民期间做了编译爱因斯坦文集的工作。我父亲有时把关于爱因斯坦及其他有关科学家、科学史、科学哲学的文章寄给我，并在信中给我讲解。这使我从很小的时候就开始关心科学、历史以及有关爱因斯坦的方方面面。那种精神影响了我一生。

我自幼的梦想是做一名工程师，从小学就开始自学制作、设计收音机和简单的自动控制设备。其实那不是职业梦想，而是发明的梦想，发明点什么东西会让我感到很兴奋。哪怕还没有发明出来，就是想象着发明出来也很兴奋。我时常沉浸在这种空想之中。空想比较多，在那个压抑的年代就能比较愉快，不太受外界干扰。“文革”期间，我这样出身的人受歧视、受侮辱得非常厉害，那时候的感觉是很恐惧的。

阶级、新阶级、无阶级社会

“文革”中关于新阶级的辩论对我影响很大。虽然因年幼我主要只是在看、在听别人讨论，再试图弄懂，这使梦想当工程师的我将兴趣转到了社会问题上。当时，在我的脑子里产生的一个非常重要的问题就是：我非常虔诚地相信未来的共产主义是个无阶级的社会，但是在“文革”期间，最核心的内容是阶级斗争。这让我感到难以理解，觉得这在逻辑上是自相矛盾的：如果最终目的是无阶级社会，为什么阶级斗争会永远存在？我很难理解社会主义时期的阶级斗争理论。同当时现实中发生的事情，想到的、看到的，加上当时的辩论联系在一起，我猜想：社会主义时期阶级斗争之所以这么重要，是因为这一制度中产生了新阶级，有了新的、同大众相冲突的阶级。从这里引出来的一个问题就是，如果新阶级不断产生，那么如何可以变成共产主义？怎么可以从不断产生新阶级、不断产生阶级斗争的社会过渡到无阶级社会？这个问题不解决是没有办法过渡的。

我想探索这个问题，于是就开始读马克思列宁主义，试图理解为什么社会主义制度下会产生新阶级。我当时并不知道为了探索这个问题应该看什么学科的东西，只知道看马列主义和毛泽东思想方面的书籍。我看了列宁、斯大林的许多书，对社会主义制度有了一些认识。但直到看了马克思主义的政治经济学，我才知道关于阶级的问题是政治经济学问题。我从对工程感兴趣变成对政治经济学感兴趣的真正触发点就在这里。

与此紧密相关，我当时强烈感到需要了解社会、了解农村。于是我在 1967 年年底主动去了北大荒黑龙江省绥滨农场（1968 年后曾改为黑龙江生产建设兵团二师九团）。和绝大多数上山下乡的知识青年不一样，我是自己选择去的，是为了了解农村和农村的社会制度，想搞清为什么在社会主义制度下会产生新阶级。离家时，我从家中“盗运”了大量哲学、政治经济学、历史以及关于苏联、东欧社会主义制度的书籍文献到农村。到农村后，我开始系统地读《资本论》及其他关于社会主义制度的文献，开始写论文并邮寄给同学进行讨论。

我当时的一个基本想法是：社会主义制度下产生新阶级的问题，是马克思没预见到的问题。我计划通过认真学习《资本论》，把握马克思研究资本主义时使用的方法。这段自学及研究马克思主义的经历，至今仍在以下方面对我有深刻的影响：第一，关于社会经济制度对社会发展的决定性作用。这使我以后在西方学习研究经济学时，始终保持对忽略制度的机械方法的批判态度，无论那种方法一时有多么时髦。第二，关于阶级产生的根源是产权的分配，而产权的核心因素是控制权。虽然我已不再对阶级的问题有特别的兴趣，但从此对有关产权的问题一直持极大兴趣。产权的现代经济学理论创始人奥利弗·哈特在同我讨论有关问题时，曾对我说：“因为你熟悉马克思的有关见解，我关于产权的理论对你来说也许不完全是新的。”第三，关于司法、经济、政治制度之间深刻的相互不可分割的关系。我当时还阅读了关于社会主义制度的大量文献。特别是苏联的政治经济学教科书、毛泽东有关此书的笔记，以及中国、苏联、南斯拉夫等国学者有关社会主义经济制度的讨论。其中关于条块分割的讨论与辩论给我留下深刻印象。在试图使用马克思的方法研究社会主义制度时，我直觉地认识到条块分割的不同方式意味着不同的权力分配制度，对社会经济有深刻影响。尽管当时我并不掌握现代经济学的分析工具，但这种基本感觉的积累贯彻到我后来的研究工作中。

我向其他知识青年鼓吹我的想法，渴望更多的人一起研究有关问题，也曾劝说了一些人时常在一起读书讨论。我当时有个计划，想写一本书分析社会主义制度下为什么会产生新阶级，并已经着手写了一些论文及章节。这些东西后来在我被打成“反革命”时全部被抄走，不知下落。当时，我同在其他地区插队的知青通信、交换论文。例如，作家郑义1989年写的回忆录中曾有几处提到当时他所在山西太谷县村里的知青收到我的论文，同我讨论，以及我被打成“反革命”有关的情况，余永定当时所在的河北白洋淀村庄里也曾收到我的论文，等等。在“文化大革命”前期，我的这些活动引起队里一些知识青年的质问：“林副主席说学习马列主义毛泽东思想是有捷径的，就是学习毛泽东思想。为什么你要看马克思的书？”我回答说：“毛泽东思想是马列主义的顶峰，可是你爬任何一座山都要从山底爬上去。山的下边是马克思主义。”我说：“马克思说过的话毛主席不一定重复，没有读过马克思的书就很难理解毛主席的思想。”

自学大学课程

我曾组织一些知识青年共同研究马克思主义，他们把这叫作“反革命活动”，到处谣传我组织了一个所谓“黑格尔小组”。到了

1970年“一打三反”运动开始，就把我当作“反革命”抓了起来（虽然我当时年仅十几岁）。他们无中生有地指控我组织了一个遍布九个省、市、自治区及军队的“反革命集团”，把我寄出和收到的政治经济学论文及信件统统作为“反革命集团”活动的证据。一开始我被关在单人间，24小时有人轮换监视。当时的情况很惨，我也曾很绝望，甚至怀疑是否还值得活下去。

这时我已完全不可能再读写政治经济学的任何东西，读马克思的著作被解释为反动行为。但是我的脑子不能停住，停住会觉得很压抑。我觉得人活着最基本的目的是对社会有点贡献，有点用。在这种情况下，我还能不能有点贡献？观察到那时生产中的基本问题，我开始想发明一个装置来自动控制联合收割机割台的高度，以便解决收割机丢失作物的问题。在劳改的时候，我天天想这件事，感到过去自学过的电子学和自动控制的知识虽然有帮助，但距离解决这个问题还差得很远。

由于是“反革命”，我的所有通信都是受到检查的。我寄出去的信不可以自己写信封，回给我的信我也看不到信封，而且只限于和母亲通信（我的“大右派”父亲本身就是他们打击我的原因之一）。母亲为帮助我渡过难关，曾与她在中科院植物生理生态研究所工作的弟弟商量。不久，她转来舅舅的信，鼓励我从事农业机械自动化方面的尝试，但他认为我必须先补习中学和大学的基础课程，特别是数学和物理。我接受了舅舅的建议，请母亲给我寄书。从此我开始自学高中的数学、物理以及大学的微积分、物理学和电子技术。

1971年9月发生了“林彪事件”，这一事件对我很有好处，因为我的一部分“罪行”是对他关于毛泽东思想的说法持不同见解，从那之后这部分“罪行”就不成立了。我就从严格的监督劳改变成了普通的监督劳改。以前我是关在单间的，而且有人跟着，自学很困难，而这时改为和村子里的被管制对象（例如所谓的特务、地主）关在一起，由一个人看管，当然就松多了。我就是从这时候开始学微积分的。

我读教科书、做习题，当自学有进展时，会高兴得唱起歌来，为此也挨过揍，被拉出去批斗一番。就这样，我把大学的数学、物理和无线电的基本课程都自学完了，把能找到的中文教科书都学完了。这时候我觉得很慌，因为感到自己对知识的理解还很差就没书可读了。据同伴说北京有影印的外文技术书卖，于是我又请母亲寄英文的物理学和电子学书来，一边学专业，一边学外语。我很快就可以看英文技术教科书了。记得一次母亲寄来一本当时美国犹他大学的计算机教科书。我拿到这本书以后，迫切想看，但是找不到时间。当时我们农场出了事故，一个上海的知识青年摔死了，在等着他的家人来认领尸体之前，尸体被放在一间仓库里，怕猫和老鼠去咬他，要有人看守尸体。白天有个老头子愿意看，夜里谁都不愿意看，害怕。我说我去，值了两个星期的夜班就把这本书读完了，这是我平生第一次受到的“计算机教育”。在这个基础上，我发明设计过几件东西，有的用于生产中，有的制成了样机。由于这些技术活动，他们对我这个“反革命”的监督变得比较松了，因为我对他们有用处。

我的自学和发明设计，在一些基本方向和原则问题上曾得到过国内无线电电子学权威、清华大学已故教授常迥（20 世纪 40 年代麻省理工学院获博士学位后归国）的指导。虽然次数不多，仅限于基本原理问题，但对我的帮助很大。从现在做经济学研究的眼光看，也许这个自学过程特别重要的是，让我掌握了经济学必需的数学、分析方法及英语。有些虽然没有直接用处，例如物理与自动控制，但这些训练对帮助我思考问题很有价值。

回到北京

1976 年，经过许多周折我回到北京，但还没有被平反（到 1977 年底才得到平反）。在此之前，我父亲已从农村老家回到北京，在商务印书馆做临时工，以完成三卷本《爱因斯坦文集》的出版工作。因为他是农村户口，只能以临时工的身份工作。我对父亲做的有关爱因斯坦的工作产生很大兴趣。他计划与赵中立等人合写一本爱因斯坦的传记，侧重分析爱因斯坦的科学和哲学思想的发展。作为准备，他在商务印书馆组织了每周一次的小型读书报告会。参加的有参与《爱因斯坦文集》编译工作的父亲的老朋友、老同学赵中立、张宣三（后曾任社科院工业经济所副所长）等。为了让我长见识，父亲也让我参加，并指定我读几篇哈佛大学科学史教授霍尔顿（G. Holton，现在是我的朋友）的爱因斯坦研究论文，也在会上报告。我把这些论文译成中文，经父亲校改后，被收入父亲编的霍尔顿的《科学思想史论集》中。

读了爱因斯坦的著作，再学习霍尔顿作为一个科学史家对爱因斯坦思想方法的分析，对我很有好处。这直接影响了我怎么看待我的经济学研究。我觉得爱因斯坦的基本观念，他对待科学的观念，对经济学家是特别有益的。可惜绝大多数经济学家非常不熟悉他的思想。当经济学家以物理学的分析方法比喻经济学时，不仅限于牛顿力学，而且经常出现其他严重误导。爱因斯坦对我的影响不止限于方法论，还有他如何看待科学研究和职业等问题。

1933 年 10 月，爱因斯坦到美国定居前在流亡英国时，做了一次题为《文明和科学》的公开演讲，听众有一万人。当谈到学术自由和个人自由时，他说，“要是没有这种自由，就不会有莎士比亚、歌德、牛顿、法拉第、巴斯德和李斯特……只有在自由的社会中，人才能有所发明，并创造出文化价值”。他同时注意到，单调的清静生活能够激起创造性的心理活动。他说，“即使在现代社会里，也还有某些职业，要求人孤独地生活，而不需要付出很大的体力或者脑力劳动。我想到的就是像看守灯塔或者灯塔船这类职业”，因为，“一个青年人即使……得到了……奖学金”，由于竞争的压力，“他也总是被迫要尽快地得出确定的结论。这种压力，对于从事纯粹科学的学生只能是有害的”。而看守灯塔这类职业，可使青年科学家“足以糊口”，“使他有足够的时间和精力”“有机会有一段时间不受干扰地专心致志于科学问题”。联系到他自己的经历，早期的几项重大突破性工作都是他在瑞士专利局做专利审查技术员时做的，这一切给了我很重要的影响。从那时起，再加上在西方学术界工作十几年的经历，使我深切地认识到：深刻的学术发展最需要的不是竞争。最深刻的学术研究的基本动力，是研究者对学术探讨的无止境的好奇心，而不是在竞争中取胜。实际上这是一个普遍的道理：竞争并非对所有领域都是最重要的。经济发展需要竞争。但事实上，历史上绝大多数最伟大的科学家、艺术家的成就都同竞争无关，如牛顿、爱因斯坦、达尔文、凯恩斯、哈耶克、科斯等。竞争依赖可比性，而最深刻的科学道理的揭示，通常并不依赖与当时流行的工作的直接可比性。例如，科斯定理同当时时髦的经济学理论没有直接可比性。这本身也是为什么科斯定理需要几十年时间才被经济学家普遍接受的原因。竞争与时髦和迅速成功之间有紧密关系，而深刻与时髦和迅速成功之间并没有必然联系。

1979 年我考入清华大学机械系读研究生，做计算机优化设计研究，当时叫作计算机辅助设计。我是清华大学唯一没念过高中和本科的研究生，也是清华大学机械系计算机辅助设计方面的第一个研究生。考研究生之前，街道委员会曾给我分配过收垃圾的工作，说是全民单位编制，是为了特别照顾我。我对他们说，我不需要照顾，以后别照顾我了，照顾别人吧。

考入清华园

从社会承认的角度看，考取清华研究生是我一生最重大的转折。对我来说，其含义高于在伦敦经济学院获得终身教职。我的研究论文是发展非线性规划及有限元分析算法，并把它编成计算机软件。应用对象是对马鞍山钢铁公司车轮轮箍厂的 8000 吨水压机的关键部件——主液压缸进行优化设计。该厂是亚洲最大的火车轮箍制造厂，整条生产线是从苏联进口的，8000 吨水压机是其中最大的关键设备。这台机器设计有问题，它的频繁损坏导致全厂生产瘫痪。这是我做过的唯一一个大型工程项目。当时个人计算机还没有问世，清华全校又没有一台像样的计算机主机，清华的教师和研究生的计算工作大多是用中科院数学所从罗马尼亚进口的计算机和石油学院从美国进口的计算机。常常十几个不同系的研究生在同一间办公室里准备计算及等待计算结果，这些同学研究的内容从核反应堆、计算机、电信、喷气引擎，到汽车等各种各样。等待计算结果的时候，我同这些曾在不同部门有多年（甚至十多年）研究、设计经验的研究生（这是“文革”后最早的研究生的特点）一起聊天，聊大家曾碰到的研究中的问题、体制中的问题，这使我对中国科研体制存在的问题有了很多切实的了解。这对我后来的经济学研究帮助甚大。

在我硕士快毕业时，系里曾征求我在本系继续读博士的意愿。那时，中国社科院正在筹建技术经济研究所，急需研究人员。面对中国经济改革的局面和自己过去多年的夙愿，我对经济学的兴趣大为上升。但我不是经管系的研究生，分配渠道不通。于是，我父亲把我介绍给于光远，通过他的帮助，1982 年我从清华毕业后分配到了技术经济研究所。之后，经济所乌家培的那个室也合并过来，组建了“数量经济与技术经济研究所”，乌家培代替徐寿波任所长。与我同时到该所的刚毕业的研究生，有清华经管系的沈利生、种学义，社科院经济所的刘树成等。

与工程方面的工作、兴趣及训练背景相关，我在数量经济与技术经济研究所的研究工作集中在技术变化与经济的交互影响方面。那期间对我后来的发展影响最大的研究，是关于社会经济制度同计算机技术发展的交互关系。我曾为由我父亲和李佩珊主编的《20 世纪科学技术简史》一书写过计算机一章中的两节。其中一节论述计算机与社会，以苏、美、日、中计算机发展史为例，分析为什么在某些科学技术领域的发展中，例如计算机领域，计划制度会起负面作用。其中基本的道理是，计划制度是以事先选择项目为基本方法的。当科研面对的目标清楚时，事先选择科研项目的制度问题不大，甚至可能有优点。但是，当科研领域面对的不确定性特别大时，计划制度的本质性缺陷就表现得特别突出。此时市场制度的优胜劣汰方式，特别是风险资本制度，可能更有益于科研的发展，计算机在不同制度中的发展即表明这一道理。在这一节中，我也分析了日本的计划体制对科技发展的影响。这一基本想法对我以后的研究有相当的影响。至今我仍然在继续发展这一基本想法。

求学哈佛到执教伦敦

我在数量经济与技术经济研究所工作了两年。1984 年，我受哈佛燕京学社资助去了哈佛大学，先是作为访问学者，后转为博士研究生。在哈佛经济系的中国同学（按时间顺序）有邹恒甫、钱颖一、王一江、李稻葵、胡祖六、白重恩等（茅于轼与樊纲为访问学者）。从工程背景到经济学，我在数学方面问题不大，真正的困难是经济学。虽然我原本是在数量经济与技术经济研究所工作，但实际上我过去没有学过经济学。英语也有困难，虽不是最大的困难。

在学习过程中，我最感兴趣的是关于激励机制的理论，因为我感到激励机制问题是经济改革碰到的最大问题。尤其是在计划经济下，在国有制企业、集体所有制企业，或者人民公社中，用什么办法能使人们努力工作？讨论激励机制问题对于理解经济改革很有帮助。当时在哈佛大学讲授激励机制理论的是埃里克·马斯金，我们好几位在哈佛大学的中国同学都是他的学生。他是从 20 世纪 70 年代后期以来向经济学引入博弈论的重要人物。他早期最大的贡献之一是把博弈论引入机制设计理论，从根本上改变了这一理论。以后的另一重大贡献是为软预算约束理论提供了理论基础。如今国际上最重要的博弈论教科书《博弈论》（*Game Theory*），就是他的两个学生朱·弗登伯格（Drew Fudenberg）和让·梯若尔（Jean Tirole）以他讲课的结构为基础写的。

从那时起，我的主要兴趣之一就一直同社会制度中的激励机制问题有关，关心什么样的法律、经济体制、金融体制能够提供好的激励。我的另外一位老师是科尔奈，他是国内很熟悉的《短缺经济学》的作者，是国际上公认的关于计划经济及转轨经济学方面的权威，是 1999 年第五届诺贝尔经济学论坛唯一的特邀演讲者，2002 年当选为国际经济学联合会（IEA）会长。当时他刚到哈佛，他讲课的内容是关于经济改革的，尤其是中央计划经济存在的最基本的毛病，即他开创的软预算约束问题。他用软预算约束的概念解释所有在计划经济里观察到的主要问题。这对我很有启发，对于理解计划经济的问题、理解经济改革应该解决的基本问题很有帮助。1991 年毕业之后到现在，我一直在伦敦经济学院经济系工作，并于 1998 年获终身教职。

学术生涯的简短回顾*

无论是作为当年的下乡知青，还是今日的经济学教授，许成钢的思考和追寻，并没有太多变化。或者说，他对世界一直抱有孩子般的好奇心。

四十多年前，清华附中曾是红卫兵运动的发源地，而如今的清华园则成了政府要员和企业精英的“黄埔军校”。冬日的一个下午，在清华大学经管学院的办公室里，许成钢与我们谈起往事，不知不觉间，天色已晚。

“小孩子的疑问往往和物理有关。我小时候很好奇，为什么汽车一启动，人就会往后面倒，而外面的树木和房子都往后退呢?”幼年的许成钢对各种自然现象充满了疑惑。他的父亲、科学史家、《爱因斯坦文集》的编译者许良英没有敷衍这些问题，而是把孩童的提问和物理学联系起来，不断刺激他思考。“这个过程对我影响很大。从小你就知道应该提问，知道对这个世界要采取怀疑和追问的态度，不是听到什么就信什么。在那个年代，这很不容易。”

许成钢的语速很慢，即便回忆过去，也没有太多的情感流露。他将事实与对事实的解释做出清楚的区分，这与他的治学态度如出一辙。

许成钢最为学界熟知的观点来自比较制度研究。20 世纪 80 年代末 90 年代初的苏东剧变，让经济学家开始思考苏东和中国的两种转轨模式。表面看来，中国的经济改革是自下而上的，带有试验性

* 本文发表于《东方企业家》2007 年 4 月 1 日。原文标题为《思想是在跨制度比较中产生的》。撰稿黄锫坚。采访黄锫坚、许宏。——编者注

的，在基层做很多试验，做得好了，由上层推广。相比之下，在苏联和东欧的某些国家，则是自上而下全面的休克疗法。也有人认为，两者的区别在于渐进与激进。

针对这个问题，许成钢与钱颖一合作，提出了一个至今仍有价值的理论：中国和苏联、东欧虽然表面上看都是中央计划经济，但是它们的计划经济组织形式存在差异。中国是所谓的块块式经济，就是以地区为基础，而苏联是所谓的条条式经济，以专业部为基础，两者组织的方式不一样。这就使得在中国进行试验比较容易，在苏联的体制下进行试验行不通。

从某种意义上说，许成钢的洞见得益于他的人生经历。对中苏的对比思考几乎有四十年的历程。他是随共和国成长的一代，1967年从清华园热烈的争论中脱身，自愿下乡，来到东北的白山黑水，研究农村社会，自学马克思的《资本论》，苦苦思索在社会主义社会中新阶级产生的根源。

因为与好友通信探讨理论问题，许成钢被打成“反革命”，被批斗，并遭关押。他以为自己会一辈子留在那里度过余生。“那是中苏边界上的绥滨农场，南头是松花江，北头是黑龙江。我以为我这一辈子都是‘反革命’，别说出国，能够回城接受高等教育都是不可能的事。我的一切自学都只是为了理解，为了好奇，没有别的目的。”这些想法根深蒂固，后来进入社科院，甚至到美国哈佛大学，师从转轨经济学大师科尔奈，许成钢仍然怀着同样的疑惑：社会是怎么运行的，经济制度是怎么一回事。

回到北京，许成钢放弃了研究政治经济学的念头，一举考上了清华大学机械系的研究生。从清华拿到计算机辅助设计的硕士学位后，机缘巧合，他回到了经济学，进入中国社会科学院数量经济与技术经济研究所，并在1984年获得哈佛燕京学社的资助，赴哈佛大学攻读经济学博士。从1991年到现在，他一直任教于英国伦敦经济学院，1998年获终身教职。

在采访中，许成钢兴奋地谈及伦敦经济学院对他的感召力。“一群不同行业的人喜欢在一起侃，都是普通的知识分子，没有直接的功利目的，就是享受聊天，这种享受就包括他对世界的认识、他的理念。伦敦经济学院的这种气氛，对学术和艺术发展来说是特别好的环境。"

在同样的思路中，许成钢多次提及学术分工的利与弊，"竞争就要评判，评判就需要一个标准，只有划分为很窄的领域才能评判。所以，大家全都跑到特别窄的格子里去。但对世界的认识，是必须打破界限的"。在转轨经济学的地图上，他的足迹遍及乡镇企业、经济组织、转型经济制度和金融理论等多个角落。近年，他的视野扩展到法和经济学，这是经济学研究的一个新领域。他提出的不完备法律的概念，为研究司法制度对经济的影响提供了分析框架。

也许是因为有自然科学和工程方面的知识背景，许成钢更倾向理解世界，而非改变世界。在评价另一位经济学家杨小凯时，许成钢说，"他更直接地卷入政治探讨，而我则偏重理解本身"。他认为，这涉及一个人对知识的态度。"这可能跟我有工程、物理方面的背景有关。因为，在物理上、工程上，你绝对不敢说没有把握的东西。"

20 世纪 90 年代初，从英美回国的易纲、张维迎、林毅夫、海闻等人，在北京大学筹划创建了中国经济研究中心（CCER）。十多年后，从清华毕业的钱颖一、李稻葵等人又在清华创建了"中国与世界经济研究中心"，许成钢也成为清华经管学院的特聘教授，每年回国讲学 5 个星期。

这些留学归来的经济学家，是否在心底承担着某种责任呢？对于这样的提问，许成钢坚持着自己的原则："我不认为我能代表任何别的人，我也不觉得有使命感。但有一点，可以肯定的是，我关心的是认识这个世界，我对这个世界有很强的好奇心。"

思想导师

《东企》：说说您在哈佛大学念博士的导师马斯金和科尔奈吧。

许成钢：从某种意义上说，科尔奈是匈牙利经济改革的设计人。在匈牙利改革的过程中，他最早对自己设计的方案抱有很大的期望，但是后来他很失望，眼看着自己设计的改革并不成功。在这个过程中，他了解到很多更深入的问题，比如说软预算约束，这个概念就是在这个过程中观察和提出的。他当时在哈佛讲这门课，我当然特别感兴趣。因为我进入政治经济学的目的，本就不是为了做学术、做教授、出版一本书，而是想要理解这个社会是怎么回事。这个初衷一直没变。科尔奈讲的课，我觉得特别刺激，因为他是最懂得社会主义制度的人，而我一直做梦都想要理解社会主义制度是怎么回事。或者说，制度到底是怎么回事。

《东企》：那马斯金呢？

许成钢：马斯金最突出的贡献是将博弈论引入机制设计。在他之前，机制设计最重要的学者是列昂尼德·赫维茨。[①] 机制设计此前只是从中央计划者（Central planner）的角度考虑问题。那么，在这个机制里面，谁是中央计划者呢？最后怎么执行？于是，你只能寄希望上帝给予一个完美无缺的计划者。

而马斯金在这方面有重大的推动作用，他认为并不需要一个中央计划者。这里谈的博弈理论，都是非合作博弈，就是不合作的博弈参与者之间的博弈。就是说，我们不需要一个中央计划者命令人们怎么做，而是设计好一个机制，这些人都是为了自己的利益做事，在这个机制的引导下行动。

我之所以选中这个领域，因为它正是我关心的制度问题。不同的社会制度引导人做不同的事情。即便比较好的社会制度，也是大家都在追求自己的利益，但人可能比较守法，不欺骗别人，在追求自己利益的同时也把利益带给他人。在坏的制度里，人们会欺骗别人，或者敲诈，甚至用暴力掠夺别人等，这是不同的制度安排。

我年轻时候读马克思无非就是为了弄懂这些问题。后来才知道有更现代、更精确的工具去理解这些现象。从比较抽象的层面上说，前前后后是联系在一起的。

---

① 列昂尼德·赫维茨（Leonid Hurwicz，1917—2008），俄罗斯裔美国经济学家。他与埃克里·马斯金、罗杰·迈尔森因“为机制设计理论奠定基础”而获得2007年诺贝尔经济学奖。——编者注

伦敦经济学院的传统

《东企》：为什么毕业后会选择去伦敦经济学院教书？

许成钢：因为这所学校有特别的传统，世界上这样的学校只有少数几所。伦敦经济学院的历史很短，比清华大学长不了多少。清华号称中国最老的学校之一，伦敦经济学院则是英国最年轻的学校之一。它是著名的改良主义团体费边学社建立的学校。如果你读过马克思，就知道马克思一直在跟费边主义斗争。因为费边主义是改良主义，所以从马克思的角度看它们太温和，但从资本主义的角度看，它们是激进的。一群激进派造出这样一所学校来。

英国传统的精英不在剑桥就在牛津。但是，这群激进左翼的精英知识分子说“不”，你们那里是贵族的，我们要建立一所平民的学校。外界以为，这是一所左派的学校，因为费边学社是左派，但实际上这所学校既是左派的摇篮，又是右派的摇篮。我们认识的当代最有代表性的右派大思想家，几乎全部起源于这所学校。如今我们都讲芝加哥学派，芝加哥学派的冯·哈耶克（Friedrch Von Hayek）、罗纳德·科斯（Ronald Coase）都来自这所学校。凯恩斯主义是左派，凯恩斯主义的大本营在剑桥，但凯恩斯主义真正起作用、向经济学界做推广的，不是在剑桥，而是在伦敦经济学院。凯恩斯主义最重要的两个人，一个是希克斯（John Richard Hicks）①，一个是保罗·萨缪尔森。萨缪尔森的大量工作受希克斯的影响。希克斯就是伦敦经济学院的。

几乎在同一个时间段，从20世纪40年代后期到50年代，这所学校有多位以后获得诺贝尔奖的经济学家，包括科斯、哈耶克、希克斯、阿瑟·刘易斯（Arthur Lewis）、詹姆斯·米德（James Meade）、默顿·米勒（Merton Miller）等。70年代，乔治·阿克洛夫（George

---

① 约翰·希克斯爵士（Sir John Richard Hicks，1904—1989），英国经济学家。他与肯尼斯·约瑟夫·阿罗因“对一般均衡理论和福利理论的先驱贡献”一起获得1972年诺贝尔经济学奖。他被看作20世纪最重要和影响最大的经济学家之一。——编者注

Akerlof）与阿马蒂亚·森（Amartya Sen）也都曾在此教书。这种传统一直持续到了80年代末，后来逐渐下降。此外，伦敦经济学院还有三位校友获得诺贝尔和平奖，一位校友获得诺贝尔文学奖。实际上，在我从哈佛毕业时，森是力劝我去伦敦经济学院的主要老师之一。

《东企》：这跟当时英国比较开放的社会气氛有关吗？

许成钢：对，绝对是。主要是因为伦敦的状态，伦敦是一个欧洲城市，而牛津和剑桥是英国的农村。欧洲都市和英国农村是很不一样的。在英国农村的牛津和剑桥是英国贵族待的地方，相当排斥外来人。在牛津和剑桥，很少有外国人。而伦敦从来就是外国人集中的地方。比如古典音乐里两个特别重要的人，一个是海顿，一个是亨德尔，他们一生的主要成就都是在伦敦完成的。马克思也特意选择了在伦敦做研究，而不是德国。因为他要研究资本主义，而当时资本主义最发达的国家是英国，其他资本主义国家都受英国影响。他想知道原汁原味的资本主义是什么样子。哈耶克的一切重要思想，也都和观察英国的历史联系在一起。他是一个欧洲大陆的人，他要拿英国历史和欧洲大陆做比较，才能帮助他理解制度是怎么回事。思想就是在跨制度比较的时候产生的。

《东企》：您曾经说过，欧美教育制度有三种传统，英国的、法国的和美国的。那伦敦经济学院算是哪种传统呢？

许成钢：伦敦经济学院是英国的传统，但又不是英国的老传统。英国的老传统一定是牛津、剑桥。伦敦经济学院是一群左派创建的，所以更是伦敦传统。其实，伦敦传统不光是在伦敦经济学院，从20世纪上半叶到20世纪70年代，整个伦敦有一个特殊的传统。如果你看一些文学圈的闲情逸事，会发现有个圈子叫布鲁姆斯伯里①，包括文学家弗吉尼亚·伍尔夫、经济学家凯恩斯等

---

① 布鲁姆斯伯里（Bloomsbery）是伦敦市区内的一个地区，当地有大量花园广场。布鲁姆斯伯里圈子（The Bloomsbery Group）是由艺术家、作家和知识分子组成的圈子。发起成员是小说家弗吉尼亚·伍尔夫（Virginia Woolf）和她的姐姐画家凡妮莎·贝尔（Vanessa Bell）。布鲁姆斯伯里圈子活跃于1907年至1930年之间，著名的成员包括经济学家凯恩斯。众多名流参加过该组织的活动，诗人艾略特（TS Eliot）和伯特兰·罗素（Bertrand Russell）也和该组织有联系。——编者注

人。这里离伦敦经济学院只有两个街区。所以，伦敦经济学院的特点不只是这个学院的，也是整个城市的特点。这个城市就沉浸在这种环境里。

一群不同行业的人喜欢在一起侃，他们都是普通的知识分子，而不是限定在一个行业里面，没有直接的功利目的，就是享受聊天，聊天就是聊他对世界的认识、他的理念。其实，在第二次世界大战以前，很多欧洲城市都有这种精神，不光是伦敦。你看爱因斯坦的早期经历，他自己说，他早期一些重要的工作同他和一群各个领域的人一起讨论紧密相关。在啤酒馆里，天天侃，有哲学的、物理的、数学的、天文的，甚至文学的，天南海北、海阔天空地侃。他说，那样的氛围对他的影响最大，而不是学术讲座。

传统上伦敦经济学院也是这样的气氛，不是专业分得很窄。这样的氛围对学术和艺术发展特别有利。

竞争与学术分割之弊

《东企》：您在那边的研究，是不是也和其他领域的人瞎聊呢？

许成钢：我很喜欢这种跨领域的交流。因为当一个学科发展得很成熟的时候，它会被划分得很窄。对这种人为的划分，我们必须知道它的好处和坏处。但不幸的是，现在大家都只是看到它的好处，甚至连好坏都不分，只是被这一事实或制度约束。这极其不利于学术、艺术的发展。

《东企》：您曾在《比较》上发表过一篇文章[1]，认为学术研究的最终目的是认识世界，而不是为了在竞争中出人头地。

许成钢：对，学术研究的目的是为了推动认识。在这个过程中，竞争是有益的。但是，至少在两个层面上，竞争会带来一些坏处：一是竞争自身的惯性会阻碍人的认识；二是竞争与人为设计的很窄的领域相联系。因为竞争就要评判，评判就需要一个标准，只有划分为很窄的领域才能评判。所以，大家全都跑到那个格子里，

① 见《比较》第 12 辑，《科学研究的目标：市场竞争还是认识世界》。——编者注

无法打破界限。但对世界的认识，是必须打破界限的。不打破，许多问题没有办法解决。

以公司治理为例。和它有关的学术领域包括合同理论，这在经济学院里学；有公司财务，这在商学院里学；有公司法，属于法学院。传统上，经济系、商学院、法学院的学者之间几乎不说话，文献互相都不认可。我是经济系的，如果我在法学杂志上发表一篇论文，别人会说，你这是什么文章？垃圾吧？没本事在自己的地方发文章，才去法学刊物发。

但是，如果你去同有见地的企业高级管理人员谈学术成就与实际工作的联系，他会觉得很荒唐，公司治理的实际工作是不能这样按学科分开的。经济学领域大家都唯美国马首是瞻，但是，就拿公司治理来说，美国学者对美国公司的治理情况并不清楚。因为学术领域是分工的，但实际工作是混在一起的。有几个经济学家懂得公司法？有几个在商学院里做公司财务的明白公司法？又有几个公司法的专家知道公司财务呢？

在实际生活中，这些问题都是混在一起的。公司高管的招数都是不分学科地混在一起用的，而学者是按领域分的。你说某位学者在这个领域里是世界第一，但如果这个第一只是发表很窄领域的论文篇数多，那有什么用呢？关键在于认识问题，你需要的是真正明白这件事。

安然事件对美国的证券市场、法律界、会计界等都有重大冲击。安然事件发生后，美国的法律界、公司财务界，分别开了很多学术会议……偶尔也开过几次综合性会议，大家坐到一起才发现，互相之间真的不明白。对于自己领域里的常识，其他领域的学者可能根本不明白。

中苏比较

《东企》：*您最近做了很多法和经济学的研究，从哈佛到现在，您的研究兴趣有没有一个大致的变化脉络？*

许成钢：法和经济学是我最近七年的兴趣。但是，在一个比较抽象的水平上，我的基本兴趣一直没有太大变化，我关心的是基本的社会制度，而不是经济学某个领域规定的某个问题，我一直不把自己限制在某个领域里。

《东企》：您对苏联和中国的转轨做过一些比较研究，休克疗法中一些不切实际的做法引起您的一些反思。请谈谈这方面的心得。

许成钢：中国和苏联东欧的对比，一直是我关心的问题。其实，这份关注可以追溯到我的青年时期。十几岁时，当我在中苏边界的农村研究《资本论》、思考“文化大革命”的规律和社会主义制度时，就在考虑中苏比较。那时候我还想学俄语，但是不敢学，当时中苏随时可能开战，在中苏边界学俄语，可能被说成是特务。但我还是看了关于苏联的大量翻译资料，所以我对苏联一直刻意了解，我研究的对象经常同苏联相关。这都和我以前积累的背景知识有关。

80年代，两国经济出现转轨，就更有意思了，而且条件也有了，所以我对它们做了大量的比较研究。这里的比较并不是国与国的比较，而是制度的比较。

《东企》：就是条条和块块的区分，和钱颖一合写的[①]吗？

许成钢：还有另外一篇，也是我和钱颖一合写的，关于软预算约束和研究与开发的。[②] 为什么苏联在某些领域发展得很好，但是计算机领域却很差？为什么市场经济在计算机领域能够很好地发挥作用？一些基本想法其实在我出国以前就有了。如果你看过《20世纪科学技术简史》[③]，会发现我写的章节。我当时的许多分析现在仍然有效。当时提出的只是基本想法，后来有了经济学的帮助，变成了一个更透彻的理论。

---

① 参见《中国的经济改革为什么与众不同：M型层级制和非国有部门的进入与扩张》一文。——编者注

② 参见 Yingyi Qian and Chenggang Xu，“Innovation and Bureaucracy under Soft and Hard Budget Constraints，” *Review of Economic Studies*，65（1）：151－164，January 1998。——编者注

③ 该书第一版于1985年由科学出版社出版，李佩珊、许良英主编。全书共602页，其中第15章《第三次技术革命的标志——计算机的发明和发展》的第2节“现代计算机的演变”和第4节“计算机与社会”由许成钢撰写。——编者注

《东企》：基本分析是怎样的？

许成钢：当你碰到一个有高收益的项目时，你同时要考虑它的高风险，你得决定做还是不做。研究与开发的最重要特点就是风险特别高。与这个风险可以高到你决定做与不做的时候，你对结果却几乎一无所知。当你对可能的结果一无所知时，你的最优选择可能不是事先做判断，而是做着看，走一步，看一步。

既然要做着看，就应该做各种探索，淘汰坏的留下好的。在市场条件下，可以这么做，因为市场自身有淘汰作用。但是在中央计划经济条件下，你没有办法在刚开始做很多探索，然后逐一淘汰。所以，你一开始就拼命地决定哪个方向更有可能成功。如果在这个领域你的知识准备比较好，事先可以判断，你就会做得比较好；但是，如果这个领域事先无法判断，那么你一定做不好，甚至是一个灾难。苏联的电子及计算机领域的失败是很好的例证。

《东企》：可以延伸一点，比如日本在80年代曾经制定了开发第五代计算机的战略，但美国弄了个互联网出来，技术走向了另一个方向。

许成钢：我当时写的章节就提到这些。那是1983年写的，1985年出版。当时互联网根本不存在，很多人都说日本在计算机方面会超过美国，但是我认为不可能。因为日本试图事先计划未来计算机的发展，而计算机的发展方向是无法计划的。你事先不知道它的未来，怎么计划呢？你的计划一定失败。当时写这个章节的时候，不知道后来还会有这么多故事。当时不仅互联网，连PC（个人电脑）都没有，只有大型机。

法和经济学

《东企》：您最近几年的研究集中于法和经济学，能不能简单谈谈这个学科的发展。

许成钢：法和经济学在国外正式成为一个领域是60年代的事，是所谓的芝加哥学派开的头。其实，亚当·斯密的书里面就有大量关于法律的讨论，马克思更是如此，他本身就是律师。所以，历史上经济学的讨论跟法律一直是不分开的。但不幸的是，后来学科分割，把法律跟经济学切割开了。此后大量的经济学家对法律都不甚了解，只有个别人有一点点知识。到 60 年代又合起来，就是试图让大家互相了解。但是就目前看，这个领域的人很少有经济学家，大多是法学家。在美国，一些拿了经济学博士的人到法学院从事这个领域的教学研究。而在西方最强的经济系里，经常没有法律经济学的教授，强势的经济学势力把他们都赶走了。

《东企》： 我看您去年在《比较》上有一篇文章评价中国股市[①]，特别是拿中国与俄罗斯做比较，认为配额制有它的价值。现在，中国股市又过了一个阶段，股权分置问题基本解决了，您对中国股市有没有新的看法呢？（配额制是指地方政府与中央有关部门通过激烈的讨价还价，以确定每一地区每年发行股票的配额。）

许成钢： 其实我的主要目的倒不是配额制，我要讲的是证券市场的监管，证券市场的发展必须要有相应的司法体系，要有监管。给定中国的司法体系特别弱，监管极其困难，那么中国证券市场早期是怎么发展的呢？配额制起了很大的作用。但是，在最近十几年里，中国的司法制度完善得非常快速。

《东企》： 这个观点有数据支撑吗？

许成钢： 有。给一个最简单的数字吧。中国的《行政诉讼法》出台后，老百姓可以告官，最高人民法院有一项统计。从 90 年代后期到现在，全国有 100 万件民告官的案子，其中有 30 万件案子，老百姓赢了。这本身就是司法体系走向成熟的重要体现。

当然中国司法体系问题仍然特别严重，最重要的就是司法独立问题。证券市场现在的大发展，最明显的原因是过去大量国有股不流通的问题有所解决，还有一部分原因就是中国经济发展得特别好。就整体上说，经济前景不错，只要证券市场不犯重大错误，就应该是会发展的。整个证券市场的发展，必须特别快地加紧司法制度的完善和监管。除此之外，没有别的办法可以帮助证券市场发

① 发表于《比较》第 6 辑的《执法之外的机制：中俄金融市场的治理》一文，作者许成钢、卡塔琳娜·皮斯托。——编者注

展。我们提到的配额制，只是一个早期的辅助器，它的历史使命已经结束了。

《东企》：许多人喜欢将今天的中国和美国的某一个阶段的股市做类比？你们会做这种比较吗？

许成钢：刚才提到中苏对比。其实这些年来，我很注重对美国的了解和研究，我经常思考美国的制度。从证券市场的发展看，美国不存在和中国现在相似的阶段。原因很简单，美国作为英国的殖民地，从一开始其司法体系就很健全。英国人把整个司法体系带了过去。在证券市场建立之时，虽然没有监管，但有相对好的司法体制，相对完备的法律。而中国建立证券市场时，司法制度基本不起作用，甚至许多基本法律尚未建立。所以，美国没有和中国相似的证券市场发展阶段。

附 1 我的学校：绥滨农场回忆录

1967 年 12 月，带着一腔热血和自己并不清楚的“革命”目的，为了了解中国社会、了解农村和农民，为了做一番自己并不了解的“伟大事业”，不满十七岁的我离开了家庭，告别了同学，同几百名陌生的北京中学生一起，来到了黑龙江绥滨农场。虽然那时的我心里怀有诸多混沌，但有一点是从那时起就一直深藏在我内心的：渴望了解社会。

在绥滨农场的近十年时间里，我有过喜悦、有过欢乐、有过痛苦、有过绝望。与我工作了十七年的伦敦经济学院，学习和兼职工作了十五六年的哈佛大学，以及学习和兼职工作了十四年的清华大学（包括附中、研究生院及经管学院）相比，绥滨农场，特别是绥滨农场十五队，也就是九团二十四连，是对我一生影响最大的地方。可是，她在极端时代的政治色彩，使她同所有我经历过的任何其他地方截然不同。她在我的心灵里刻下了深深的烙印。对我来说，她是无尽的土地、是日出日落、是荒野、是草原、是农场、是工厂、是圈舍、是医院、是工地、是斗争会、是监狱、是地狱、是折磨、是残酷、是友情、是人性、是爱情、是幽默、是舞台、是音乐、是欢乐。但是，超出一切的一切，她是学校，我一生里最重要的学校。

用公认的学习内容度量，我的高中、大学的知识都是在这所学校里学习的。但是我在这所学校学到的内容远远超出所有大学里能学到的知识。

---

* 感谢张莹对本文写作提供的帮助。

** 本文有删改。——编者注

在我们到达绥滨农场生活了一年之后，也就是在我到了这所学校一年之后，毛泽东发表了“最高指示”：“知识青年到农村去，接受贫下中农的再教育。”我在这所学校学到的远远超出大学的知识就来自那些朴实的农民。在那里，我平生第一次知道了许许多多在城里永远不可能知道的历史真相和社会真相。本文记录的就是我的一些零星记忆。

我的老师：马号和乡亲们

现在能回忆起来的马号老职工，除了正文中已有介绍的人称“老陆”的陆书坤，还有这么几位：老沙、李宏福、老周头、马瞎子和张瞎子。

老沙是东北当地人，贫农。他是很典型的东北人，比较严肃，业余爱好是打猎。冬天我同他一起出车，多次见识过他用各种方法猎取野物。譬如，下套子、下夹子、放炸药，当然也会用猎枪，从天鹅、野鸭、兔子到狍子，猎捕的猎物无奇不有。

李宏福也是东北当地人，贫农。但是他父亲被指控为恶霸，在土改镇压“反革命”的时候，在斗争会上被群众用乱石打死了。李宏福是一个极端聪明、身体又极其强壮的东北汉子。他是技术非常全面而且智力水平很高的人。从最重的力气活，如抬木头，到最技术的活，如训马，他都是马号所有人里最棒的。最烈性的马匹也被他训得服服帖帖。他在马号院子里驯马，就像个马戏团的驯兽师。

老周头，也是贫农，经常跟我的车。老周头的经历很有趣。他曾经是国民党精锐部队远征军的炮兵。在抗战时曾随远征军出征到缅甸，辽沈战役时被俘虏，成为解放军。由于曾经多年在国民党的军队里，所以在“文化大革命”中他胆子很小，小心翼翼地隐藏自己的历史。因为他经常跟我的车，我们才有很多的来往。他说对普通百姓来说，其实共产党的部队和国民党的部队没有什么差别，那个时候就是把帽子翻了一个个，就成了共产党的部队。

马号还有另外两位有趣的人，一个叫张瞎子，一个叫马瞎子。马瞎子是个贫下中农，人老实但比较糊涂，体力也较差。因此，他总是被人看不起，或被人欺负，但多数欺负他的也都是贫下中农。

张瞎子曾经是地主，还有些技术。除了赶车等农活以外，他曾经开有粉坊。在东北农村，粉坊很普遍。所谓粉坊就是用土豆制作成淀粉，再用淀粉制成粉条。张瞎子特别邋遢，冬天经常鼻涕哈拉的。老陆喜欢和他逗着玩，就开玩笑说，张瞎子漏粉时是鼻涕和粉一起往下流，也不知道漏下来的是粉条还是鼻涕？老陆还开玩笑说，张瞎子家里有三匹瞎马，所以他赶车时，是一挂马车有十四条腿和个把个眼睛。因为张瞎子只有一只眼睛，加上三匹瞎马，一个人三匹马一共是十四条腿，只有一只眼睛。因为面容丑陋，找不到老婆，妻子是花大价钱从关内买来的。一次斗争会上斗地主张瞎子，他大声宣布自己的“罪行”，方式极其滑稽，让人难忘：我，人称张瞎子，混蛋地主，买卖婚姻，罪恶滔天！

还有一位叫张云彩的老职工值得一提。他是我们第一批北京知青刚到绥滨农场十五生产队时的保管员，曾经是部队营级干部。张云彩的经历很有趣。他在淮海战役中参加了解放军。他是个山东人，从山东老家入的伍，之后他在部队里屡获战功。曾是普通农民的他，到了朝鲜战场就变成一个炮兵部队的营级军官。他不仅参加了淮海战役，还参加了抗美援朝战争中的几次主要战役，而且据他讲是立了战功的。但是，在朝鲜战争中由于同朝鲜妇女一起生活，受到了处分。在反右倾运动即批判彭德怀的运动期间，他回到山东老家的时候，在村子里听到一些老百姓的抱怨：主要是在“大跃进”人民公社期间，因灾荒造成了大量人员饥饿至死。结果他把这些抱怨的话带到了部队里因而受到处分。他从一名营级干部、现役军人转业来到东北，并被降了级，但仍然是干部。

我同他的密切接触是在我被打成“反革命”之后。记得那一年冬天，我被下放到酒坊去造酒。那时在酒坊里造酒的人中有好几个都是属于有严重问题被监督劳动的人。这样，我们就成了难兄难弟。在酒坊劳动时，他经常讲他有趣的经历，包括他在淮海战役如何作战，以及在朝鲜战争中作战的一些情景等。他讲了很多战争的恐怖与惨烈的情景。他们村里当时有几十人一起去当兵，最后只剩下他一个人还活着。一场淮海战役下来，同村去的就只剩下两个人了。他讲到过朝鲜战争某个战役胜利的情景，也讲到过大量的战争之恐怖。尤其是被美国军队切断了后路。因为他是炮兵，丢了武器，乘汽车逃脱了，而大部分步兵就被美军俘虏了。

还有一位老职工叫战同林，他是我刚到十五队（二十四连）时的老会计。老战原来在军队里也是一名干部。会计这个职位在基层连队里也是干部编制。他们的干部身份都是从部队里带下来的。战同林在“文革”期间也被整过。什么原因我不记得了。被整的那段时间他离开了会计的位置，变成了普通农民。

我的课堂： 马号天天读

“文革”中，每个班组一清早的第一件事，就是雷打不动的一小时天天读。在马号，天天读的时间就变成了老职工们聊天的时间。一些不是马号的老职工，例如一个放猪的叫王瘸子的，也经常跑来。因为他没有地方去天天读，实际上也就是没有地方去聊天。他原本就是个贫农，在解放战争中参加了四野。他经常绘声绘色地讲述当年战争的恐怖与残酷，比如在行军中有国民党的飞机扫射轰炸。最让人害怕的就是飞机扔炸弹。他有一次没能逃开就把腿给炸断了。腿被炸瘸了以后，他就从部队逃走了，从此离开了部队又变成农民。在农村丧失了劳动能力，只能放猪。

乡亲们在马号天天读时议论的许多事给我以启迪，让我第一次知道我关心的社会发生了什么和曾经发生过什么。

马号同兽医来往非常密切。天天读的时候，他们有时也会跑来和我们一起聊所谓三年困难时期的事情。让人印象深刻的一件事就是所谓的“抢粮事件”。关内有许多饥饿不堪的农民扒火车跑到了东北，一直北上来找吃的。他们发现国营农场粮库里有吃的就去抢。当时在绥滨农场曾经发生过一些较严重的事件。民众在抢粮食的时候，护粮库的民兵奉命开枪打死了人，变成了恶性事件。兽医提起此事时说，那时每年都要到山里去伐木，在伐木时就会有从关内跑来的饥饿不堪的百姓，半夜里去偷饲料吃。他们偷饲料时，常会有伐木工人将他们抓去送到兽医那里。因为当时兽医被认为是国家干部，这种事得由干部处理。

兽医张跃生讲起这样一段故事：他问那些被抓来的农民，你们是来干什么的？都干了些什么？他们说偷了豆饼。豆饼在东北是喂马的饲料。张问，你们偷豆饼干什么？他们说，都快饿死了，是偷来吃的。张跃生听了觉得很悲惨，就对下面的人说，赶快给他们弄顿饭吃，给他们点干粮，让他们赶快走……

记得我回到北京后，告诉我母亲这些悲惨的见闻时，她非常惊恐，告诉我绝对不可以在外面公开讨论这个问题。她告诉我，当年的学部经济所（“文革”后改为社科院经济所）的老干部孙冶方就是因为到农村调查此事，写报告给中央后而遭难的。

另外一个在天天读里时常讨论的话题是林彪。在“林彪事件”之后，我从被隔离审查的小房间里放出来。之后不久，让我回到马号里接受监督劳动。在马号的天天读讨论到“林彪事件”时，老职工们说，林彪也太享福了，他都已经当上副主席了，已经享到第二高位的福了，还要享最大的福。在他们眼里，认为林彪的错误就是享福享得太大了，太贪图享福了。

我的同学：知识青年

二十四连的许多知识青年给我留下了深刻的印象。

一位有趣的哈尔滨青年名叫宫为民，外号“处长”，非常幽默，喜欢表演、逗乐，就跟我们现在看到的赵本山、小沈阳之类的小品演员很像。他经常在宿舍里扮演各种有趣的角色，逗大家乐。大家都喜欢叫他“处长”。他也自称处长。处长曾经在我被监督劳动时做过我的班长。我在他领导下干的活儿包括盖房子（力工）和冬天打井（学大寨）。

另外一位给我留下深刻印象的是上海知青李建设，他也曾经做过我的班长。我刚刚被放出来没多久，就去了他那个班。当时我仍然处在被管制的劳动状态下，大部分知青对我还处于敌视或监视的状态。记得有一次我发高烧很严重，连续几天高烧到 39～40 度。一天晚上，李建设发现之后马上到连里，找了一辆拖拉机连夜把我送到二十多公里以外一个有小医院的连队。我被送去住院住了一个多礼拜。虽然平时他对我的态度和其他人没什么两样，但在我政治状态还非常严峻的时候，他对重病在身的我的关怀和照顾，表现出很强的人道主义。

还有一位上海知青叫邹德辉，也给我留下了很深刻的印象。后来我们还成为相当好的朋友。我们都热衷于技术革新。他非常勤奋，经常废寝忘食，在技术革新上倾注了他所有的热情和能量。当时他搞了包括传送带等机械化的革新。

那段时间我也在搞技术革新，搞得时间最长的项目是自动定量灌袋机，主要解决自动定量的问题。那时候，我的本职工作是在马号喂牛。为了让我设计革新项目，王伟连长特批我脱产做革新项目。虽然我通过自学和钻研可以做一些设计工作，但是我的动手能力很差，所以王连长就派了一位年轻工人做我的助手。我已记不清他的名字，只记得他姓徐，手很巧。当时，一系列动手的工作大部分是他做的。

我的校友：北京知青

当我们第一批北京知青到了绥滨农场的场部时，我们都被安排住在场部招待所里，我们感到很兴奋。因为来农场之前，我们把这里想象得很艰苦，可实际上，国营农场的场部远比我们想象中要舒适。让我们住在招待所里，实际上就是住在了简易旅馆里。我同清华附中的几位高中同学住在一起。我记不清我们是否都住在一个房间里，但是，我记得大家关系都很密切，当时有张邦宁、刘先立、庄平。

除了张邦宁、刘先立这些高中同学以外，当时来往比较多的同学有王贞平、章士伟、常慧如、张莹等。

和我一起来的同学中，王贞平当时热衷于哲学，刘先立则喜欢文学。所以当我们讨论读书感时，刘先立往往议论的多是文学方面的话题。我记忆比较深的是他对郭沫若的白话诗很不以为然。他曾经脱口背出郭沫若的诗句来，我至今还能记起他背的一首有关十三陵水库的白话诗的情景："煌煌五字垂千古，曰'十三陵水库'。"

说完便哈哈大笑："看！这也算是诗！"

后来，当我受到严厉的政治迫害时，刘先立还对我的状况表示非常同情，有时还会试探性地和我有一些来往。在我的情况稍微有些缓解的情况下，刘先立问起我的状况，他用了一句俗语给我特别深的印象："人挪活，树挪死。"意思就是你应该想办法挪个地方也许会好些。我很感激他对我的劝告。

吴先是我们二十四连的卫生员。她的父亲吴承露先生，是我在清华附中的美术老师。他在教学中会谈到美学、哲学、道德等内容，远远超出美术的领域，是我当时最喜欢的老师之一。下乡时，吴先开始并不在我们这个连队，曾经在九连工作，后来她成为卫生员以后才调到我们二十四连。她到二十四连的时候，对我的政治迫害最严重的时候实际上已经过去，管制已经宽松了许多。在当时，本连队北京知青怕有所牵连还不可以有来往，也的确有相当一部分知青对我仍然是怒目而视，相当歧视和憎恶，关系也很紧张。可是，吴先明显地对迫害性的政治运动毫无兴趣，整个人的本性都表现在她的人道主义上面。

她当时对我很关心。那时的我正在非常努力地自学。对我来说，自学是生存的一点点希望。曾经有一段时间，我已经看不到自己政治生命的前途了，生存的希望完全放在了自学。只有书本能使我对生活还有兴趣，对社会还有兴趣，让我看到自己对社会还能有所认识，还能有所贡献。因此，政治压力越大，我的自学动力就越强，就越希望把自己淹没在知识的海洋里，让自己完全埋头于对自然和世界的认识里面，从中得到自我解脱。在自学的过程中，我给自己定了很高的目标，给自己很大的压力，强迫自己在一定的时间范围内，必须达到自己设定的进展目标。就这样，我白天工作，晚上自学，致使自己患上严重的神经衰弱。在那段时间，吴先给过我很多的帮助，不仅帮我寻医找药，还给予我各种精神安慰和解释工作等，这一切都使我很难忘怀。这是在我非常艰难的情况下得到的很重要的精神支撑。

完稿于2009年7月16日　北京中关村

附 2　绥滨农场老友记

老友刘先立告知，二十八连的荒友们集体编写了回忆上山下乡兵团时代的文集《远去的柞树林》，邀我作序。当年的指导员李坤也曾万里迢迢到香港同我商谈此事。我自知无资格担此重任，但毕竟当年同二十八连的人人事事有千丝万缕不可割舍的联系，盛情之下，不能推托。再者，作者们精彩的写作让我浮想联翩，也催我表达。但是，我才疏学浅，所写雏文支离破碎，实不敢妄称此以偏概全之文为序，只算是加入合唱，与大家一起叙旧。

1967 年 12 月，我和刘先立、庄平、张邦宁等四十几个清华附中的同学，加入成百上千的北京知青，在“伟大领袖”发出“上山下乡伟大号召”的前一年，乘“专列”从北京几经辗转，经哈尔滨、鹤岗，到达了冰天雪地的绥滨农场。下生产队之前，所有知青都住在场部，接受短训。那时，在场部招待所，同他们住在一起时，我才认识这些师兄师长。他们是我到达绥滨农场后最早认识的人、最早结识的朋友。我当时是初二的学生，面对这些高中的兄长，十分敬佩他们的学识、才华。在北京临行前，就已听同学说庄平是辛亥领袖黄兴先烈之后，极有思想；也知道张邦宁是清华附中精英预科毕业班的高才生。若不是“文革”，应该已经是清华大学的学生。在场部共同生活的那几天是难忘而愉快的。

我被分配到十五队（二十四连前身），他们被分到尚待建立的二十队（二十八连前身）。因二十队尚不存在，他们都被分配到我

---

* 本文为《远去的柞树林：黑龙江生产建设兵团二师九团二十八连知青纪念文集》的序。本文有删改。——编者注

所在的十五队待命至1968年春。在十五队，我同刘先立自愿去马号干活，跟车、赶车、喂牛、喂马。徐伟被分在马号隔壁的豆腐房做豆腐，图的是接近农民，更图晚上能安静读书。

我同刘先立住马号。马号是茅草土坯房，没有电（整个生产队都没有）。虽然物质上贫瘠，但我们有着丰富的精神生活。晚间，在油灯下，刘先立、庄平、张邦宁等未来二十队的知青，以及一些十五队的知青，如王贞平、章士伟、张莹、常慧茹等，和我有过多次有趣的读书讨论。哲学、文学、政治经济学、政治、历史、"文革"、现实，无所不谈。在那个特殊年代，全国无数精英因言获罪，我们竟然无所顾忌，各抒己见，畅所欲言。那几个月是我在绥滨农场近十年里最愉快的时光。

1968年春，去二十队开荒的朋友走了，黄炬光（记得那时每次见面他总大声嘲笑我的牙缝，太调皮）、庄平、刘先立分别写了那一幕的不同侧面。思念老友，也好奇新建的开荒建点，所以我多次寻找借口，骑一匹老黄马，去二十队。李坤的大作正像我遥远的记忆里初建的二十队。路上要穿过几片柞树林。秋天时，骑马穿林被像沙尘暴一样密集的蚊子群猛攻。一巴掌拍在马脖子上，打死几十、几百只饱食鲜血的蚊子，染红马，染红手，惨不忍睹。幸亏马老，见怪不怪，否则无法驾驭。我住在马号，听刘先立说二十队的事。记得他指着一匹没阉的公马说，它是个大流氓，它得了相思病，单相思，光思念那匹母马，不吃不喝不睡。不知道这可怜的马儿后来是死是活。

其实我去二十队的另一个原因是想继续同老友讨论"社会问题"。少了这些老友，在十五队，我们还努力在继续。但是少年学子怎能逃过大形势。自由讨论的欢乐一时，为后来的灾难埋下伏笔。刘先立《初到北大荒》一文中"兵团第一号反革命集团案"和张邦宁《思考》一文中"反动的黑格尔小组"即为此。

关于这段故事，刘先立最近给我的信里说：

我还受到过你的"株连"呢！1970年春，团里"一打三反"，其时你已事发，团里要挖从党，专门向二十八连派了一个工作组，黑名单上第一个就是我。二十六连一个调到团里工作的101（指北京101中学）的荒友在路上碰到我，悄悄给我报了信儿。我回连后，主动疏远了所有平时关系较近的人。工作组一来，当晚组长（一个股长）和连指导员就找我谈话。那个股长嘘声喝问，说已掌握确凿证据，我属于以你为首的一个有组织有纲领的“反革命”团体。因我早有思想准备且有两年前在绥滨的经验，当即说既有证据请拿出来，若属实，我只有一个要求：开公审大会。若拿不出证据，就是无中生有。股长无言以对。第二天，布置开展背对背对我的揭发。最后没有搞到政治方面的材料，只搞到几个别有用心的小人恶意歪曲我的“反动言论”，扣了一个“腐朽的资产阶级人生观”的帽子。

工作组临走开总结大会，我站起来和他辩论，说他是资反路线，那位股长恼羞成怒，指着我说：“刘先立，我告诉你，胳膊就是拧不过大腿！”十分可笑。那时我也是豁出去了，会后有老职工向我竖大拇指。但很快我就被清理到工兵二连，不久又被清理到砖瓦厂去出窑。

徐伟写的《老杨头》、杨海韵的《批斗会》等精彩短文，让我感慨不已。曾有数年，在马号，我同老杨头同睡一铺炕。后来，老杨头搬到果园，马号一度不再安静。为晚上读书，我亦曾一度每晚到果园读书睡觉，与老杨头一起。因年老，他总是把一个夜壶放在他被子边的炕上。与我们同睡一铺炕的小林子（到山东曲阜投靠亲友却自己跑来农场。虽初中毕业，与我同岁，但没有知青待遇）对此很是烦恼，生怕哪天会打翻了。

老杨头一生独身，大半时间的职业都是“看守”，用今天的话说是“保安”。解放前看窑子，解放后看鱼塘、看菜园、看果园等等。解放前，为求生，他曾经多年在绥滨和富锦看窑子。

在“文革”那个人人自危的年代，老杨头终日诚惶诚恐，战战兢兢，人性扭曲。他过去只身一人看鱼塘时，曾养过一群狗。狗听从他的指挥守护鱼塘。他总是感慨狗对人的忠诚。尤其是，一次发洪水，他的一条狗在房子倒塌前，冒生命危险把他从屋里拉了出来。他养过的狗，每次遇到他都由衷地热情。

刘先立的《抚远》一文记录了关于1969年中苏珍宝岛大战背景下修二抚（二龙山至抚远）战备公路的情景。无独有偶，我也被派去此役。记得我是二十四连（从1968年起，绥滨农场变成建设兵团第二师第九团，十五队变成二十四连，二十队变成二十八连）唯一派去的人。我那时对中苏战争一事并无醒悟，立场完全正统，自觉自愿准备为祖国贡献一切。分配到修建战备公路连队后，我拼着性命苦干，为消灭苏修贡献力量。除卡车外，全无任何机械。我们的工作包括：在二龙山打眼放炮，爆破石头；用解放牌苏联设计的卡车或者罗马尼亚造的法国卡车，卸石块到土路基上；铺路、压路；维护路。我还作词作曲撰写战歌一曲，鼓舞兵团战士修路的士气。词曰："二龙山上炮声隆……"因为苦干、积极，修路部队的连排领导对我很信任。令人吃惊的是，组织上交代，要排长严密监视我这个政治"嫌疑犯"。他们亦感到不解。

一次，修路兵团部队内发生严重斗殴事件。北京与哈尔滨知青打群架，致多人重伤。首犯在修路部队内批斗之后，需押送回原单位。也许因我同多数北京及哈尔滨知青关系均佳，能好言相劝，他们居然派我这个被监视对象一人负责两个"刑事犯"，百里迢迢从前线押送回九团。但回到二十四连不久，"一打三反"展开，团里（后来还有师里）派工作组调查我的"反革命"案件，我从此坠入深渊直到"文革"终结。

1972年，林彪事件公开之后，我反林彪的"反动言论"变成无罪，其他"反动言论"的罪行也有所减轻，因此（因证据无从得到，此因果关系只能靠猜测），我的单人关押状况被改成监督劳动。虽然在知青集中的农工排劳动，但所有"老"北京知青都不敢，也不可与我往来。只有少数非北京知青和新北京知青，因与我的"案件"毫无关联，与我有限往来。

那年秋收，大忙之中，我患重病持续高烧多天，似乎有生命危险。班长，上海知青李建设，力排困难，找来拖拉机将我连夜送到二十八连的医院住院。我不吃不喝，靠打点滴在医院里深睡了几天，终于醒了过来。那医院静得像世外桃源。但是，我知道医院外的那个世界绝不平静。我的“反革命”案子依然危险，不可牵连别人。因此，即便能起身了，心里想找朋友，也只能作罢，整天躺在医院静心读书。同样原因，听说也有二十八连的朋友想来见面亦不能、不敢。二十八连医院那出奇的宁静给我留下终生难忘的印象。如今想起，也许部分是真实，部分是心理，因为终于与极尽嘈杂的世界隔离了几日。

李坤《灰色的记忆》中阿娣的故事，引我回想起二十四连发生的相似又不同的悲哀故事。相似部分不必赘述。不同的是，英俊军官换成了二十四连的贫协主席，老刘贵。结果当然也随之不同。老刘贵身材高大、仪表堂堂，具有电影明星似的魅力。他早就丧妻，独身。我平生第一次喝酒就是受他热情邀请，陪他在合作社职工居住的小屋里喝了两盅。事发自一个上海姑娘向连里报告，说刘贵作风不轨。当时兵团正在严打军官凌辱女知青，连里立即报告团里。在极短的时间里，刘贵就被捕入狱。见到他被捕情景的人说，他不是被警察押送上警车，而是被武装连的“士兵”从地上扔到卡车上带走的。不久，听说他死于监狱。马号里熟悉老刘贵的老职工说，此事原本是他们两相情愿。熟悉那上海姑娘的人都说她是老实人，是个可爱的姑娘。我想，这个悲剧是无法无天的果，是病态的社会压力的果。

感谢《远去的柞树林》一书的编者和所有作者，是他们给了我机会和灵感，让我再次回到那终生难忘的时代。

2012 年 1 月 24 日，初稿于北京昌平龙城花园

2 月 7 日完成于香港大学

第五章

通往科学：父母与师友

毕生的启蒙者：纪念许良英一百周年诞辰

2020 年 5 月 3 日是父亲许良英诞辰一百周年纪念日。父亲生前，历经跌宕起伏。他对爱因斯坦的研究，始于半个多世纪前。他刚开始时的计划，就远远超出纯科学问题，而是为了弄懂爱因斯坦在科学、哲学和人权诸方面的思想。中文版《爱因斯坦文集》是父亲在被打成“右派”、放逐农村、闭关锁国的三重极度困难条件下出版的。三卷文集收集了爱因斯坦关于哲学（第一卷），物理（第二卷），人权、犹太人和反战问题（第三卷）。至今，这部文集也是世界上反映爱因斯坦思想全貌的珍贵文献。这部文集是“文革”后第一部在文化、科学、社会等所有方面都有重大影响的出版物，影响了几代人的思想。他与母亲共同的遗著《民主的历史》，是他们生前最后二十多年努力的部分结果。那是他一生投入最多心血的研究项目，其成果远远超过这本书。

在他生前和逝后，人们曾赋予过他许多称呼。有人称他为名人或专家；有人称他为科学史家或爱因斯坦专家等。但这些都不是他追求的。他从事科学从来不是为了成为科学上的名人，而只是为了求真理。正如他早年参加共产党，不是为了打江山和坐江山，不是为了当官，而是认为那是通往民主和自由的道路，是求真理的道路。

他是一生从事启蒙的学者，是对世界具有无尽好奇心的、毕生从事研究工作的启蒙者，是毕生坚守和传播人类良知和科学方法的启蒙者。

他人生的启蒙始于中学时（1938 年）阅读爱因斯坦 1930 年的

* 本文于 2020 年 5 月 6 日发表于 FT 中文网。——编者注

文章《我的世界观》。其中爱因斯坦所说的“强迫的专制制度很快会腐化堕落。因为暴力招引来的总是一些品德低劣的人，而且我相信，天才的暴君总是由无赖来继承，这是一条千古不移的规律”，让他思索一生。到晚年他认识到，这是爱因斯坦发现的一个堪与相对论相媲美的社会铁律。

蒙昧来自世代的扭曲、时代的扭曲和环境的封闭。他自己也曾经被严重误导，陷入很深的蒙昧。如何在封闭和扭曲的环境中，发现蒙昧，摆脱蒙昧，不仅依赖勇气，还依赖无尽的好奇，依赖透彻的质疑，依赖不懈的研究、研究、再研究。作为毕生的启蒙者，他的好奇，他的质疑，他的研究，一直持续到生命的最后一刻。即便到了最后一刻，92 岁高龄的他，对世界仍然好奇如学童。

他毕生关注的是启蒙自己和启蒙国人。他所谓的启蒙，启的是科学方面的蒙，启的是民主方面的蒙，启的是人权方面的蒙。对他来说，启蒙就是寻找真理和传播寻找到的真理。他一直特别强调，启蒙必须启自己的蒙。因为他深知，蒙昧在我们每个人的心中。不知道自己蒙昧的人，谈不上启蒙。这也是他与很多人发生严重分歧的根源所在。他一生努力发现自己的蒙昧，努力摆脱自己的蒙昧，一直在努力帮助尽可能多的人摆脱蒙昧，尽快觉醒。他帮助过的人很多，包括比他年长的更早参加“革命”的老人，更包括很多年轻人。

蒙昧是阻碍科学和民主成为社会现实的最大直接原因。启蒙需要了解蒙昧为什么会如此顽固。能够打破蒙昧的启蒙，离不开研究。没有研究，就没有启蒙。研究的深度，决定了启蒙的程度。蒙昧顽疾的根源之一，就在从事研究的人群里。他毕生都在与坏学风斗争。他对学术界里任何不懂装懂、歪曲概念和偷换概念的现象，都毫不留情地予以揭露，无论这些发生在什么地位的人身上。

在先父母撰写《民主的历史》的二十几年里，我同父母有过几十次相关的深入讨论。最后的系统讨论，是在 2012 年 10 月底。那是他中风失去知觉之前的一个多月。当时，虽年过 92 岁，父亲头脑仍然非常清醒，记忆丰富且准确，逻辑严谨，分析锐利。那次讨论的重点是关于洛克的人权理论。也许意识到自己时日不多，他把自己长期使用的、写满眉批脚注的英文版《政府论》（洛克的最主要著作）送给我。其中记录他写作第六章《洛克的自由民主思想》的历程。书中还夹着一张纸条，记录着他关注的牛津大学的以赛亚·柏林（Isaiah Berlin）关于启蒙思想的哲学研究。从我儿时起，他就常寄给我写满眉批脚注的书。阅读每一本他批注过的书都让我获益匪浅。但这本书与以前所有那些都不同。这不仅是他送给我的最后一部书，而且是他为了启蒙自己，为了启蒙国人，毕生最后一个研究项目的记录。

以下，我用一个例子说明他的启蒙工作的特点：认真厘清重大基本概念。洛克是近现代民主宪政理论和实践的奠基人。全世界所有民主制度的宪法所遵循的基本原则，以及联合国《人权宣言》所遵循的基本原则，都来自洛克。其中最基本的，是洛克在《政府论》中建立的人权和产权概念。但是，人们普遍缺乏对人权概念的基本理解。

人们熟知的作为各国宪法基础的人权成分的表述是生命权、自由权和产权，这是洛克思想的简写方式。在洛克原本的表述方式中，这三个不可剥夺的人的基本权利，生命权（life）、自由权（liberty）和财产权（estate），放在一起，统称为一个概念，产权（property）。洛克解释说，每个人天生就拥有他/她自己的生命（life），拥有自己的能力，有自由使用自己（liberty），拥有自己努力创造的一切，拥有自己的物质财富（estate）。洛克称所有这些是人的 property。多数读者（包括英文和中文，也包括许多经济学、政治学、法学、哲学和历史学的学者），在没有努力读懂洛克的原文时，都把 property rights 误解为狭义的、只是关于物质的产权。这误解了洛克的人权概念，没能从基本上理解，产权是洛克的人权概念的核心。

为了弄清人权的基本概念，我在父亲研究过的原版《政府论》中看到，他在第 87 段和第 123 段互相做了标记，弄清楚了洛克关于 property 的想法和逻辑。对应于这部分内容，《民主的历史》一书是这样概述洛克的理论的：

人生来就享有完全自由的权利，不受限制地享受自然法的一切权利和恩惠，并且自然地享有一种权力（power），使他不仅可以保护他的所有物（property）——即他的生命、自由和财产（estate）——不受他人的伤害和侵犯，而且可以对被他认为违反自然法者加以裁判并处以应得的惩罚。为了避免个人执行自然权力的种种弊端，人们组成了政治社会（公民社会），每个成员放弃了这一自然权力，把它交给了社会共同体。

书中特别为 property 这个概念做了如下注解：

Property 是洛克《政府论》的基本概念之一，一般译为“财产”……这里之所以改译为“所有物”，是为了区别于 estate……洛克和他同时代的宗教家巴克斯特（Richard Baxter，1615—1691）都用 property（或 propriety）概括 life、liberty 和 estate。因此，应该注意，洛克在论述天赋权利中的“property”时，并不仅仅指狭义的“财产”，而是指广义的“所有物”和“所有权”，首先是生命和自由，然后才是产权。洛克在《政府论》下篇第 173 节中特别声明：必须理解，我在这里和别处所说的财产（property），都是指人们在其人格（persons）和财物（goods）两方面拥有的。不理解这一点，就难以准确地理解洛克的政治思想。遗憾的是，近年来国内有些提倡自由主义的学者，就在这个问题上产生了误解，以为洛克强调的财产，是指单纯的财物。甚至有人以此为根据，断言“洛克站在大有产者集团的立场上竭力维护大有产者的利益”。

我们可以概要，无论如何翻译，洛克说的 property，是指每个人天生拥有的那些基本内容，包括自己的生命、自由和物质财富。而 property rights，是人的不可剥夺的所有这些权利的总体。人权的这三个方面是高度互补，缺一不可的。因为，人的物质财富是人的生命和人的自由创造的。人没有财产（例如土地），会沦为奴隶，人的生命和自由也无法创造物质财富（这个逻辑是洛克理论的要点。

李嘉图的劳动价值论产生于此。马克思的理论建立在洛克和李嘉图的理论之上)。当代人权概念的通常表述，虽然列出了三个基本权利，但在高度简化的概要中，丢失了生命、自由和财产三者之间的互补关系。这为曲解和割裂人权概念，为产权脱离人权，为人权脱离产权，创造了机会。

最后，让我重复家父留在我心里的话。为实现科学、民主和保护人权，必须要有启蒙。启蒙必须启自己的蒙。启自己的蒙，必须诚实；同时一定离不开对世界的好奇，和对流行理论的质疑。

做人—做学问，人生观—世界观：祝父亲九十大寿

“非凡的人总要遭到平庸小人的疯狂反对。”

——爱因斯坦

做人正直勇敢，顽强善良，以及对社会黑暗丑恶势力疾恶如仇，是父亲对我自幼教育的最重要部分。在我刚刚能够听懂故事的时候，最早听到的是父亲讲的张乐平的《三毛流浪记》、高玉宝的《我要读书》《半夜鸡叫》以及《水浒传》里面的“李逵探母”等。当时父亲在东厂胡同二号的家里给我讲这些故事的许多情景片断至今仍然历历在目。面对父亲讲述的连环画画面，我常被感动得潸然泪下。父亲教我做诚实坦诚、助人为乐、见义勇为的孩子；教我真正的英雄是李逵式的直勇搏击的战士。父亲对我的童年教育里，除了漠视甚至鄙视名利之外，不存在任何与功名、财富和地位相关的内容。这一“过于”强调诚实和正直并且漠视功名的非孔孟之道的“片面”教育使我一生很难“适应”现实社会，甚至时常感到处处格格不入。

记得我上幼儿园的时候，有一次在家里见到父母解放初期身穿干部制服的照片，误以为是军装，到幼儿园向小朋友吹牛说我爸爸过去是解放军（科学院幼儿园的小朋友里几乎没有任何人的家长是军人）。结果好奇的小朋友到家里询问，我被当面揭穿。父亲极其严肃地教育了我必须诚实的道理。虽然我多少有些委屈，但诚实做

* 本文写于 2010 年 7 月 10 日。收于《许良英纪念文集》，2016 年。网络流传版题为《祝父亲九十大寿》。本文略有删节。——编者注

人的基本准则却铭刻在心。

对世界对自然的好奇探索和理解，也是父亲对我自幼启发引导和教育的重要部分。直到自己从事研究工作之后，我才真正理解，对世界的真挚的好奇心与做人的正直，是一个学者必备的基本素质。在我童年生活的记忆里，印象特别深刻的一幕是父亲带我参观刚建成的北京天文馆。我至今仍然清楚地记得当时面对令我眼花缭乱的宇宙和地球模型及观测仪器，父亲给我讲解宇宙的奥妙带来的巨大兴奋。利用北京天文馆的宇宙及地球模型，父亲向我解释大地是个球，地球与太阳、月亮的关系，日食与月食的现象与原因，太阳系的结构，并向我解释天文馆大厅正中悬挂的巨大的“傅科摆”如何能证明地球的自转。虽然对此道理的真正理解是以后的事，但每当我见到“傅科摆”时，尤其是在北京天文馆，我都会回想起那一幕。父亲也领我看过位于建国门的古观象台，讲解中国古代天文学家观测天象的方法。

稍晚些，父亲反复给我讲述在黑暗的中世纪，哥白尼、布鲁诺、伽利略等科学家为真理而惨遭迫害并为之献身的故事。那些故事铭刻在我心里，其深刻含义至今让我思索不止。在事实面前，在科学面前，世界上没有什么人的理论是天经地义不可挑战的。

而揭示真理时常会同某些既得利益集团产生冲突，古今中外追求真理都要付出代价。特别是在专制的社会里，真理遭到权贵利益集团的扼杀，愚昧产生于对言论的封锁，产生于权贵维护自身利益的需要，追求真理经常要付出血和生命的代价。这种代价使不畏暴政追求真理的科学家寥若辰星。最让我骄傲的是，父亲便是这寥寥辰星之一。

记得在幼儿园时，一次乘车，有人给母亲让座。我很不解，问父亲为什么。父亲告诉我，妈妈要生宝宝了。那时我们居住的东厂胡同二号，是科学院的宿舍。院子里的“大人”都是科学院的研究人员或干部，孩子们即便不是幼儿园同学也是整天玩耍在一起，甚为和谐。但是从某一天起，我感到一些年龄稍大的孩子变得态度异常，冷漠甚至充满敌意。有人直率地对我说，你爸爸是“右派”。虽然“右派”一词我闻所未闻，但从小朋友无端的敌意中已经可以猜到几分。那天晚上我问父亲："他们说你是'右派'。你是吗?"并追问什么是"右派"？他说我还太小，长大以后会明白的。那天到底发生了什么？在我成年以后，吴敬琏教授曾经向我提起那天目击科学院全院大会批判"大右派"父亲的情景。在批判会后他同父亲乘同一辆卡车从北大回中关村。

过了几个星期之后，有一天，一个陌生人到家里同母亲谈话，态度非常严厉，母亲一直在哭泣。那是我第一次见到母亲哭，感到十分惶恐。成年后我才知道，在那段时期，党组织要求母亲把父亲赶出家门，迫使其顺从党给他的处分去东北劳改。母亲无法执行这一"任务"，而且认为这极其不公正，她无法理解，无法接受。这使她极度悲愤，导致我的小妹妹也随着母亲的过度悲哀而胎死腹中。此后，母亲因为"包庇"父亲的"右派言行"受到严厉处分。

不久，父亲被迫孤身离家回浙江老家务农，接受"改造"。没有人知道他这一去何时再归。他没有机会见到我进入小学的那天，更从来没见到过我作为中学生的样子。自从父亲离家直到我成年，我只在小学四年级和五年级时同父亲短暂见过面，但每次都给我留下终生难忘的记忆。

1961 年父亲第一次回北京时，我已经上小学四年级。初春的一天，父亲突然回到家里。我除了见到父亲的喜悦之外，他那补丁摞补丁的"叫花子服"也让我惊讶与伤心。在我的记忆里，那时他的衣服堪与现在存放在父母家中的他 1978 年从农村带回的褴褛衣衫相媲美。当时正值全国的"困难时期"，即由"大跃进"引发的全国大饥荒时期。全国穷困，千百万人饿毙。在北京念小学的我，除了时常"吃糠咽菜"感受饥饿外，对京城之外发生的灾难一无所知。

作为一个曾经被划为"右派"的农民，他的境遇远比其他人困难得多。虽然衣衫褴褛，一贫如洗，饱受歧视，但父亲表现出的乐观和信心超过我见过的所有人。那时的他仍然以全部热情忠于党、忠于社会主义、忠于党的路线、忠于毛泽东，并以此教育我。我记得那时他称自己是像李双双一样的农民（李双双是当时流行电影《李双双》中的主角，是个大公无私维护集体利益的人民公社社员）。每当谈起他美丽的家乡——浙江临海张家渡村，他就兴奋不已。他不厌其烦地讲述他的家乡之风景如画，那清澈见底涓涓流淌的溪水，象鼻岩之美不让桂林山水等。他对家乡优美景色的描述，从我儿时开始，一直讲述到如今90岁高龄时，还是眷恋依旧，希望有朝一日能乘高速列车重返家乡，再次欣赏家乡如画的美景。

1962年我五年级时，父亲第二次回北京。这也是我在成年之前我们的最后一次见面。那年他回来是为了编译《爱因斯坦文集》。他虽然极其穷困，却为筹备此项工作兴奋不已。在短暂的父子团圆的时日里，他向我谈起爱因斯坦。那是我第一次听到“爱因斯坦”这个伟大的物理学家的名字。父亲用最深入浅出的方式向我解释爱因斯坦是个什么样的人，以及他的伟大贡献。他重新提起我在幼儿园时曾经问过他的一些物理问题，诸如：为什么汽车开动时人会向后倒，刹车时又会向前倒？为什么汽车开动时窗外的东西会往后跑？父亲简单地做了些解释后说，待我长大后才能进一步解释。再重新提起这些问题时，他提到了伽利略的相对性原理。作为一名伟大的科学家，伽利略的故事是我自幼就听他讲起的。虽然只是朦朦胧胧，类似这种关于伽利略的相对性原理的许多启蒙科学史的讲解，让我潜移默化地体会到实证观察与科学理论发展的紧密关系。

父亲除了讲科学以外，也大量地讲“革命”。那是个“革命”的年代，那时的他，虽然被整肃，但对残酷整肃他的政治体制仍然没有清醒认识，对反右的“阴谋”与“阳谋”仍然不能识破，内心仍然是个忠诚于党的革命战士。他诚心诚意地承认自己反对“反右”运动的错误。同时，他多次结合自己的经历向我讲述并介绍《在烈火中永生》和《红岩》。在我的记忆里，《红岩》是他寄给我的。父亲送给我的《在烈火中永生》一书中有许多他的批注。他告诉我与这两本书的主题内容相关的他自己从事地下党工作时期的经历，以及到重庆寻找共产党的经历，包括浙江大学地下党的故事。给我印象最深刻的是于子三事件（从我懂事起，家里的墙壁上就一直张贴着于子三的肖像）。于子三是当时浙大的一名进步学生，浙大学生自治会主席。他与地下党有联系，但并不是党员。1947年10月于子三被秘密逮捕，后被杀害在浙江保安司令部监狱。由此爆发了反迫害争自由的全国性学生运动。当时父亲是浙大地下党支部书记。

1962 年父亲回来时，带我走访了许多他过去在地下党时期，以及在科学院工作时的朋友和同事，例如李晨、吕东明、赵中立等。我印象最为深刻的是他们讨论的问题都是同革命、国家以及学术息息相关的，而不是家庭问题，或一般的人事关系……这一切虽然让当时的我似懂非懂，但觉得很新鲜也很刺激。

那段与父亲的接触，时间虽然短暂，但他的谈吐，使我感受到了很多同龄人感受不到的新鲜内容。当年我在香山慈幼院读小学，同学大多是干部子弟和高级知识分子子弟。在此背景下，同学中流行对家长官职和工资级别以及家庭财富程度方面的攀比之风。父亲回京时，我向他提到同学之间的这种攀比风气。父亲对此表示大不以为然，全然冷漠。那时我心里感到，父亲一定是我们全班同学所有家长中最穷的，却是最有学问的，也一定是最革命的。

父亲在京的短暂访问很快就结束了。我记得那天我和母亲、弟弟一起送别父亲的那一幕，我们送他到家附近的灯市口无轨电车站，从那里他乘车前往北京火车站。他用扁担挑着从北京图书馆（国家图书馆的前身）与科学院图书馆借来的大量有关爱因斯坦的文献。当时我们无论如何也不可能知道，自打那时分开后，一别就是 13 年。那时作为一个农民，父亲居然能在北京图书馆借到如此大量的图书，当时的我不懂其中的缘由，但是以后想起来觉得这也像是一个奇迹。后来才知道，当时父亲的这项工作是属于中共高层下达的任务。

父亲回到浙江农村以后，我和他的往来只限于通信。他给我寄来过多卷的《十万个为什么》，书中他写了许多批注，绝大部分批注都是指出书中的各种逻辑错误和事实错误。他这种指出流行书籍中逻辑错误与事实错误的做法，对我少年时期的思想影响非常大，在我幼小的心灵里种下了重逻辑、重事实、不盲从的种子。在那个时代，凡是印在书上的就是正确的，而从那时起，“唯书为上，唯铅字为准”的崇尚潮流在我心里已经开始动摇。

在我读初中一年级时，父亲给我寄来了他用笔名“林因”发表的论文《试论爱因斯坦的哲学思想》。之所以用笔名，是因为被划为“右派”后，他被禁止用真名发表论文。当我收到这篇论文时，异常兴奋。虽然我并不能真的看懂，但懵懵懂懂地读了很多遍，有些命题给我留下深刻印象，由此激发的对科学和哲学的热情与兴趣对我以后的思想发展意义深远。我与个别谈得来的同学讨论这篇论文。当时我们班里有一两位同学读书较广，涉猎很多历史、哲学与物理的入门知识。在那个以革命压制知识、以热血掩盖愚昧的年代，居然还有人知道爱因斯坦是伟大的物理学家，但是没有同学能读懂这篇论文。从那时起，我开始自学艾思奇的《辩证唯物主义历史唯物主义》这本当时国内大学普遍使用的哲学教科书。我在自学这本大学哲学教科书时，很自以为得意，觉得自己很超前（以为自己一个初一学生可以读懂大学的哲学教科书）。碰到一些阅读困难或想不通的命题，如否定之否定规律等，我在与父亲的通信中试图向父亲请教。可是，没有想到父亲回信中对这本当时流行的大学教科书，以及一些流行的观念提出了尖锐的批评。批评的核心是关于哲学与科学之间的基本关系问题。他认为哲学是科学的工具，不可君临科学之上发号施令。哲学可以为科学探索开路，但不可为科学堵路。

从那时起，在后来的几十年里，通过通信和交谈，父亲多次同我讨论与世界观问题相关的基本问题：哲学与科学的关系；数学与科学的关系；逻辑与实证的关系；关于科学的起源；关于科学同希腊哲学在根本上的差别；关于科学是以实证为基础的；关于数学是人造的逻辑结构，哲学也是人造的逻辑结构，它们关心的是逻辑的一致性；而科学关心的是外在世界，和对外在世界的认识，所以它一定是以实证为基础的；关于哲学对科学的可能的启发意义；关于哲学并不能够从普遍意义上指导科学，等等。从我读初中一年级时起，就记得父亲讲解的这些基本道理，持续至今。这对我思想里形成的对世界的基本认识有重大影响。

实际上，这些基本认识至今都对我的研究与教学有着实质性的基本影响。譬如：如何认识经济科学？如何认识理论经济学和实证经济学的关系？一些经济学家，特别是理论经济学家，在这些基本问题上概念混乱，以致对经济学的发展和教学造成严重的恶果。之所以说是“严重恶果”，是因为这些经济学家对经济学是什么，经济学到底是数学还是科学，概念混乱。结果把经济学变成了像数学一样，起点是公理（假设），终点是逻辑的证明；判断的标准是逻辑证明的优美。但是经济学作为社会科学，和自然科学一样，它的起点必须是观察，是实证的内容；终点必须仍然是观察，是实证的验证。起点和终点之间的逻辑结构，是为了帮助人们更深刻地认识事实之间的关系，为了更好地组织人们的观察。

在我读初一和初二的那段时间里，我与父亲有大量的通信往来，通信的内容主要是讨论一些基本哲学观点和有关革命的思想。这使我深受其影响，当然没可能与其“划清界限”。父亲对党对革命事业的虔诚和愚忠也深深地影响了我，使我从一个极为顽皮的孩子变成了一个积极上进的学生。在清华附中初中二年级时，我变成了同学和老师公认的学习优秀、政治上积极上进的学生，被同学选为少先队大队副队长。当时清华附中共青团分团委很希望我加入共青团，我自己也非常希望能够加入共青团。但因不能与父亲划清界限遭到否决。我在二十多年后才得知这件事情的原委。那时清华附中分团委不是一个独立的机构，其上级机构是清华大学团委。分团委把我的入团材料报到大学团委，结果后者否决了我的入团申请及分团委的建议，理由是我不能和我父亲划清界限。

让我同父亲划清界限是一件非常困难的事情。父子感情当然是其中的重要因素。另外一个根本的原因就是这使我内心产生了强烈矛盾：一方面，自幼父亲对我的基本教育都是忠诚于共产党。基于父亲对我的一贯教育，我忠诚于共产党；但另一方面党要我同我的父亲划清界限。这一对矛盾在我心里非常尖锐。我同父亲的所有通信来往，以及有限的父子交谈，要么是做人要诚实；要么是要我忠于党，忠诚于革命事业；要么是有关科学和哲学的基本道理。我看不到有什么是应该划清界限的地方，怎么划清界限。

1966 年初夏，“文革”爆发。清华附中是“红卫兵”的发源地。在清华附中“红卫兵”组织成立以后，他们首先打击的对象之一就是出身不好的学生干部或优秀学生。虽然年纪还小，但我那时脑子里面的愚忠已经相当深入。我认为这是毛主席发动的革命的基本内容，认为自己过去不能与父亲划清界限，意味着自己将成为革命对象……于是我给父亲写了一封信，表示与他断然划清界限。写这封信是我一生中最让我自己感到耻辱的一件事。从此，我与父亲的关系、与父亲的通信往来断了几乎 10 年。但是，这并不意味着我真正能够与父亲划清界限。事实上，无论是有意还是无意，我自己后来的一系列政治与思想上的活动、行为以及后果，都同父亲一直有着千丝万缕的联系。1970 年，我在黑龙江生产建设兵团，因从事探讨“文革”性质的政治经济学自学研究活动被打成“反革命”时，每一次的批斗会和大多数批判我的大字报在我的罪名上都要提到我出生于反动家庭，我父亲是个大“右派”等，我的罪名总是与父亲是个大“右派”的背景形影不离。

大约在 1974 年，在中断多年通信后，我第一次在黑龙江农村收到父亲从浙江农村的来信。当时我迫于监督劳动的条件以及对政治社会问题的颓丧情绪（我于 1970 年被打成“现行反革命”），完全停止了对政治经济学的探索，转而把所有业余时间用于自学数学、物理学和电子工程，集中精力于控制方面的技术革新。父亲来信教导我应该坚持原来的志向，不可因受打击而放弃初衷。他还寄给我《康帕内拉传》，要我学习中世纪宗教迫害下永不屈服的战士。他鼓励我站得更高，看得更远，鼓励我关心更宽广的问题，从社会到政治，从科学到历史。在我身陷逆境的时候，此书竟成了我与那时的恋人吕匡辉的一本重要的共同读物。这些鼓励是我自从被打成“反革命”以后，恢复我的自信以及广泛热情的最重要的支持，是我精神的转折点。父亲寄给我一些关于狭义相对论以及相关的科学史书籍。那段自学给了我关于相对论的启蒙知识，对我后来理解科学史及相关的科学哲学讨论非常重要。父亲鼓励我关注当时正在进行的“批林批孔”“批判资产阶级法权”等运动。在此鼓励下，我得以部分重拾对政治经济学的兴趣。好在自从“林彪事件”之后，我的“罪行”有所减轻，归还了我部分被没收的书籍。虽因身陷囹圄与世隔绝，我对当时政治运动的背景一无所知，但面对当时批判资产阶级法权的铺天盖地的声势，我感到其逻辑难以理解。对照《资本论》英文本（经恩格斯亲自译校），我发现官方（现在归咎于“四人帮”）关于资产阶级法权的议论及批判违反了马克思的原意，从马克思主义角度看，存在基本概念问题的谬误。

1975 年夏天，我同父亲时隔 13 年后第一次得以相见。那次相见于杭州的原因很特殊。1974 年黑龙江建设兵团对我的“反革命”案件下了正式“结论”，诬陷我在十几岁时曾组织过遍布全国九个省、市、自治区的目的在于推翻无产阶级专政的反革命组织。父亲得知此情，强烈要求我设法寻找途径力争平反。尽管他的身份是农民，却依然想方设法找他的朋友来帮助，全力以赴地做各方面的努力。

1976 年，“四人帮”倒台，“文革”结束。父亲终于可以集中精力从事学术研究工作了。1978 年以前，父亲的身份仍然是“农民工”：是农村户口的从商务印书馆每月领取 50 元生活费的临时工。在经历了呕心沥血的十多年坎坷之后，1976 年深秋《爱因斯坦文集》终于即将出版。但“四人帮”的覆灭使父亲乐极生悲。他受了风寒，咳嗽不止，饭也吃不下。我陪他去医院门诊，查出右肺有阴影和空洞。下午商务印书馆通知父亲去看刚到的《爱因斯坦文集》第一卷样书。在路上，父亲咳了血。第二天又咳了一茶杯血。于是商务编辑徐兆福和我送父亲住了北京结核病院，后又怀疑是肺癌。在那段时期，我几乎每天在他的病房。前往探视父亲的人络绎不绝，以为他要不久于人世。

万幸的是，医院对父亲的各种严重怀疑都被逐一排除。3 个月后，父亲回到商务印书馆做临时工，直到 1978 年回到中国科学院。父亲在商务印书馆除了着力《爱因斯坦文集》及自己的研究工作以外，还在自己的办公室里，每个星期组织一个小型讨论会，讨论爱因斯坦研究的文献。经常来参加讨论会的人员有赵中立，张宣三等老师也来参加过几次。我每次都去旁听，甚至还报告过一些文献。记忆最深的内容是有关产生爱因斯坦早期成就的科学（理论和现象）和哲学的基础。与此相关，父亲建议我翻译几篇著名物理学史家霍尔顿（Gerald Holton）关于爱因斯坦的科学史以及科学哲学的论文。这些工作和讨论给我留下难忘印象。其中有些对我的思想产生很大影响。例如，霍尔顿关于爱因斯坦与牛顿的世界观和科学方法论的对比，尤其是他们的共性等。在那段时间里，过去黑龙江建设兵团的挚友王贞平也来过商务印书馆同父亲交谈，并参加了一部分翻译霍尔顿科学论文的工作。最近，他在给我的信中这样提起："回想起当年回京，向伯母说明你的情况，她凄然泪下。又去商务印书馆宿舍见伯父，他身着农民黑棉袄，爽朗而乐观。而我目睹中国知识界精英蒙此不白之冤，则悲愤不已。"

我于1984年离开中国社科院去哈佛大学经济系做访问学者时，在哈佛拜见的第一个师长不是经济学家，而是父亲的朋友，物理系的霍尔顿教授；他也是在哈佛第一个邀请我赴家宴，第一个邀请我到乡间别墅与他家人小住度假的师长。难怪我的经济学思维里充满了与物理学的历史和发展过程相关的内容。同霍尔顿教授最后一次见面的机会更像是上帝为父亲同他的友谊而设。那是在2008年美国物理学会大会的颁奖仪式上。父亲与霍尔顿教授同时获奖：霍尔顿教授荣获派斯（Pais）物理史奖，而我则代表父亲领取萨哈洛夫人权奖。

美国物理学会萨哈洛夫人权奖甄选委员会成员哲杰西（Edward Gerjusy）和曾敏儿（Betty Tsang）两位教授对媒体说明该委员会为何在全世界诸多极为优秀的致力于人权的物理学家中决定授奖给父亲，因为他"几十年来致力于人权和自由，即使遭到迫害，仍坚持不懈，深具爱因斯坦的精神"。在父亲90寿辰之际，曾敏儿教授在她给父亲的祝寿辞中写道，"许良英老师，只有在罕有的人生时刻能遇到像你这样不凡的人物"。

最后让我引用爱因斯坦在《探索的动机》一文中的话结束此文。这是爱因斯坦在普朗克60岁生日的庆祝会上讲的："在科学的庙堂里有许多房舍，住在里面的人真是各式各样，而引导他们到那里去的动机实在也是各不相同。有许多人之所以爱好科学，是因为……科学是他们自己的特殊娱乐……另外还有许多人之所以把他们的脑力产品奉献在祭坛上，为的是纯粹功利目的。如果上帝有位天使跑来把所有属于这两类的人都赶出庙堂，那么聚集在那里的人就会大大减少……我们的普朗克就是其中之一，这也就是我们所以爱戴他的原因。"父亲一贯谦卑，反对我将其同科学巨匠普朗克相提并论。为了更确切地表达我的用意，也许我应该把爱因斯坦原话中的“科学的庙堂”改为“科学与民主的庙堂”。众多的人敬重父亲，是因为他对科学与民主的真诚和执着；因为他只服从于真理；也因为他毕生为推动中国的科学与民主事业做出的贡献。

民主在中国的常识与误解：评许良英、王来棣的《民主的历史》

最近由法律出版社出版的《民主的历史》一书，是已故许良英、王来棣伉俪晚年共同工作二十多年的未完成著作。许良英教授是国际、国内著名科学史家，主要研究领域为爱因斯坦研究、物理学史、科学史、科学哲学、科学思想史以及民主的理论和历史。王来棣教授是知名历史学家，主要研究领域为中共建党史①、五四运动史、民国史以及民主的历史。他们原本坚持完成全部书稿后才考虑出版问题。多亏著名经济学家吴敬链先生在2012年初，成功地劝说他们改变了计划，使他们同意先整理出版已经完成的部分，待以后再版时，再补上其他章节。不幸，几个月后，二老相继去世。留下眼前这部当时为出版整理好的未完成书稿。

针对国内大量流行的各种对民主的历史和理论的误解，这本书系统介绍民主制度从古希腊到近现代在荷兰和英美的产生、进化和运作的历程，百余年来在中国的坎坷命运，以及自古至今民主理论的发展。其中未完成的最主要部分是关于法国革命（第十章）和民

---

* 本文2015年9月23日发表于FT中文网，有删节。——编者注

** 本文是作者为《民主的历史》一书所写的出版说明。写作中得到许平的很多帮助，特此感谢。

① 王来棣的主要著作之一《中共创始人访谈录》，收集了她20世纪50年代亲自采访过的三十多位中共创始人和早期党员的访谈记录。其中包括李达、冯白驹、曾希圣、林伯渠、徐特立、吴玉章、陈望道、施复亮、沈雁冰、邵力子、杨之华、丁玲、王一知、徐行之、董锄平、朱务善、刘仁静、于树德、邓颖超、刘清扬、贾石亭、马馥塘、黄秀珍、吴德峰、夏之栩、萧三、陈公培等人。其中还包括对毛泽东从20世纪20年代，到“反右”，到“文革”，对知识分子的一贯立场的讨论。

主理论（第三编）的内容。他们对这些部分已经做了大量研究，有非常重要的内容要写。但因年迈，体力不支，最终未能完成。在此，我将尽力客观准确地简要勾勒这本著作的思想背景和渊源。同时，也记录一些与这本书主题直接相关的讨论。

在这本书的写作中，王来棣执笔希腊部分（第一章）和中国部分（第二编），许良英负责其他部分。在这个历时二十多年的研究项目中，许良英起着主导作用。他强调思想启蒙是建立民主的前提，而启蒙者自己必须先启自己的蒙。在他的人生中，他的启蒙始于中学时（1938 年）阅读爱因斯坦 1930 年的文章《我的世界观》。其中爱因斯坦所说的“强迫的专制制度很快会腐化堕落。因为暴力招引来的总是一些品德低劣的人，而且我相信，天才的暴君总是由无赖来继承，这是一条千古不移的规律”让他思索一生。到晚年他认识到，这是爱因斯坦发现的一个堪与相对论相媲美的社会铁律。虽然许良英的一生跌宕起伏，思想上也受过蒙昧和现代迷信的损伤，但爱因斯坦的思想在他心里种下的启蒙种子从未泯灭，最终更引导他摆脱蒙昧，使民主的思想发展壮大。这本书即为这颗种子结出的硕果。

在国际、国内，许良英最为世人熟知的工作是他主持编译的三卷本《爱因斯坦文集》。① 《爱因斯坦文集》的编译方式独特，分为哲学卷（卷一）、物理学卷（卷二）、社会—政治卷（卷三）。社会—政治卷中收集了爱因斯坦一生中关于民主的思想和实践的主要讨论。而许良英对民主的认识，其源头正是《爱因斯坦文集》的第三卷。《爱因斯坦文集》是“文革”之后第一部向中国读者全面介绍科学与民主的文献。1977 年下半年，时任中央党校副校长的胡耀

① 这部三卷本文集是在世界上所有文字中，第一部全面收集爱因斯坦论著的文集［英文版的《爱因斯坦全集》（*Collected Papers of Albert Einstein*）的编译工作在 20 世纪 80 年代才开始。第 1 卷出版于 1987 年。至今出版到第 13 卷，内容为爱因斯坦截至 1923 年的著作，距离爱因斯坦停止工作的 1955 年还很遥远］。而且它至今仍是世界上仅有的一部全面收集爱因斯坦论著的选集。这项浩瀚工作的主体是他在作为一个摘帽“右派”，靠挣工分吃饭的浙江农民的时候完成的。编译工作始于 1962 年。文集的第一卷出版于“文革”后的 1976 年。1979 年社会科学院正式宣布 1957 年将他划为“右派”为错误（见《人民日报》1979 年 7 月 14 日头版）。

邦读了刚出版的文集，说：很多内容我没看懂，但看懂的那些，对我启发很大。以后在他任中组部部长时，他曾要求下属读《爱因斯坦文集》。

爱因斯坦关于科学家的社会责任的思想对许良英的启蒙贯穿一生，而这正是他晚年倾注全部精力在这部关于民主的著作上的基本动力。1933 年，爱因斯坦不顾自身安全谴责了刚上台的纳粹的暴行，“他的挚友冯·劳厄写信劝他对政治问题要采取克制态度，他斩钉截铁地回答：‘试问，要是布鲁诺、斯宾诺莎、伏尔泰和洪堡也都是这样想，这样行事，那么我们的处境会怎么样呢?’20 年后他在接受一个人权奖时说：对社会上那些‘非常恶劣的和不幸的情况……沉默就会使我觉得是在犯同谋罪’”（《爱因斯坦的民主、人权思想对中国的影响》，1995 年）。许良英对民主的关注，一直都出于这种社会责任感。从 20 世纪 80 年代以来，这些关注一直都与中国的改革历程紧密相关。

在改革刚刚起步的 20 世纪 80 年代初，科学研究制度的改革曾经是全国改革的重中之重。作为国内最早规划、研究中国科学政策的学者之一（见许良英和范岱年，1956），这个时期，许良英关于民主和自由的讨论更多与科学的基本价值和科研制度相关。1980 年 7 月，他在为中共中央书记处（胡耀邦时任总书记）的科学技术知识讲座的第一讲“科学技术发展的简况”中，提出科学和民主是现代社会赖以发展、现代国家赖以生存的内在动力。针对当时改革中最流行的口号“科学是生产力”，他指出，科学本身不是生产力，只是通过技术才转化为生产力；科学的社会功能不仅发展了生产力，而且还提高了人的认识、思想和整个人类的精神文明。科学是决定社会兴亡的基本价值。科学的发展和科学的价值观与民主密不可分。

1981 年，他在《试论科学和民主的社会功能》一文中，进一步阐述这一论点。他说：“在很大程度上，科学已经成为对人类历史发展前途和现代国家兴亡起决定作用的一种力量”；“保护科学的政策中一条最根本的原则是：‘宽容’（toleration）。这就是，在不触犯法律的前提下，一切思想、言论都允许自由发表，不因见解上的不同而受到迫害。这就基本上保证了学术自由，实现了百家争鸣的可能性”；“（爱因斯坦）认为，科学需要三种自由……就整个社会来说，最根本的是言论自由。而言论自由只有在人民能够享受民主权利的民主制下才有可能。因此，民主制是学术自由的前提。可以说，政治上的民主和学术上的自由是科学繁荣的必要保证。”在《20 世纪科学技术简史》（许良英和李佩珊主编）的结束语中，他又结合近代世界科学技术进步的全面历史，进一步阐述了相关的论点。1986 年底，这些基本观点分别以《政治民主是学术自由的前提》《政治民主和学术自由是科学繁荣的必要保证》为题发表于《人民日报》（1986 年 11 月 6 日、12 月 23 日）。

许英良指出，“1984—1985 年间全国发表的 13 万篇有关哲学和社会科学的文章中，仅有一篇是专门论述民主的。不巧，这一篇却又是充满误解和曲解的短文。对此，我已于 1988 年第 6 期的《政治学研究》上做了评论”。这里提到的发表于《政治学研究》的文章，指的是他的《关于阿罗不可能性定理和民主理论关系的理解》一文。在此文中，他批评某些年轻学者，包括阿罗《社会选择与个人价值》一书的中文译者，对阿罗不可能性定理①的严重误解，概念混淆的翻译，对阿罗著作的基本误导甚至南辕北辙的解释。他以其对民主理论的透彻理解和坚实的数学基础，依赖阿罗的原著（而不是中译本），逐字逐句引用并解释阿罗定理的公理（假设），逐步解释其逻辑和结论，指出阿罗定理“证明了传统的民主观念是完全能站得住的”，“为传统民主观念的合理性提供了严密的逻辑论证”。他还指出，阿罗定理从人性的基本公理证明的关于“集体理性”的定理，是超越文化、超越历史、超越国界的，是“人同此心，心同此理”的。

在这篇论文的第一段他清楚地指出，“民主理论的科学研究在

---

① 阿罗不可能性定理是政治学和政治经济学中关于民主机制的核心理论。阿罗解决的关于民主机制的理论问题，渊源久远。其基本观察和猜想，早由法国革命时期的革命者、民主主义学者、数学家孔多赛提出（孔多赛饱受雅各宾派的迫害）。阿罗的理论从若干关于人性的基本公理出发，以严格的公理化体系，证明民主制度可以运行的条件，证明现实存在的民主制度的逻辑。阿罗由于这一伟大贡献，获得 1972 年诺贝尔经济学奖。

中国基本上还处于空白状态，对民主基本概念存在着许多流传已久的误解”。从此，他不断呼吁所有关心中国命运的人，无论是经济学、政治学、社会学、法学以及任何关心改革和民主的学者（包括学生），还是政策制定者、执行者，还是新闻工作者，都必须特别关注这一基本问题。这是他开始写作这本书的学术诱因之一。

这本书的另一主要背景是从20世纪80年代以来兴起的“民主缓行论”。当时经济改革步履蹒跚，政治改革停滞不前。不但在社会中，甚至在“改革派”中，流行一种改革阶段论，对民主改革态度消极。在民主缓行论的文章中，大量似是而非的论点表明对民主制度和历史的无知和基本误解。许良英在1989年接连发表《驳民主缓行论》等多篇文章，厘清多种流行的混乱认识。他说，“在所有这些似是而非的论调中，目前最有市场的是民主缓行论，认为中国没有实行民主的条件，只有待半个世纪或更长的时期，在条件成熟后才能实现。其理由不外乎：（1）中国经济落后，不能与发达国家相比。有人认为民主是工业社会，甚至是后工业社会的产物。”但是，“同200年前的美国相比，他们的经济状况……不及今天的中国。当时美国是个农业国，城镇居民仅占总人口的6%；中国目前是36%。按1965年的物价计算，1800年美国人均国民经济总产值也仅231美元。”“（2）中国文化教育落后，文盲众多，人民不会行使民主权利。”但是，“在历史上，义务教育制的出现是19世纪中叶的事，比民主制要晚得多”。“（3）中国没有民主和法治传统，要改变传统，是一个长期任务。”然而，虽然“民主对于中国是舶来品。可是……民主思想的输入，至少比马克思主义早十几年”。最后，“（4）一搞民主就会乱，会影响安定团结，妨碍经济改革，因此，只有在完成经济改革后才能谈民主”。对此，他清晰地反驳道：“说民主不利安定团结和经济改革，这种说法要不是对民主概念的无知，就是有意曲解……民主不仅不是造成动乱的根源，而且是安定团结的可靠保证。因为只有民主才能使人民同心同德，充分发挥主动性和积极性。要实行经济体制改革而不进行政治体制的民主改革，是不可能成功的。这有两层理由：首先，经济改革是关系全体公民切身利益的大事，重大改革措施必须得到多数公民的认同，这样才能共同承担困难和风险。”“其次，对改革危害最严重的腐败现象，不通过政治的民主化是无法杜绝的。”

那场政治社会悲剧，让他痛心疾首。他更痛感国人，从年长的学者到青年学生，从改革派到民众，虽然在某些时候高喊要民主的口号，但普遍缺少关于民主的基本意识，普遍缺少关于民主制度运作的基本常识。他更痛感这个基本缺失是中国改革的基本障碍。他认为民主思想启蒙是决定中国未来的先决条件。而“启蒙首先应启知识分子自己之蒙”（《民主思想需要启蒙》）。从1990年起，直到他们生命的最后一刻，许良英、王来棣伉俪倾注了他们晚年的全部精力，为自己启蒙，为中国知识分子启蒙，为所有关心改革、关心社会福利的国人启蒙。在这本书的序言中，他们说，“要实现中国民主化，必须开展民主思想启蒙运动，首先要有一批具有独立人格、独立思想和独立批判精神的独立知识分子，他们首先要启自己的蒙。我们写这部书稿的过程也是自我启蒙的过程，希望读者也能在这种氛围下阅读”。

这本书原计划但未完成的第九章《呼唤民主、科学、理性的启蒙运动》应该是集中讨论启蒙精神和启蒙历史的部分。许良英认为，启蒙是推动民主、建立民主制度的先决条件。没有这个启蒙，经济发展本身不仅不能自动导致民主制度，而且任何非民主的专制制度一定阻碍科学技术发展，阻碍经济发展。启蒙的内容深刻广泛，包括基本价值观，例如人权的价值观、科学的价值观、理性的观念、民主的观念以及民主的决策机制问题等。这超出通常政治学和政治经济学讨论民主的范围。这本书的第三章到第八章实际上浸透了这种精神。但是这一章还应该更系统地论述他长期以来一直强调的见解：“科学已经成为对人类历史发展前途和现代国家兴亡起决定作用的一种力量”；“科学和民主是现代社会赖以发展、现代国家赖以生存的内在动力”。

1992年，在政治风波之后，经济改革重启。似乎在政治高压下经济可以改革，可以起飞。不仅在中国的“改革派”中，甚至在国际经济学界和国际顶尖智库（包括世界银行和国际货币基金组织），都普遍流行“经济先行，政治随后”的改革顺序论。在此背景下，许良英发表了著名的《没有政治民主，改革不可能成功》一文。他说，人权是每个人的基本需要，经济发展绝对不是全部目的，“向往自由、平等，是人类的普遍人性”。他在发表此文几年之后读到诺奖得主经济学家森和国际著名的匈牙利经济学家科尔奈等的相关著作，非常高兴地知道他们的基本见解与自己相同。他还指出，“英国历史学家阿克顿，早在一百多年前就说过：‘权力趋向腐败，绝对权力绝对腐败。’这是历史的铁律，谁也逃脱不了。不受人民监督的政权，必然腐败；而腐败和官倒是无法容忍的，它们是社会动乱的根源和催化剂”。

在著作本书的二十几年里，我同他们有过几十次相关的认真讨论。这里概述其中反复讨论过的几个重要题目。许王伉俪毕其后半生之全力于这本书，主要动机之一是他们意识到启蒙对国人的重要性和迫切性。其中他多次谈及的一个重要例子，是著名经济学家顾准先生。许良英高度赞赏顾准的人格，以及他在经济改革方面的前瞻性见解。但是，他认为囿于顾准当年的环境，在阅读以及意识形态方面受到的严重限制，在他的《希腊城邦制度》一书中，对希腊民主制度的史实及其对世界的影响、对民主的概念，都存在误解。正因为他是个了不起的人，正直的人，无畏的人，追求真理的人，他的误解以及这一误解的传播才更令人担忧，担忧在本来就人数不多的优秀知识分子和追求人民利益的知识分子中，普遍存在对民主的理论和历史的基本误解。这是直接阻碍中国政治改革的因素之一。

造成国人在民主的历史和理论方面困惑的原因之一，是一系列与民主对立，或者与民主混淆的流行概念，例如精英民主以及“文革”中的“大民主”等。在过去的二十几年里，他不懈地努力从源头上澄清各种思想和概念的混淆。他指出熊彼特的“精英民主”（《资本主义、社会主义和民主主义》，1942 年）从概念上违反民主的基本原则，从操作上有害于民主改革。至于以“文革”的“大民主”混淆民主的概念，他尖锐地指出，那些以“文革”的野蛮行为和无耻宣传混淆民主概念的，不是出于无知，而是别有用心。

我与他最后一次关于民主问题的系统讨论是在 2012 年 10 月底。在这次谈话的前几天，他在住所附近摔伤，头部缝了 7 针，头上缠满纱布。这次脑部的摔伤导致他 40 天后中风，失去知觉，3 个月后去世。但是，虽然头部重伤，年过 92 岁，他那时头脑仍然非常清楚，记忆丰富且准确，逻辑严谨，分析锐利。那次讨论的重点是关于洛克的人权和民主的理论。我向他报告自己研究产权与宪政之间的基本关系的跨国实证证据的想法及其进展。在一定意义上，这是以现代的方法对洛克理论，及追随其后的政治学理论的实证验证。其中产权的概念直接源于洛克的人权的定义。他对此感到极大兴趣和支持。也许他意识到自己已经时日不多，随即把自己长期使用并写满眉批脚注的英文版《政府论》（洛克的最主要著作）送给我。

在多次讨论中，包括最后的那次讨论，他都反复尖锐地批评卢梭的反民主论点，并把写满了他的批评意见的、自己使用的卢梭的《社会契约论》（中文版）送给我。对于真诚希望了解、推动民主的国人，在各种概念混淆中，可能负面影响最大的外来的误导来源之一，是卢梭和法国革命。从晚清革命者邹容（1903 年）到共产主义革命先驱陈独秀（1915 年）都错将卢梭标榜为世界民主思想和民主制度的首创者，认为是法国大革命首先实践了现代民主制，倾力追随之。至今仍然导致国内不少盲从和严重的误入歧途。这是在中国传播民主思想的基本障碍之一。因为卢梭的思想，原则上，是最早为极权主义奠定基础的理论；从法国革命时期罗伯斯庇尔到“文化大革命”时期的“红卫兵”都深受卢梭的影响。因此，罗素称卢梭是“伪民主独裁的政治哲学的发明人”（罗素的《西方哲学史》，1955 年）。许王伉俪原计划在第十章《多变的法国民主革命》中系统讨论卢梭和法国革命。在过去多年的面对面讨论中，我知道他们对相关内容已经做了充分准备。可惜，因健康原因，写作缓慢，未能成文。为了能使此书尽早面世，他们决定以 2011 年发表的《走出伪民主误区》一文作为附录，暂时代替这一章，待以后再版时再将全文加进去。最终，他们过早地离开了我们，没能如愿写出，抱憾终生。

从与他的大量讨论中不难想到，在第三编《理论的探讨》中，他力图澄清国内流行的对民主的主要理论的误解，反驳主要的反民主理论，系统全面地介绍、讨论从亚里士多德到洛克的经典理论；

从孔多赛到阿罗，到森的近现代理论等。关于这些内容他已经写了大量文字，除了散布于这本书许多章节中的论述外，还散见于已经发表和尚未发表的论文和大量通信、日记中。

在他生命最后的岁月里，他始终对中国的政治前途充满信心、对青年人充满信心，认为追求民主、自由是“人同此心、心同此理”，是任何力量都无法阻挡的大势所趋。他晚年一直在极其顽强地与衰老和疾病斗争，目的是能为中国的民主事业尽一份力。意外的事故使他“过早”地离开了这个世界，相信此刻他正在另一个世界注视着吾辈的努力，期盼着这一天的早日到来。

许良英：自由精神的启蒙者

2012 年 12 月 31 日，在妻子王来棣因癌症去世的当天，住在同一间医院的许良英在因脑出血术后感染昏迷不醒十余天后，被转入重症监护室。相隔 4 周，2013 年 1 月 28 日，许良英因医治无效去世，走完了他 93 年跌宕起伏的一生。

许良英 1920 年 5 月 3 日出生于浙江省临海市张家渡村。父亲在他 5 岁时去世。许良英跟随母亲生活，年少时通过阅读对爱迪生、法拉第等科学家产生兴趣，植下科学救国的理想。中学时代，他读到爱因斯坦的著作，自此成为爱因斯坦的终身追随者——学术的和思想的。抗日战争期间，许良英进入浙江大学物理系学习。因显露物理方面的才华，深得国际知名物理学家王淦昌教授的欣赏。与此同时，面对社会黑暗，他的心逐渐从科学转向了反专制、求自由的政治活动。他曾参与竺可桢领导的“文军西征”，沿途所见劳苦大众日常生活，感触极深，遂为共产党人的平等正义承诺而感召。1942 年毕业时，为了寻找共产党，他婉拒王淦昌要他留校任教的邀请，离开了浙大，急得爱才心切的王淦昌登报寻他。

1945 年，他返回浙大物理系任教。1946 年加入中国共产党。1947 年任中共浙江大学支部书记。在轰动全国的“于子三事件”（于子三为当时浙江大学学生自治会主席，1947 年被捕被国民党在狱中秘密杀害）中，作为中共地下党的负责人，许良英发起浙大学生罢课、教授罢教等行动，引爆了“反对非法逮捕、反对特务暴行、反对屠杀青年”的全国性学生运动，遍及北平、天津、上海、

---

* 本文发表于《新世纪》2013 年第 5 期。作者许成钢、许平。——编者注

南京等许多城市。这是1949年以前最后一次全国规模的学生爱国民主运动。1949年之前，他任中共杭州青委委员兼大专区委书记。1949年5月之后，他任杭州团市委学生部部长，与时任杭州团市委组织部部长的乔石同事。

1952年，许良英被调入中国科学院，担任《科学通报》编辑室主任，并在组建中科院的专家队伍方面做出了重要贡献。1955年，在反对“胡风反革命集团”运动中，胡风的同学方然被打成“胡风分子”，作为方然的入党介绍人，许良英被批判，停职一年。这是他第一次受到政治冲击。

1956年，中国科学院哲学研究所自然辩证法研究室创建。他与于光远共同担任负责人，期待在中国建立科学哲学体系。1957年，“反右”运动开始。6月13日，许良英以党员身份在党内会议上明确反对《人民日报》6月8日批判章伯钧、章乃器、储安平等人的文章。从此他到处活动、游说，公开反对“反右”运动。因此他被打为中科院第一“右派”。声讨其“罪责”的文章刊登于《人民日报》《光明日报》等主要媒体的显著位置。因抗拒强迫劳改的处置，他被开除公职，被迫回到农村老家劳动改造，从此一去二十年。劳改期间，在于光远、王淦昌及科学院一些领导人（如秦力生）的支持和帮助下，他以一个“右派”（后为“摘帽右派”）农民的身份发起、规划、组织，并在后期克服“文革”的巨大困难，编译了三卷本《爱因斯坦文集》（编译者还包括范岱年、赵中立和张宣三）。“文革”刚结束，文集获得首次出版，是当时世界上文字最完整的爱因斯坦文集。这使爱因斯坦的科学、民主精神影响了中国几代人。晚年，许良英北京的寓所中一直悬挂着爱因斯坦的肖像，照片下的题词写着：“非凡的人总要遭到平庸小人的疯狂反对。”曾多次访问许良英的哈佛大学费正清中心的著名中国问题专家古德曼教授说，这句话也是刻画许良英的最好写照。

1974年，由于《爱因斯坦文集》工作的需要，许良英曾短暂逗留北京。他目睹了“批林批孔”运动的疯狂状况，清醒认识到“文革”的真相，并重新思考中国社会的问题。他自称这是他人生的重大转折点。1976年“四五天安门事件”让他更清楚地意识到，科学和民主口号需要重提，中国仍需启蒙。

1978 年，许良英获得平反，重返中国科学院。他主持编写的《20 世纪科学技术简史》获得中国科学院自然科学奖二等奖，被金克木先生誉为“题为简史，实是大书”。20 世纪 80 年代初，他曾与钱三强等科学家一道为政治局授课，讲解世界近代科技史和科技政策，率先提出“科学和民主是现代社会赖以发展、现代国家赖以生存的内在动力”。听课者包括时任总书记胡耀邦。80 年代后期，许良英是中国知识分子中最深刻指出“新权威主义”之危害、最早阐释民主和人权基本原则的重要代表人物之一。他强调，民主和人权是每个人的基本需要，经济发展绝不是全部目的。同时，他强调宽容是维护人权的基本原则，通向民主的道路只能通过长期的教育和启蒙。

许良英一生最后二十年里最重要的工作是与夫人王来棣（中国社会科学院近代史研究所副研究员）合著《民主的历史与理论》，以推动中国民主、人权的启蒙运动。此书除法国部分未完成外，整体已经完成，只待出版（该书于 2015 年由法律出版社出版，书名为《民主的历史》。——作者注）。他与王来棣合作的《从“专制的对立面”的争论看民主启蒙的艰巨》和他个人的《走出伪民主误区》是他们生前发表的最后两篇有影响力的作品。许良英在推动中国民主、人权、政治改革方面的巨大贡献得到国际科学界的公认。为表彰他的贡献，1995 年 9 月，纽约科学院授予他“佩格尔斯科学家人权奖”。

许良英正直善良，勇敢顽强，疾恶如仇，生活俭朴，毕生追求真理，崇尚科学和民主。他的逝世是中国科学与民主事业的重大损失。

2013 年 1 月 30 日下午 3 时，许良英遗体告别仪式在北京大学医学部遗体捐献中心举行。遵照许良英与夫人相同的遗愿，他的遗体也捐献给医学事业。

王来棣：历史真相的寻踪者

2012年的最后一天，即将87岁的王来棣在与癌症斗争四年后，安静地离开人世。她是以访谈中共创始人方式研究中共建党史的第一人。

王来棣1926年1月2日生于浙江平阳鳌江。其祖父王理孚担任过清廷谘议局议员、中华民国浙江省都督府秘书，主管财政。他曾与时任敢死队队长的蒋介石因财政问题当面发生冲突，因此厌烦政治，后辞政经商，建立南麂渔佃公司，开发南麂岛。王来棣的父亲王文川在1924年开设王广源商号，使鳌江与上海、香港、大连等港口通航，企业涵盖商贸、矿业、化工等。抗战前夕，鳌江从渔村发展为市镇，但日军的轰炸使这座城镇毁于一旦。

王来棣在其祖父创建并曾任校长和国文教师的鳌江小学（创立于1903年，是鳌江第一所新式学堂）读书。严复译自赫胥黎鼓吹社会进化论的《天演论》为该校国文课教科书。1939年，王来棣考取温州中学离开鳌江，祖父送给她"毋忘国耻"四个字，在她心中铭刻一生。

1945年到1949年，王来棣在浙江大学文学院史地系学习。她的三叔、南京大学史学教授王拭（戊戌变法及严复问题专家），对她在研究历史的兴趣和严谨治学的作风上有重要影响。

王来棣于1947年9月加入中共地下党。1948年1月任中共杭州工委中学区委委员，负责杭州中等学校工作；9月任中共浙江大学总支部委员，负责联系校学生自治会和各院系及女同学会，任系

* 本文发表于《新世纪》2013年第4期。作者许成钢、许平。——编者注

级分支部书记。她在地下党的领导，是化名为“老金”的物理系教师许良英，以后他们结为终身伴侣。

1949 年 5 月杭州解放，王来棣任中共浙江大学总支书记。6 月，被派往浙江省青年干部学校。8 月，调中共杭州市青委组织部，曾任组织科科长，直接上级是乔石。

1952 年 9 月，王来棣调入中国科学院近代史研究所（当时称为中国科学院历史研究所第三所）现代史组，曾任助理研究员，兼所党支部委员、团支部书记。她早期的研究工作涵盖五四运动、中国无政府主义派、中共早期历史。她是第一个系统地以访谈中共创始人方式研究中共建党历史的学者。被访谈的三十多位中共著名人物中，包括党政高级领导人，如林伯渠、吴玉章、徐特立、邓颖超、李达等；著名知识分子，如邵力子、施复亮、罗章龙、沈雁冰、丁玲、陈望道、萧三等。这是绝大多数被访谈者唯一为中共建党而做的访谈。此后由于“反右”运动开始，这项研究被中止。直到 2007 年在香港出版了幸存的部分访谈记录《中共创始人访谈录》（中共元老李锐为此书作序）。除了访谈录，书中也收入相关论文及史料。

1957 年“反右”运动时，因拒绝执行党组织的要求——驱赶被划为“右派”并抗拒劳改的丈夫许良英离家，王来棣于 1958 年 10 月被开除党籍，行政降级，并取消了她研究党史的资格。此后她的研究工作重点转移至五四运动和辛亥革命，先后参加汪士汉主持的《五四运动》、范文澜著《中国近代史》、刘大年主编《中国近代史稿》等书的编写或增订修改工作。“文革”期间，为了保护一些正在挨整的中共创始人，在外调的威胁迫近时，她被迫烧毁了部分珍藏的资料。

1978 年王来棣得到平反并恢复党籍，1982 年任副研究员。她参与编写《中国近代史稿》第三卷，先后发表了《辛亥革命时期湖北军政府剖析》《关于中国共产党早期组织的几个问题》《立宪派的“和平独立”与辛亥革命》《关于辛亥革命的评价问题——兼与胡绳同志商榷》《孙中山的自由平等观的演变和所揭示的问题》等文章。

1989 年起，王来棣的主要研究工作是与许良英合著《民主的历史与理论》，其中一些章节以论文形式发表，如《论希腊民主制》

《历史的启示——斯巴达和雅典之比较》《中国人接受人权观念的艰难历程》等。全书的多数章节已经完成（该书于2015年由法律出版社出版，书名为《民主的历史》。——作者注）。2008年身患癌症后，她仍然尽力工作，直到完全丧失工作能力。她与许良英合作的《评“专制的对立面”之争》与《从“专制的对立面”的争论看民主启蒙的艰巨》是她最后两篇有影响的著作。

她雍容、独立、自强，有女人的温和但没有矫揉造作，容易与人沟通，又不琐碎，永远怕给他人造成负担。长期身患疾病，她哀叹花费医疗费用（公费）同时丧失了工作能力是浪费。生前反复表达逝后要捐献遗体给医学。遵从其遗愿，她长眠在北京大学医学部。

马赫、爱因斯坦和对实在的探索

杰拉尔德·霍尔顿/文 许成钢、王贞平/译

作者按：1977 年 4 月，在《爱因斯坦文集》第三卷编译工作的最后阶段，为了深入开展爱因斯坦研究，家父许良英发起一个定期的小型读书报告会。报告会持续了半年，并决定翻译一本霍尔顿的科学史论文集。当时，父亲特别建议我集中研读哈佛大学教授、著名爱因斯坦问题专家、物理学史家霍尔顿关于爱因斯坦和物理学思想的论文。这段讨论会的经历对我一生收益巨大，特别是本文，故收入本卷。我对于从伽利略到牛顿，到麦克斯韦，再到爱因斯坦的科学和思想的演进，以及伟大物理学家形成科学体系的特点的认识，都产生于那时。这些认识对我后来从事社会科学研究有基本影响，一直是指导我研究工作的基本精神，也是我能够对社会科学界一些基本问题持尖锐批评态度的依据。

在我们这个世纪的思想史中，有一章可以题为《阿尔伯特·爱因斯坦哲学历程》，这是一段从以感觉论和经验论为中心的科学哲学，到以理性论的实在论为基础的哲学历程。本文是一个更广泛的

* 本文摘自《科学思想史论集》，1990 年由河北教育出版社出版。该书收集并翻译了美国著名科学史家、哈佛大学物理学教授兼科学史教授杰拉尔德·霍尔顿（Gerald James Holton）的 7 篇有代表性的科学思想史论文。本文为书中的第二章，许成钢、王贞平翻译，许良英、顾国庆校对。该书出版之前，霍尔顿特意写了一篇序。他说："本书的目的在于，通过物理学家思想的特殊案例研究，来说明科学思想运行方式的传统观点在哪些方面必须加以改变。"原文有大量注释，本文从略。——编者注

研究的一部分，它讨论的是爱因斯坦在哲学上逐步改变方向的过程，并着重讨论根据对爱因斯坦大量未发表的科学通信的研究已经开始清晰起来的那段过程。

爱因斯坦的信件中最早的那封信，把我们直接带到了问题的中心。该信是爱因斯坦于 1901 年 3 月 19 日写给威廉·奥斯特瓦尔德（Wilhelm Ostwald）的。当时他刚结束了苏黎世工业大学的正式学习，未能得到该大学的助教职位是他写这封信的直接动机。他现在转而请求奥斯特瓦尔德，要求在他的实验室里得到一个职位，这部分是因为他希望得到“深造的机会”。爱因斯坦在信中附上了他的第一篇论文《由毛细管现象所得的推论》（1901 年）的副本，他说这篇文章曾受到了奥斯特瓦尔德著作的启发。奥斯特瓦尔德的《普通化学》（*Allgemeine Chemie*）确实是爱因斯坦已发表的著作中提到的第一本书。

在没有收到回信的情况下，1901 年 4 月 3 日爱因斯坦再次写信给奥斯特瓦尔德。他的父亲赫尔曼·爱因斯坦（Hermann Einstein）在儿子显然不知道的情况下，向奥斯特瓦尔德提出了一个感人的恳求。他说“当前活跃在物理学界的所有学者中”，他的儿子对奥斯特瓦尔德“最为”推崇。

爱因斯坦选中奥斯特瓦尔德并非偶然。奥斯特瓦尔德不仅是一位第一流的化学家，而且还是 1890—1900 年这一自然科学和科学哲学的混乱时期的一位活跃的“哲学家兼科学家”。反对对自然现象采取动力学、机械论或者唯物论观点的人们正在大肆喧嚷。他们反对原子论，并从热力学的某些成就中吸取巨大的力量，因为热力学这个领域不需要关于物质实体的细节知识和假设（例如，对热机的某种理解）。

与黑尔姆（Helm）、斯塔洛（Stallo）和马赫一样，奥斯特瓦尔德是自然现象机械论解释的主要批评者。他们的实证论形式不同于后来从卡尔纳普（Carnap）和艾耶尔（Ayer）著作中发展起来的那种精致加工过的逻辑实证论，它为以新现象论为基础的有关观测科学提供了一种认识论，把唯能论和感觉论联系起来。奥斯特瓦尔德在他的很有影响的化学教科书的第二版（1893 年）中，用黑尔姆

“唯能论”的论述替代了第一版中机械论的论述。如原子实体那些“假设的”量都被删去。正如麦尔茨（Merz）在1904年前后所写的那样，这些作者表示“只要能测量观察中出现的各种量，例如能量、质量、压力、体积、温度、热、电位等”，它们就满足了“用不着把它们归结为假想的过程或动力学的量”。他们谴责以太这类无法直接观测到的概念。他们发出号召，要求“重新考虑作为所有物理推理基础的基本原理，尤其是要重新考虑牛顿运动定律、力和作用的概念、绝对运动和相对运动的概念的适用范围”。

除了反原子论，所有这些破除迷信的要求肯定与年轻的爱因斯坦十分投合。他的同事约瑟夫·绍特尔（Joseph Sauter）说，爱因斯坦喜欢自称为“异教徒”。因此我们完全可以认为爱因斯坦是赞同奥斯特瓦尔德的；后者在《普通化学》中拒绝了“认为以太那种介质是不可避免的假设。在我看来事情似乎并非如此……当我们随处都能找到一种东西时，就没有必要追究它的载体。这样我们就可以把辐射能看作独立地存在于空间之中”。这种观点同后来1905年爱因斯坦关于光子理论和相对论的论文完全一致。此外，值得注意的是，爱因斯坦申请加入奥斯特瓦尔德的实验室，看来是他相信自己是实验论者。我们根据许多来源知道，爱因斯坦从幼年时就对数学感兴趣，在苏黎世当学生的时候，他对数学的兴趣显著减退。他在《自述》中写道：“我实在应该在数学方面得到深造。但是我大多数时间都在物理实验室里工作，迷恋于同经验直接打交道。”一位可靠的爱因斯坦传记作家对此做了补充：“谁也无法使他参加数学讨论会……他还没有看到掌握存在于数学之中的创造力的可能性，而它今后会指导他的工作……他希望完全凭经验进行研究，以适应他当时的科学情绪……作为一位自然科学家，他是一位纯粹的经验论者。”

奥斯特瓦尔德哲学上的主要同仁是多才多艺的奥地利物理学家、哲学家马赫（1838—1916）。爱因斯坦在学生时代就如饥似渴地阅读了马赫的主要著作。后来爱因斯坦和马赫之间的一些冲突也是必不可少的，它们是本文讨论的主要对象。马赫的主要著作《力学》初版于1883年问世。该书之所以享盛名于世，可能是因为它对牛顿的《原理》所做的讨论，尤其是因为它对被马赫称为“绝对空间这种概念上的怪物”做了毁灭性的批判。绝对空间之所以是一个概念上的怪物，是因为“它纯粹是观念上的东西，无法在经验中显示出来”。马赫从分析牛顿的假定出发，着手按他宣布的、把一切形而上学的观念从科学中清除出去的纲领开展工作。正像马赫在《力学》第一版序言中非常坦率地说的那样：“本书不是演习力学定理的教科书。它的目的是启发性的，或者更直截了当地说，它是一本反形而上学的著作。”

扼要地回顾马赫哲学的基本观点是有用的。马赫的热诚信徒施里克在一篇题为《哲学家恩斯特·马赫》的文章中，对马赫哲学有一段很好的概括（虽然它实际上并不出名），从中我们可以得到一些益处。

> 马赫是一位物理学家、生理学家，也是一位心理学家。他的哲学产生于寻找一种基本观点的愿望……用这种观点，他可以在任何研究中为自己开辟道路，当他从物理学领域转到生理学和心理学领域的时候，则无须改变自己的看法。马赫通过回溯人们在所有科学研究之前既已具有的东西，即感觉世界，而达到了这种坚定的观点……马赫认为，既然我们对所谓外部世界的全部证明都依赖于感觉，那么我们能够而且必须把这些感觉及感觉的复合当作这些证明的唯一内容（Genentände）。所以，没有必要另外假设一个隐藏在感觉后面的未知的实在。一个物体、一个物理对象不外乎是一种感觉的复合，是感觉的一种多少比较稳定的（我们也可以说，不变的）模式，即对颜色、声音的感觉，对热和压力的感觉，等等。
>
> 在这个世界里，除了感觉及其联系之外，什么也没有。马赫喜欢用更中性的词“要素”来代替“感觉”……马赫认为，关于世界的科学知识，不外乎是对各要素之间联系的一种尽可能简单的描述，而且它的唯一目的也在于通过尽可能少的思维从理智上掌握这些事实（这种观点在马赫的书《认识与谬误》中表现得特别清楚）。这种目的是通过日益完全地“调节这些

思维”而达到的。马赫就是这样阐述其著名的“思维经济原则”的。

马赫的观点对德语国家的影响尤其巨大，它对物理学、生理学、心理学，以及科学史和科学哲学领域也都有巨大的影响［这里且不谈马赫对年轻的列宁、霍夫曼斯塔尔（Hofmannsthal）、穆西尔（Musil），以及另外许多科学界之外人物的深刻影响］。马赫这个不知何故曾被现代学术界忽视的人物，甚至连一本主要的传记都没有，最近两三年又成了一些有前途的研究主题。马赫本人确实总是喜欢坚持认为自己是被围攻和被忽视的人物。他不曾有、也不希望有一个哲学体系。然而他的哲学思想和态度却成了1880年后那段时期的知识储备中的很大一部分。因此后来爱因斯坦说得完全对：“甚至那些自认为马赫的反对派的人，也几乎不知道他们有多少马赫的观点，就如他们不知道吸吮了母亲多少乳汁一样。”

当时物理学本身的一些问题也有助于增强马赫极力主张的新哲学态度的感染力。19世纪物理学的伟大纲领，即用力学图像和假说把以太、物质和电的观念调和起来的做法酿成了一些大错误。例如，拉莫尔（Larmor）提出，电子是以太中一种扭转或胁变的持久且可迁移的状态，它形成不连续的带电粒子和所有可能的有重物质。当时的许多青年物理学家用继承自19世纪古典物理学的那些概念探讨物理学的一些问题，似乎都没有取得成果。因而即便不是马赫哲学的各个细节，马赫破除迷信和尖锐批判的勇气也给他的读者留下了深刻印象。

马赫对爱因斯坦的早期影响

正如普林斯顿爱因斯坦档案馆中的信件揭示，年轻科学家中有一位倾心追随马赫观点的米凯耳·贝索（Michelange Besso），他是爱因斯坦最老和最亲密的朋友、同学和伯尔尼专利局的同事。爱因斯坦1905年发表相对论基本论文时，他是爱因斯坦唯一公开致谢（Manche Wertvolle Anregung）的人。是贝索向爱因斯坦介绍了马赫的著作。1952 年 4 月 8 日，爱因斯坦在写给塞利希的信中说："1897 年前后，在我当学生的时候，我的朋友贝索使我注意到马赫的《力学》。由于这本书对一些基本概念和基本定律的物理态度，它对我产生了持久而深刻的印象。"如爱因斯坦在 1946 年的《自述》中指出的，马赫的《力学》"动摇了把力学作为一切物理学思想的最终基础这一教条式信念……当我是一个学生的时候，这本书正是在这方面给了我深刻的影响。我认为，马赫的伟大就在于他坚不可摧的怀疑态度和独立性；在我年轻的时候，马赫的认识论观点对我也有过很大的影响"。

正如这两位朋友之间长期通信表明的，贝索始终是一个忠诚的马赫主义者。因此，他在 1947 年 12 月 8 日写给爱因斯坦的信中仍然说："就人们关心的科学史来说，我认为马赫在近 50 年或 70 年内是处在发展的中心。"贝索问道："（对马赫）的这一介绍使年轻的物理学家（爱因斯坦）进入了发展的新阶段，即采用马赫主义者的那种一丝不苟地只思考可观测量（或许还间接对时钟和米尺）的风格"，这样说难道不对吗？

现在让我们回过头来看一下爱因斯坦 1905 年关于相对论的关键性的第一篇论文。在这篇论文中我们可以看出许多观点对它有影响，有些观点还是相互矛盾的（在一位年轻作者的这样一篇有创见的著作中，这是不足怪的）。我已在别处考察了三位与爱因斯坦同时期的物理学家洛伦兹、昂利·彭加勒和奥古斯特·弗普尔（August Föppl）对这篇论文的影响（或没有影响）。这里我们或许要问：除了明彻性和独立性（这是爱因斯坦经常极力称赞的马赫的两个特点），他 1905 年最早的相对论论文，在何种意义和程度上，受到马赫及其信徒赞同的那种思维方式的影响？

简言之，答案是，马赫主义的成分——即便不是全部，也至少是强烈的成分——显著地表现在两个相互关联的方面。第一，爱因斯坦在他的相对论论文的开始就坚持，只有对各种概念，尤其是对时间和空间概念的意义进行认识论上的分析，才能理解物理学的基本问题。第二，爱因斯坦认为各种感觉，也就是各种"事件"提供的东西等同于实在，而不是把实在放在感觉经验之外或感觉经验之后的位置上。

论文一开头，对测量、对空间、时间概念工具论的（因而也就是感觉论的）观点就极其明显。1905 年论文第 3 页开头直接引入了前面部分的关键概念。确实，利奥波德·英费尔德（Leopold Infeld）在他写的爱因斯坦传中称它们是“我在科学论文中遇到的最简单的句子”。爱因斯坦写道：“必须考虑到，我们的一切时间在其中起作用的判断总是对同时事件的判断。例如我说‘火车 7 点钟到达这里’。我是指这样一件事，‘我的手表时针指着 7 和火车到达是同时事件’。”

这里引入的基本概念，就是爱因斯坦的事件（Ereignisse）概念，这个词紧接着在这段引文的后面重复出现了十几次。这个概念与马赫的基本“要素”几乎是完全吻合的。用后来闵可夫斯基（Minkowski）关于相对论的表述形式来说，爱因斯坦的“事件”就是两条特殊的“世界线”（例如火车和时钟的“世界线”）的交点。一个事件的时间（t 坐标）本身没有操作上的意义。正如爱因斯坦所说：“一个事件的‘时间’是把静止的针放在事件发生地点这样一个事件同时给出的。”我们可以说，就像一个事件的时间只有通过感觉经验（也就是用置于同一地点的时钟做原则上允许的测量）和我们的意识联系起来才有意义一样，一个事件的地点或空间坐标，也只有通过做原则上允许的测量（就是把米尺在同一时间放在该处）进入我们的感觉经验时才有意义。

这是一种操作论的启示，对爱因斯坦的大多数读者来说，它使爱因斯坦论文中的其他哲学内容黯然失色。因此，那些自命为马赫哲学继承人的人，即新实证论者的维也纳学派及其前辈和有关的信徒都热情地接受了他的著作。它为这个学派早期的成长，提供了哲学上极大的帮助。1912 年 11 月 11 日在“实证论哲学会”开幕式上，约瑟夫·佩楚尔德（Joseph Petzoldt）致辞说，相对论是“对时空概念里绝对成分的形而上学的胜利……发展我们这个时代哲学观点的强大动力”，这是欢迎相对论的一个典型赞词。米凯耳·贝索，这个比任何其他人都更早从爱因斯坦那里听到他的观点的人曾大声宣布：“在闵可夫斯基时空框架的基础上，现在才第一次有可能贯彻伟大的数学家黎曼（Bernhard Riemann）掌握的思想：‘时空框架是由其中的事件构成的。’”

的确，如果像我们将要做的那样，用后见之明的眼光重读爱因斯坦的论文，在其中还可以看到非常不同的各种倾向；它告诫说，有可能“实在”最后并不能被剥脱得完全等同于“一些事件”。论文中有这样的一些预兆：认为不能把感觉经验（爱因斯坦以后著作中的用语）看作“世界”的基础构件；认为物理定律本身应被看作“支配”事件图像的支撑结构而建筑在事件世界中。

爱因斯坦档案馆中保存有他的几封最早的信，在其中一封信中，这些预兆出现得甚至更早。这封信是爱因斯坦写给他的朋友马尔塞耳·格罗斯曼（Marcel Grossmann）的，日期是 1901 年 4 月 14 日。当时爱因斯坦相信自己已在牛顿力和分子间的引力之间找到了一种联系：“认识到在直接感觉经验看来各不相关的复杂现象间的统一性，是一种令人惊奇的感觉。”这里已经暗含着，要赋予直觉的统一性以很高的价值，而明显的感觉经验的作用是有限的。

但所有这一切即使对爱因斯坦来说，也还未形成一种成熟的观点。把爱因斯坦早期的论文全盘加以考虑，并考虑到当时物理学的处境，我们就会发现爱因斯坦的哲学历程的确是从实证论的历史背景开始的。而且，爱因斯坦本人也这样认为，并在给马赫的信中不止一次地这样承认过。

爱因斯坦与马赫的书信

在当代科学史上，爱因斯坦和马赫之间的关系是一个已经引起一些学者兴趣的重要课题。这是一出戏剧，本文把它分成四个阶段：爱因斯坦早期对马赫学说主要特点的接受；爱因斯坦与马赫的书信和会面；1921 年披露的马赫对爱因斯坦相对论的意想不到的猛烈抨击；爱因斯坦自己进一步发展了一种关于知识的哲学，在这种哲学中，他摒弃了许多（尽管不是全部）他早期的马赫主义信条。

幸亏至少有部分信件保存了下来。已找到的几封信全都是爱因斯坦写给马赫的。与本文有关的几封是 1909—1913 年往来信件的一部分。它们表明在爱因斯坦对马赫的观点深感兴趣的时候，也正是非凡的马赫本人（比年轻的爱因斯坦大 40 岁，那时他的工作刚刚为世人所知）公开采纳相对论的时候。他在《能量守恒》第二版（1909 年）中写道："我赞同相对性原理，在我的《力学》和《热学》这两本书中，我也坚决地支持了这个原理。"爱因斯坦在 1909 年 8 月 9 日从伯尔尼写给马赫的第一封信里，在对马赫赠给他关于能量守恒定律的书表示感谢之后，写道："我当然非常熟悉您的主要著作，其中我对您关于力学的那本书最为欣赏。您对年轻一代物理学家的认识论概念有如此深刻的影响，以致即使您今天的对手，如普朗克，无疑也会被属于几十年前那种类型的物理学家称为马赫的信徒。"

记住普朗克是科学界中爱因斯坦最早的赞助人，这对于我们的分析是很重要的。正是普朗克，他于 1905 年作为《物理学杂志》（*Annalen der Physik*）的编辑，接受了爱因斯坦的第一篇相对论论文，随后又在柏林举办了一次关于这篇论文的讨论会。普朗克从一开始就在各种公开的会议上保卫爱因斯坦关于相对论的工作；并于 1913 年成功地说服了他的德国同事，邀请爱因斯坦到柏林的威廉皇帝科学院工作。1896 年普朗克以一篇题为《反对新唯能论》的论战性文章，阐明了他的立场；1909 年，普朗克是马赫的少数几个反对者之一，并且是科学界内最重要的反对者。他刚写完了一篇有名的抨击文章《物理世界图像的统一性》。普朗克根本不接受马赫的观点，这种观点用他的话来说就是"除了知觉没有真实的存在。一切自然科学归根结底只是我们的思想对我们的知觉的一种经济的适应"。他坚持完全对立的立场，认为科学的基本目的是"寻求一个固定的世界图像，它不依赖于时间和人的变化"。或者更概括地说，是寻求把"物理图像从单独智者的个性中完全解放出来"。

爱因斯坦给马赫的信中的这些话，至少含蓄地表明他和普朗克的观点不同。当时爱因斯坦（他从 1906 年起就反对普朗克量子论中的不一致性）正在为一次科学会议，即通知将于 1907 年 9 月在萨尔茨堡举行的第 81 届自然科学家会议准备他的第一篇重要征文，这件事或许也是不无关系的。爱因斯坦的论文要求修改麦克斯韦的理论，以容纳光子发射的统计特征，而这两者普朗克都是会接受的。他下结论说："以我看来，接受普朗克的理论就意味着抛弃我们（1905 年的）辐射理论的基础。"

马赫给爱因斯坦第一封信的复信现在已经遗失。但是这封信一定回得很快，因为 8 天后爱因斯坦就寄去了一封答谢信。

> 伯尔尼，1909 年 8 月 17 日，您那友好的来信使我非常高兴……您对相对论表示满意，使我很高兴……再次感谢您友好的来信，我仍然是您的学生（实际上是：Ihr Sie Verehrender Schüler 尊敬您的学生）。
>
> 爱因斯坦

爱因斯坦的下一封信是他在布拉格任物理学教授时写的；在他之前，马赫在那里待过 28 年。爱因斯坦这个职位是在一个自认为是马赫忠实门徒［兰帕·皮克（Lampa Pick）］的推荐下得到的。这封信大概是在 1911—1912 年之际寄出，很可能就在爱因斯坦单独访问马赫的前后（据菲利普·弗朗克在《爱因斯坦——他的生平和时代》中的说法，这次访问不很成功），也就是在广义相对论取得了初步进展之后。信中说：

> 我很不明白，普朗克怎么会对您的工作如此不理解。他对我的理论（广义相对论），也采取拒绝的态度。但我并不见怪。因为到目前为止，我能提出的对我的理论有利的唯一证据只有那个认识论的论证。

这里爱因斯坦委婉地提到马赫原理，他把这条原理放在他正在构建的理论的中心。马赫把他的一本书（可能是《感觉的分析》）赠给爱因斯坦，作为答谢。

爱因斯坦给马赫的最后一封信，是 1913 年 6 月 25 日在苏黎世写的（当时马赫 75 岁，已经瘫痪了好几年），信中说：

最近，您大概已经收到了我关于相对论和引力的新著作，这是我经过无尽的辛劳和痛苦的怀疑之后终于完成的工作（这一定是指他和马尔塞耳·格罗斯曼合写的《广义相对论纲要和引力理论》)。明年日食时将会证明，太阳是否会使光线弯曲。换句话说，它将证明以参照系的加速度和引力场的等价性为根本和基础的假设是否真正站得住。那么，您对力学基础做的天才研究，将不顾普朗克的不公正批评而得到光辉的证实。因为完全按照您对牛顿水桶实验的批判，一个必然的后果是：惯性来源于物体的一种相互作用。

分道扬镳

重要的通信到这里就中断了，但是爱因斯坦公开或私下承认他坚持马赫的思想还延续了几年。例如，1916 年，他发表了一篇著名的悼念马赫的动人颂词。1918 年 8 月，爱因斯坦就贝索实论证的认识论中一个明显（和十分偶然的）错误，给他写了一封十分严厉的信；这是一封很有意思的信，值得全文援引：

1918 年 8 月 28 日

亲爱的米凯耳：

重读你最近的一封信，我发现某种使我生气的东西，那个思辨竟证明自己比经验高超。你在这里考虑的是相对论的发展。然而，我发现这个发展启示我们的完全是另一回事，实际上同您说的正好相反。一个希望受到应有信任的理论必须建立在可普遍推广的事实之上。

旧的例证：热力学的主要假设（所依据的）是永动机的不可能。力学（所依据的）是已掌握了的（ertasteten）惯性定律。气体的分子运动论（所依据的）是热和机械能的等价性（从历史上看也是如此）。狭义相对论所依据的是光速不变性和真空中的麦克斯韦方程，而后者又是建立在经验的基础之上。关于匀速平移的相对性，就是一个经验事实。

广义相对论：惯性质量和引力质量的等效性。从来没有一个真正有用和深入的理论果真是由纯粹思辨发现的。最近的一个事例就是麦克斯韦关于位移电流的假设；在那里，问题是如何正确对待光的传播这个问题……衷心的问候。

您的阿尔伯特

仔细阅读这封信，我们可以看出，爱因斯坦理解的“事实”概念和真正的马赫主义者理解的“事实”概念之间，早在这里就已经有着明显的分歧。永动机的不可能性、牛顿第一定律、光速不变、麦克斯韦方程的有效性、惯性质量和引力质量的等效性，所有这些没有一个会被马赫称为“经验事实”。马赫很可能会用他喜欢的一个战斗性语词坚持主张，不认为所有这些概念结构需要重新检验和探讨，而是“教条主义”的证据。例如，马赫写道：

对我来说，物质、时间和空间仍然是问题；附带提一下，物理学家们（洛伦兹、爱因斯坦、闵可夫斯基）也正在慢慢地接近这些问题。

爱因斯坦逐步改变信仰的类似证据，也出现在1919年12月4日给保罗·埃伦菲斯特（Paul Ehrenfest）的信中。爱因斯坦写道：

我理解你发展相对论中的困难。它们之所以产生仅仅是由于你希望把1905年的变革建立在认识论的基础上（不存在静止以太），而不是经验的基础上（所有惯性系对光的等价性）。

马赫会为爱因斯坦终生对刻板的认识体系持怀疑态度而喝彩；但是，如果他发现经验一词竟被用来表征所有惯性系对光的等价性这一假说时，他又会多么不习惯！在这里我们看到一种慢慢形成的东西，那就是爱因斯坦的一个观点，即经验在基本物理理论结构中的基本作用归根结底不是通过经验的“原子”，不是通过个别感觉或原始命题，而是通过对物理经验的全部（die gesammten Erfahrungstatsachen）进行某种创造性的融会或综合。但所有这一切都仍然是隐蔽的。直到马赫死后好几年，爱因斯坦还认为并宣称自己是马赫的门生。

但就在这时，爱因斯坦和任何人都不知道，一颗定时炸弹一直在滴滴答答地等着引爆。这颗炸弹是 1913 年装上的。1921 年，马赫死后 5 年，当马赫的《物理光学原理》终于出版时，它爆炸了。马赫在序言上写的日期是 1913 年 7 月，大概是马赫收到爱因斯坦最后一封热情洋溢的来信和广义相对论的论文之后几天，或至多几个星期内。在序言的有一段名句中（人们往往看到的是不准确的译文），马赫写道：

> 我被迫趁这可能是最后一次的机会，撤销我关于相对论的观点。
>
> 从我收到的一些出版物中，尤其是从我收到的信件中，我看出我正在逐渐被看作相对论的先驱。我甚至现在就能大致想象得出，根据这一观点，我在《力学》一书中表达的许多思想将来会获得怎样的新说明和新解释。可以预料，哲学家和物理学家将会进行一场反对我的圣战；如同我反复觉察到的，这仅仅因为我是一个带着新思想在知识的各个领域里漫游的无偏见之人。但是，我必须像我个人反对今天学校或教堂里的原子学说那样，断然否认我是相对论的先驱。我反对相对论，我发觉它变得越来越教条主义，反对它的原因和程度，以及导致我产生这样一种观点的一些特殊原因，就是根据关于感觉的生理学的考查（认识论的怀疑，尤为重要的是，由我的实验产生的洞察）都必须留到续集中论述（这本续集从未出版）。

当然，马赫突然反对相对论的这一推迟的披露，使爱因斯坦深感失望。几个月后，1922 年 4 月 6 日，在巴黎的一次讲话中，爱因斯坦在与反马赫主义的哲学家埃米尔·梅耶松（Emile Meyerson）讨论时，曾发表了一次被报界广为评论的谈话。他说马赫是一位“高明的力学家”，但却是一位“拙劣的哲学家”。

我们可以充分理解，马赫反对相对论时内心是非常痛苦的。而在爱因斯坦方面，他最关心的贡献恰恰遭到那个他最乐于得到其赞许和理解的人的反对（这一情况在科学史上不是绝无仅有的）：这简直是爱因斯坦的悲剧性命运，因此爱因斯坦内心更感到痛苦。在这些人的名单上，除了马赫，还有4个人：彭加勒，他直到1912年去世，在出版物中只有一处屈尊提到爱因斯坦的名字，而且只是表示异议；洛伦兹，他本人给予爱因斯坦一切可能的鼓励，而自己却没有完全接受相对论；麦克斯·普朗克，他对狭义相对论的支持是慷慨的，但他反对爱因斯坦的广义相对论思想和早期的辐射量子理论；迈克耳孙，他至死也不相信相对论，并且曾对爱因斯坦说，他对他的工作竟帮助产生了这个“怪物”而感到遗憾。

不久爱因斯坦的宽宏大量又占了上风，从那时起直到逝世，他用自己更多的证据来说明马赫的早期影响。在1948年1月8日，爱因斯坦给贝索的信中，他详细分析了这种影响：

> 就马赫而论，我想把他的一般影响和他对我的影响区别开来……特别是在《力学》和《热学》中，他力图证明概念是怎样来自经验的。他使人信服地采取了这样的立场，即认为这些概念，即使是最基本的概念，也只能从经验知识中获得依据，它们在逻辑上绝不是必然的……
>
> 我看他的弱点正在于，他或多或少地相信科学仅仅是对经验材料的一种整理；也就是说，他没有认识到概念形成过程中自由构造的元素。在某种意义上他认为，理论产生于发现，而不是产生于发明。他甚至走到这样的地步，不仅把“感觉”当作必须加以研究的材料，而且还似乎把感觉当作现实世界的基本构件；因此，他相信，他能克服心理学和物理学之间的差别。如果他把这种思想贯彻到底，必然会不仅否定原子论，而且还会否定物理实在的概念。
>
> 至于说到马赫对我自己发展的影响，它的确是很大的。我记得十分清楚，在我学习的最初年代中，您曾使我注意到他的《力学》和《热学》。这两本书都给了我深刻的印象。它们对我

自己的工作有多大影响，我并不清楚。就我所意识到的来说，休谟对我的直接影响更大……但是，如我曾说过的，我没法分析那些在不知不觉的思想中停泊的东西。顺便说一下，马赫激动地反对狭义相对论，这是很有趣的［他未能活到看见（以发展了的形式出现的）广义相对论］。在他看来，这个理论的思辨性是不能容许的。他不明白牛顿力学也有这种思辨的特征。而且凡是能够思维的理论也都具有这种特征。从基本概念到经验上可以检验的结论的各种思想链条，是具有不同的长度和复杂性的，就这方面而论，各种理论之间只有一种渐变的差别。

爱因斯坦工作中的反实证论成分

1913 年，恩斯特·马赫在他的序言中所说的刺耳话，留下了一个令人着急的秘密。路德维希·马赫（Ludwig Mach）毁掉了他父亲的文稿，因此现在已无法进一步搞清马赫暗示的那些“实验”（可能是关于光速不变的实验）。从 1921 年以来，出现了许多解释马赫的话的猜测。所有这些猜测都没有留下人们希望得到的东西。可是我相信，把马赫死前为什么反对相对论的主要原因搞清楚并不那么困难。简单说来，马赫在爱因斯坦本人意识到之前好多年，就越来越清楚地看出，爱因斯坦确实已经减退了对他的信仰，并把马赫经验批判论的清规戒律抛到了脑后。

证据是很多的。这里只能给出几个例子。第一个例子是 1905 年爱因斯坦相对论论文本身：真正使这篇论文成为成品的，是它包括并结合了两种以完全不同的科学哲学为基础的元素，即不仅有经验论和操作论的成分，还有大胆的基本假设。在第二节里，有两个中心假设（一个是关于光速不变，另一个是把相对性原理推广到所有物理学分支），这是两个没有而且不可能有直接经验验证的假设。

很长一段时间内，爱因斯坦并没有重视这个特点。1921 年，就在马赫的抨击性遗作出版前夕，爱因斯坦在伦敦皇家学院的一次讲演中仍然声明，相对论起源于直接经验事实：

> 我急于要大家注意这样的事实，这个理论并不是起源于思辨；它的创建完全是由于想要使物理理论尽可能符合观察到的事实。我们在这里并没有革命行动，而只不过是一条可回溯几个世纪的路线的自然延续。放弃某些迄今被认为是基本的，同空间、时间和运动有关的概念，绝不可认为是随意的，而只能认为是由观察到的事实决定的。

但是，1933 年 6 月，当爱因斯坦回到英国，在牛津大学斯宾塞讲座做题为《论理论物理学的方法》的讲演时，实际上在他的工作中一开始就固有的更复杂的那种认识论开始表述出来。他用一句意味深长的话开始讲演，“如果你们想从理论物理学家使用的方法中发现什么东西，我要劝你们严守一条原则：不要听其言，而要观其行”。接着，他用非常不同于上次访英时提倡的方式来划分经验和理性的任务：

> 我们关心的是知识的两个不可分割的部分，即经验知识和理性知识之间的永恒对立……这种体系的结构是理性的产品；经验内容及其相互关系都必须在理论的结论中得到表示。整个体系，特别是那些作为基础的概念和基本原理，其唯一的价值和根据，就在于这种表示的可能性。此外，这些概念和基本原理都是人类理智的自由发明，既不能用这种理智的本性，也不能以其他任何先验的方式证明它们是正确的。

在概括这部分的时候，他提醒人们“科学理论基础的纯粹虚构的特征”。马赫一定很早就从这种敏锐的洞察力中嗅出了味道，并斥之为“教条主义”。

确实，爱因斯坦在 1933 年的斯宾塞讲座上——像他的许多论文一样，过去和现在都广被阅读——严厉地批判了旧的观点，即认为“物理学的基本概念和假设，在逻辑意义上并不是人类思维的发明；而可以通过‘抽象’（即用逻辑的方法）从经验中将其推导出来。广义相对论的出现才使人们真正看清这种见解的错误”。

爱因斯坦用发表了同自己以前曾发表过的相距甚远的新信条，以此结束了这次讨论：

> 自然界是可能想象到的最简单的数学观念的实际体现。我坚信，我们可以用纯粹数学的构造发现这些概念以及这些概念之间的合法的联络，而它们则为我们提供了理解自然现象的钥匙。经验可以提示合适的数学概念，但是数学概念无论如何不能从经验中推导出来。当然，经验始终是数学构造的物理效用的唯一判据。但是这种创造的原理却存在于数学之中。因此，在某种意义上，我认为，像古人梦想的，纯粹思维能够把握实在，这种看法是正确的。

具体说来，爱因斯坦现在正处于或刚刚走过其哲学历程的一半。他早就放弃了他年轻时期马赫可能会赞赏的那种对原始现象的忠诚。在我们刚才引证的两段话中的第一段以及与之类似的讲话中，爱因斯坦还在继续追求许多逻辑实证论者还能接受的现象论的一种比较精致的形式。但是在第二段话中，他已经超越了这个范围，转向那种以后我们会看到它们成熟为明显的形而上学概念。

后来，爱因斯坦自己也不是强调现象元素，而是强调我们曾称之为基旨（thematic）元素的关键作用。在回忆中，他说他在最早的工作中就出现了这种愿望，这就把日期大大推前了。例如，在1946年的《自述》中，他写道："1900年以后不久……我对那种根据已知事实用构造性的努力去发现真实定律的可能性感到绝望。我努力得愈久，就愈加失望，也就愈加确信，只有发现一个普遍的形式原理，才能使我们得到可靠的结果。"

关于摆脱马赫主义立场的潜在趋势，还有一个较早的例证。爱因斯坦在沉默了一年多之后，在1907年《放射学和电子学年鉴》中的一篇关于相对论的文章中，对瓦尔特·考夫曼1906年发表在《物理学杂志》上的论文做了回答。这篇论文是《物理学杂志》上第一篇提到该杂志一年前发表的爱因斯坦的相对论工作。由于这篇文章是著名实验物理学家考夫曼写的，又是宣布为对爱因斯坦理论所做的断然的、实验的否证，所以就非常重要。考夫曼用毁灭性的概括开始了他的抨击：

> 我想在这里马上用下面的话给出测量的一般结果，测量结果同洛伦兹－爱因斯坦基本假设不相容。

爱因斯坦不可能知道考夫曼的设备是不合适的。实际上这一点花了十年时间，通过居耶（Guye）和拉旺希（Lavanchy）的工作，才完全弄清楚。因此在1907年的讨论中，爱因斯坦不得不承认在他的预言和考夫曼的结果之间似乎有一个微小但又重要的不符。他同意考夫曼的计算似乎没有错误，但“究竟是存在着一个未知的系统误差，还是相对论的基础事实不符，这个问题只有在有了多方面的观测资料以后，才能可靠地解决”。

爱因斯坦并没有只停留在这一预言性的评论上。相反，他发表了一个完全不同的观点，这在当时的情势下是非常大胆的：他承认早些时候由亚伯拉罕（Abraham）和布赫勒（Bucherer）发表的电子运动理论确实给出了和考夫曼的实验结果相当接近的预测。但是，爱因斯坦拒绝让“事实”决定这件事：“在我看来，（他们）两者的理论都不大可能是对的；因为他们关于运动电子质量的基本假设不能用概括了更大量现象的理论体系来解释。”

这是一种独特的立场，使爱因斯坦从根本上不同于那些将是否符合实验事实当作取舍某个理论的首要因素的人：尽管当时的“实验事实”似乎显然有利于其对手的理论，而不利于他自己的理论，但他指出他们理论中的特殊假定的特征是更事关紧要的，因此，相比于他的理论同“事实”表面上的不一致，就更应该加以反对。

所以早在1907年的这一篇论文中（附带说一下，爱因斯坦在8月17日给马赫的明信片中提到了这篇论文，并为他没有单行本可赠送给马赫表示歉意），我们就有了明显的证据，表明爱因斯坦已加强了反对实验在认识论上的优先权，更不用说感觉经验的优先权了。在以后的岁月里，爱因斯坦越来越公开地把一个简单可信的理论或一个基旨构想（thematic conception）的一致性，放在比来自实验室的最新消息更重要的地位，而事实也一再证明他是正确的。

例如，爱因斯坦在写给马赫的第四封信中说，日食实验将决定“参照系的加速度同引力场等效这一基础和基本的假设是否真正成立”，仅几个月后，即 1914 年 3 月，在第一支倒霉的日食探险队预定去检验广义相对论的初步结论之前，他怀着与众不同的情绪，又给贝索写了一封信：“现在我完全放心了，我不再怀疑整个体系的正确性，不论日食的观测是否成功，这件事情的意义（die Vernunft der Sache）太明显了。”后来，在评论太阳引力场引起光线偏移的测量结果同根据广义相对论的计算结果之间仍有 10% 的偏差这一事实时，爱因斯坦说：“对内行来说，这件事并不特别重要，因为理论的主要意义并不在于证明微小的效应，而在于大大简化整个物理学的理论基础。”爱因斯坦在他的《广义相对论的起源》中又说，他对在惯性质量和引力质量之间存在着等效性“感到极为惊奇”，但“即使在他不知道厄缶（Eötvös）的令人钦佩的实验之前，也未曾认真怀疑过这一等效性是严格有效的”。

爱因斯坦的学生伊尔莎·罗森塔尔－施奈德（Ilse Rosental－Schneider）在一篇启示性的报道中提出了同样的观点。在注明日期为 1957 年 7 月 23 日的一篇稿子《回忆与爱因斯坦的谈话》中，她写道：

> 一次，我和爱因斯坦在一起读一本含有许多反对其理论的内容的著作……他突然打断了对这本书的讨论，拿起一封放在窗台上的电报，递给我，并说：“你看，这可能使你感兴趣。”这是（1919 年）爱丁顿（Eddington）关于日食观测队测量结果的电报。当我为测量结果同他的计算相符表示高兴的时候，他却不动声色地说：“可是我知道这个理论是正确的。”我问他，要是他的预言未被证实怎么办？他反驳道：“那我就要为尊贵的上帝感到遗憾，因为这个理论是正确的。”

闵可夫斯基的“世界”和感觉世界

即便不是爱因斯坦本人，至少马赫从中也能看出他们正在分道扬镳的第三个主要问题是，从 1907 年开始，相对论由数学家赫尔曼·闵可夫斯基发展成为四维时空连续区几何（顺便提一下，爱因斯坦在苏黎世时曾经是闵可夫斯基的学生）。确实是通过 1908 年 12 月 21 日第 80 届自然家会议上闵可夫斯基半通俗的演讲“空间和时间”，许多科学家才第一次对相对论产生了兴趣。有证据表明，马赫对于把四维几何引入物理学也是既感兴趣又表示关心（如，1910 年左右马赫和奥古斯特·弗普尔的通信）；据弗里德里希·赫尔内克（Friedrich Herneck）说，马赫特地邀请年轻的维也纳物理学家菲利普·弗朗克去看他，“以便进一步弄清楚相对论，尤其是弄清楚四维几何的应用”。弗朗克不久前刚结束在路德维希·玻尔兹曼（Ludwig Boltzmann）指导下的学习并开始发表引人注目的关于相对论的论文，作为访问马赫的结果，他发表了一篇论文，题为《相对论原理与四维空间中物理现象的表示》，他说“对爱因斯坦理论的这种表示形式，马赫表示赞同”。他试图向“没有掌握现代数学方法”的读者表明，闵可夫斯基的工作“用四维世界线更加清楚地表现了经验事实”。论文用一个给人以信心的结论做结束：“在这个四维世界中，经验事实可以得到比在三维空间里更合适的表示。在三维空间中总是只描绘一条任意侧面的投影。”

总的来说，弗朗克是追随闵可夫斯基本人的论文的，但他的处理还是让时间维和空间维的等价性在很多方面表现得更明显。因此人们可能会认为，闵可夫斯基的处理不仅是基于空间和时间在功能上和操作上的相互联系，而且完全同马赫本人的观点一致，也基于通常的、“经验的”时间和空间在相对论现象描述中的首要地位。

可能由于这一表示的缘故，使 1910 年马赫在答复普朗克的首次抨击时，提到了洛伦兹、爱因斯坦和闵可夫斯基，称他们是“正在接近物质、空间和时间问题”的物理学家。早在一年以前，马赫似乎就欢迎闵可夫斯基的表示，虽然不是没有保留。马赫在《能量守恒》1909 年版中写道：“在这里不把时间和空间看作独立的实体，而把它们看作各种现象相互依赖的形式。”他还在参考文献中加上了闵可夫斯基 1908 年的演讲。但在前面几行里，马赫写道：“在我看来，多维空间对于物理学并不是那么事关紧要的。只有当思维的东西（Gedankendinge），例如原子，仍然被看作必不可少的，而且，只有当人们也支持创造假说的自由时，我才支持多维空间。”

温伯格（C. B. Weinberg）正确地指出，马赫最后怀疑闵可夫斯基式的相对论，可能有两个原因。如前文所说的，马赫认为力学的基本观念是应该在经验论的框架中继续以最大限度敞开讨论的问题，而不是能够解决和下定论的问题，在马赫看来，貌似教条主义和自以为是的相对论者越来越倾向于后一种观点。此外，马赫认为，物理学的问题，应该在包括生物学和生理心理学的更广泛框架中加以研究。所以马赫写道：“物理学不是整个世界；还有生物学对世界图像也是必不可少的。”

但我还看到马赫最终反对像闵可夫斯基那样的概念有第三个原因（除非人们把它们的应用只限于“像原子和分子那些纯粹思维的东西，这些东西本质上绝不能成为感觉凝视的对象”）。如果人们认真读一下闵可夫斯基的论文，例如，放弃各自独立的时间和空间，而只承认“对这两者是一种统一”的本体。由此人们必然看出，这导致放弃经验时间和经验空间的概念；而这就是对感觉－物理学的真正基础和实际测量意义的攻击。如果本体、意义或“实在”存在于四维时空间隔 ds 中，人们就是在处理一个难于“经济思维”的量，人们也不能保持测量在“真实的”空间和时间中的首要地位。马赫很可能已经清楚地看到了报警的旗子；我们立即会看到，不久就出现了更坏的情况。

闵可夫斯基在 1908 年的才华横溢的演讲中宣称：“三维几何变成了四维物理学的一章……空间和时间逐渐消失在阴影中，只有世界本身继续存在。”在这个“世界”里，决定性的变革是“类时矢量元素”（zeitartige Vektor element）概念，即 ds，它定义为带有虚分量的 $\left(\frac{1}{c}\right)\sqrt{c^2\mathrm{d}t^2-\mathrm{d}x^2-\mathrm{d}y^2-\mathrm{d}z^2}$。对马赫来说，元素（Element，亦译“要素”）这个词有一个关键且非常不同的意义。如今我们在施利克的概括中看到，元素（或要素）不过是组成和完全定义世界的感觉和感觉的复合。闵可夫斯基对相对论的翻译现在正揭示一种需要，这就是要把基本的、基元的真理的基础，从通常空间和时间的直接经验水平，转移到一个不能直接感觉到的，以空间、时间结合形式来表示的一种数学化的形式体系的世界模型。就是在这个方面，使人回想起马赫曾称之为“形而上学怪物”的绝对时间和绝对空间概念。

所以这里有一个甚至在爱因斯坦和马赫对它认清之前就在使他们越来越背离的分歧观点。在马赫看来，科学的基本任务是经济的、描述性的；在爱因斯坦看来，它是思辨-构造性的和直觉的。马赫曾写道：“如果所有单个事实——所有单个现象，我们想要得到的关于它们的知识——我们都能够立即得到，科学就不会产生。”对此，可能由于爱因斯坦在此前不久发现马赫的反对意见，1922 年 4 月 6 日他在巴黎的演讲中做了坦率的还击：“马赫的体系研究，经验资料之间的关系，在马赫看来，科学就是这些关系的总和。这种观点是错误的，实际上，马赫所做的是编制目录，而不是建立一个体系。”

在这里，我们目睹了一个始终贯穿在科学发展中的古老冲突。在对古典物理学做批判性的重新评价时，马赫的现象论使用了一种无可否认的和不可抵挡的武器，在这一点上马赫的现象论似乎回到了古代的立场：把感觉表象当作科学成就的起点和终点。我们不妨用这种见解来读一读伽利略的著作。当他强调描述物体下落是首要任务时，他把“原因”留待以后去寻找。所以人们可以用牛顿说的话“我不做假设”来理解（或毋宁说是误解）牛顿。基尔霍夫（Kirchhoff）就承袭了这一传统。玻耳兹曼 1888 年这样描写他：

> 目的不是对物质的本质做大胆的假说，也不是用分子的运动解释物体的运动，而是要提出一些没有假设的、尽可能正确的且定量上完全符合现象世界的方程，对事物和力的本质则置之不顾。在基尔霍夫这本关于力学的书里，他将禁绝诸如力、运动的原因之类的一切形而上学概念；他只寻求同观察到的运动尽可能符合的方程。

所以，爱因斯坦可能而且也确实是这样理解自己早期工作中的马赫主义成分。

科学中的现象论的实证论总是取得胜利，但是这只限于一条非常确定的界线以内。对于摧毁旧的错误，它是一把必不可少的剑；但对于开垦新的土地，它却是一架不合适的铧犁。爱因斯坦在部分地从马赫主义哲学中摆脱的过渡时期中就已看到了这点，我认为这是极为重要的。1917 年春，爱因斯坦写信给贝索，提到弗里德里希·阿德勒（Friedrich Adler）寄给他的一篇稿子。爱因斯坦评论说："他骑着马赫的那匹瘦马，直把他搞得精疲力竭。"对此，忠诚的马赫主义者贝索 1917 年 5 月 5 日答复说："对于马赫的小马，我们不应当侮辱它，难道它不曾使我们通过相对性的那个地狱的旅行成为可能吗？又有谁知道——就这个令人头痛的量子来说——它或许也会驮着爱因斯泰（Einsta）这个堂吉诃德走完全程呢！"

爱因斯坦 1917 年 5 月 13 日的回信很明确："我不曾谴责马赫的小马；但您知道我是怎样想它的。它不可能产生任何有生命的东西，它只能消灭有害的虫豸。"

走向一种理性论的实在论

爱因斯坦哲学历程的其余部分是不难设想的，因为他已经越来越公开和有意识地把马赫的信条颠倒过来：把经验的实际细节在科学理论的起点和终点的作用缩小到最低限度，而不是扩大到最大限度，并且选取了一种理性论，这几乎不可避免地把他引导到一个在我们感官感受到的现象背后一个客观的、"实在的"世界概念。

在《麦克斯韦对物理实在观念发展的影响》（1931 年）这篇文章中，爱因斯坦用了这样一句话作为开头，这句话几乎是逐字逐句地取自前面引用过的麦克斯·普朗克 1909 年抨击马赫的文章："相信有一个独立于知觉主体而存在的外在世界是一切自然科学的基础。"在爱因斯坦开始广义相对论研究的时候，他一再主张，在经验和理性之间，以及在感官知觉的世界和客观世界之间，有一条不可逾越的逻辑鸿沟。他用奇迹这个词表示理性把握实在的效能的特点。这些论述中的这个术语对马赫来说是个讨厌的东西。

我们可能要问：爱因斯坦自己究竟是什么时候和在什么情况下

意识到自己的变化的？这里我们不妨再让大家看一封迄今未发表的信，它是1938年1月24日爱因斯坦写给老朋友科内利乌斯·兰佐斯（Cornelius Lanczos）的：

从有点类似马赫的那种怀疑的经验论出发，经过引力问题，我转变成为一个有信仰的理性论者，也就是说，成为一个到数学的简洁性中寻求真理的唯一可靠源泉的人。逻辑上简单的东西当然并不一定就是物理上真实的东西；但是物理上真实的必定是逻辑上简单的，也就是说，它们在基础上具有统一性。

的确，所有证据都指出这样一个结论：爱因斯坦关于广义相对论的工作在其认识论的发展过程中是具有决定性的。正如他后来在《物理学和实在》（1936年）中写的："广义相对论的第一个目标是要提出一个雏形，它虽然满足不了构成一个完整体系的各种要求，却能够以尽可能简单的方式同直接可观察的事实相联系。"但是，这个目的（在爱因斯坦和马赫的早期通信中表现得还要明显）是达不到的。在《广义相对论的起源》中，他写道：

不久我看出，接受了等效原理所要求的非线性变换，不可避免地是对坐标的简单物理解释的一个致命伤，也就是说，不能再要求坐标差（ds）应当表示那些用理想标尺或理想时钟测得的直接量度结果。这一知识使我非常困惑……（马赫也必定同样感到困惑）

因此，上述两难问题的解决方法（从1912年起）是，坐标的微分没有物理意义，只有与之对应的黎曼度规才有物理意义。

这正是爱因斯坦和格罗斯曼1913年论文的主要成果。爱因斯坦把这篇论文寄给了马赫，并在他的第四封信中进行了讨论。这个结果是闵可夫斯基四维空间表示的最后结论——它在构成一个有物理意义的体系中牺牲了感官知觉至高无上的地位。爱因斯坦不得不做出这样的选择，即反对对单个操作经验的目录表的忠诚，而赞成对物理理论基础的统一性这一古老希望的忠诚。

关于爱因斯坦的科学理性论及其宗教信仰之间的联系，在别处已经写得够多了。玻恩用一句话概括了这个问题："他相信理性的力量能够猜到上帝据以建立世界的那些规律。"爱因斯坦在他的论文《关于场论的现状》里，可能最好地表达他自己的这种观点，该文载于1929年奥勒耳·斯托多拉（Aurel Stodola）的纪念文集里。

> 物理理论有两个强烈的愿望：尽可能收集一切有关现象和它们之间的联系，以帮助我们不仅知道自然界是怎样的，以及它的变化是怎样进行的；而且尽可能达到这样一个也许是空想的和似乎有些狂妄的目的：知道自然界为什么是这样的而不是别样的。科学家的最大满足就在于此……（在根据分子运动论这样的"基本假说"进行演绎时）可以说人们体验到上帝自己不可能以任何不同于实际存在的方式来安排这些联系（例如，压力、体积和温度之间的联系），就像他不会用他的权力把四个数变成一个素数一样。这就是科学经验的创造性元素（Promethean element）……这里，对我来说，总有科学思考的特殊魅力，这也可以说是科学工作的宗教基础。

这种热情确实同爱因斯坦仅在几年前做出的那种分析大不相同。同他的第一个哲学良师马赫的禁欲主义更是有双倍的距离。马赫在他的日记本上写道："颜色、空间、声音等，这些才是唯一的实在。别的都不存在。"与此相反，这种热情更接近于他的第一个科学导师普朗克的理性实在论。普朗克写道："如果没有一种由信仰激发的精神进行理智的干预，无系统的经验资料就永远不能成为真正的科学……当我们信仰一种以相信这个世界的理性秩序为基础的世界哲学时，我们有理由感到心安理得。"当然，我们也注意到，爱因斯坦的观点同17世纪的自然哲学家，例如与约翰内斯·开普勒有哲学上的亲缘关系。开普勒在《宇宙的神秘》（*Mysterium Cosmographicum*）的序言中宣称，他要搞清楚行星的数量、位置和运动；要搞清楚"为什么它们是这个样子，而不是别的样子"。1599

年4月他给赫尔瓦特（Herwart）的信中说，关于数和量方面，“我们的知识和上帝是相同的，至少就我们能理解它在尘世上的某些东西来说是这样的”。

我们并不意外地发现，在这个时期（1930年前后）爱因斯坦的非科学著作开始比以往更频繁地涉及宗教问题。他的认识论（在这里实在用不着由个人的意识来证实）和他所谓的“宇宙宗教”之间有着密切的联系。他对“宇宙宗教”做了如下的定义：“人们感到人的愿望和目的之力不从心，而又感到自然界和思维世界却显示出崇高庄严不可思议的秩序。他就感到个人的命运如同囚犯一样，于是他试图把全部存在作为充满意义的统一体来体验。”

不用说，爱因斯坦很早就不时以直率的方式把其世界观的变化告诉朋友们。例如，爱因斯坦1930年11月28日给施里克的信中说：

> 一般说来，您的表象（presentation）不合我的概念方式，因为我发现您的整个倾向可以说过于实证论了……我坦率地告诉您，物理学就是企图在概念上构造一个关于实在世界及其合规律的结构的模型。的确，它（物理学）必须精确地表示我们面前的感觉经验之间的经验关系，但是它仅以这种方式和经验联系……总之，经验的实在和存在的实在的（不明显的）分离使我感到痛苦。
>
> 您会为“形而上学者”的爱因斯坦大吃一惊。但是，每个四脚的或二脚的动物都是这种意义上的形而上学者。（原文中有着重号）

同样的，弗朗克这位爱因斯坦早期的同事和后来的爱因斯坦传记作家，披露他于1929年布拉格德国物理学会议上，以一种最令人困惑的方式理解到爱因斯坦的真实思想状态。弗朗克说，他在会上发表了“一篇讲话，抨击了德国物理学家的形而上学立场，捍卫了马赫的实证论思想”。紧接着发言的人表示不同意，并且指出，弗朗克错误地将马赫和他自己的观点同爱因斯坦的观点拉扯在一起。“他还说，爱因斯坦和普朗克的观点是完全一致的，他们都认为物理定律描述独立于我们的空间和时间中的实在。”弗朗克说：“对爱因斯坦观点的这样一种介绍，当时令我大吃一惊。”

当然回想起来很容易看到正在酝酿这一变化的一些证据。爱因斯坦自己越来越清楚地意识到他变得如何接近普朗克。就是这个普朗克，爱因斯坦在给马赫的四封信里就有三封信把自己和他区分开。马赫死后两年，爱因斯坦在普朗克的六十寿辰庆祝会上，做了动人的讲话。在讲话中他大概第一次公开谈到普朗克和马赫的争论，并且肯定了他的信念：“要发现这些基本定律，并没有逻辑的道路”，只有通过那种以对经验的共鸣式理解（Ein fulling）为依据的“直觉，才能发现这些定律”。爱因斯坦和普朗克之间关于辐射理论的科学争论也由于 1911 年之后的一系列进展（例如，玻尔的气体原子的辐射理论）而得到（有利于爱因斯坦的）解决。作为同事，普朗克和爱因斯坦从 1913 年起就定期互相看望。在表明他们的观点相吻合的那些证据中，有一个是爱因斯坦档案馆里的一份写于 1931 年 4 月 17 日或这以前的手稿，爱因斯坦打算以此介绍普朗克激烈攻击实证论的文章《实证论和实在的外在世界》。在赞扬普朗克的文章时，爱因斯坦在结论中说：“我认为，我还可以加一句，无论是普朗克对事物逻辑状态的看法，还是他关于我们的科学今后发展的主观愿望都同我自己的理解完全一致。”

这篇文章在物理学和哲学两方面更加概括地清楚阐明了普朗克的（人们也可以假定是爱因斯坦的）观点。例如，普朗克写道：

> 实证论理论的基本论点是，除了通过感官的直接和径直的知觉途径外，知识没有别的来源。实证论总是固执地坚持这一点。现在，有两个命题一起构成了决定整个物理科学结构的基本环节：（1）有一个独立于我们的认识活动而存在的实在的外在世界；（2）实在的外在世界不是直接可知的。固然，这两个命题之间有某种程度的矛盾。这一事实揭示了同人类知识的其他任何分支一样，物理科学也具有非理性的或神秘的因素。其结果是，一门科学绝不可能完全而彻底地解决它必须面临的问题。我们必须把它作为一个坚不可摧、无可辩驳的事实来接

受，而且这一事实不可能被一开始就限制科学范围的某个理论消除。因此，我们看到，出现在我们面前的科学任务是为了一个永远达不到的目标做不停顿的斗争。由于它的特有本性，这个目标是不可能达到的。它具有形而上学的特征，因此，也始终是我们的成就不能企及的。

从那时起，爱因斯坦和普朗克论述这些问题的著作往往几乎不能彼此区分。例如，在一篇祝贺伯特兰·罗素（Bertrand Russell）的文章中，爱因斯坦警告说："一种致命的'对形而上学的恐惧'，已经成为现代经验论哲学的一种疾病。"另一方面，在爱因斯坦和贝索这对老朋友之间的大量信件中，各自都为了同一个目的而动人地、耐心地解释自己的立场，以冀或许能改变对方的立场。例如，1952 年 2 月 28 日，贝索再次提出了一个使马赫的观点能够为爱因斯坦接受的方法。爱因斯坦则在 1952 年 3 月 20 日的回信中又一次答复说：事实不能导致一个演绎理论，最多只能为"直觉到一个"作为演绎理论基础的"普遍原理"提供条件。稍后，爱因斯坦在 1952 年 7 月 13 日的信中温和地责备了贝索："看来您并没有认真抓住实在的四维性，而是把现在看作唯一的实在。您所谓的'世界'是物理术语中的'类空截面'，而相对论（狭义相对论已经）否认了它的客观实在性。"

最后，爱因斯坦逐渐接受了这样一种观点（许多人，其中可能也有他自己，早期以为他已经在 1905 年关于相对论的基本论文中把这种观点从物理学里剔除）：存在着一种外在的、客观的物理实在；我们希望不是直接地在经验上或者逻辑上，或者以最充分的确定性去把握它，但至少能由一种直觉的飞跃去把握它，这种飞跃仅受制于全部可感知"事实"的经验。事件发生在"实在世界"中，感觉经验的空时世界，甚至多维连续区世界，都是"实在世界"的有用构想，但也就仅此而已。

对于一个科学家来说，如此根本地改变他的哲学信仰是罕见的，但是并非没有先例。马赫本人相当早的时候就经历过一种戏剧性的转变（据马赫自述，他在 17 岁或 18 岁时从康德的唯心论转变了过来）。我们已注意到，奥斯特瓦尔德有两次转变，一次是转向反原子论；然后又转回原子论。奇怪的是，普朗克本人在1910年抨击马赫时承认，大约在二十多年以前，当时他将近30岁（马赫那时近50岁），正开始自己的科学生涯时，他也算是“一个马赫主义哲学的坚定信徒”，这在普朗克早期关于能量守恒的论文中（1887年）确实显而易见。

作为对《阿尔伯特·爱因斯坦：哲学家－科学家》（1949年）文集中一篇文章进一步的批判性答复，爱因斯坦在一份未发表的片段文稿中，又一次回过头来相当尖刻地对付相反的观点。他使用的那些词句表明他的认识论的改变是多么彻底。他也许还无意识地回忆起了前面引用过的普朗克1909年抨击马赫时说过的话：科学的基本目的是把“物理世界图像从单独智者的个性中完全解放出来”。爱因斯坦提到了他自己思考中的一条“基本公理”：

> 可以说，是“实在的世界”这一假设把“世界”从思维和经验主体中解放了出来。极端的实证论者认为他们可以不用它来进行思维；在我看来这是一个幻想，只要他们不想放弃思维本身。

爱因斯坦的最后的认识论启示是：纯粹的经验世界必须服从并且依据于基本思想，这种思想具有如此普遍性，以致在本性上可以称之为宇宙学思想。固然，现代哲学并未由此得到大部头的且新的已完成的大全。全世界的物理学家普遍感到，今天他们必须在如下一个区域中的一条或多或少是中间的路线上行走，那就是，一边是把经验资料或试探性建议当作理论唯一源泉的马赫主义倾向，另一边则是把诱人的内在和谐作为真理保证的美学和数学倾向。而且，理性论和经验论之间古老的对立正在新的探索中逐渐消失。可是，借助于在他的哲学发展中绕着这个区域的两个边缘的迂回，以及借助于他总是直率和雄辩地阐述他重复说明过的立场，爱因斯坦不仅帮助我们明确了我们自己的哲学立场，而且也为我们提供了一个研究科学和认识论相互作用的实际上是无与伦比的实例。

科尔奈的学术贡献和影响

从课堂开始的个人交往

问：请首先跟我们说说，你在哈佛做他的学生时，和他的个人交往经历。

许成钢：1985 年，科尔奈第一次在哈佛大学讲授他全新的课程——社会主义体制（Socialist System），我和他的交往是从听这堂课开始的。当时科尔奈刚到哈佛，新的人开新的课，这在哈佛是一件引人注目的大事。科尔奈的这一课程是给博士研究生开的，但是和所有给博士研究生开的选修课完全不同的是，他的课一下子来了几十人，教室爆满，而其他选修课能有二十几个人就很不错了。

他很快就找我做他的研究助理（research assistant），因为这门课是他写《社会主义体制》这部著作的一个部分。他的课程也是写作的过程。找我做研究助理是为了给他的著作整理资料。于是，我就和他开始了个人交往。

在做他研究助理的时候，我最早做的绝大部分工作是收集他的著作里面有关中国的数据。一方面他作为老师，对所有学生都很尊重；另一方面，对他的研究助理，他又非常挑剔和严厉。用中国人的话说，像是冰火两重天。

那时，我刚出国，虽然出国前已经在社科院工作，但没有接触

---

* 本文发表于《比较》第 93 辑，2017 年第 6 期。本文是为祝贺雅诺什·科尔奈 90 岁生日而对许成钢的专访，采访人郭迪。本文有删节。小标题为编者所加。——编者注

过国际学术界的严格规范，也并不真正理解国际学术界的要求。在给科尔奈做研究助理的时候，根据他的要求，我们要把数据都列成相应的表格。制作数据表不仅仅是形式上的要求，实际上是研究工作中非常重要的一个组成部分，它不是简单地把数据列在表上就算完成任务，而是要求你用心思考这些数据要表达的内容，然后据此制作相应的表格。刚开始做他的助研时，我觉得这事太容易了，就简单机械地把数据堆放在一起，结果遭到了科尔奈的严厉批评。他说，你把这些数据都堆放在一起有什么意义吗？这对于我后来在学术上的发展都很重要。科尔奈关心所有的细节，作为学生来说，会觉得他很严厉，但另一方面，如果你理解了这其中的含义，这样的帮助实际上能让你终身受益。

他找我和钱颖一两个中国学生做研究助理，对我们俩有一份不同于其他学生的独特关爱。除了个人原因，也有他对中国的关心。在我们做学生的时候，他定期找我们去他家。逢年过节，他夫人掌勺做饭，我们则海阔天空地聊天。他的课程和哈佛大学其他课程都不一样，因为所有其他课程讨论的都是我们一无所知的内容，只有这门课，即使他不讲中国，但是他讲的几乎所有内容，包括那些很详细的故事，都让你觉得他说的就是中国。他可能也发现我们和其他国家的学生有不同的反应。因此，我们自然就来往很多。

从研究工作的角度而言，他是贯穿我的博士论文前后的主要导师。在这个过程中，他一直很强调任何工作要和你观察到的现象、观察到的制度紧密地联系在一起。经济学主流的研究方式，都是从界定或者构造个人的效用函数开始，他对这一点持强烈的批评意见。这和他的名作《反均衡论》（*Anti-Equilibrium*）是直接相关的。他希望我们在做研究工作的时候，要考虑研究工作的起点是什么。

在博士论文的写作过程中，他给我最重要的指导是，摆脱狭窄的经济学对象和经济学方法论的限制。也就是说，不能只关心所谓的纯经济现象，而是要和你所处的现实世界相联系，而现实世界一定是政治和经济相互交织的。他自己也一直是努力这样做的。

在做他的学生期间，我们还曾讨论渐进式改革、摸着石头过河的改革，以及关于经济改革在先、政治改革在后等问题。关于这些问题，他持非常尖锐的批评意见，其中最关键的一点就是，他认为世界上不是什么改革都可以渐进的。比如说一党制和多党制，这里没有渐进，而是1到2的突变。比如说当时叶利钦当选为俄罗斯联邦的总统，这发生在苏联垮台之前，他说这就是突变。我们对这类问题有过很多的讨论，而且不限于学术讨论。

问：刚才谈到你和他个人的关系，从开始到后来延续了这么多年。从学术方面看，从最简单的怎么开始做学术，到学术的基本标准是什么，再到怎么面对学术，学术的方法论是什么，怎么真正把学术问题讨论好，如何把社会问题和你要做的学术问题联系在一起，科尔奈对你都是有特别基本的启蒙作用。个人方面，他对你来说是一位很特殊的导师，当年的你们，刚刚到西方世界，在面对中国特别多的困惑时，你们和科尔奈之间在精神和情感上实际上有一种相互皈依感吧？

许成钢：对，有科尔奈教授作为导师，这是非常特殊的一种运气或者说幸运。因为这是极其难得的，这里面包括太多的方面，不仅包括纯学术方面，更关键的是还包括许多非常重要的基本理解，而这些基本理解，有时候甚至超出了语言和文字能表达的范围。因为无论是他讨论社会主义体制，还是讨论中国的现象，我们相互之间都会产生共鸣。在语言和文字表达背后的这种共鸣和理解实际上是我们的特殊背景带来的。这是一种罕见的幸运，不仅仅因为我们来自相似的体制。比这一点更重要的是，科尔奈是国际上公认的研究社会主义体制方面最好的专家，他是世界上对社会主义体制了解最深刻的那个人。我对研究社会主义体制的着迷，早在1966年“文革”时期就开始了。我到了哈佛大学以后，并不清楚我是否会找到合适的导师，导师是否有兴趣关心我想要研究的问题。但是，我居然有机会遇到世界上最好的、对社会主义体制理解最深刻的人，他还成了我们的导师。这真是太大的幸运。

问：这种心灵上的沟通其实对你们学术上也是很有帮助的。

许成钢：对，他对我的帮助是持续的。从那时候起，一直持续到现在。让我用一个具体的例子说明，就是我2011年发表在《经济学文献杂志》（*Journal of Economic Literature*）上的那篇论文。

2009年在芬兰赫尔辛基参加纪念推倒柏林墙20周年的国际会议上，我讲了这篇论文，之后我和科尔奈单独去芬兰赫尔辛基附近的一个小岛。我们一路走一路谈，谈了一个多小时。他一方面非常赞赏我对中国制度的分析；另一方面，对我的这篇论文提出了批评，认为太过集中在经济方面，太过看重经济发展，中国面临的远为重要的问题是其政治制度对将来的影响。他说，你自己知道这一点，但是你的读者不一定知道，作为一个诚实的学者，你必须要让你的读者知道，让你的读者知道那些你知道但他们不一定知道的事。这次长时间的谈话还深入许多具体的细节，远远超出一篇论文的范围，至今影响着我的研究工作的基本方面。

科尔奈的三本书

问： 继续刚才的话题，科尔奈在研究中有一个很基本的特点，就是他把社会和经济之间的关系放在一起来看，以科学的方式研究社会和经济之间的关系。这种研究方法在最近一二十年似乎有复兴的迹象，你觉得未来以这样一种方式看待社会和经济问题的话，哪些话题和哪些课题是最重要的？

许成钢： 的确，最近二十多年来，新政治经济学（new political economics）、新制度经济学（new institutional economics）突飞猛进，带来了翻天覆地的变化，将经济学从过去很狭窄地界定在纯经济范围，用很狭窄的方式开展研究，拓展到政治和制度领域。之所以有这样翻天覆地的变化，背后最大的推动因素就是因为苏联东欧集团的崩溃和随之发生的大规模转轨（transition）。而对苏东集团的崩溃和转轨的研究，世界上公认的最强的学术领袖就是科尔奈。

所有转轨国家都遇到非常基本的困难，而这些困难本身也是经济学的重大挑战。转轨初期，我们看到，除了中国等少数国家外，多数转轨经济都陷入了经济衰退。但是另一方面，它们的政治制度变成了民主制度，它们的经济也普遍恢复。但是在金融危机之后，大部分转轨国家在政治上又从民主制度朝着威权主义转变。这不仅对它们的社会是一个挑战，在学术上也是一个重大挑战，因为学术上对这个问题严重缺乏基本的研究。

在现在的新政治经济学、新制度经济学的学者里，没有足够的学者关注这些特别重大的问题。除了过去的苏东集团，中国是转轨经济的另外一个例子。虽然中国在转轨过程中，单从经济发展的角度看，似乎相对比较平稳而且比较快，但是，它在政治制度和整体制度上面临着非常基本的障碍。其政治制度没能随着经济改革而变革，对经济改革和经济发展都形成了障碍。对所有这些重大问题，目前的学术研究都极其薄弱。所以，这是学术上的重大挑战，需要年轻学者高度关注并投入力量去做。

问：科尔奈在经济学领域有两个公认的最主要的贡献，一个是1971 年的《反均衡论》，一个是 1980 年的《短缺经济学》中提出的软预算约束理论。你是否同意这是科尔奈最大的两个贡献？如果是，你觉得哪一个对我们现在的经济学研究更重要？

许成钢：从他完成的著作看，这两部著作应该是影响最大的，但实际上还有另外一部影响非常大的著作《社会主义体制》。所以，应该说影响最大的是这三部著作。

《反均衡论》这部早年的著作，从方法论和研究对象上，对新古典经济学提出了基本挑战。由于是对主流经济学的基本挑战，所以在主流经济学界里，接受的程度比较低。但是，我相信这里面的基本思想会大大启发未来的研究。

打一个比方。自从广义相对论之后，爱因斯坦的后半生时间都在从事统一场论，但是他没能完成这个工作。此后，有大量物理学家追随这个理论，受它启发。虽然今天的物理学界关于统一场论的努力并不是在所有的具体内容上都追随爱因斯坦的统一场论，但是统一场论的想法是后来研究者的灵感源泉。我想说，科尔奈的反均衡理论作为一个启发，已经对而且还会对一代又一代年轻学者带来启发。当然，并不是所有人都能够受启发，能够受启发的人往往是更有批判精神的学者。

关于软预算约束理论，这是在学术界没有争议的重要理论，是重大突破。它不仅是科尔奈影响最大的工作，也是从苏联东欧集团的背景下产生的社会科学家里影响最大的。无论是在东欧国家，还是在俄罗斯，在苏联的其他加盟共和国，还是在中国，这都得到了充分的验证，也得到了几乎所有这些国家的学者和政策制定者的充分理解。软预算约束理论的影响远远超越了改革前的中央计划经济的范畴，甚至从根本上影响了我们对市场经济的理解。

一方面，所谓的软预算约束现象在市场经济中也大量存在，例如在美国、日本、韩国都存在。另一方面，对软预算约束这种现象的分析、讨论，反过来帮助我们理解资本主义制度，理解市场经济。为什么以私有制为基础的市场制度，我们见到的主体是硬预算约束？但是，一旦政府深度卷入，哪怕是私有制的市场经济，也会产生软预算约束？为什么在国有制的市场经济，即所谓的市场社会主义里，软预算约束则是基本规律？这个问题的深度和广度，大大超越了单纯的社会主义经济、计划经济、改革中的经济、转轨中的经济的范畴。这个问题是整个经济学中最基本的部分之一。没有对这个问题的认识，我们对资本主义的认识都是有限的。所以，从这个角度讲，软预算约束理论是得到大量实证验证的、影响最大的理论之一。

此外，科尔奈关于社会主义体制的著作的姊妹篇是他关于资本主义体制的著作。由于健康原因，这本著作没能全部完成。但最近出版了一个简要版。当我们讨论科尔奈在研究社会主义体制方面的贡献时，应该把这两部著作合并在一起讨论。原因在于，学术上对社会主义体制的讨论从来也不限于社会主义制度本身。有一种误解，认为公有制为基础的社会主义体制已经不存在了，所以任何讨论已经消亡的体制的学术工作，就相当于在生物学里讨论恐龙，只局限于小众，不值得普遍关心。其实，社会主义是资本主义的镜像。从理论上讲，往往从极端现象入手，能够帮助简化分析，深入认识什么是起最基本作用的制度。在现实中，极端现象的一端是全面国有制的社会主义，另一端就是纯私有的、只有最小政府的市场经济。任何现实的经济都在这两个极端的中间。没有对这两个极端的认识，我们对资本主义的认识是不可能完整的。而讨论到社会主义的极端，最重要的贡献是科尔奈的工作。例如，最近在大众里很流行的著作《21 世纪资本论》，之所以影响巨大的部分原因就是，人们对社会主义那个极端的无知。当只看资本主义的一个极端，看到资本主义存在的问题时，人们会误认为所见到的问题是资本主义的邪恶体制造成的。

问：总结一下，你认为科尔奈对经济学的贡献有三个部分的工作特别重要，一个是反均衡理论，一个是软预算约束理论，还有一个是关于社会主义体制和资本主义体制的理论。这些工作对经济学的基础提出了质疑和挑战，会给后面的年轻学者沿着这些思路继续经济学研究提供启发。

许成钢：从相当大的程度上，可以认为科尔奈的软预算约束理论，关于社会主义体制和资本主义体制的理论，是他应用反均衡理论的结果。反均衡论是抽象的讨论。当这个理论不仅从基础上挑战主流经济学，而且高度抽象的时候，能够理解的人很少。相比之下，之所以软预算约束理论和他关于社会主义体制的理论更被人广泛接受，是因为它们更具体，而且得到了验证。了解他的这些具体成果之后，就会启发最优秀的学者重新思考反均衡理论中的那些思想方法。

金融危机的新解释

问：如你刚才说的，如果我们把社会主义体制和资本主义体制看成两个互为镜像的极端现象，运用软预算约束是否可以对许多社会现象，例如金融危机，做出新的解释？

许成钢：我的看法是2008年的全球金融危机，它背后非常重要的基本机制是软预算约束，而我所知道的现代文献都没有清楚地指出这一点。为什么说背后主要的机制是软预算约束呢？我们知道直接触发2008年金融危机的是次贷危机。什么是次贷？次贷是由金融机构以超高杠杆提供的购房抵押贷款。而且它们在放贷时就知道，如果房价下降，许多接受这种贷款的个人都没有能力偿还，因此称为次贷。当高杠杆的次贷成为普遍的社会现象时，这个经济是不可持续的，会导致重大金融危机。问题是，为什么会产生次贷？为什么以前没有，现在才有呢？这些是需要理解的重要问题。我之所以把 2008 年金融危机视为软预算约束问题，道理如下：在传统的资本主义体制里，发放住房贷款的是银行。银行发放的抵押贷款，作为抵押的房产要落在自己的资产负债表上。关系到银行自身的安全，自身面临破产威胁，银行会关心抵押资产的性质，关心借款人的还贷能力、借贷人的信用等。这是传统资本主义经济中的硬预算约束带来的结果。但是，从 20 世纪 90 年代以来，产生了所谓的金融创新，其核心内容就是放贷人可以把他的抵押资产打包后以金融产品出售。而买了这些金融产品的人可以再打包出售。如此一层层交易以后，借款人和最终出资人之间的关系变得非常遥远，使贷款人的破产与出资人的破产之间，似乎没有了关系。这就动摇了资本主义的根基——硬预算约束，把资本主义经济中每个人面对的硬预算约束变成了软预算约束。这就是导致危机的根源。概要地说，科尔奈指出，资本主义的性质是硬预算约束。如果破坏了硬预算约束，无论软预算约束是来自政府，还是来自其他方面，只要是软预算约束，资本主义就不能够稳定地运行。金融危机是表现形式之一。一些从心理因素，如贪婪等，或者单纯从金融监管，从货币政策讨论 2008 年金融危机的说法，都没有抓住问题的要害。

问：科尔奈 2013 年的新书①又一次挑战主流经济学。他描述资本主义制度总是供过于求，虽然这会有很多浪费，同时它也是社会进步的一个基本驱动力。你对此怎么看呢？

许成钢：这部著作是他的《资本主义体制》那本大著作的缩写本。这部著作与他的《社会主义体制》合在一起，是对世界基本制度的一个整体贡献。从另一个角度讲，我们刚才已经提到，反均衡理论表达得很抽象，而《社会主义体制》和《资本主义体制》这两部著作都是应用反均衡理论的具体结果。如他所描述的，在资本主义体制下，基本特征是过剩，而在社会主义体制下，基本特征是短缺，过剩和短缺都是和均衡相冲突的，即这都是他的反均衡理论的具体表达。

① 即 2013 年由牛津大学出版社出版的《动态变化、竞争和过剩经济》（*Dynamism*，*Rivalry*，*and the Surplus Economy*：*Two Essays on the Nature of Capitalism*）。——编者注

在这个基础上，经典的社会主义体制和典型的资本主义体制，它们的发展动力分别是什么呢？在经典的社会主义社会里，发展动力是短缺。中央计划每一天都是紧紧盯着短缺，要把短缺给补上。而资本主义的发展是动态的，是熊彼特的创造性破坏，这个机制背后的基本动力是过剩（surplus）。熊彼特本人没有把这个机制讲清楚，但科尔奈把它说清楚了。当企业面对市场大规模的过剩时，它们怎么生存？一方面是硬预算约束，意味着过剩多了就要亏损，要破产；另一方面为了生存，就要革新、创新，突破原来形成的均衡。创造新产品，由此获得垄断权，才可以从中获得巨大利润。但是，一旦有新产品出来，所有大量生产的旧产品就很快变成过剩。所以，一方面过剩是创新的动力，另一方面过剩是创新的产物。科尔奈的这一分析非常精辟。这个概念性的讨论，为新一代经济学家提供了非常重要的启发。这部著作2013年由牛津出版社出版，在年轻经济学家中还没有引起足够的重视。如果年轻的经济学家受到启发，把它写成理论模型，进行经验验证（empirical test），就很可能在经济学上做出进一步的重大突破。

问：你觉得科尔奈从学术上对你有什么直接影响？面对经济学问题，从方法论到具体问题，你得到了怎样最直接的启发？

许成钢：主要在两个方面，第一个方面是普遍性的，第二个方面是具体的。在普遍性方面，是打破了狭窄的学科划分的界线。在非常多最优秀的学者中，科尔奈最强力地在努力打破这种人为划定的界线。他总是强调，所谓的纯经济现象，绝大多数都不是纯经济现象。

他对我的具体研究方向影响最大的是软预算约束理论。这个理论实际上是一个普遍的基本现象，它产生的根源是基本的社会制度，后果是普遍性的。你越多越仔细地探索，就越发现我们对它的认识还差得很远，虽然它的影响非常深远、非常广泛。

除了已经发表的一些工作外，我还有一些受科尔奈影响但尚未完成的我认为重要的工作。我曾经研究软预算约束对经济增长的影响，研究软预算约束如何影响研究与开发，影响创新，从而影响经济的长期增长。虽然已经有了相当的积累，但距离想要达到的目标还有很大差距，大量研究还有待继续。另外，对于软预算约束和金融危机的关系，我也做了一些研究。刚才讲到对2008年金融危机的解释，我这个想法并没能来得及变成一个正式的理论模型，也没来得及做系统的经验验证，但我相信从大量观察里得来的直觉是对的。

科尔奈思想在中国的应用

问：科尔奈一生致力于研究社会主义体制，现在中国是最大的社会主义国家，也面对一系列经济发展的问题，你觉得把科尔奈的学术具体应用在中国，来解释中国现象，对中国下一步的发展有什么样的重要启示？尤其是对现在中国几个大的国家政策，如“一带一路”、创新和国有企业改革。

许成钢：如果讨论科尔奈思想在中国的应用，实际上早在20世纪80年代，科尔奈在中国的经济改革和政策设计方面，就产生了巨大的影响。在80年代和90年代，甚至高层领导人都知道科尔奈的基本理论要点是什么。这使中国曾经在治理软预算约束方面取得了很大成就，为中国经济一度的高速发展奠定了基础。但很不幸的是，进入21世纪以来，活跃在中国政策制定领域的学者和政策制定者，抛弃了对软预算约束问题的关注。其后果之一，就是以前曾经得到了相当控制的软预算约束问题，在最近十几年里以新形式迅速重新泛滥。所谓国企改革，其核心问题就是解决软预算约束问题。从理论上、从政策制定上讲，过去能够取得的成绩都是在这个方向上取得的。今天国企的问题又变得极端严重，主要就在于软预算约束问题的死灰复燃。今天所谓的僵尸企业，根本原因就是软预算约束问题使资不抵债的国有企业不破产，僵尸企业这个词表达了软预算约束带来的巨大后果。第二个后果就是巨大的过剩产能，第三个就是债台高筑而且还在加剧。

所有这些现象背后的原因，就是长期忽视了软预算约束问题，忽视了造成软预算约束的制度背景。在这个制度下，不断产生新的软预算约束形式。甚至金融市场中的上市企业，多数也是软预算约束的。本来金融市场的基础是硬预算约束，也就是说，任何企业业绩不够好的时候，人们就会在金融市场上抛售其股票。被抛售的企业就会破产或者被并购，这就是硬预算约束的表现。但是，在中国的金融市场上，并不是这样的情形。大量国有上市企业，在业绩不佳甚至资不抵债时，得到各种各样的软预算约束式注资。这不仅扭曲了企业的激励机制，也扭曲了市场的基本信息和激励机制。股民会猜测政府的反应，甚至会认为当一个重要的资不抵债的企业出现最坏情况的时候，反而有可能是转折点。这就是为什么中国的金融市场和基本面之间没有清楚的关系。软预算约束理论是解释中国金融市场不能有效运行的基础。

中国金融市场的这种不正常有两个制度背景：一是法治不健全，二是软预算约束。只要金融市场充满了软预算约束，它就不是经济学和金融学通常讨论的金融市场。最令人遗憾的是，现在中国经济学界关注科尔奈理论的学者比以前少得多，尤其是留学归来的年轻学者。这是一件可悲的事情。因为离开科尔奈的理论，套用适用于发达国家的理论，从文献里抄两个流行的工具分析中国，经常文不对题，误入歧途。这样的研究，往往从起点上就已经走错了方向。在此基础上展开，不仅在理论上误导别人，应用到政策上就误导了政策。

还有一种错误的观念是，软预算约束理论是过去针对改革中的计划经济提出的，现在已经过时了。其实，今天绝大多数的经济学理论，追寻它的原始概念，都比软预算约束早得多。而软预算约束这个概念能正确抓住中国存在的大量基本问题。

问：中国这些年，在商品市场上存在大量过剩，在金融领域存在大量软预算约束问题，怎么去研究和解释这两者的并存？

许成钢：这是经济学面临的挑战，是需要经济学创新的地方。科尔奈提出的理论讨论的是国有制的社会主义经济，或改革的社会主义经济。在这样的社会主义体制里，软预算约束带来短缺。但现在中国的经济主体是私有的，国有企业依仗它的软预算约束，通过垄断地位和扩大规模，挤压私有企业生产出来的利润。它们的软预算约束给经济造成了巨大的过剩。

这是我对这个观察的粗浅解释。要把这个观察变成严格的理论，构建理论模型和经验验证模型，是一个很大的挑战。但是，任何朝着这个方向构建的理论和验证都可能推动经济学的大发展，因为它不仅仅在经济学上是新的，而且在政策上会指导中国的经济改革。

最后作为小结，我想说，科尔奈不仅在基础经济学研究方面有特别重要的贡献，在解释社会主义体制以及资本主义体制的许多重大问题上，也有特别强的实际应用和政策方面的重要贡献。他在学术界的影响，会像熊彼特、兰格、哈耶克那样，源远流长。

思想的历程：我所知道的科尔奈

在推荐《思想的力量》一书时，我曾说："作为匈牙利社会主义政治经济制度的创建者、改革者及批判者，全世界社会主义经济改革的先驱，在经济思想史中独树一帜的理论家，雅诺什·科尔奈的回忆录《思想的力量》以人格化的角度、大师的高度、学者的深度揭示了经济改革、体制转轨、制度变迁的过程及规律。科尔奈是唯一在新古典、新制度，在计划、改革、转轨等方面同时做出过开创性贡献的经济学家。此书是集制度变迁及经济学思想史为一身的经典。"我相信多数对经济学，尤其是对转轨经济学熟悉的读者，在读过此书后会同意我的推荐意见。以下让我以科尔奈的学生和朋友的身份，从另一个侧面提供一些事实及我个人的认识或解释。这里表达的是我个人的认识，其中有一些同科尔奈讨论过。本文中的任何谬误均由我自己负责。

学术生涯的起点

科尔奈教授的学术成就甚为宽广，甚为深厚，有些在他的自传中提到了，有些并没有充分提到。

科尔奈幼年的生活非常特殊。他出生于犹太家庭，许多家人在

* 本文发表于《比较》第48辑，2010年第3期。原文标题为：《〈思想的力量〉和思想的历程：我所知道的科尔奈的生平和成就》。小标题为编者所加。——编者注

** 感谢肖梦和《经济观察报》程明霞对撰写此文的帮助。本文曾发表于《经济观察报》书评增刊。

二战期间丧生于纳粹对犹太人的屠杀。他本人是从大屠杀中逃生的。因为有这样的经历，他在苏联红军解放匈牙利之后，成为一名共产党员，强烈地信仰共产主义。但是，最重要的是，在他很年轻的时候，他不仅参与了全世界社会主义体制的第一次重大改革，即惨遭苏联镇压的 1956 年的匈牙利改革，而且在改革的思路上起了重要作用。

这次流产的改革对科尔奈一生有非常重大的影响。之所以在非常年轻时，他就在这次非常重要的改革思路上起重要作用（这是整个社会主义阵营的第一次改革），是因为在当时他已经就中央计划经济体制的深层问题进行了系统的研究。在那一年，他出版了他的第一本著作《经济管理的过度集中化》。这本书不仅在当时的匈牙利产生了重大影响，后来在学术界和决策界也一直有非常大的影响，对他本人后来一生的学术发展也有重大影响。

所以说，从一开始他的学术生涯和社会主义体制的改革就是紧紧联系在一起的。1968 年，匈牙利是全世界社会主义阵营中第一个进行了全面经济体制改革的国家。而科尔奈正是这次举世瞩目的社会主义改革的策划者和设计师，整个改革的思想就是受他的影响。

因为他对社会主义体制的深刻认识，他对匈牙利的经济改革有巨大的贡献。远远超出对政策的贡献，科尔奈在基础经济学理论方面的杰出成就也早在 20 世纪 60 年代就被国际经济学界充分地承认。可以说他是第一位被国际经济学界公认的，来自社会主义国家的，透彻地分析了中央计划的弊病，彻底地改革中央计划经济，同时又对经济学理论做出基础性贡献的经济学大师。

科尔奈的理论贡献

科尔奈对经济学的基本贡献之一是他关于计划经济的基本理论。这一理论其实是经济学的核心理论——“一般均衡理论”的镜面理论。也就是说，要真正透彻理解一般均衡理论，就需要知道它的镜面，市场经济镜子的那一面就是计划经济。而关于计划经济的理论，在国际上做出最重要贡献的就是科尔奈。除了纯理论的贡献外，他的关于计划经济的基本理论直接帮助理解计划经济改革，以及经济改革过程中出现的种种问题。科尔奈后来提出的短缺经济学、软预算约束等重要的理论和概念，都是同他早期对经济学的这些基本贡献紧密相关、一脉相承的。短缺经济学、软预算约束等重要的理论和概念使科尔奈成为国际上对经济转轨贡献最大的经济学家。不仅对东欧、中欧、苏联的前加盟共和国，包括对中国的改革和转轨，他的思想都产生了最重大的影响。

这里必须强调，经济转轨的含义是什么。经济转轨是人类历史上经历过的最大规模的、和平的制度变迁。那么对于经济转轨做出最大的贡献，这意味着什么就不言自明了。

在国际经济学界，许多经济学家都认为科尔奈获得诺贝尔经济学奖只是时间早晚的问题。这是许多著名经济学家公开表达过的，比如当年科尔奈在哈佛经济系的同事萨默斯（Larry Summers）（后来离开哈佛去了世界银行当副行长、首席经济学家，还在克林顿政府做过财政部长，现在则是奥巴马政府的经济顾问）。萨默斯在1990年接受《波士顿环球报》采访的时候就说过，科尔奈多次入围诺贝尔经济学奖的决选候选人（short listed）。马斯金[①]也告诉我，他每一年都向诺贝尔奖委员会提名科尔奈。2007年以前，每一年当诺贝尔奖委员会送调查表到他手里，他都提名赫维茨和科尔奈。后来他自己和赫维茨在2007年得奖之后，仍然每年都提名科尔奈。

1999年，诺贝尔奖委员会在斯德哥尔摩举办了第五次诺贝尔经济学论坛。这里我稍微介绍一下诺贝尔经济学论坛。诺贝尔经济学奖是每年授予的，但诺贝尔经济学论坛很少举办。诺贝尔经济学奖已经颁发了几十年，但是诺贝尔经济论坛才举办过五次，可见其规格之高。第五次诺贝尔经济学论坛的主题是经济转轨，这说明诺贝尔奖委员会充分认识到经济转轨这个命题的重要性。而科尔奈是被这次论坛邀请的唯一主题演讲者，可见科尔奈在学术界、诺贝尔奖委员会眼里的地位。经济学家普遍猜测，这次论坛是为科尔奈获诺

① 埃克里·马斯金（Eric Maskin），美国经济学家。因“为机制设计理论奠定基础”而与利奥·赫维茨、罗杰·迈尔森共同获得2007年诺贝尔经济学奖。——编者注

贝尔奖做准备的。

如前所述，除了经济转轨，科尔奈也在其他非常重要的经济学领域做出了基本贡献，包括经济学的基本理论，也就是一般均衡理论，因为它和计划经济的命题紧密相关；在某种程度上说，也有机制设计理论，也是与计划经济相关的。

科尔奈一系列的学术著作对经济学产生了非常深远的影响。第一部就是我前面已经提到的《经济管理的过度集中化》，写于1956年，这是世界上第一部来自社会主义阵营内部的、深入分析和批判苏联式计划经济的学术著作。这部著作受到了东西方经济学家的高度重视，它分析了计划经济体制内部的严重问题。

科尔奈第二个系列的重要贡献是科尔奈－利普塔克模型，主体是发表在《计量经济学》杂志的两篇关于“双层计划”的理论论文。这个模型对经济学的基本理论有着重大的贡献。但是科尔奈在这部自传里，没有足够充分地解释这个模型。一方面是因为他的自传不限于学术，他写作的初衷就是写给大量非学术类读者看的。另一方面是因为他非常谦虚，他觉得对他的学术成就的评价，应该由其他人来做。而我们作为“其他人”，应该给予科尔奈－利普塔克模型以充分的评价。

这个模型讨论的是，在理想状态下的计划经济中，怎样能够达到资源配置的最优。经济学最核心的部分是一般均衡理论，也叫作阿罗－德布鲁模型。阿罗和德布鲁因为一般均衡理论分别获得了诺贝尔经济学奖。阿罗－德布鲁模型讨论的是理想状态的市场经济。一般均衡理论证明，市场的竞争总能够达到均衡，而这个均衡一定能实现资源的最优配置。此外，任何一种资源的最优配置都能够找到对应的竞争均衡点。这是一般均衡理论最基本最重要的道理。但是这个最基本最重要的道理，被一些经济学家和非经济学家理解为，这个理论证明市场经济是最好的制度。这是一种误解。因为在理想的计划经济下，也能达到资源的最优配置。科尔奈－利普塔克模型证明了在合理的计划制度之下，能达到资源的最优配置，而且任何一个最优的资源配置都对应于一种理想的计划方式来实现它。

把阿罗－德布鲁模型与科尔奈－利普塔克模型放在一起，我们才能完整地认识到，在理想状态下，制度是不相关的。因为无论市场经济还是计划经济都能达到最优的资源配置。阿罗－德布鲁模型证明了市场经济这一面，科尔奈－利普塔克模型证明了计划经济这一面。由此可见，科尔奈－利普塔克模型的重要性等同于阿罗－德布鲁模型。

在现实中，制度之所以重要，正是由于无论是计划经济还是市场经济，都不可能在理想状态下运行。在这本自传和他的一系列著作里，科尔奈对把实际和理想状态混淆的研究或解释，持非常严厉的批评态度。

那么，我们为什么还要研究理想状态呢？研究理想状态，是为了给我们分析和研究现实提供一种理论基准。科尔奈－利普塔克模型与阿罗－德布鲁模型共同提供了制度不相关性的基准条件。这个理论基准直接帮助我们认识到，在现实中，在什么条件下，何种制度起了何种作用，为什么制度是重要的。

实际上，这个理论基准的发展，也就是科尔奈－利普塔克模型，为日后科尔奈对现实制度的深入洞察奠定了基础。这个模型帮助科尔奈清楚地识别出经济改革中产生的许多问题的制度根源。

阿罗最早认识到科尔奈工作的重要性。从《思想的力量》一书中，读者可以看到阿罗对科尔奈的巨大帮助和他们的友谊。但是科尔奈太过谦虚，没能在他的自传里充分解释，事实上，他的理论思想的冲击引发了国际经济学界对他的巨大热情。

溯源： 科尔奈与兰格

科尔奈关于理想状态下计划经济的理论工作，从经济学思想上可以追溯到奥斯卡·兰格的思路。这一点他在自传里也有所提及。

奥斯卡·兰格是“市场社会主义”的发明人，他创造了这个基本概念，发明了市场社会主义的理论。他第一个提出，在正确的设计下，市场社会主义的效益至少可以和市场经济一样好。

在 20 世纪三四十年代有一场很重要的关于“市场社会主义”的辩论。这场辩论深刻地影响了以后几十年里经济学的基本发展方向。奥斯卡·兰格最重要的对手是哈耶克。哈耶克指出，如果保持国有制不变，市场社会主义就不可能实现和市场经济一样的效益。原因是，在国有体制下会产生大量的信息问题、激励机制问题。由此辩论激发的经济学的发展决定了今天经济学的基本状态。

但是，当时辩论的时候，哈耶克基本停留在一种哲学层面的讨论，而不是严格的经济学论证，不能令人充分信服。所以这个辩论就一直延续着。而科尔奈－利普塔克模型从严格的经济学角度证明了奥斯卡·兰格的命题：在忽略了信息等问题的理想状态下，奥斯卡·兰格的理论是成立的。这也从侧面暗示了哈耶克提出信息问题、激励机制问题的前瞻性。

沿着奥斯卡·兰格的思路，经济学还有另一个重大发展，就是机制设计理论的发展，创始人是赫维茨，他在 2007 年因为机制设计理论同马斯金以及迈尔森获得了诺贝尔经济学奖。赫维茨本人曾经就是奥斯卡·兰格的助手，激发他从事机制设计理论研究的主要原因就是解决“市场社会主义”存在的信息及激励机制问题。

所有这些背景都非常重要，因为只有了解了这些，我们才能知道科尔奈－利普塔克模型的贡献有多大。我们也就能理解，这个模型为何备受国际学术界的关注。实际上，在社会主义阵营的经济学家中，这是当时唯一获得如此高度关注的理论。

需要强调的是，科尔奈在非常年轻的时候，就得到了国际学术界的高度重视。当时全世界最杰出的一群经济学家，都是在一般均衡理论、机制设计理论和组织理论这些领域。用今天的标准来概括，他们可以统称为研究经济制度的经济学家。科尔奈在很年轻的时候就被这样一群研究经济制度的最杰出的经济学家邀请去剑桥演讲。1963 年，应著名经济学家马林沃的邀请（当时马林沃本人也是《经济计量学杂志》的主编），科尔奈参加了在剑桥召开的国际经济学会（IEA）圆桌会议。这是科尔奈第一次到西方国家。

参与这次圆桌会议的讨论者包括了当时世界上最杰出的研究一般均衡理论、机制设计理论和组织理论（可以按今天的标准统称为制度）的经济学家。这里面的大部分人，不仅在当时是最杰出的经济学家，而且很多都是在经济思想史上做出了重大贡献的杰出人士，例如，阿莱、库普曼斯、斯通、赫维茨、多夫曼、戈尔曼、哈恩、麦肯齐以及拉德纳等。其中阿莱、库普曼斯、斯通和赫维茨在以后陆续获得诺贝尔经济学奖。用今天的语言概括，当时世界上研究经济制度的最杰出的一拨经济学家邀请了科尔奈。自传里特别提到当时已负盛名的一般均衡理论和机制设计理论的精神领袖库普曼斯及赫维茨热情地同年轻的科尔奈交往的情景。

科尔奈在自传里提到一些有趣的故事。自传第206页的注释里写道，他受邀在剑桥演讲期间遇到了罗宾逊夫人。罗宾逊夫人是凯恩斯的好友，也是凯恩斯主义非常重要的贡献人之一。年轻的科尔奈在剑桥见到她时，她已经步入晚年。晚年的罗宾逊夫人狂热崇拜毛泽东思想。

这个小故事可以帮助我们理解20世纪八九十年代至今，剑桥大学的一批经济学家。从80年代以来，剑桥经济学系招收了许多来自中国的经济学家去那里攻读博士学位，培养了一大批经济学家。剑桥培养经济学家的方式和其他大学的经济学系非常不一样。80年代到90年代从剑桥经济学系毕业的许多非常重要的经济学家，都是罗宾逊夫人的学生辈，追随着罗宾逊夫人的思路，所以从罗宾逊夫人的态度，我们能够理解他们独特的教学方式。

思想的历程

在科尔奈－利普塔克模型之后，科尔奈得到了国际经济学界的高度重视。阿罗教授邀请他去美国访问，在美国期间，科尔奈完成了他的著作《反均衡论》。

这是一项非常特殊的工作。因为阿罗教授是一般均衡理论里最重要的人物，而他邀请科尔奈去访问，是要科尔奈做反均衡论的工作。从这里我们可以看到真正的、最诚挚、最深入的学术交流是什么样子。实际上，科尔奈年轻时在国际上获得的成就，其中相当一部分是阿罗教授向外界介绍的，而阿罗教授最欣赏科尔奈的原因之一，就是科尔奈能够尖锐地批判当时的主流经济学的核心：一般均衡理论。科尔奈对一般均衡理论的批评，是他在学术上迈出的一大步。这是走向制度分析的必要一大步。

在反均衡论之后，科尔奈的一个重大的经济学突破，就是短缺经济学。《短缺经济学》这部著作有两个最重要的内容，第一就是提出了“软预算约束”的问题。这是一个在经济学中具有最基本影响的问题，帮助我们认清了社会主义制度的许多基本问题。第二是从软预算约束问题推论出短缺经济的现象。这中间还有若干步骤。其中重要的一步是所谓的“投资饥渴症”。所有这些现象，从软预算约束到投资饥渴症，再到短缺现象，都是在改革前和改革初期的中国大量存在的。

《短缺经济学》之后，科尔奈最重要的学术著作就是《社会主义体制——共产主义的政治经济学》，这部著作总结了他前半生的研究成果。需要指出的是，《短缺经济学》讨论的软预算约束、短缺经济、投资饥渴症问题，都远远超出了学术著作的范畴，这些问题的提出和分析都是基于他对匈牙利和东欧经济改革的观察。

科尔奈是1968年匈牙利经济体制改革的设计者和策划人。当时他天真地（这是他自己的语言）认为只要用市场取代了计划，那么大多数计划体制存在的问题就能解决。所以1968年的匈牙利经济改革全面放弃了计划经济。之后也有其他一些东欧国家追随匈牙利的做法。

但是在1968年匈牙利经济体制改革后的十几年里，科尔奈观察到，放弃中央计划之后，这种市场社会主义的经济并没有像资本主义国家的市场经济那样运作。大量的软预算约束问题导致投资饥渴症等问题，经济短缺的现象完全没有改善。所以他最终写出了《社会主义体制》这部著作。这部著作既包括他的学术研究，又包括他大量的现实观察，把学术分析和对现实的观察融合在一起，他就把这个问题讲得更透彻了。在《短缺经济学》中，由于种种原因，一些内容没有展开，而在《社会主义体制》这本著作中，他就更清晰完整地解释了政治对经济的干预，即在国有和计划体制下，政治是如何干预经济的，政治和经济因素怎样交互作用。

科尔奈：我的老师、导师、密友和父辈

初遇科尔奈

我最初认识科尔奈教授是在哈佛大学的课堂上。那是 1986 年的春天，科尔奈在哈佛大学授课。当时一起选修这门课的中国同学还有钱颖一、王一江、李稻葵。当时在哈佛做访问学者的茅于轼，以及在 NBER（美国国民经济研究局）做访问学者的樊纲也同我们一起旁听了这门课。如果没有记错，邹恒甫和胡祖六也曾旁听过一部分。我们一起听科尔奈的课，下课以后经常在一起讨论或议论相关题目。其间，我过去在农村的难友顾秀林（中国著名老一代经济学家顾准之女）曾专程慕名从夏威夷跑到哈佛听科尔奈的课。她向科尔奈解释，自称是我在黑龙江建设兵团的“战友”。科尔奈对学生中用“战友”而不是“同学”的称谓很感兴趣，觉得很具中国特色。

科尔奈的课程非常特殊，就像他在自传中讲的，他根本没有受过正规的西方经济学教育，完全是自己摸索的。所以他在学术上的讲解和境界，都不同于标准的在西方讲授的经济学课程。他当时讲授的课程，就是他撰写《社会主义体制》这部著作的过程。他的课程让我们这些中国学生感到非常亲切。因为他除了分析东欧的经济体制之外，还有大量对于东欧体制下社会现实的描述，那种描述真

* 本文发表于《比较》第 48 辑，2010 年第 3 期。为《〈思想的力量〉和思想的历程：我所知道的科尔奈的生平和成就》一文的附录。——编者注

是入木三分。而其他的经济课程不仅抽象，而且大量内容都是西方世界的经济现象，让我们这拨来自刚刚开始改革开放的中国学生感觉格格不入。股票市场、债券市场，这些西方经济学关注的基本经济现象，中国当时都还没有。其实，当时中国连中央银行都还没有，别说货币政策了，所以上其他的课我们总感觉对不上。而科尔奈讲的投资饥渴症、住房怎么分配等，这些都和中国存在的问题一样，所以我们感到特别亲切。

科尔奈在自传中说他的英语磕磕巴巴，其实他的英语并不磕巴，但确实不是他的母语，不是他最舒适的表达方式。即便如此，他的听众仍然很多，教室里都坐满了。这在哈佛经济系为博士生开的课程里很少见。绝大多数给博士生开的课程，教室里的人不多。但是科尔奈上课的教室总是坐满了人，一些不是经济学系的人也跑来听。一方面是因为科尔奈本人大名鼎鼎，大家慕名而来；另一方面是因为当时在西方，如何理解社会主义国家和社会主义制度，以及社会主义的经济改革，是一个非常引人关注的问题。

科尔奈写《社会主义体制》的过程很有趣。他提前写好提纲和讲义，然后在课堂上边讲边录音。他在我们这些同学中找母语是英语的同学做他的助理研究员，把录音整理成文字，他在录音整理的基础上再编辑和修订。同时他还招聘了若干来自不同国家，比如中国（我和钱颖一）、德国和讲俄语国家的其他同学做他的助理研究员。作为助研，我们的工作就是为这部著作涉及的大量议题收集和整理各种语言的资料，把收集到的数据制作成图表。最后按科尔奈的要求把这些变成统一的形式。科尔奈有意识地不把自己的课程拘泥于经济学主流的一些内容，有意识地让他的课程面对更广大的社会问题，同时涉及政治、体制、社会学等问题。所以他的著作涉及的文献范围非常宽泛，有些文献是经济学家一般不会注意的。这些内容远远超出了东方和西方关于计划经济的研究。有的文献之前我要么不知道，要么就是根本不会去读的，比如关于极权主义、威权主义，还有韦伯关于官僚体制的内容，都是在科尔奈的课堂上引起我极大兴趣去读的。

除了授课之外，科尔奈还负责每周组织一个研讨会。他组织的研讨会跟他授课的风格一样，完全不限制在主流经济学之内，而是跨学科的，把经济学、政治学、社会学甚至历史学都融为一体。给我印象特别深的是，他曾经邀请伯格森（A. Bergson）来演讲。伯格森是位非常重要的经济学家。在所有的经济学课程中，即使本科生的课本里也会有社会福利函数的内容，这个函数就是伯格森发明的。所以，在所有的文献中，社会福利函数经常被称为伯格森社会福利函数，或者伯格森－萨缪尔森社会福利函数。因为伯格森和萨缪尔森是同学，后来萨缪尔森也加入，和伯格森一起完成了社会福利函数。伯格森的第二个重大贡献在于，他一生的大部分时间都用于研究苏联。他是西方研究苏联问题最重要的人物。伯格森那次受科尔奈邀请来讲的就是苏联问题。著名的理论经济学家和苏联问题专家魏茨曼也曾应邀演讲。还有一个有趣的人物是社会学家魏昂德（Andrew Walder），他是美国最著名的研究中国问题的社会学家之一。他对中国大量的研究是针对政治制度的。记得他当时受科尔奈之邀来讲中国的乡镇企业。许多非常有趣的人物被科尔奈邀请来讨论，这对我来讲真是大开眼界。因为在别的讨论会上你很难见到这么多、范围这么宽、跨度这么大的学者。

从老师到导师

自从为科尔奈做助理研究员，我和他的交往变得深入和亲密，让我切身感受到他的许多特点。科尔奈非常严格，有时近乎苛刻。这种态度在大多数情况下我都能很愉快地接受。因为我有工程背景，工程上的要求是极其严格苛刻的。但是，科尔奈教授有时候“过分”严格。比如帮他收集的数据，他认为我的表达和解释不够清楚，不够充分，流于肤浅，或者容易误导，这种时候他会说出一些非常尖锐的话。那时，我会感到难以接受，感到沮丧和烦恼。但是现在看来，这些尖锐的批评对我长远的学术生涯都是非常有用的。

科尔奈的课是让我受益最大的课，也是我成绩最好的课程之一。如果我没有记错的话，他的课不考试，而是要写一篇短论文（term paper）。我写的论文是比较中国的经济改革和“经典社会主义”。“经典社会主义”和中国的经济改革都是《社会主义体制》这本书中讨论的内容。我这篇短论文是我自己收集的材料，关于我知道的中国经济改革和“经典社会主义”之间的对比。他给了我A+，这是我在哈佛大学念书期间成绩最好的三门课之一。

为了深入研究社会主义体制问题，我选择科尔奈做我博士论文的导师之一。所以我在哈佛大学的整个生涯中，科尔奈既是我的授课老师也是我的导师。在我论文答辩的时候，他作为我的导师，也作为答辩委员会的成员，在我博士论文的签名栏永久性地留下了他的署名。

作为导师的科尔奈很严厉，但是作为长辈，他对人非常亲密，超出了和蔼可亲。比如他会时常邀请我们去他家吃饭，他太太亲自做晚饭。在哈佛大学时他住的那种服务型公寓，是哈佛大学帮他安排的，离肯尼迪学院很近。我仍然记得第一次去他家时的情景。他家里布置得很有匈牙利民族艺术的味道，他太太做一手匈牙利风味的美味佳肴。从此，在我们的私人往来中都以朋友方式称他和他的妻子为雅诺什和苏萨。后来我也请雅诺什和苏萨到我家来吃晚饭。那其实是我平生第一次在家里请老师吃饭，以前在国内时我都没有过。那次最让我吃惊的是，他进我家的时间跟我们之前约定的时间分毫不差！简直匪夷所思。后来他告诉我，他对守时看得非常重。为了守时，他提前开车到我家门外，就在车里等着，时间一到他就准时按门铃。这让我非常震惊。因为我们是师生关系，他在学生面前，对自己的要求也如此严格。而且他还带了礼物给我，是一本匈牙利文的小说。他当时讲给我听，为什么这本小说是他最喜爱的。

科尔奈作为一个人，超出经济学家的人。他的兴趣非常广泛。他非常喜欢古典音乐，最喜欢的音乐家是莫扎特，他们夫妇经常去听古典音乐会。记得在我教书多年后，曾经同他们夫妇、马斯金夫妇以及马斯克雷尔[①]夫妇一起在波士顿音乐厅听莫扎特的钢琴奏鸣

① 安德鲁·马斯克雷尔（Andreu Mas-Colell），西班牙经济学家，世界知名的数理经济学家。——编者注

曲。中间休息时，他提起那天钢琴演奏家在演奏时纵情欢唱的有趣情景。他还特别喜欢看电影。当时还没有 DVD，都是录像带。他在哈佛广场租很多录像带回家去看，什么都看。他当时看了《霸王别姬》和《红高粱》之后，还跟我们讨论。他非常赞美巩俐的演技和魅力。

亦师亦友

科尔奈非常在意每个人的为人，超出学术之外的为人。他在为学生写推荐信时，除了学术之外，只要有可能，他总还要评价这个学生的为人。大量的学术和非学术交往使我们从师生变成了亲密的朋友。我们大量地讨论社会主义体制下的政治、经济、社会问题，以及我们各自的经历和观察。我向他谈及我的个人经历：我父亲曾被打成“右派”，我自己曾被打成“反革命”，曾经在农村劳动 10 年，包括作为“反革命”被劳改等。他觉得所有这些悲剧都像他自己的国家、他身边发生的事件一样熟悉。

在《社会主义体制》这本书的序言里，科尔奈教授写道，他的一个中国学生曾经在农村经历过折磨，现在坐在他的课堂里。他指的既是我的经历，也不仅是我个人的经历，那是一代中国青年人的经历。我们之间的亲密交往和理解，还因为一些重要的事件而深化。在我写论文的时期，北京发生了重大的事件。在那一两个礼拜里，除了在办公室谈话外，科尔奈还请我们到家里深谈。跟我们一样，他的心情非常沉重，每天都关注着来自北京的新闻。当时北京发生的一切把他带回了 1956 年的匈牙利。他觉得中国发生的事情就是他的祖国曾经发生的事情，深深地揪着他的心，使他不能做别的事情。

像许多中国学生一样，当时这个事件使我受到了很大的刺激，情绪非常急躁，全部精力投入了学生政治活动，基本上荒废了学业。直到后来科尔奈找我，跟我非常认真地谈话。他讲述了自己在 1956 年匈牙利事件后所做的决策，然后告诉我：你必须做一个选择，要么你就去做一个优秀的政治活动家，要么做一名优秀的学者，你不能做半个学者半个政治活动家，这是不可能做好的。在政治和学术之间，你必须做一个选择。

这次谈话对我非常重要。从此以后，我将这个忠告一直记在心里。到底我们该怎么为社会做贡献？怎样做才能够最好地贡献社会？我自己后来越来越清楚地认识到，我的长处，我能够为社会做贡献的地方是我的学术研究。这是他对我特别大的影响，超出了学术范围，关乎我的人生选择。当我从这本自传中多次读到相关的叙述时，我觉得 20 年前的情景仍然历历在目，犹如发生在昨夜。

我从哈佛毕业的时候，得到了几个不同机构的聘请，包括伦敦经济学院。当时我去征求科尔奈的意见。当他听说伦敦经济学院想要聘请我时，非常兴奋，他说那是他在西方工作过的第一个学术机构，受益匪浅。这在我决定加入伦敦经济学院工作上起了重要作用。后来我在伦敦经济学院的多位同事常常跟我讲起他们同科尔奈教授的交往，例如已故的威尔斯教授（Peter Wiles，他曾是当年大力推动伦敦经济学院聘请科尔奈的人之一）、波兰著名经济学家哥穆尔卡（Stanislaw Gomulka）、德赛勋爵（Lord Meghnad Desai）、雷雅德勋爵（Lord Richard Layard）等。

我到伦敦经济学院教书以后，仍一直和科尔奈保持着亲密的联系。我曾多年在哈佛国际发展研究所兼职。那段时间，除了在伦敦经济学院教书，每年有四五个月在哈佛国际发展研究所从事研究工作，因此仍能经常见到他。记得大约在 1994 年，科尔奈曾请我在他的课堂上给他的研究生讲中国的经济改革。我讲了中国的经济改革同东欧、中欧和苏联国家的巨大不同，以及是什么原因造成的不同，并从中国的制度和历史角度做了解释。我讲完之后，科尔奈表达了鼓励，但同时当着所有学生对我提出了批评。他批评我忽略了大量的政治内容。他说，虽然我省略这些内容的原因是那些了解中国的年长者完全能够理解的，但这种忽略的方式，会让不了解中国情况的人（包括中国的年轻人）误解，误认为“大跃进”和“文革”这些事件对中国的发展起了好的作用。实际上，他对我在各个方面的批评或提醒是二十几年里一贯的，一直是我们亲密关系中不可分割的一部分。

软预算约束和金融危机

1998 年 1 月是科尔奈的 70 岁生日。他的同事和好友，也是我的导师和合作者马斯金发起编辑一本学术文集，由麻省理工学院出版社出版，为他祝寿。文集的名字就叫作《计划、短缺和转轨——纪念科尔奈》（*Planning, Shortage, and Transformation: Essay's in Honor of Janos Kornai*）。马斯金希望我也能贡献一篇论文。而我的合作者，钱颖一和罗兰（Gerald Roland）也得到了邀请，于是我们决定把我们三人合写的一篇论文放进去。这篇论文分析中国的经济改革和东欧、中欧、苏联国家不同的原因。当时马斯金特别嘱咐，在科尔奈生日之前这件事要保密。

后来我在伦敦的时候，收到了科尔奈的一封信，他说马斯金为他办了一个生日晚宴，晚宴上马斯金向他宣读了这本书的目录，包括我向科尔奈祝寿的传真信，得知我的一篇论文也在其中，他说，他非常感动也非常骄傲。在这个时间前后，发生了亚洲金融危机。我的研究工作因此发生了比较大的变化。我发现韩国、日本也存在大量的软预算约束问题，由此导致了金融危机，尤其是韩国。

软预算约束这个问题是科尔奈提出来研究社会主义经济中的国有企业的。我作为他的学生，熟悉和掌握了软预算约束概念以后，进一步发展了这个理论，用来分析亚洲金融危机，证明市场经济中也存在软预算约束的问题。而且，市场经济存在的软预算约束问题会导致严重的金融危机。① 我认为，软预算约束这个概念的重要性和深度远远超过了计划经济和转轨经济，这是资本主义市场经济中也都基本存在的问题。但在资本主义市场经济里，人们不熟悉这个概念，忽略了这个问题，因此导致在资本主义经济体系中，一次又一次产生严重的问题，包括我们现在正在经历的这场金融危机。

---

① 参见《金融制度、风险扩散和金融危机》一文，发表于《经济社会体制比较》1999 年 07 期。——编者注

在整个研究过程中，我跟科尔奈教授一直保持联系，得到了他很大的支持。记得在 20 世纪 90 年代末的时候，科尔奈接受麻省理工学院著名经济学家奥利维尔·布兰查德（Olivier Blanchard，法国经济学家。现任彼得森国际经济研究所的高级研究员。作者写这篇文章时任国际货币基金组织的首席经济学家）的采访，专门提到了我在这方面的工作。后来，科尔奈同马斯金和罗兰合写的关于软预算约束的论文，再一次肯定了我在这方面工作的价值。1999 年的美国经济学会年会组织了一个以软预算约束为主题的特邀分会（invited session）。我又做了另一篇关于软预算约束与经济增长的论文（同黄海洲合写）。那篇论文把软预算约束的理论运用到增长理论上，用来解释世界上不同国家长远的经济增长轨迹。当时科尔奈在场，那篇论文也得到了他的支持。

在 2008 年百年不遇的全球金融危机爆发之后，我同科尔奈有很多通信来往。我做的一个工作是扩展了软预算约束的理论并用来分析美国金融体制内在的基本问题。我认为，问题的核心在于金融机构使用“软预算约束创新”的方式从基础上破坏了金融秩序，这一现象起源于美国并扩展到全球。它们用创新的方式系统地软化金融机构及民众的预算约束。那些金融创新把原本每一户、每一个机构内在的预算约束变成外部问题。

科尔奈非常鼓励我的研究思路。他也非常关注资本主义世界正在发生的空前规模的政府拯救倒台金融机构的行为，认为这种典型的软预算约束的做法会最终导致更严重的问题。因为兴趣相投，我们甚至曾商讨要合写论文。后因时间精力所限，我们决定分头工作。后来科尔奈很快就写了一篇文章，讨论资本主义世界的软预算约束问题，尤其是在金融危机里的问题。他非常希望这篇文章能发在西方的主流媒体上，曾经将其送到《经济学人》（*The Economist*）杂志。但是西方的主流媒体看不到这篇文章的价值，该文被退稿了。这篇文章的中文稿后来发表在中信出版的《比较》① 上，里面的一些基本思想引起不少学者的注意。

---

①《软预算约束综合症与全球金融危机》，载于《比较》第 42 辑，2009 年。——原刊注

学者风范

我想特别介绍一下科尔奈的学术态度。在 1999 年的第五次诺贝尔经济学论坛上，科尔奈是唯一被邀请做主题演讲的，集中讨论经济转轨的问题。给我最深刻印象的是，他在演讲中非常严厉地批评了一些对转轨国家不负责任的经济政策和经济学家。具体地说，他批评快速的大规模私有化和对市场化的盲目鼓吹，就是在整个社会还没有准备好的情况下，比如说没有适当的法律，没有适当的执法机构，没有适当的金融市场……这些条件都不具备的时候，用免费赠送认股权证的方式私有化国有企业，使采取这些政策的国家遭受了非常严重的经济挫折。最突出的例子就是俄罗斯、乌克兰等苏联前加盟共和国国家和一些东欧国家。

这种批评是非常不容易的，需要很大的胆识。因为被批评者本人就在场，而且从某种意义上讲，这些经济学家在经济学界是非常有影响、拥有很大权力和能量的人。诺贝尔经济学奖同大家的评选相关。得罪了人，就会增加评奖的风险。当时我们都盯着脸色铁青的被批评者。

在我们私下的交谈中，科尔奈对经济学期刊，特别是顶级期刊的评审制度也有非常尖锐的批评。许多顶级期刊的编辑，往往忽略那些在经济学思想上有重大贡献的前沿性工作。没有什么重要思想，只是在技术上做些改进的，往往更容易发表。他认为现在的很多评审谬误严重，依赖这种谬误进行的评审非常荒唐。而经济学界年轻学者的前途，都是同这个评审制度绑在一起的。这种谬误和荒唐对年轻学者的成长、对学科发展的影响，都令他深感担忧。

一个学者最重要的贡献是什么？是他每一年发表的论文数量吗？关于这方面我们有过很多交谈。科尔奈对经济学界尤其是顶尖的经济学系招聘资深教授的标准，也表示担忧。他在哈佛大学这些年参加资深研究人员的招聘，他发现这个过程往往太过于关注候选人发表论文的数量，以及在什么杂志上发表，而忽略了他们在思想上的贡献，忽略了他们在学说发展的历史上，曾经有过或者将有怎样的贡献。他举例说，有一位特别著名的、有非常重大贡献的经济学家，曾经被哈佛大学讨论是否授予终身教职，最终的结论是否定的，否定的具体原因就是他在近期发表的东西少。科尔奈对此感到非常担忧和不满，他觉得这完全是一种荒唐的本末倒置的判断方式。

从哈佛退休

2002 年前后，科尔奈考虑从哈佛退休。那段时间我曾请他们夫妇到我在波士顿的家里吃饭，我们在哈佛的最后一次深谈是在哈佛广场的咖啡馆里，我们聊了很久。给我印象深刻的是，他们夫妇非常舍不得哈佛和在美国的朋友们，而且他们非常怀念《纽约时报》，觉得回到匈牙利就不能每天读到《纽约时报》了。但同时，他们又非常渴望回到匈牙利，他们和匈牙利有着不能割舍的联系。

2002 年以后，科尔奈夫妇就回到匈牙利了，成为布达佩斯高等学术研究所（Collegium Budapest Institute for Advanced Studies）的终身研究员。2002 年秋天，我接到科尔奈的邀请去布达佩斯高等学术研究所参加一个会议。此会议是他退休之后组织的一个庞大的研究项目：如何在后社会主义转轨时期建设一个可信任的政府或者国家。这是我第一次访问布达佩斯。我立即就被这座美丽的城市迷住了。

布达佩斯高等学术研究所地处皇家城堡附近的布达佩斯前市政厅，俨然一座 19 世纪的宫殿。门前就是建于 18 世纪的集巴洛克和新哥特风格于一体的肃穆的马加什教堂。从皇家城堡俯瞰多瑙河及对面的佩斯市，辉煌的国会大厦及链子桥尽收眼底。高等学术研究所旁的小饭馆里，吉卜赛音乐家热情地演奏着包揽世界各地文化的欢乐曲调。宽广无涯的壮丽景色和无处不在的浸透着思想的空气，难怪为人才辈出之地。

为了他的研究项目，科尔奈从全世界邀请了十几位跨学科的学者，去布达佩斯一起探讨。除了经济学以外，还包括法学、政治学和社会学。我到那边带去的论文是关于应用不完备法律讨论中国和俄罗斯的金融体制治理的论文。这是我和哥伦比亚大学法学院的卡塔琳娜·皮斯托（Katharina Pistor）合作的。在那里，科尔奈向我引荐了两位耶鲁大学著名的法学家布鲁斯·阿克曼（Bruce Ackerman）和苏姗·露丝－阿克曼（Susan Rose-Ackerman）。布鲁斯是研究宪政宪法理论的，苏姗在研究腐败以及联邦制问题方面特别著名。

非常有趣的是，在科尔奈帮我们引荐认识之后，我就向布鲁斯介绍我们的不完备法律的理论，结果引起相当激烈的争论。争论了一阵子，布鲁斯表示对我们的理论很感兴趣，也信服了。科尔奈非常高兴，对我说，你得到他的首肯非常重要，因为他是这个领域的权威。在那次开会期间，一天傍晚，科尔奈邀请我到他家做客，他的新家坐落在半山腰上，风景优美。赶到他家的时候刚天黑，能看到布达佩斯夜晚壮丽的灯火。他的新家布置得很优雅。畅叙一番之后，科尔奈亲自驾车，带我们去城里一家小饭馆吃饭，吃的是匈牙利名菜渔夫之汤（fishman's soup）。

科尔奈开的车总是相当破旧。在哈佛我们当学生的时候就注意到，他的车是所有教授的车中最破旧的，是一辆大众制造的 rabbit（兔子车），最低档的车，而且还是二手的，像我们穷学生用的破车。当时我们以为因为他半年在匈牙利，半年在哈佛大学，所以就买辆破车对付。结果到了布达佩斯，他永久性的家，他还是开一辆特别破的车。但是他很自豪地跟我称赞他的车有多么好。我相信他一定不同意我关于他的车的评价。那天饭后，科尔奈夫妇带我沿多瑙河游览夜景。他们很兴奋地领着我看江上的链子桥、国会大厦，还指给我看很多他们曾经工作过的政府建筑物。当时还有段小插曲，我们从一个广场回到停车场。启动车时，有根柱子科尔奈没有看清差点撞上去，结果被他太太大声训斥了一番。这些都是特别美好的回忆，都很有趣。

2006 年，我参加位于布达佩斯的中欧大学（Central European University）的一个会议并演讲。科尔奈也是那里的教授。我们再一次在布达佩斯相聚。他把我带到布达佩斯一家豪华的奥匈帝国时代留下来的咖啡馆，可能是布达佩斯最豪华的咖啡馆。在那里我们聊了很久，他给我讲这个咖啡馆的历史，这个国家的历史，当前的政治经济问题。还问及若干我们共同的中国朋友，钱颖一、吴敬琏等。那天我们还谈了技术革命，包括谷歌等信息技术革命对社会带来的影响。他儿子安德鲁斯（Andras Kornai）是相关方面的专家、数学博士和伯克利的语言学博士。

2009 年 9 月，为了纪念柏林墙倒塌二十周年，也是东欧、中欧转轨二十周年，在赫尔辛基的联合国大学发起了纪念柏林墙倒塌二十周年的学术会。我同科尔奈在这个会议上又见面了。科尔奈又像十年前在斯德哥尔摩一样，是那次会议唯一的特邀演讲人。他讲了关于技术革命、经济转轨和经济制度之间的关系。会议结束之后，我同他们夫妇乘船去赫尔辛基的一个小岛看古迹。在那个小岛上走了几个小时，除了欣赏古迹，谈生活谈一切之外，如同每一次，科尔奈对我在这次会议上讲的关于中国改革的制度基础的论文又有许多批评。

这篇论文既是我的新研究，也是我已经进行了很长时期的工作。他一方面对我的论文鼓励和赞赏有加，同时也尖锐地批评，说我忽略了一些非常重要的政治因素。除学术之外，那天还讨论了他计划来北京参加纪念吴敬琏教授八十寿辰的国际学术会议的准备。他在过去半年里身体一直严重不适。他妻子说，这段日子里，他是靠研究工作的进展让自己心情好些。因为准备接受手术，他对于能否亲自前来北京预感不乐观。但他已经为最坏的情况做好了详细安排。他详尽地询问了会议的组织及会议组织者，同时也是我们共同的朋友——肖梦。

同中国经济学术界的不解渊源

吴敬琏教授在对科尔奈的自传《思想的力量》推荐辞里总结说，“科尔奈的绝大多数著作都曾翻译成中文，他的理论和观点是中国经济学人和关心中国经济改革和发展的人们熟知的，也对中国产生过很大的影响”。的确，科尔奈的深刻影响贯穿中国经济改革的全程。

吴敬琏同他的交往始于 1981 年，交往的核心是如何认清中央计划经济体制的深层问题。科尔奈在为吴敬琏教授祝贺八十寿辰的致辞里说，“我们相识很久，友谊深厚。我们初次见面大概在 30 年前，即 1981 年夏国际经济学会在雅典举行的有关相对价格的圆桌会议上”。在那次会上，科尔奈与苏联经济学家诺贝尔奖获得者 V. R. 哈恰图诺夫对社会主义体制问题的性质发生争论。“但吴敬琏教授站在了我这一边，详细解释了中央管制的社会主义体制存在的系统性缺陷。除了这次公开的讨论外，我们还在酒店促膝长谈。而这正是我们长久友谊的开端。”

早在中国改革的初期，在 1985 年，科尔奈就同诺贝尔经济学奖获得者詹姆斯·托宾等一同受世界银行之邀来华访问，在著名的“巴山轮会议”上对中国经济改革提出了重要的建议。当时具体策划邀请科尔奈的是任世界银行驻华首席代表的林重庚先生。25 年后，他如此回顾（林重庚，2009）：“东欧专家们用现代经济分析的方法剖析社会主义计划经济体制，使这个方法达到一个新高度的是匈牙利经济学家科尔奈。”“更重要的是，东欧改革经济学家向他们的中国同行论证了中央计划体制紊乱的内在根由是体制问题。中国的决策者和经济工作者们原本以为很多经济上的问题是政策失误，究其根源，其实是中央计划经济体制下固有的、不可避免的问题，只有通过一套根本的经济体制改革措施才能加以解决。”

据林重庚介绍，自从 1984 年 10 月中共十二届三中全会通过《中共中央关于经济体制改革的决定》，提出了“有计划的商品经济”的改革方向后，1985 年初，国家体改委的领导建议世界银行组织一次国际研讨会，讨论国家如何管理市场经济；从中央计划经济到市场经济转轨过程中相关的问题。科尔奈和波兰经济学家布鲁斯作为“社会主义中央计划体制问题专家”应邀出席，向中国经济学家“讲解从计划经济到市场经济转轨过程中的微观经济要求”。

在世界银行与体改委的共同努力下，会议在 1985 年 9 月召开。8 月 31 日，中国总理接见与会外国专家及部分中国专家。9 月 2 日到 9 日会议在名为“巴山”的长江游轮上召开。在“巴山轮会议”上，中国经济学家首次从科尔奈那里了解了诸如“投资饥渴症”“短缺经济”“软预算约束”等概念，加深了对社会主义经济体制弊端的分析，更明确了经济改革的深层任务。科尔奈也介绍了关于行政协调机制和市场协调机制两种类型的经济协调机制，指出有效的改革应当把有宏观控制的市场协调作为目标模式。[①] 中方参与“巴山轮会议”的经济学家包括安志文、薛暮桥、马洪、刘国光、童大林、高尚全、吴敬琏、项怀诚、赵人伟、郭树清、楼继伟等（林重庚，2009）。“巴山轮会议”提出的建议对中国的经济学思想产生了巨大的影响，是对中国经济改革有深远影响的学术事件。从此，在“1985 年前后中国掀起科尔奈热和《短缺经济学》热。当时，在青年经济学者中流传着一种说法：马克思对传统的资本主义经济做了深入的解剖，科尔奈则对传统的社会主义经济做了深入的解剖”（赵人伟，2009）。1986 年，中文版《短缺经济学》面世，销量达到 10 万册，而且于 1998 年再版。这本书成为中国经济改革早期的主要理论读物，多数主要大学的经济学系曾经将其列为教材。在此之后，包括《短缺经济学》和《社会主义体制》在内，科尔奈在中国至少出版了 8 本著作。1999 年科尔奈再次应邀访华，参加《短缺经济学》中文版第二版的新书出版发布会，同许多中国经济学家和经济政策制定者再次直接交流。记得他访华归来时，谈起他对中国经济改革获得成就的深刻印象，同时又对中国政治体制改革远远落后于经济改革表示深刻忧虑。

科尔奈任国际经济学会（IEA）主席时决定于 2005 年 1 月在香港科大举办 IEA 圆桌会议，中心议题为“市场社会主义：中国与越南的改革”。科尔奈将此次 IEA 圆桌会议的学术组织工作交给钱颖一负责，其他组织工作交给当时任教于香港科大的李稻葵负责。这是该领域的一次学术盛会，许多国际上的主要学者在会上发表论文。这同时又是十几年后科尔奈第一次与自己过去在哈佛的中国学生的集体团聚。

2006 年在布达佩斯见到他时，他把我领到书店，很骄傲地翻看收入这本自传的，他和他的学生钱颖一、王一江、李稻葵以及我在香港科大的合影。科尔奈对中国政治经济体制问题的深入洞察力使西方的中国问题专家，包括经济学、政治学、社会学以及世界银行

---

① 参见《社会主义体制》一书，中央编译出版社出版。——编者注

与国际货币基金组织，普遍把他的著作作为研究中国的基础文献。同时，他们中的许多佼佼者也成为科尔奈的朋友，例如珀金斯（Dwight Perkins）、诺顿（Barry Naughton）等。

中国经过了四分之一世纪的改革，世界经过了四分之一世纪的巨变，科尔奈对中国经济改革思想的一贯影响却毫无减弱。中文版《思想的力量》在香港出版，而且才刚刚出版，因此仅仅少数人有幸先睹为快。尽管如此，有幸先睹为快的中国经济学家们的反应之强烈与“巴山轮会议”时期相比有过之而无不及。2009 年 9 月初，社科院经济所举办了一场关于科尔奈教授自传《思想的力量》的读书会。会议由副所长朱玲教授主持，所长、副所长等行政领导全数出席，前所长赵人伟教授做主题讲演，前副所长冒天启和《经济研究》前主编唐宗焜做评论。在会上，赵人伟教授全面评述了《思想的力量》的作者的学术追求经历，并专门论及作者的人品和道德。他还指出，到今天为止，中国也未能过渡到当年科尔奈在“巴山轮会议”中提出的“有宏观控制的市场协调”的目标模式。冒天启教授总结了三条学习科尔奈的经验：浏览、深读和参考——浏览这部《思想的力量》，把握社会主义计划经济、改革和转型的历史轨迹；深读《社会主义体制》，因为《短缺经济学》是作者自己在自传中坦诚不满意的，是在自我限制下写成的，要深刻理解作者的思想，唯有《社会主义体制》可以理解集权计划经济为什么注定失败。唐宗焜教授谈到 1985 年科尔奈教授作为中国国有企业讨论的顾问后在《经济研究》上发表的文章《国有企业的双重依赖》，文章发表到今天已经过去二十多年，中国完全进入如此状态，一方面国有企业水平依赖市场，另一方面严重垂直依赖政府。

在一篇采访时任中国人民银行行长周小川的文章中，记者写道：“这似乎不是央行行长而是一位教授的办公室。正中间并不宽大的办公桌，最右边一摞材料上放着匈牙利经济学家雅诺什·科尔奈的大作《思想的力量》，书页折了印痕，表明他正在看。”①

---

① 中广网北京 2009 年 9 月 23 日消息，记者冯雅，据中国之声《新闻纵横》报道。

结束语：父辈般的关怀和激励

《思想的力量》这本自传既不是专门的学术著作，也不是通常的传记。它包括大量的学术内容，又远远超越了学术。青木昌彦教授说，这本自传是“本时代最重要的社会科学家探讨科学创造的道德标准和心理过程的专著”。的确，这本自传告诉我们科尔奈作为社会科学家的为人。

二十多年来，科尔奈是我的老师、我的导师、我的亲密朋友。同时，他对我的精神深处的影响更像是父辈。我妻子常说，科尔奈的为人甚至性格都非常像我的父亲。科尔奈对我也确实很像我父亲对我的态度。我妻子在见到科尔奈的时候，曾跟他说，你对成钢的影响，很像他父亲对他的影响。这可能是我学术生涯中的好运气，能够有一位严父一般的老师和导师，不仅引导，而且一直监督和批评我。在我与科尔奈四分之一世纪的亲密交往中，我见到的科尔奈是一个从来不对政界、学术界和社会上任何歪风邪气低头的人，永远不低头，永远都是勇敢、坦诚、直率的。

他从来不会因为苟且小利而丧失原则，他是以他的人格带动学术的。《思想的力量》是一个为真理为社会正义而奋斗的人为自己的人格所写的记录。

一个天才的陨落：怀念马丁·魏茨曼

每次收到我的老师、哈佛大学教授、诺奖得主奥利弗·哈特的邮件，我都非常愉悦。但是8月29日这天，我打开他的邮件时，却异常震惊：我的老师老友、哈佛大学经济学教授马丁·魏茨曼（Martin Weitzman）以一种令人悲恸的方式告别了这个世界。

作为学者，魏茨曼是学术界公认的最杰出的天才。魏茨曼的研究具有高度的创造性，他从来不做常规性的工作，不做和别人相似的工作，不做大众性的工作。他永远在挑战学术界最前沿的问题，挑战已经建立的见解，挑战人们不能认识的问题，永远站在创造性工作的最前沿。他做的每一项工作都具有高度的创造性，他的每一项工作都会引来众多学者的追随或辩论，他进入任何一个领域都会是在那个领域里走在最前面的人。但是魏茨曼在学术界之外又非常低调，以至于中国的百度百科中，都找不到他的词条。

像魏茨曼这样重要的人物，通常《纽约时报》会在去世的次日发布讣告。但是因为一些必要的手续，魏茨曼的讣告一周之后才得以发布。这篇讣告对魏茨曼在环境经济学的重大贡献做了较好的介绍，但忽略了他其他的重要贡献。与此相关，对他自杀的原因也介绍得相当片面。我希望本文能够对逝者在环境经济学以外的贡献做一个更全面的描述。

* 本文分上下两篇分别于2019年9月18日和9月23日发表于FT中文网。——编者注

友谊的起点

通常，人们叫他马蒂。在我们三十多年的友谊中，我们从最初的师生关系、论文合作者，逐步发展成为非常亲密的朋友关系。我在哈佛求学的时候，他最初作为麻省理工学院的教授，于1986年到哈佛大学访问，讲授“比较经济制度”这门课。我和钱颖一、王一江、李稻葵等听了他的课。茅于轼、樊纲等访问学者也旁听过他的课。

1986年前后，哈佛大学试图聘请他。据我了解，哈佛大学希望他来领导俄国研究中心（世界上最重要的研究俄国的学术机构之一）。但是为了专心研究，马蒂不愿担任行政职务。在拖了很长时间后，哈佛大学终于让步。大约1989年，马蒂成为哈佛大学经济系的教授及俄国研究中心的研究员，而不担任行政职务。

在魏茨曼讲课之前，雅诺什·科尔奈在哈佛的“社会主义经济制度”刚刚结课。当时在学术界，科尔奈和魏茨曼是公认的比较经济学方面最具影响力的学者。不同的是，科尔奈是来自体制内的影响力最大的学者，而魏茨曼是在西方影响力最大的学者。

在课堂上，他是一个非常严厉、难以接近，甚至有一点怪癖的人。但是熟悉他的人都知道，他是一个特别真诚热情，但同时又是一个非常孤独的人。在陌生人面前，他甚至会非常腼腆，这也是他如此有成就却又如此不为人知的原因。魏茨曼轻易不跟人过分接触。但真的跟他接触以后，会发现他对人非常的信任，特别的温暖。

他的课程的考核方式是写两篇论文。在写这两篇论文的过程中，我跟魏茨曼有了直接的一对一的接触。我的一篇论文主题是英国工业革命；另一篇论文分析中国联产承包制的激励机制。

写第一篇论文的时候，他非常坦率地批评我说：“你的英语真不怎么样（You English is not great）。”他在说这句话的时候，让我感到很冷漠。而他表达“不客气”时爱说“You are more than welcome”，又让我觉得既温暖又想笑。

写第二篇论文的时候，我应用了在埃里克·马斯金的课上学到的机制设计理论，从激励机制的角度分析为什么中国联产承包制能够提高效率。魏茨曼为此专门与马斯金讨论过，核实我的分析方法。他如此认真，给我留下非常深刻的印象。他对这篇论文非常兴奋，不但给了我A+，还说是很好的博士论文的基础。虽然后来我没有继续这项工作，但他强烈的鼓励对我意义重大。无论是批评还是鼓励，他都给人特别强烈的感受，色彩炽烈。

在我博士毕业时，拿到几家学校的聘书。犹豫不决征求他的意见时，他开玩笑地说，把你的目标函数写出来，把你的约束条件写出来，你自己解这个优化问题，弄得我哭笑不得。

正是那时，魏茨曼对我正在做的关于中国乡镇企业的工作产生很大的兴趣。这让我有点吃惊。

与魏茨曼的合作

魏茨曼对中国乡镇企业感兴趣，有其深厚的背景。在相关领域，他曾经做过一系列重要的研究工作。他在20世纪80年代出版的《共享经济》一书，曾经名噪一时。他说的共享经济和今天的互联网没有任何关系。他说的是利益相关者形成的共享关系。传统上，经济学最强调的核心概念是所有制，而他更强调利益相关者。他试图设计一种制度，可以让利益相关者能够共享他们共同努力带来的好成果。

从某种意义上，他感到中国的乡镇企业具有这样一种利益相关者形成的共享经济体的特点。另一个背景是，魏茨曼作为犹太人，熟悉以色列的基布兹（农村的集体社区）。那可以被视为成熟的共享经济体。早在19世纪末，基布兹就在巴勒斯坦地区开始建立发展，每个基布兹里都包括了工业、商业、民兵，也包括教育。以色列建国的国父们是各个基布兹的领导者。特别需要强调的是，以色列的基布兹和中国的“集体所有制”在原则上是不同的两种制度。以色列的基布兹是真正的由集体成员共同拥有、共同治理的，而中国的集体所有制实际上是自上而下由政府控制的。

乡镇企业在20世纪八九十年代的大发展，在相当意义上，对经济学带有挑战性。那时中国不保护私有产权，乡镇企业都被定义为所谓的集体企业。作为集体企业没有明确定义的产权。但是乡镇企业当时的业绩非常优秀。这个现象引起魏茨曼很大的注意。他主动跟我提及，希望一起研究这个问题。那时候我才获得博士学位，刚刚开始学术生涯，而他是非常有影响力的学者。他的主动让我吃惊。在我的学术生涯中，与若干资深的学者合作过，但魏茨曼是第一位主动找我合作的学者。对我来说，这个合作过程超出了这篇论文，也超出了这篇论文讨论的具体问题。这个合作，在方方面面都对我有很大的影响。这种影响伴随着我走到今天。

随着1989年秋季中东欧中央计划经济国家的全面制度崩溃，1991年苏联制度全面崩溃，转轨经济作为一个学科快速发展。在1992年，转轨经济这个领域变成了热门。1992年的欧洲经济学会的年会在爱尔兰首都都柏林举行，并安排了若干转轨经济学的主旨演讲，包括邀请魏茨曼主旨演讲中国乡镇企业；邀请钱颖一和我主旨演讲中国跟苏联、东欧改革的不同制度基础和机制（M形和U形组织结构）。这是国际上最早的、高规格的集中讨论转轨经济学的学术会议之一。由于各种原因，魏茨曼和钱颖一都不能成行，委托我替他们做报告。于是变成我做了两个主旨演讲，而我不是其中一篇论文的正式作者。魏茨曼在这篇文章（发表在《欧洲经济学评论》上）的初稿中说，某种意义上，这篇文章是跟我合作完成的。实际上，我们讨论得很多，但因为我挤不出时间，是魏茨曼一个人完成了这篇论文。后来我们合作的论文，是在这个基础上做的。

在那个时候，绝大部分讨论经济转轨的学者是研究苏联和东欧的专家，研究中国经济转轨的学者凤毛麟角。苏联和东欧的学者以及西方世界研究苏联的很多学者，就我做的报告提出了许多非常尖锐的挑战。作为现象，人们普遍认为当时中国的现象不重要，不仅中国本身因为贫穷在世界上不重要，而且他们认为中国的那些现象也只是暂时的。从理论角度，中国的现象更难以解释。因此，讨论中国发生的事情，是极其重大的挑战。

中国乡镇企业与行为研究

我与魏茨曼合作的关于中国乡镇企业的工作论文在1993年开始流传。① 发表的时间是1994年。这篇论文系统地把中国转轨时期发生的一些重大变化，例如乡镇企业，与流行的经济学解释或结论做了锐利的对比。后来所谓的“中国之谜”实际是这些表面上矛盾现象的总和。但是，深入的经济学分析可以解释这些现象，因此并不存在所谓的“谜”。这篇文章可能是首次在文献中把中国乡镇企业的崛起作为一个重大现象来研究（以往中国经济在经济学里都不重要），并引起学术界广泛关注。后来许多学者都相继在这个领域做出了重要的贡献，例如钱颖一和车嘉华、王一江和张春、李稻葵等。魏茨曼和我后来讨论过文献中这些和我们互补的工作。

在魏茨曼的推动下，这篇论文的第二个贡献是试图引入后来称为“行为”（例如合作、信任）和文化等因素，结合博弈论中的无名氏定理，来解释表面上的谜，即为什么在产权界定不清的情况下，某些地区（而不是所有地区）的乡镇企业能够快速发展。

所谓的产权最终是为了解决激励机制问题。解决激励机制问题有好多可能的方案，一种方案是产权的分配，另一种可能的方案是长期的互相往来带来的结果，但是后者的结果并不总是有把握的。博弈论里著名的无名氏定理说，在“囚徒困境”类型的无限重复博弈中，人们有可能会互相合作；而在有限重复博弈时，人们不会合作。但逻辑上，这个定理只证明了可能性。实际观察是，某些地区在没有明确界定产权的条件下，当地的人们能在相当程度上互相信任合作。而且，这些地区往往都有悠久的商业合作的传统，如浙江温州地区（而在大量其他地区，则没有这些现象）。我们猜测类似温州这类地区，人们世世代代形成了互相信任，或者建立了帮助相互信任的机制。人的行为是在长期交往过程中逐渐形成的。不同的

① 见《中国的乡镇企业：模糊界定的合作制》（Martin L. Weitzman and Chenggang Xu, Chinese Township Village Enterprises as Vaguely Defined Cooperatives）一文。

地方，人们的行为可以是不一样的。如果某个地方人们的行为更倾向于互相合作，这种无限重复博弈就会帮助合作。

在改革初期中国基本不允许移民。在没有移民的情况下，乡镇企业的人员都是当地人。这些世世代代的互相重复的人际关系就会产生合作。但是，一旦允许移民，就打破了前面说的世代重复的地方人际关系，前面讨论的激励机制就被打破。以浙江省为例，20 世纪 90 年代中期以后，乡镇企业里出现了大量的外来移民。这篇论文在将“行为”引入经济学研究方面，不仅有相当原创性的贡献，而且非常超前。

原创与超前是魏茨曼研究工作的基本特点。后来行为经济学发展了，成了经济学的主流之一，讨论信任与合作成了流行的做法。但在 90 年代初，由于过于超前，很多人觉得这篇论文引入信任与合作很奇怪。所以，一方面这篇论文曾经有相当大的影响，另一方面也受到很大的挑战。

魏茨曼对我的影响

对于怎么做研究工作、怎么想问题，魏茨曼对我有着深刻的影响，这种影响让我终身受益。

在我刚毕业时，作为一名年轻的学者，面对压力，与多数年轻学者相似，我关心能否在顶级期刊上发表论文。在合作中，我和魏茨曼讨论这种工作方式，即如何满足顶尖杂志的要求。但魏茨曼认为是不是发表在顶尖杂志，并不总是重要的。他说：“这些顶尖杂志名字好听，但是那里边发表的文章，真正重要的不超过 1/3。甚至值得认真读的，可能都不超过 1/3。”他还说：“首先是这工作本身是否重要。”我问他为什么我们不有意朝着顶尖杂志的要求去发展，他说因为我们现在讨论的这个问题是一个快速变化的问题，顶尖杂志的发表周期太长，而我们要的是快。他认为，无论在什么杂志，我们的文章只要及时发表出来，就会有很大的影响。事后证明，他说得对。魏茨曼的这些观点对我一直都有很大的影响。

在与魏茨曼合作的过程中，另一个让我受益匪浅的方面是怎么写科学论文。虽然他曾经说我的英语实在不怎么样，但在我们两人共同工作的过程中，他总是有意尽量让我写，而不是他写，几乎全部都让我写。我每写好一个部分以后发给他，他再提修改意见。他的修改也往往不直接写在我的文章上，而是把意见告诉我，让我再去修改。有时候，他一个晚上要给我打几次电话。这样反反复复地来回修改。

这个过程对我后来的写作非常重要。魏茨曼说："你在写论文的时候，不是一个人闷头推导和写。脑子里要有一个辩论对手。比如说你的辩论对手可以是斯坦利·费希尔（Stanley Fischer，曾任世界银行首席经济学家、副行长，伯南克的导师，当时宏观经济学里最重要的人之一，是魏茨曼在麻省理工学院的同事），你写的每一段都是在跟他辩论。"另一点就是关于文字本身。我觉得英语不是我的母语，只要把论文的初稿写完，请他做最后的润色就好。但他让我完全自己弄。他说："写文章就像造一条高速公路，你得要让读者能在高速公路上跑起来。可是你写的文章像是在路上盖了墙，挖了坑，让人家跑不起来。这样的文章，谁会愿意读？"他还说："古希腊的雕塑那么细腻平滑，那么完美。可所有雕塑开始做的时候都不是这么好的，开始都是很粗糙的，后来一点一点磨成细腻平滑的。写文章跟希腊雕塑一样，要一点一点地打磨。"当然，实际上最后文章还是由他润色的。在这个过程中，我们从师生、合作者变成很好的朋友。

魏茨曼曾经住在波士顿地区的牛顿镇，我去过多次。后来他在波士顿东北的海边小镇格洛斯特（Gloucester）买了一个荒岛（潮水高时为岛，低时为半岛）。于是，他离开城市，只身住在海边荒岛上。依赖岛上的丛林，魏茨曼建造了一个天然的花园，一个完整的生态系统。其他教授开轿车，他开一辆皮卡，车厢上乱七八糟地放着修理花园的工具。秋天的时候，车厢里面落满了从树上掉下来的果子。皮卡也用来运输作为有机肥料的马粪。他如此痴迷地酷爱环境，以至于格洛斯特镇还曾有人企图陷害他，说他偷盗马粪，把他告上法庭。我开始以为魏茨曼只是特立独行，与众不同。但慢慢地我越来越相信，他开辟荒岛之家，亲手建造荒岛园林，是他转型成为环境经济学家的基本部分。他从心里爱环境，爱到把自己的生活直接放到环境经济学里去了。

环境经济学开创者

魏茨曼的学术贡献非常深刻，非常广泛。学术界公认环境经济学里影响最大的学者是魏茨曼。毫不夸张地说，魏茨曼是公认的奠定了环境经济学理论基础的人。在魏茨曼进入环境经济学之前，这个领域基本没有经济学的理论。《纽约时报》的讣告文章暗示，魏茨曼的自杀是因为去年的诺贝尔经济学奖没有颁给他，而只给了他的合作者威廉·诺德豪斯（William D. Nordhaus）。斯人已逝，没有人能够确切地知道魏茨曼辞世的真正原因。就我对魏茨曼的了解，我不相信完全是这个因素。不真正认识魏茨曼的人，是不会真正理解他的。

去年两位美国经济学家诺德豪斯和保罗·罗默（Paul M. Romer）获此殊荣。但是很多经济学界的同事们感到诺奖委员会的这个安排与人们的共识差别很大，难以理解。在环境经济学领域，魏茨曼和诺德豪斯既是合作的关系，也是辩论的关系。诺德豪斯自己披露，在得知自己独自因环境经济学获诺奖时，大吃一惊说："为什么是我自己？"与此相似，罗默在内生增长理论方面有卓越贡献，但学界普遍期待菲利普·阿吉翁（Philippe Aghion）应该因内生增长理论与罗默共获诺奖。

对于魏茨曼在环境经济学的成就，人们公认的是，他做的工作是人们不知道的。相比之下，诺德豪斯做的工作多是在人们知道的框架内的。这是他们工作的最大差别。具体地说，对于环境问题，诺德豪斯做的是比较传统的成本收益分析。而魏茨曼讨论的重点是，环境问题可能引发的人类未知的大灾难，其后果远远超出我们知道的成本收益分析的问题。对此问题的分析也是成本收益分析无法应对的。魏茨曼讨论的大灾难，人类尚未经历过，科学上也缺乏认识，不知道这个灾难的具体内容。但即便是小概率事件，如果灾难带来的后果是全面毁灭，问题的性质以及分析的方法，就都进入了经济学的未知领域。

灾难经济学是魏茨曼创造的环境经济学的一个分支，其内容是高度数学化的，包括政治家在内的外行看了会觉得像天书一样不知所云。这肯定是影响大灾难理论普及的主要原因之一。而灾难经济学的高度数学化，来自其面对的是高度的未知因素，同时又要建立帮助人们做决策的分析工具。

实际上，早在20世纪90年代，魏茨曼就研究了如何准备应对可能的未知大灾难。他在1988年发表的论文《挪亚方舟问题》(The Noah's Ark Problem)，借助《圣经》中挪亚方舟在大洪水灾难中拯救人类万物的故事，以理论方式讨论在大灾难即将到来之前，我们怎么保护我们的世界，保护物种的多样性，使人类可以在灾难之后仍然有可能复制灾难之前的世界。魏茨曼还另有论文专门讨论了多样性，提出怎么认识多样性的理论。因为只有在认识了多样性之后，才能实际讨论怎样具体保护多样性的措施。

2006年，前世界银行首席经济学家尼古拉斯·斯特恩（我过去在伦敦经济学院的同事）发布了针对全球环境问题的《斯特恩报告》(Stern Review)，受到全球政界的高度关注。之后的《巴黎气候协定》等，都是受这份报告的影响。除了美国总统特朗普反对以外，所有的政治家都接受这份报告的内容。这份报告更多反映的是诺德豪斯的分析，而忽略了讨论因气候带来的大灾难对人类生存的潜在威胁。于是魏茨曼撰写了《对斯特恩报告的评论》(A Review of The Stern Review on the Economics of Climate Change)，指出这份报告在忽略大灾难方面的严重不足。斯特恩曾多次表示，相信魏茨曼一定会获得诺奖。

比较经济制度和基本经济学理论

在魏茨曼进入环境经济学之前，他曾经是比较经济学领域里最著名的学者之一。尤其是他的理论工作和关于苏联制度的研究。他最有影响力的论文是1974年发表的《价格与数量》(Prices vs. Quantities)。这是经济学里经典的基本理论，影响远超出比较经济学领域。这个理论在经济学里开辟了新的方向，在经济学各个领域有大量的跟随工作。后期他关于大灾难的讨论等，从方法论上，也和这篇论文有关。

《价格与数量》讨论的是市场和计划机制的基本理论问题。在市场上，核心机制是价格，一切最终都是靠价格决定的。而在任何的计划制度里，无论是国民经济还是企业内部的计划，其关键机制是数量。在经济学里，关于市场经济和计划经济的辩论始于 20 世纪 30 年代末。奥斯卡·兰格和哈耶克关于市场社会主义和私有制为基础的资本主义的辩论，集中在由产权制度导致不同的激励机制上。魏茨曼的理论则是从一个完全不同的角度讨论这个重大问题。他从理论上证明，即便完全解决了激励机制问题，也仍然存在市场与计划两种机制之间的基本权衡问题。当技术更灵活（例如要素之间更容易互相替代），人的偏好更灵活（例如乐于在不同产品之间选择，允许互相替代）的时候，价格机制带来最好的结果。但是如果技术僵化（例如不允许要素之间的替代），人的偏好死板（不同选项之间不可替代）的情况下，定量机制更好。技术僵硬、人的偏好死板对应的实际例子包括大灾难或者战争。实际上，市场经济的美国和英国，在战争期间都实行了定量控制的配给制。

其道理很直观。战争或灾难破坏了要素的多样性和灵活性，在维持生存的基本需求成为问题时，人的偏好集中在生存上，变得死板。在这类时期，经济面临的首要问题是保证全体人民能维持基本生活；不管富人和穷人，保持所有的人能工作，能有战斗力。在因战争或灾难导致资源紧缺，急需救人救难的情况下，局部或暂时用配给制取代市场制，用定量取代市场定价是实际经常发生的。除产权制度的原因之外，还有这一层原因，这个发现是经济学理论中的一个重大突破。这个理论帮助理解大量市场经济中观察到的计划和定量的现象。例如，杰出的理论经济学家保罗．米尔格罗姆应用这个理论，解释了为什么市场经济中的救护车服务不采用市场机制，而采用救护中心统一调配的计划机制。

直到魏茨曼去世不久前，他本人以及经济学界还在继续应用和发展这个理论，包括面对大灾难威胁时的社会治理结构。

技术僵化的原因不一定是外生的。市场经济的基本特点就是采用技术的灵活性。如果劳动力贵，就用资本代替劳动力，如果资本贵就用劳动力代替资本，这两个可以互相替换。但是在苏联，魏茨曼发现资本和劳动力之间的替换很困难。他在1970年发表的《苏联战后经济增长与资本劳动力替代》（Soviet Postwar Economic Growth and Capital Labor Substitution），发现苏联制度下的技术非常僵化，资本和劳动力之间很难互相替换，严重制约其经济增长。这篇文章的工作是在60年代后期做的。而那时经济学家还没有认识到苏联的经济会遇到严重的问题，比如萨缪尔森（魏茨曼在麻省理工学院的老师）的教科书预言苏联的经济将超越美国。这是最早的通过严谨的经济学分析看到苏联制度存在问题的重要成果。这可能是他一生中发表的唯一的实证研究论文，影响巨大，很多学者跟随魏茨曼的这个工作，一直持续到苏联解体。

自从90年代以来，激励机制理论方面的研究获得过多次诺贝尔经济奖。但实际上，激励机制问题表现最严重、最突出的是社会主义国有制。最早引起人们注意的问题是在苏联。在分析社会主义国有制的激励机制的问题方面，魏茨曼是理论的开创人。他是第一个从理论上严格讨论社会主义制度下的激励机制问题的经济学家。在我们90年代的私人谈话中，他曾经不止一次提起过："咱们是最早分析激励机制问题的。"他的"咱们"指的是比较经济学中的理论经济学家，包括科尔奈，当然不包括当时非常年轻的我。

魏茨曼有一系列研究工作集中在苏联的激励机制问题上，尤其是苏联在研究与开发上的激励机制。当时，苏联在研究与开发方面的投入是全世界最高的，但为什么不见效果？为什么苏联的技术在宏观上表现得如此死板？1976年，魏茨曼发表了《新苏联激励模式》（The New Soviet Incentive Model），从理论上分析苏联改革中激励机制的问题。这篇文章分析了70年代初苏联大举推动经济改革时的核心问题。当时苏联已经意识到激励机制是严重影响经济继续发展的核心问题，试图在不改变国有制、不改变计划经济的基础上，设计新的激励机制。但在实际中遇到严重困难，根本解决不了激励机制问题。

其中最难解决的激励机制问题之一，是所谓的棘轮效应（Ratchet effect）。棘轮是一种机械上的装置，轮子只能朝一个方向转，不能倒转。在苏联官僚机构，每年上级要定量考核下级，并且与前一年的业绩对比，由此决定奖惩。考核业绩和奖惩挂钩，短期看好像能帮助改进业绩。但是这个机制会产生长期的问题。年复一年地考核之后，人们发现，如果今天工作特别努力，明天要比今天更加努力，后天还要更加努力。在这个机制下，今天的努力会把自己的未来给葬送。于是，为了保护将来发展的余地，人们从今天起就不再努力工作。这是国有制下普遍存在的致命的激励机制问题，直接影响到苏联的研究与开发，影响其长期发展。1980 年，魏茨曼发表的《"棘轮原理"和绩效激励》（The "Rachet Principle" and Performance Incentives）是第一个在理论上透彻分析这个问题的论文。后来又有许多重要的跟随的研究工作，其中包括诺奖得主梯若尔（Jean Tirole）的工作。

对经济增长理论的杰出贡献

经济增长理论是与环境经济学密不可分的领域。魏茨曼在增长理论方面做出了许多杰出的贡献。作为罗伯特·索洛（Robert Solow，第一位因增长理论获得诺奖的学者）的学生，这可能不令人吃惊。首先，所有的内生经济增长理论中都有一个隐含的假设：只要投入研发，科学和技术就能进步。但是如果技术进步本身有极限，这个假设就站不住，整个理论也就垮了。不少人担心，如果科学上可以发现的大多已经发现了（比如物理学至今还没有超出爱因斯坦的理论框架），科学的进步越来越慢，那么科学技术带来的增长就会失去动力。

针对这个疑问，魏茨曼 1998 年发表了《排列组合的增长理论》（Recombinant Growth），论证科技发展会放慢或停止的担心是杞人忧天。他的理论的起点是，任何一个新想法、新理论、新技术产生以后，都会跟现有的各种技术形成各种排列组合。因为已有的技术已经花样很多，排列组合之后产生的新技术就是一个天文数字。由此证明，从经济增长的角度讲，科学技术进步的可能性是无限多的，多到实际上绝大多数不可能执行，即最终限制的是其他的约束条件，而不需要担心科学技术的发展会停止。与此紧密相关，魏茨曼1979年发表的《优化搜索的最佳替代方案》（Optimal Search for the Best Alternative），讨论投资研发新技术的高度复杂动态的、不确定的决策过程。对于研究与开发如何影响科学技术，如何影响长期经济增长都有重要的贡献。

魏茨曼在经济增长的基本概念和基本度量方面也有重要贡献。自从库兹涅茨发明的GDP概念（库氏为此获诺奖）被广泛接受后，绝大多数经济学家天经地义地把经济增长等同于GDP增长。但是魏茨曼在若干论文和著作中指出，在许多条件下，GDP增长不等同于收入增长，更不等同于财富增长。更不用说长期可持续的社会福利。他不仅指出其中特别具有挑战性的问题，而且设计了其他更好的度量方法。

令人肃然起敬的孤独的学者

90年代初，转轨经济学是经济学最热门的研究领域之一。经济学不同领域的学者都纷纷加入。在全世界瞩目的转轨国家中，最引人注意的是苏联制度的崩溃。魏茨曼是西方经济学界研究苏联影响力最大的理论经济学家。但偏偏在这个领域变得最时髦的时候，他却离开了自己最出名的而且最熟悉的领域，转而进入当时不仅相当冷僻，而且实际上基本没有理论的环境经济学。理解这其中的缘由，令人对他肃然起敬。

作为一个具有高度创造性的理论经济学家，魏茨曼追求对问题的彻底认识。当时的转轨经济学非常热门、非常时髦。但是他认为这个领域更像是一个战场。他说，战场上硝烟弥漫，一团混乱，看上去非常热闹，但实际上人们看不清里面发生的是什么。他对我说："当一个领域中的现象是硝烟弥漫看不清楚的时候，这个领域就不适合作为理论研究的对象。要等到这个领域冷静下来，事实澄清之后，才适合我们做理论研究的人去深入。"在许多年里，魏茨曼从不同的角度，反反复复地跟我表达过这个基本想法。虽然我并不完全同意他的这个看法，但这深刻地反映了他是怎样严谨的学者，怎样诚实的为人。在比较经济学和转轨经济学最时髦的时候，他因为拒绝误导自己，拒绝误导他人，决定离开这个领域，使他从一个非常著名的比较经济学家，一时变成一个默默无闻的环境经济学者。

魏茨曼对自己的研究工作有很强的尊严感。虽然他很在意别人对他的工作是不是认可，但是最大的认可是他自己，是通过他自己的标准。二十多年前，我和魏茨曼的私人谈话曾多次涉及相关话题，包括研究领域，包括他人对我们工作的评价等。作为学者，我们做的研究工作和别人对我们工作的承认，是不是有关系？当然，所有人都关心自己做的工作是否得到别人的认可或欣赏。他说："咱们俩有点像，咱们做的工作都不是在一个标准的框框（standard box，指的是狭窄界定的研究领域）里面。"他说这会给我们带来很大的困难，因为别人不知道你是干什么的，但是真正重要的突破和想法往往是跨越了框框的限制而产生的。

他还说，我讨厌被别人评价。因为多数别人的评价都是在框框里的。幸亏获得终身教职后，学者们就再也不需要关心别人如何评价了。对于资深的著名学者，魏茨曼认为，有的人获得了终身教职的正教授之后，就不再做研究工作了，那是一件完全没有尊严的事，甚至违反了合同。犹太人很在意合同这个基本概念。在《圣经》里上帝跟犹太人之间是一种合同关系。自幼，合同的观念就深深扎根在他们的头脑中。从披露出来的魏茨曼遗言的某些段落可以看到，魏茨曼感到自己的创造性比起过去出现了下降，他对自己的创造力和分析能力的下降感到非常不满意。

过去三十年的友谊，让我理解这会是他内心最挣扎的地方。如果去年的诺贝尔委员会不犯错，假定去年魏茨曼获得了诺贝尔经济学奖，就会鼓励更多的年轻学者跟他一起工作。魏茨曼非常有创造性的想法，但是随着年龄的增长，人在数学上的能力会有所下降。数学上的能力往往更依赖年轻人。如果魏茨曼得到诺奖的肯定，他面对的困难应该是可以化解的，而且他的才能可以更容易地传递到年轻人手里。但是很不幸，这一切都没有发生。

魏茨曼是一个孤独的人，也是一个温暖的人。当年他一个人刚搬到海边荒岛上住的那段时间，正是他离婚之后孑然一身的岁月。他曾经问我："你不觉得很孤独吗？我可是觉得很孤独。"他跟我描述那种孤独的感觉。我们一起午饭，一起去商店购物。他的真实、温暖、人情味无处不在。有一次，他邀请我去岛上他家里，他领着爱犬跳到海里，热情招呼我赶快下水。我说："不行，咱们不是一个人种。我是怕冷的人种。"他高兴地说："看来你显然不知道生物科学和考古学的最新发展。你不知道我们都是来自非洲的同一人种吗？"

不管我们来自哪里，我们相遇的瞬间都是美好的。当年在三亚的夜色中，他带领一群年轻的中国经济学家下了车就一头扎进海中畅游；最近在约旦佩特拉的石窟宫殿里，我们探讨地理和中世纪贸易之路（丝绸之路）的制度。所有这些都像发生在昨天。魏茨曼是一位极具创造力的天才，是一个孤独的人。他的离去是经济学界的巨大损失，从此我们失去了一个睿智的学者，一个温暖的朋友，一个视尊严为生命的人。人类有这样的儿子，难道不应该骄傲吗？

附 3 中国的乡镇企业：模糊界定的合作制

马丁·魏茨曼 许成钢/文

1. 引言

当前，全世界足有三分之一的人口正在从中央计划式社会主义制度转向某种形式的市场经济。假如我们把某种形式的社会主义向某种形式的资本主义的整体转化过程当作一种转轨过程，那么在本质上有两种不同的转轨模式。

从原则上讲，可称为标准模式的转轨要求更具革命性的变化。这种标准模式大体上是指尽快实现向标准市场经济的转化，其中最核心的变化是大举建立有明确界定的私人财产权利。这种模式对人们来说较为熟悉，因为定义明确的私人产权的存在，似乎是资本主义市场经济能够顺利运转的绝对必要的前提条件。这一基本原理有理论和实践两方面的由来。对于接受西方训练的经济学家而言，建立明确的私人产权对任何转轨过程的核心性和必要性看似不证自明，几乎不值得讨论。因此不足为奇的是，除某些时候涉及宏观经

* 当时魏茨曼任职于哈佛大学，许成钢任职于伦敦经济学院。本文原载于《经济学文献杂志》（*Journal of Economic Literature*），1992 年 9 月 23 日接受，1993 年 9 月 15 日修订。作者感谢以下若干学者对文章之前版本做的有益评论：J. Berliner，S. Fischer，R. Gordon，O. Hart，A. Hussain，J. Kornai，J. Moore，D. Perkins，L. Putterman，Y. Qian，G. Roland，T. Sicular，N. Stern，并感谢期刊的审稿人与编辑。作者对文中的观点承担全部责任。许成钢的研究得到了下列机构的支持：Suntory - Toyota International Center for Economics and Related Disciplines（STICERD），Center for Economic Performance（CEP）at London School of Economics。

济稳定的更紧迫议题之外，西方国家政府与国际信贷组织的官方立场都把尽快建立明确的产权作为最优先任务。

尽管可以较为公正地说，标准模式对东欧国家向西欧式经济转轨发挥了一般政策指导作用，但这并不表明该政策的实施较为轻松。实际上，东欧国家转轨遇到的主要问题之一正是建立明确的私人产权有极大困难。所以公正的说法或许是，东欧国家迄今为止面临的问题不在于其追随了标准模式，而是没有足够彻底地坚持这一模式，因为私人产权并没有以足够一致、清晰、快速和彻底的方式建立起来。

第二种较具演化性质的转轨模式或许不那么为人熟悉，可以称之为中国模式，因为与中国紧密相连。[①] 该模式要求采取较为渐进主义的策略，让市场导向的企业从经济体的缝隙间发展起来。国有企业，尤其是中小型国有企业不是采取私有化方式在短期内急剧改造，而是在长期中受到非国有企业的推挤，在竞争和成长中被后者逐渐取代。中国农村地区的非国有企业部门基本上是指乡镇企业。

更详细地描述中国模式，并更准确地量化分析乡镇企业的作用固然重要，但就本文的写作目的而言，可以姑且承认乡镇企业是中国改革的一个重要推动力。[②] 本文的主要观点是，乡镇企业从本质上讲可以理解为一种模糊界定的合作制。我们知道，把乡镇企业视为模糊界定的合作制可能引来争议，并会在稍后更具体地阐述该观点，这里只是先做一个概述。

有充分资料表明，典型的乡镇企业并非私有企业。[③] 乡镇企业通常是集体性质的组织，远没有定义清晰的产权。社区政府深入参与企业的经营，与企业有关的法律体系从资本主义视角看很不明确。看上去，典型的乡镇企业基本上是位居标准转轨模型核心位置

---

① 某些人或许认为，若没有政治革命，中国只能改革，并不是推动真正的转轨。但我们这里关注的是变化过程的实质，而非其标签。

② 乡镇企业在中国改革中的基本作用已得到了许多经济学家和政策制定者的认可。邓小平在1987年承认，乡镇企业的惊人增长是改革取得的最大成就，完全出乎意料（Chen，1989）。

③ 参阅 Lin（1987），Byrd and Lin（1990），Oi（1992）以及 Nee（1992）。

的私人组织类型的反面，似乎完全违背了标准的产权理论。

然而，由于作为非国有企业主导形式的乡镇企业发挥的核心作用，中国模式事实上非常成功，在目前远远优于标准转轨模式的任何实际应用案例。一般观察与独立经济计量研究（Svejnar，1999；Pitt and Putterman，1992）均表明，乡镇企业的效率堪比私有企业。因此我们遇到了一个明显的悖论：为什么模糊界定的合作制能运转得如此之好？这是否说明产权理论的基本原理存在某些矛盾？一个转轨国家现实中能在两种模式之间做选择吗？基于模糊界定的合作制的业绩来评判转轨策略是否可靠？

这将把我们带到本文更具推测性的第二部分。在我们看来，上述疑问以及有关转轨的其他某些重要议题，难以在标准模式依赖的理论框架内给出有意义的解释。因此本文第二部分将试图粗略描述一种可能的拓展理论框架，以回答此类问题。

较为公正地说，标准产权理论希望成为一种通用或与文化无关的理论。该理论明确或隐含地假设，每个人都是无差别的非合作性质，无论他们的文化背景如何。在此假设下，所有权的一个关键作用便是在经济组织中解决冲突，或保证合作。但假如不同社会的人们内部的合作行为存在差异，则所有权对于解决经济组织中的冲突的意义也可能会有变化。

利用重复博弈理论的基本概念，有可能把类似文化元素的合作精神以规范方式纳入正统产权理论，从而得到更具一般性的产权理论版本。我们将在本文中从文字阐述的层面提出一种更一般性的方法。这一一般性的思考方法可以对前述调和悖论，或许也对理解其他有趣而困惑的现象带来启示，例如日本经济中的某些现象。

本文将因此分为两个部分。第一部分表述文章的基本观点，指出乡镇企业最好被理解为模糊界定的合作制，产权较为薄弱或发展不足。然而我们将展示，乡镇企业的业绩至少不次于私有企业，它们成为非国有部门的主导，业绩远远超过国有企业。所以，乡镇企业的出色表现看似构成了标准产权理论的悖论或挑战。

从原则上讲，可以有几种方法回应这一挑战。我们将在本文的第二部分提出一种特定的回应思路，即基于合作文化的概念。我们认为这一方法有帮助，但并不断言它是解答问题的唯一思路。无论如何，本文第二部分都肯定比第一部分更具有推测性质，并应该以此态度来看待。

本文以下内容的结构安排如下。为便于之后开展讨论，文章第2节将简要回顾标准产权理论。第3节将简要介绍标准转轨模式，并与中国模式加以比较。第4节是本文的核心部分，将结合一些证据描述乡镇企业的模糊界定的合作制的性质，并显示它同标准产权理论的矛盾之处。第5节开始是文章更具推测性的部分，将阐述重复博弈理论的无名氏定理，并指出可以如何将它作为理论基础，把标准产权理论同合作文化元素结合起来。在一般性产权理论的框架下，本文提到的核心悖论将可以得到解释。当然如我们强调的，这并非唯一可能的调和方案。文章第6节将探讨一般性产权理论思路的某些更广泛的启示。

2. 标准产权理论

我们的核心论点是，中国的乡镇企业最好被理解为模糊界定的合作制，尽管不是基于标准或传统意义上的清晰的私人产权，却在实践中运转极其出色。为进一步阐述该论点，我们需要首先谈谈正统或标准产权理论的本质。

所谓产权理论，并没有单独一种被普遍接受的阐述。对该理论的大多数介绍基本上是采取文字描述形式，代表着哲学思考、实证总结与理性推断的结合。[①] 目前也有若干严格构造的理论模型，它们采用了同文字阐述大致相同的与文化背景无关的假设。[②] 尽管缺乏一种便于引用的经典阐述形式，但可以公正地说，产权学派的基本观点秉持着某种一致的精神，其本质或许可以概括如下。

---

① 例如：Alchian and Demsetz（1972），Demsetz（1967），Furubotn and Pejovich（1974），and Williamson（1985）。

② 可参阅：Grossman and Hart（1986），Hart and Moore（1990）等。

在产权理论中，定义明确的私人产权的存在被视为资本主义市场经济良好运转的一个基本前提条件，[1] 而定义明确的产权通常包含以下三个基本要点：

（1）每一份财产都归属明确的所有者，所有者掌握着排他性的所有权。

（2）资产获得的过剩收入归属财产的所有者。

（3）所有者有权控制或决定资产的用途，有权对财产进行重组、出售或出租财产。[2]

若把这一产权理论应用于企业，可以认为企业的所有者应该是企业重大决策的最终决定人。由此得出关于该理论的第四点。

（4）若没有明确的私人产权，企业通常会经营业绩不佳；若没有广泛的明确产权，任何经济体制通常也会运行业绩不佳。[3]

针对第四点可以找到很多理由。比较制度与转轨经济研究中经常提及的一个原因是，如果没有真正的私人产权，就容易引发与软预算约束综合征有关的各种问题；由于没有明确的所有者为错误或运气不佳承担损失，就需要其他人承担，通常是政府。[4] 而在有真正的财产所有者与过剩索取者时，他们由于自己所处的独特位置，最终将有恰当的权利和激励来观察或监督投入行为，为企业的利益负责合同的谈判与执行，聘用、解聘及开除员工，出售或购入资产，以及做出提高企业营利性的其他决策。这是因为最终是他们必须为错误或运气不佳承担损失。当私人所有者无法轻易从政府那里获得亏损补贴时，所有者享有的全部权利都会发挥关键作用，阻止企业走向效率低下和责任逃避的无限退化，这是缺乏真正私人产权

① 这一新产权理论方法的奠基者阿尔钦承认（Alchian，1974），私人产权是市场经济良好运转的前提条件这一观点只是一种信念或命题，“尚未从经济学理论中推导得出，或得到充分证据的证实”。在本节中，我们把产权理论总结为一种宽泛的概括或抽象，而非关于资本主义经济实际运转的铁律。事实上，在若干案例中，同一产业的公有企业经营业绩超出了停滞或失败的私有企业，还有监管乃至强制性政府政策在资本主义经济中取得巨大成功的某些案例。

② Demsetz（1967）；Furubotn and Pejovich（1974）.

③ Alchian and Demsetz（1972）.

④ Kornai（1992）.

的体制的软预算约束综合征的典型特征。本节对产权理论所做的介绍极为简略，忽略了其中某些精彩观点，但我们相信，以上强调的四个特征已较好地总结了该理论的本质。

3. 标准模式与中国模式

在描述标准转轨模式时，我们将聚焦于原则或基本策略，而不是实际执行情况。我们的讨论将非常简略，因为其基本特征比较为人们所熟悉。① 还需要提醒的是，我们在高度抽象的层次上展开探讨，忽略了不同国家之间很多可能的差异。

标准模式的一个共同特点是，在恰当的货币和财政架构下，由私人产权发挥核心作用。转轨策略集中在培育资本主义的基本制度上，包括传统意义上定义明确的所有权、相应的司法制度、商业法规、合同法与破产法等。让财产所有者成为真正的过剩索取者的回报制度，则被视为整个制度中防止无人负责的关键。真正的私人财产的加入，会防止旧社会主义体制的典型特征，也即向效率低下和责任逃避的无限退化。因为当真正的财产所有者加入层级体系后，他们将有权力和激励硬化预算约束、制止亏损和促进盈利。

标准转轨模式高度关注过去的国有企业私有化。如我们所知，私有化策略有多种，但基本目标都是在市场竞争的背景下引入明确的私人产权。② 对有瑕疵的制度——如生产合作社、员工参与管理、公私合作伙伴关系、半私有制或半合作制企业等——的任何妥协，标准模式都抱有敌意。与此类定义不清的制度有关的薄弱产权和松散回报结构，被认为同样会导致业绩不佳的结果，其原因与之前社会主义经济试图摆脱的那些原因相同。

作为政策指引，标准模式很好地遵循了现代经济学理论的规

---

① 到目前为止已经有相当多关于转轨经济学的研究文献，例如可参阅 The Fall 1991 Symposium in the Journal of Economic Perspectives。

② 某些内容可参阅 Stark（1992）。

范，尤其是产权学派的原理。当然，提供政策指引与实际采纳政策是两回事。应该公正地说，东欧国家在建立产权方面取得了不同程度的成功，但没有哪个地方很轻松或例行公事地实现。或者说，我们所说的标准模式的存在并不意味着该模式得到了迅速或轻松的实施。事实上，东欧的实际情形几乎完全相反。

相比标准模式而言，中国模式在改革之初并非有意设计为转轨策略，而是随改革的推进而演化。其本质是新兴的非国有企业——其中乡镇企业占绝对主导形式——将在竞争和成长上超越国有企业，从而逐渐取代之。

可见，乡镇企业在中国模式中扮演着关键角色，作为本文核心内容的下一节将转向对这种组织的探讨。我们清楚自己分析的现象极其复杂而多面，而本文试图站在较远处，描述出精神上符合实情的较为粗略的画面，虽然就某些细节可以找到例外情形。实际情况在近距离审视时可能非常复杂，但从较高的归纳层面上仍可以较好地总结出乡镇企业的基本特征。我们将把某些重要限定条件放在脚注中予以说明。

4. 把乡镇企业理解为模糊界定的合作制

什么是乡镇企业？

按照官方定义，乡镇企业是指位于乡镇或村的集体所有制企业。① 具体来说，建立乡镇企业的乡镇或村庄的全体居民共同拥有该企业。乡镇企业的产权只能通过社区的代表人以集体的方式行使。而实际上，最普遍的做法是把社区政府视为居民代表，由此成为当地乡镇企业事实上的所有权执行人。

至于乡镇企业的经营，通常是将部分控制权通过合同委托给经理人，官方说法是经营责任合同。通常情况下，乡镇企业的员工集

① 许多乡镇企业是位于城市区域。它们之所以被称为乡镇企业，只是因为由农村的乡或村政府管理，且大多数员工被登记为农村劳动力。

体同所有权执行人（社区政府）签订一份合同。①然后由社区政府与员工共同决定谁担任经理人。因此，经理人既是员工的代表，也是政府的代表。社区政府在乡镇企业经理人任命中的介入程度对每家企业各有不同，但很少能被忽视。②

乡镇企业的业绩

表1总结了1979—1991年的某些有关的增长率：其中Y代表产出，K代表资本，L代表劳动。SOE指国有企业，TVE指乡镇企业。这两类企业并非严格可比。数据缺陷让我们无法区分集体所有制的乡镇企业同私人拥有的农村企业，因此表1中的乡镇企业的覆盖范围比真正的乡镇企业更宽，包含了农村的全部非国有企业。由于乡镇企业的产出约占农村非国有企业的四分之三，且有研究显示乡镇企业的生产率表现不低于类似的私有企业（Svejnar 1990；Pitt and Putterman，1992），所以从本文的研究目的考虑，把乡镇企业等同于农村非国有企业也可以接受。数据缺陷还让我们无法区分乡镇企业内部的工业生产同非工业生产，但已知工业约占乡镇企业产出的75%，且被广泛认为是效率最高的乡镇企业生产类型，所以我们可以把表1所示的乡镇企业生产率增长速度合理地作为乡镇企业工业生产增长率的估计值下限。③为便于比较，表1还包括了全国工业总产值的增长率。

---

① 现实中还有其他类型的合同：合伙合同、经理合同与个人合同等。在合伙合同中，由所有权执行人（社区政府）为乡镇企业发标，由个人组成合伙来投标。中标的合伙人根据其投标同社区政府签订合同，然后由中标者决定经理人选。在经理合同或个人合同中，由经理或个人同社区政府签订合同。

② 根据1986年的一项抽样调查，有83.3%的乡镇企业领导认为自己是由乡政府任命的（Song，1990）。

③ 75%的数字来自1992年的《中国统计年鉴》。现有数据表明，工业乡镇企业在劳动盈利能力上比全部乡镇企业更有效率，在资本盈利能力上大致相当。1989年，工业乡镇企业的员工平均获得的税后净利润为3200元，而全部乡镇企业的员工平均获得税后净利润为2500元。至于资本盈利能力，工业乡镇企业的利润—资本比为1.5，全部乡镇企业则为1.6。计算所用的数据来自《中国乡镇企业年鉴，1990年》，第128—136页，第187—191页。

表 1　国有部门与乡镇企业部门的增长率和效率对比（1979—1991 年）

	全国工业	国有工业企业（SOE）				乡镇企业（TVE）			
	Y	Y	K	L	TFP	Y	K	L	TFP
增长率	13.3	8.4	7.8	3.0	4.0	25.3	16.5	11.9	12.0

资料来源：国有工业企业与乡镇企业的总产值、固定资产净值和总就业人数来自官方统计数据；产值与资本净值的价格平减是采用官方国有企业工业总产值（当期价格）同官方国有企业工业产值指数（可比价格）的比值。全部数据均来自 1986—1992 年的《中国统计年鉴》。如果需要，作者可以提供关于详细计算和解释的附录材料。

在讨论全要素生产率（TFP）的测算前，需要做些提示。主要由于价格平减过程的技术性原因，但也更普遍地由于还有其他数据处理方式，对全要素生产率的准确计算可能涉及某些争议。我们在这里介绍自己的最优估计值，但对全要素生产率计算的探讨和解释并非本文的核心话题。我们想强调的要点是，我们介绍的估计值有足够的稳健性，完全可以支撑自己得出的基本结论。

全要素生产率的计算是作为残差，从产值增长中减去劳动投入和资本投入的加权平均增长率。我们采用的权重是：劳动 0.7，资本 0.3，大致对应世界范围内关于劳动在收入中的占比约为 2/3 到 3/4 的共识。

表 1 揭示了几个关键之处。乡镇企业的全要素生产率增速几乎是国有企业的 3 倍，平均达到每年 12%，主要属于技术密集型扩张，其次才是大量吸收其他潜在用户的投入。对中国国有企业和乡镇企业的效率进行比较的研究文献做系统性综述，不在本文的讨论范围内。但这里有必要指出，若干研究论文的结论（某些来自完全不同的数据来源）与本文阐述的基本观点是一致的，即乡镇企业的全要素生产率远高于国有企业。①

① 涉及乡镇企业与国有企业业绩的研究，可参阅 Chen et al.（1988a，b），Lau and Brada（1990），Svejnar（1990），Xu（1991），Jefferson et al.（1990），Naughton（1993）以及 Woo et al.（1993）。这些研究的某些看似不同的结果是源于对相关要素权重的不同假设。例如，Jefferson 等人采用的劳动占比为 0.12，这显然导致他们计算的全要素生产率被低估。如果采用 0.7 的劳动占比重新计算，尽管他们采用了不同来源的资本序列数据，其结论仍将同我们的较为接近。

表1介绍的乡镇企业增长业绩从世界历史的标准看也极其突出，称之为壮观似乎并不为过。全国工业总产值增长率同国有工业企业增长率之间的差距接近5个百分点，乡镇企业每年25%的极高增长率是这一差距的主要原因，因此不夸张地说，乡镇企业可以被视为近期中国经济增长的主要发动机，或许是最主要的发动机。

由于乡镇企业的超快速增长，在十年多点的时间里，乡镇企业的地位已经从附属于农业的次级部门成长为国民经济第二大部门。① 相比私人经济部门，乡镇企业占据主体地位。1991年，农村地区的全部工业产值中有74%来自集体企业，其中67%来自乡镇企业，7%来自生产合作社，其余26%为私人经济部门。

乡镇企业的高效率和快速增长从两方面给国有部门带来了深刻影响。首先，竞争迫使国有企业非常努力地开展经营，以避免亏损。② 其次，中国的国有企业并未如大多数东欧国家的策略（或实践）那样通过大规模私有化被取代，但由于在竞争和增长上被乡镇企业压倒，其相对地位已逐步降低。根据中国国家统计局的官方预测，到2000年，大约一半的工业产值将来自集体所有制企业，其中以乡镇企业为主导，国有企业和私有企业将各占其余的1/4（*China Daily*，1992年7月15日）。

把乡镇企业理解为模糊界定的合作制

为合理解释乡镇企业的成功，许多西方经济学家视之为以集体所有制企业作为保护标签的实际上的私有企业。虽然总能找到某些特殊案例，但这普遍来说并不成立。我们下面将给出自己的解释，

---

① 非国有部门在工业产值中的占比从1978年的22%提高至1991年的47%，而国有部门占比在同期从78%降至53%。在非国有部门内部，大约4/5的产值来自乡镇企业与类似合作社。这一变化模式还可以用具体的实物产出呈现。例如在1990年，中国有大约1/3的煤、超过1/4的水泥、约1/2的电风扇、约2/3的罐头食品和纸张、约4/5的完工建设项目是出自乡镇企业。乡镇企业的出口在1986—1990年的年均增长率高达66%。本小节引用的所有数据均来自《中国统计年鉴》，1986—1992年。

② 本文作者之一于1992—1993年在北京、河北、广东和上海访谈的大多数国有企业经理人承认，导致许多国有企业亏损的最严峻竞争来自乡镇企业，因为它们有价格竞争力，并能快速采用创新。

但这里需要指出，研究文献中已有充分论证，说明典型的乡镇企业不是私人所有的企业（Lin，1987；Byrd and Lin，1990；Oi，1992；Nee，1992）。

另外一种观点认为，由于政治原因，乡镇企业受到限制，不能变成有产权明确的真正的私人企业。虽然此类观点或许给乡镇企业的存在提供了一种可行的解释，却不足以说明该组织形式的巨大成功。乡镇企业在现实中是如此成功，以至于同产权理论的主要信条形成了冲突。①

假如乡镇企业必须按传统类别划分，那么相比其他企业类型，它们更接近于生产合作社。② 不过我们倾向于采用"模糊界定的合作制"（vaguely defined cooperatives）来代表这种集体所有的乡镇企业，因为即使以传统的生产合作社的标准看，它们的产权界定依然很不清晰。

作为模糊界定的合作制，乡镇企业的如下几个特征与前文总结的产权理论的四条传统原则看起来尤其抵触：

（1）对典型的乡镇企业而言，没有符合传统产权理论精神的所有者。在名义上，乡镇企业是集体拥有的企业，即社区的全体成员都是名义所有者。在典型情况下，这些集体所有者并不拥有明确规定的通常理解的股份。事实上，按正式的说法并不存在股份。

与此事实一致的是，并不存在股份持有人乃至所有人之类的说法来描述社区成员的这一身份。实际上，无论是在日常说法还是法律文件中，都不存在普遍适用于此类人物身份的中文词汇。与之最接近的中文说法是村民，指村庄的居民。我们将在本文中始终采用居民一词，以强调同标准产权规范的差异。

① 在国务院农村改革试验区办公室设计和实施的一项产权试验中，温州郊区的乡镇企业获得了明确所有权状态的机会。有些让人吃惊的是，结果大多数乡镇企业不愿意登记为私人财产受到国务院合法保护的正式的私有企业。相反，大多数乡镇企业坚持登记为合作社或乡镇所有企业。这一信息来自与农村改革试验区办公室前主任卢迈的个人交流。

② Gelb and Svejnar（1990）通过对中国乡镇企业和世界其他组织类型的比较研究指出，与中国乡镇企业最相似的组织是生产合作社，包括东欧的合作社、西班牙的蒙德拉贡企业（Mondragon），以及前南斯拉夫的工人自治企业等。

在典型情况下，加入乡镇企业不是居民自愿和独立做出的决策。[①] 他们的加入其实是由自己的居住身份决定，通过社区政府指定的某些行动来完成，例如要求各家各户给乡镇企业投入资金（领导摊派），或以个人投资作为被乡镇企业雇用的前提条件（以资代劳）等（Deng，1992）。[②]

社区政府是乡镇企业事实上的所有权执行人。有许多中国经济学家报告称，乡镇企业经常受地方政府控制，社区政府与乡镇企业之间往往政企不分。这些报告描述的情形是，很多乡镇企业在业务经营中没有真正的自主权，社区政府对经理层的人事和雇用决策有极大影响力。[③] 一份田野调查报告提到，"乡镇企业的基本权利由党政机构掌握是极为常见的，也就是说，乡镇企业并非真正的集体所有制企业。乡镇企业的很大部分净利润被用于乡村政府的行政预算"。[④]

总之，居民与所有权执行人都没有标准产权理论所说的排他性所有权。此外，还有法律上的限制以防止乡镇企业变成事实上的私有企业。例如，当乡镇企业被承包给经理人或个人的时候，法律要求："企业的全部财产（包括承包后新增的资产）仍属举办该企业的全体劳动群众集体所有。"[⑤] 这意味着以正式措施防止个人承包者拥有乡镇企业。

（2）不存在传统意义上的过剩索取人。典型的居民被动地等待获取或享受企业经营收益，其中大部分不是以货币形式，而是采用公共社会投资的形式，由社区里的所有人分享。居民能够得到的收益的数量和形式，是由社区政府以及企业经理人决定的。

乡镇企业的居民或所有权执行人没有充分的权利消费或处置他们在理论上从乡镇企业获得的税后收益。事实上，约有60%或更多

① 在我们同乡镇企业经理人的访谈中，在问及村民的合法所有权的状态时，他们经常表现得很惊讶甚至笑起来。

② 即使在这种情形下，对于员工们在乡镇企业的投资也往往没有具体的份额规定。

③ 1984年全国乡镇企业学术讨论会，引自1984年《中国农业年鉴》。

④ 中央书记处农村政策研究室，《全国农村经济社会典型调查综合报告》，引自1986年《中国农业年鉴》。

⑤ 《乡镇企业承包经营责任制规定》，第一章第四条。

的税后利润不能合法地直接分配给居民，而必须作为乡镇企业的利润留存。大多数这类留存资金被用于再投资，其余作为企业内部的集体福利基金和奖励基金。① 即使对于不足税后利润40%的分配给居民的收益，居民依然没有充分的随意处置权，因为要用于社会目的。②

尽管典型乡镇企业的大多数员工是所在乡镇或村的居民，他们的工资却不受自己控制，乃至不受集体控制。例如有田野调查发现，某些社区政府（如当时的上饶县）强迫乡镇企业照搬或采纳当地国有企业的工资制度（Meng，1990）；在其他某些地方（如当时的无锡县），乡镇企业的工资总额必须由当地政府批准（Wu et al.，1990）。与这些调查结果一致，有两项经济计量研究发现，乡镇企业的工资水平低于其边际劳动生产率，低于国有企业的工资，并且同乡镇企业的盈利能力没有相关性（Xu，1991；Pitt and Putterman，1992）。

（3）在典型情况下，乡镇企业的资产对居民与所有权执行人而言都是不可出售、不可转让和不可继承的。乡镇或村庄的居民如果离开社区，会自动丧失名义上的居民身份，而外来的人通过与当地居民结婚则会自动获得身份。③ 还有，乡镇企业的居民无权决定现有资产的用途。居民们没有任何个人控制权，尽管作为集体或许对乡镇企业经营有一定影响力。④

---

① 按照法律的规定："企业税后利润，留给企业的部分不应低于60%，由企业自主安排，主要用作增加生产发展基金，进行技术改造和扩大再生产，适当增加福利基金和奖励基金"（《中华人民共和国乡村集体所有制企业条例》第五章第三十二条，人民出版社，1990年）。

② "企业税后利润交给企业所有者的部分，主要用于扶持农业基本建设、农业技术服务、农村公益事业、企业更新改造或者发展新企业"（《中华人民共和国乡村集体所有制企业条例》第五章第三十二条，人民出版社，1990年）。

③ 某些乡镇企业是由个人企业家创立和经营，不属于典型的集体所有制企业。然而此类企业对相应资产的权利也非常模糊，企业家们从社区政府借入土地和其他投入要素，作为借入政府土地的条件，企业必须被归类为集体所有制企业，即便企业资产的价值远超过企业家从政府借入的价值。许多人不知道谁是这些资产的真正所有者。社区政府与企业家都不是此类企业的过剩索取人。

④ 相反在典型的资本主义企业中，所有权与经营权分离，至少允许股权所有者在对自己投资的企业的业绩不满意时，可以撤出自己的股份。也就是说，真正的资本主义所有者对自己的投资有控制权。

作为乡镇企业的所有权执行人，社区政府不是法定所有者，同样对乡镇企业没有过剩控制权。例如在典型情况下，政府不能解雇乡镇企业所在地的乡镇或村的居民员工。此外，对于当地政府作为所有权执行人的角色，还有其他若干正式的法律要求和限制。[①] 不仅是社区政府的作用不同于私人所有者，其对乡镇企业的控制权相比政府对国有企业的控制权也更受限，因为社区政府必须在决策中考虑居民的偏好。田野调查发现，建立新的乡镇企业的决定经常在村民会议上讨论，并集体做决策（Byrd，1990）。

近年来出现了一些股份制乡镇公司，名义上发行股份。未来会如何发展尚难判断，但就目前而言，除少数乡镇外，此类企业只占乡镇企业的极小部分。即使在被视为推动股份制公司体制最先进省份之一的广东，股份制乡镇公司也仅占乡镇企业的不足 8%。[②] 还有，这些企业并未如某些人想象的那样明确代表私有化趋势，而通常是在集体架构下开展经营，因为大部分股份由集体持有。在典型情况下，转制为股份公司之后，乡镇企业 80% 的股份将通过公司或乡村政府持有，仅有 20% 的股份被卖给公司的各位员工。个人持有的股份不可出售、不可转让，经常还不能继承。[③]

一个有生动记录的案例来自山东省淄博市的周村区，它是推进股份制乡镇公司模式最知名的模范地区之一。1992 年，在该区的 800 多家股份制乡镇公司的全部股份中，大约 94% 是集体持有，仅有约 6% 由私人持有（ZZERO，1992，第 45—46 页）。

（4）即使没有明确的所有权，乡镇企业的经营依然很有效率。这一反常已受到其他经济学家的关注。“在工业资产的所有权和产权不清晰，纯粹的私人所有权微不足道的环境下，乡镇企业的创业业绩显得尤其突出”（Byrd，1990，第 189 页）。

---

① 例如，法律要求：“企业所有者应当为企业的生产、供应、销售提供服务，并尊重企业的自主权”（《中华人民共和国乡村集体所有制企业条例》第五章第三十二条，人民出版社，1990 年）。

② 来自对广东省政府和顺德县政府的官员的个人访谈。

③ 来自对 Beijiao 乡公司、Rongqi 乡公司、Cuokou 村公司的经理人，以及广东省顺德县与河北省香河县官员的个人访谈。

按照产权理论，乡镇企业的经营应该比真正的私有企业更缺乏效率。然而事实似乎与之相反。基于 4 个县的超过 400 家乡镇企业和私有企业的 16 年以上的面板数据，一项经济计量研究发现，“私人所有权与社区所有权对生产率的影响较为接近”（Svejnar，1990，第 253 页）。在回归中，所有权哑变量被用于考察村级企业等模糊界定的合作制与定义清晰的合作社和私有企业（如家庭联合、家族与个人企业、合资企业等）的差异。回归结果显示，不同所有制哑变量的关联系数的差距在统计上并不显著。通过更近期的经济计量研究（针对 10 个省的 200 家在 1984—1989 年有年度观测值的乡镇企业和农村私有企业），有学者得出了非常类似的结论（Pitt and Putterman，1992）。这些研究表明，乡镇企业的生产率同私有企业接近，或者至少说在考察的样本中，所有权的因素并不重要。

与良好的经营业绩一致，乡镇企业还面临较硬的预算约束。作为这方面的证据，1989 年有大约 1/6（约 300 万家）的乡镇企业破产或被其他乡镇企业合并，而几乎所有亏损的国有企业都得到了政府救助。① 硬预算约束的结果是，在 1990—1991 年，亏损企业仅占全部乡镇企业的 6%。相比之下，超过一半的国有企业处于亏损状态。②

基本的悖论

按照几乎任何版本的主流产权理论，我们说的中国模式都应该导致经济上的灾难。由于缺乏真正的所有者以明确的权利和激励为企业利润最大化开展经营，乡镇企业理应缺乏效率，无人负责，企业经营业绩应该较差。以模糊界定的合作制作为中心的转轨策略，即使有硬预算约束，也似乎同这一领域的传统智慧南辕北辙。

核心的悖论在于：同标准理论的预测相比，以及同标准模式的

---

① 《中国企业管理年鉴》，1990 年，第 342 页，企业管理出版社，1990 年。

② 据时任国务院国家体改委副主任高尚全介绍，20 世纪 90 年代早期，国有企业仅有 1/3 赢利，1/3 亏损，另外 1/3 属于事实亏损——高尚全在 1992 年中国经济学年会（英国伦敦）的主旨演讲。

断断续续、不确定、相对不理想的实际经验相比，中国模式在实践中取得了巨大成功。为什么理论与实践在这一重要领域如此背道而驰？当然有人或许会提出，标准模式从未在东欧或其他任何地方真正实施。但这种解释又会引来其他更多的疑问，并在解释中国的成功经验时依然无法填补理论与实践之间的巨大缺口。

5. 合作文化：对悖论的一种可能的调和

为什么中国的乡镇企业——模糊界定的合作制——经营业绩如此出色？为保持本文必要的精炼特色，这里没有空间充分探讨全部可能的解释。若干因素都可能发挥作用。我们在本文中希望强调自己认为特别适合的一种思路，当然在这一阶段应该将它理解为推测性质，因为其他解释在逻辑上也是可能的。

标准产权理论对此或许不够充分，因为它忽略了一个关键的维度。其丢失的关键因素是：在没有明确的规则、法律、权利和程序等手段的时候，一个群体解决内部潜在冲突的能力。为使这一理念更有操作性和内部一致性，我们设计了一个理论框架。① 人们可能会批评该理论框架不过是精心的诡辩，即中国的定义模糊的合作制企业之所以经营业绩良好，只是因为中国有与众不同的独特文化。但我们认为，更深入地构建可能调和上述悖论的一般论点是有益的，既能回答该问题本身，又因为这一推理思路可能适用于经济学研究的其他许多议题。

或许先要介绍下我们的方法论。在本文的第二部分，我们试图对已有的理论成果加以总结，并应用于此前的研究文献尚未充分关注的一个重要议题。而这里的介绍主要是在文字层面做理论阐述，虽然我们相信构建严格的正式理论尽管困难，最终仍是可能实现的。另外为精炼地介绍我们的观点，某些简化和概括在所难免。

---

① David Kreps 提出了一个规范的企业文化概念，其中某些元素与我们这里表述的理念是类似的，参阅 Kreps（1990）。

重复博弈的无名氏定理与合作文化

我们从非合作博弈中的囚徒困境入手。[①] 单次博弈的囚徒困境问题的唯一解是自利的纳什均衡解，帕累托劣于合作解。然而当做重复博弈时，囚徒困境就有可能得到丰富得多的结果集。实际上可能出现连续的求解结果，往往可以做帕累托排序，对应较强或较弱程度的“类似”合作的结果。因此可以认为，非合作重复博弈有可能产生通常与合作、串谋或约束性协议有关的结果。此类结果是如此重要，并且已在如此长时期里为人们所知，使其有了一个特定术语，即所谓博弈论的无名氏定理。

无名氏定理认为，有充分耐心的参与者之间的非合作重复博弈的结果可能看起来类似于某些合作过程的结果，或某些有法律约束力的合作博弈协议的结果，但也可能得到其他结果。这完全取决于无形的预期因素，此类因素可能通过博弈参与者群体的历史或文化做出合理的识别。[②]

假如群体里的每个成员都预期群体的其他每个成员会合作行动，而且对于不合作博弈的人可能有相对严重的惩罚，则合作解可能成为自我强化的均衡。反过来，假如群体里的成员预计其他成员不会合作博弈，对不合作行为的惩罚较为宽松，则非合作解可能成为自我维持的均衡。一般而言，存在无限多此类解的连续区间，从比较类似合作到不太类似合作。通过一组导致更类似于合作解的自我强化的预期，应该可以发现合作精神或合作文化的存在。

如果用参数 λ 量化表示非合作囚徒困境重复博弈的结果，其取值介于0～1 之间。靠近 1 的较高 λ 值代表接近合作串谋结果的非合

---

① 我们假设，读者对囚徒困境博弈问题有基本了解。可参阅 Fudenberg and Tirole (1992) 以及文中提到的其他参考资料。

② 无限重复博弈的无名氏定理可以总结如下（Fudenberg and Tirole，1991，第 150—160 页）：如果参与者对未来的贴现率足够低，则个人的理性回报可以得到均衡的支撑。因此在非常有耐心的极限情况下，重复博弈实际上可以让任何回报成为均衡结果。由于重复博弈普遍存在多重均衡，经济学家通常更关注合作解或高效结果。但对于这种情况下的效率假定，并没有普遍接受的理论根据。

作解，靠近 0 的较低 λ 值代表远离合作解的非合作解，由此会导致较低的个人收益。

参数 λ 代表一个群体解决囚徒困境式的内部搭便车问题的能力——没有明确的行为规则的强制，包括群体规模在内的其他条件相同。[①] 在 λ 取值为 1 的时候，该群体将有能力完全解决内部搭便车问题，与群体规模无关。在 λ 取值为 0 的时候，即使是规模最小的人群——仅有两个人——也完全无法解决搭便车问题。在 λ 取值为 0～1 之间时，若群体足够小，人们将能够相对有效地开展合作。但当群体规模足够大时，他们或许无力有效开展合作。

相关理论似乎可以把 λ 大致作为既定的文化函数。我们已提到，可以认为我们的方法在本质上是把悖论转移到下个层级，去解释 λ 的决定因素。但总体上，我们认为这对增进理解有净的好处。更为严肃地探讨可能需要更加深入，但为论述起见，我们可以暂时把 λ 当作准固定的简化参数。虽然并不等于证明，但有大量轶事证据可以引用，以支持如下的一般性论点：即相比之下，东亚是高 λ 值的社会，而欧洲更可能是低 λ 值的社会。[②] 以可操作方式对 λ 值做定义的整个课题值得进一步研究。但从本文的目的出发，我们只是希望考察给定的不同 λ 值同产权理论之间的可能联系。

所有权

可以公正地说，研究文献中对产权的阐述经常与文化无关，这有普遍的适用性。在缺乏合同规定的情况下，所有权提供了对资产

① 在乡镇企业中，普遍存在一种“哥们”精神（代表伙伴责任和忠诚），作为对正式规则、合同和所有权关系的替代发挥着关键作用。某些中国经济学家和商业人士已注意到，这种哥们机制替代了合同或所有权。对安徽省的一系列案例研究发现，在内部管理与对外交易中，许多乡镇企业有意识地不采用正式合同来保持或加强哥们关系。那里的人们“认为书面协议或合同中规定的个人利益会破坏哥们精神”，“为了强化哥们精神的气氛，淡化企业内部的个人利益考虑……经理人的收入并不比员工多太多”（Cai，1990，第 201 页）。

② 对此可以找到某些松散证据，显示不同文化下的合作行为存在差异，但此类证据或许难以说服不愿意接受该论点的任何人。这一普遍课题也远远超越了本文的探讨范围。

的过剩控制权，从而解决了潜在冲突，防止责任逃避。[①] 更普遍地说，明确定义的产权和清晰恰当的回报体系之所以重要，是因为若非如此，将出现机会主义和卸责行为的激励，可能严重损害经济效率。

但如果本文阐述的思路有一定正确性，那么在没有正式规则的情况下，所有权的意义同有效解决组织内部问题的能力之间将存在重要的交互作用，在许多相关情形中，这种能力或许可以大致视为由文化给定。标准产权理论的版本并非普遍适用，实际上只是对低 λ 值的文化适用。在 λ 值较低时，详细规定所有权、回报及其他事项的规则变得非常重要，因为离开有法律约束的规则，低 λ 值的组织将无法取得有效的结果。反过来，对高 λ 值的社会而言，相比组织之间的竞争等问题，正式的产权与法律约束的规则变得没有那么重要。

作为一个具体案例，我们可以看看参与方之间的锁定关系或锁定效应，这在商业实践中颇为普遍。锁定效应是指如下情形，较少数量的参与方开展关系专用型的投资，也就是说，此类投资一旦做出，对合作圈子内部的价值远高于对外部。例如，若某些员工现在的人力资本投资具有企业专用性，即他们未来的人力资本回报依赖于所在企业的某些特性，则企业与员工之间就存在锁定效应。

当存在锁定效应时，如果 λ 值较低，即人们彼此不信任，可能就必须有长期合同来减少机会主义行为，或促使人们通过建立合法的有效锁定关系开展正式合作。但假如在各方之间达成长期合同很困难或不可能，比如由于某些结果无法观察，或合同的执行成本过高，则整体所有权或许是维持效率的必要条件，因为实物资产的所有者掌握着过剩索取权或雇用权，可以指挥员工按照自己的指示使用这些资产。[②]

让一群人听从其他人的指挥，对任何大型经济组织的成功来说

---

① 有观点指出，财产的过剩控制权是所有权最重要的方面。除了在合同规定的范围之外有权决定财产的用途，所有权还赋予了排除其他人利用该财产的权利（Coase，1937；Grossman and Hart，1986；Hart and Moore，1990）。

② 这方面的一般文献可参阅 Coase（1937），Williamson（1985），Grossman and Hart（1986）以及 Hart and Moore（1990）。

都是关键所在。因此按照产权学派的说法，有清晰定义的所有权结构可以被视为必要而独特的工具，让某些人（员工）听从其他人（所有者）的指挥，从而避免他们在共同经济活动中的潜在冲突。在传统产权理论中，较低的 λ 值（或不信任行为）是关于博弈参与者的基本假设。该假设是如此基础，以至于经济学家几乎都不把它作为假设提及。

我们认为，在低 λ 值的社会中，标准产权理论本质上依然是成立的。但如果某个社会能用较高的 λ 值描述，或者说人们彼此信任，那么在没有正式所有权的情况下，各方仍然可能对合作关系进行投资，或彼此锁定。在此情形下，或许就不见得需要明确定义的所有者去掌握排除他人使用资产的明确权利。在 λ 值较高时，或合作的能力与愿望较强时，解雇的威胁或许就不是促进良好行为的必要激励，或最优激励。换句话说，明确的产权对高 λ 值的社会或许不是那么关键。无论如何，不同社会的人们之间有着不同程度的合作能力，这让明确的产权对各个社会的重要性有所差异。

就我们看来，在高 λ 值的社会，隐性合同或许比显性合同更有效率。可能有若干原因让高 λ 值的人们更愿意采纳隐性合同。[①] 首先在合同的谈判、制定与执行上，可能带来时间和精力上的节约。隐性合同还可能具有激励效应，如果人们愿意合作或彼此信任，员工们就可以尽职地开展行动，仿佛自己是过剩索取者或所有者，也就是说，他们愿意有效处理没有在正式合同里规定或难以规定的意外事件。相反，在有显性合同的情形下，员工们或许只会做雇用合同里规定好的事情。所以，隐性合同此时可能带来比显性合同更好的激励。

一般而言，合同的成本——包括谈判、结果的监督或证实、执行合同的成本等——是连续而非离散式的。不同社会的 λ 值从原则上讲也是连续的，即，不同社会的人们的合作能力及愿望均有所不同。因此，达成显性合同和隐性合同的成本与收益在不同的社会也

① 在合同理论的研究文献中，如果一个合同无法执行或者执行成本过高，则显性合同会被放弃，或由自我执行的隐性合同替代（Bull，1987；Hart and Holmstrom，1987）。

存在差异，在显性合同与隐性合同之间将存在利弊权衡。可能在若干情形下，更有合作倾向的人们愿意达成君子协定，即由习俗、诚意和声誉来自我执行的隐性合同。而较低 λ 值的人们可能需要显性合同来防止机会主义行为。

至于现实中的乡镇企业合同，有司法官员和政策制定者报告说，此类合同经常基于口头协定，而非书面合同。即使在有书面合同的情形下，合同条款也经常不够完善和细致，或者对违反合同没有具体的惩罚措施。有人指出，此类现象普遍存在的部分原因在于，长期关系与人脉在乡镇企业经营中的重要性（Liu，1989）。“他们把朋友关系视为做生意的最保险的办法，经常在做生意之前先交朋友。”（Cai，1990，第 201 页）鉴于长期关系和人脉的重要性，当出现纠纷时，许多乡镇企业愿意私下解决，而非求助于法院，因为他们更关注维持长期联系，哪怕这样做可能给业务造成短期损失。

6. 一般产权理论的某些启示

假如上述论证具有可信度，那我们已经在自己提出的理论范式中多少回答了核心悖论。与产权理论的强烈预测不同，中国模式可以在实践中比标准模式更为成功，这或许是因为标准产权理论忽略了一个核心变量，并只关注了低 λ 值的情形。

在高 λ 值的社会中，渐进式的中国模式或许是更好的转轨策略，因为它在总体上的破坏比较少，并把精力更直接地集中在培育市场导向型组织的中心任务上。此类市场导向型组织是模糊界定的合作制，这点或许并无太大影响。在高 λ 值的社会中，所有权结构或许可以放在稍后解决，如果到时候还需要解决的话。或许最终，中国更多是走向一个较高 λ 值的日本式资本主义，而非较低 λ 值的欧洲式资本主义。

对于转轨国家能否在中国模式与标准模式之间选择的问题，本文的理论框架似乎表明这种选择很大程度上是种幻觉。如果我们提出的理念成立，则 λ 值本身是路径依赖的历史遗产的结果。即使文化有可能改变，改变文化的成本也应该会相当高。因此对东欧来说，考虑中国模式或许不是一个现实的选择。东欧或许并没有其他选择，只能采取适用于低 λ 值社会的、发展和巩固传统私人产权这一较为困难的道路。以同样的逻辑，让中国、越南或朝鲜考虑标准转轨模式或许也不可行。在较高 λ 值的社会中，用以规范产权、合同等方面需耗费的时间和精力，或许更应该用于开发新的产品，进入新的市场，提高生产率，以及其他更直接的生产性活动。

世界是复杂多样的，可能还有其他许多因素能帮助解释中国奇迹。如果这些因素具有显著效应，那么就东欧国家关于私有化作用和转轨速度的讨论，中国经验能提供的参考或许会相应增加或减少。但最低限度可以认为，中国经验强烈反驳了广泛流行的渐进改革注定失败的观点，该观点某些时候是为了支持大爆炸式改革方案。

本文的主要目的是希望引发人们关注中国转轨模式和标准转轨模式之间的看似矛盾之处。我们试图强有力地论证，乡镇企业最好应该被理解为模糊界定的合作制。本文的基本问题是：既然经济学家普遍强调明确的私人产权对激励、对计划经济向市场经济的成功转型的重要性，为什么在定义不清的产权下开展经营的中国乡镇企业会表现得如此成功？

本文的第二个目的是试图强调一种显而易见的解释，即一个社会的合作能力，或 λ 值。这部分内容肯定更具争议。即使我们的解释大体正确，仍有许多问题涉及它可以如何应用。另外并没有理由认为，为什么所有东欧国家都应该有相同的 λ 值。例如，可以认为相比大多数其他东欧国家，俄罗斯更可能属于 λ 值在中间水平的国家。假定如此，对于俄罗斯的私有化或许会有某些不同的政策启示。

如果本文的思路可行，那将有很多研究可以继续推进。就目前的实际进展而言，标准产权理论似乎只针对了 λ 值较低的情况。产权理论该如何在更普遍情形下与组织的 λ 值形成相互作用，或许将成为考察若干议题的一个有洞察力的思考方法。[①]

（余江 译）

① 我们已经提到，日本式资本主义的某些方面或许可以用这一思路加以诠释。

参考文献

Alchian, Armen A. "Foreword." In Erik G. Furubotn and SvetozarPejovich, Eds., *The Economics of Property Rights*, p. xiii. Cambridge MA: Ballinger, 1974.

Alchian, Armen A., and Demsetz, Harold, "Production, Information Costs, and Economic Organization." *Amer. Econom. Rev.* 62, 5: 777 – 795, Dec. 1972.

Byrd, William A., "Entrepreneurship, Capital, and Ownership." In William A. Byrd and Qingsong Lin Eds., *China's Rural Industry: Structure, Development and Reform*, pp. 189 – 218. New York: Oxford Univ. Press, 1990.

Byrd, William A., and Lin, Qingsong (Eds)., *China's Rural Industry: Structure, Development and Reform*, pp. 189 – 218. New York: Oxford Univ. Press, 1990.

Bull, Clive, "The Existence of Self – Enforcing Implicit Contracts." *Quart. J. Econom.* 102, 1: 147 – 159, Feb. 1987.

蔡金云（CaiJinyun，音译），《乡镇企业立法研究》。引自国务院农村改革试验区办公室编《改革思考录》，第195—207页。北京，中国卓越出版公司，1990年。

Chen, Kuan, Jefferson, Gary H., Rawski, Thomas G., Wang, Hongchang, and Zheng, Yuxin, "New Estimates of Fixed Investment and Capital Stock for Chinese State Industry" *China Quart.* 114, 2: 243 – 266, June 188a.

Chen, Kuan, Jefferson, Gary H., Rawski, Thomas G., Wang, Hongchang, and Zheng, Yuxin, "Productivity Change in Chinese Industry: 1953 – 1985." *J. Comp. Econom.* 12: 570 – 591, Dec. 1988b.

Chen, Kang, Jefferson, Gary H., and Singh, Indejit, "Lessons from China's Economic Reform." *J. Comp. Econom.* 16: 201 – 225, June 1992.

陈锡文，《集体经济、合作经济与股份合作经济》，《中国农村经济》，1992年11期，第14—16页，1992年11月。

陈耀邦，《统一思想，积极调整，促进乡镇企业持续协调健康发展》，《中国乡镇企业》，1989年09期，第1—8页，1989年9月。

《中国农业年鉴》（1984、1986年），北京，中国统计出版社，1984年、1986年。

China Daily, July 15, 1992.

《中国企业管理年鉴》（1990年），北京，企业管理出版社，1990年。

《中国乡镇企业年鉴》（1990年），北京，农业出版社，1990年。

Coase, Ronald H., "The Nature of Firm." *Economica* 4, 4: 386 – 405, Nov. 1937.

邓英淘，《乡镇企业与农村信贷》，《农村经济与社会》，1992年04期，1992年4月。

Demsetz, Harold, "Towards a Theory of Property Rights." *Amer. Econom. Rev.* 57, 2: 347 – 359, May 1967.

中国农业部乡镇企业司，《中国乡镇企业统计摘要》（1991 年）（中文版），北京，改革出版社。

杜鹰，《股份合作制是一种独立的经济组织形态》，《中国农村经济》，1992 年 11 期，第 11—13 页，1992 年 11 月。

Fudenberg, Drew, and Tirole, Jean, *Game Theory*. Cambridge, MA: MIT Press, 1992.

Furubotn, Eirik G., and Pejovich, Svetozar, "Introduction: The New Property Rights Literature." In E. Furubotn and S. Pejovich, Eds., *The Economics of Property Rights*, pp. 1 - 9. Cambridge, MA: Ballinger, 1974.

Gelb, Alan, and Svejnar, Jan, "Chinese TVPs in an International Perspective." In W. Byrd and Q. Lin, Eds., *China's Rural Industry: Structure, Development and Reform*, pp. 413 - 426, New York: Oxford Univ. Press, 1990.

Grossman, Sanford J., and Hart, Oliver D., "The Costs and Benefits of Ownership: A Theory of Vertical and Lateral Integration." *J. Polit. Econom.* 94, 4: 691 - 719, Aug. 1986.

Hart, Oliver D., and Holmstrom, Bengt, "The Theory of Contracts." In T. Bewley, Ed., *Advances in Economic Theory*, Fifthe World Congress, pp. 71 - 155. Cambridge: Cambridge Univ. Press, 1987.

Hart, Oliver D., and Moore, John, "Property Rights and the Nature of the Firm." *J. Polit. Econom.* 98, 6: 1119 - 1158, Dec. 1990.

Jefferson, Gary H., Rawski, Thomas G., and Zheng, Yuxin, "Growth, Efficiency, and Convergence in China's State and Collective Industry." *Econom. Develop. Cultural Change* 40, 2: 239 - 266, Jan. 1992.

《经济参考》，1987 年 3 月 10 日。

Journal of Economic Perspectives, "Symposium on Economic Transition in the Soviet Union and Eastern Europe," 5, 4, Fall 1991.

Kornai, Janos, *The Socialist System*. New York: Princeton Univ. Press and Oxford Univ. Press, 1992.

Kreps, David, "Corporate Culture and Economic Theory." In J. E. Alt and K. A. Shepsle, Eds., *Perspectives on Positive Political Economy*, pp. 90 - 143. Cambridge: Cambridge Univ. Press, 1990.

Lau, Kam - Tim, and Brada, Josef C., "Technological Progress and Technical Efficiency in Chinese Industrial Growth: A Frontier Production Function Approach." *China Econom. Rev.* 1, 2: 113 - 124, 1990.

林青松，《中国联合调查组关于乡镇企业的报告》（The Reports of the China United Investigation Team on TVE），引自中国社科院经济研究所编，《中国乡镇企业的经济发展与经济体制》，北京，中国经济出版社，1987 年。

刘德润，《当前乡镇企业合同纠纷及其对策》，《农村经济》，1989 年 09 期，1989 年 9 月。

McMillan, John, and Barry Naughton, "How to Reform a Planned Economy: Lessons from China." *Oxford Rev. Econom. Policy* 8, Spring 1992.

Meng, Xin, "The Rural Labor Market." In W. Byrd and Q. Lin, Eds., *China's Rural Industry: Structure, Development and Reform*, pp. 299 - 322. New York: Oxford Univ. Press, 1990.

中国农业部编，《中华人民共和国乡村集体所有制企业条例》，北京，人民出版社，1990年。

Naughton, Barry, "What is Distinctive about China's Economic Transition? State Enterprise Reform and Overall System Transformation." *Mimeo*, Univ. of California, San Diego, 1993.

Nee, Victor, "Organizational Dynamics of Market Transition: Hybrid Forms, Property Rights and Mixed Economy in China." *Admin. Sci. Quart.* 37, 1: 1 - 27, Mar. 1992.

Oi, Jean, "Fiscal Reform and the Economic Foundations of Local State Corporatism in China." *World Politics* 45, 1: 99 - 126, Oct. 1992.

Pitt, Mark M., and Putterman, Louis, "Employment and Wages in Township, Village, and other Rural Enterprises." *Mimeo*, Brown Univ., 1992.

中央书记处农村政策研究室，《全国农村社会经济典型调查资料汇编》，引自《中国农业年鉴》（1986年），北京，中国统计出版社，1986年。

Song, Lina, "Convergence: A Comparison of Township - Run Firms and Local State Enterprises." In W. Byrd and Q. Lin, Eds., *China's Rural Industry: Structure, Development and Reform*, pp. 392 - 412. New York: Oxford Univ. Press, 1990.

Stark, David, "Path Dependence and Privatization Strategies in East Central Europe." *East European Politics Soc.* 6, 1: 17 - 54, Winter 1992.

国家统计局，《中国统计年鉴》（1986年、1987年、1988年、1989年、1990年、1991年、1992年），北京，中国统计出版社，1986年、1987年、1988年、1989年、1990年、1991年、1992年。

Svejnar, Jan, "Productive Efficiency and Employment." In W. Byrd and Q. Lin, Eds., *China's Rural Industry: Structure, Development and Reform*, New York: Oxford Univ. Press, 1990.

Williamson, Oliver, *The Economic Institutions of Capitalism*. New York: Free Press, 1985.

Woo, Wing - Tye, Hai, Wen, Jin, Y., and Fan, Gang, "How Successful Has Enterprise Reform Been?" *Mimeo*, Univ. of Califronia, Davis, 1993.

Wu, Quhui, Wang, Hansheng, and Xu, Xinxin, "Noneconomic Factors Determining Workers' Income." In W. Byrd and Q. Lin, Eds., *China's Rural Industry: Structure, Development and Reform*, pp. 323 - 338. New York: Oxford Univ. Press, 1990.

Xu, Chenggang, "Productivity and Behavior of Chinese Rural Industrial Enterprises." *Innovation, Productivity, and Labor Mobility in Socialist Economies*, Ph. D. Dissertation, Chap. 2. Harvard Univ. 1991.

周村农村改革试验区办公室（ZZERO），《周村现象》（油印资料），山东省淄博市周村区，周村农村改革试验区办公室印，1992年。

科斯对经济科学的启蒙

首先让我借用爱因斯坦的一段话开始我对科斯教授百岁大寿的献辞。这是爱因斯坦在 1918 年为纪念伟大的物理学家普朗克 60 年寿辰所写祝寿辞的第一句。“在科学的庙堂里有许多房舍，住在里面的人真是各式各样，而引导他们到那里去的动机实在也是各不相同。有许多人之所以爱好科学，是因为……科学是他们自己的特殊娱乐……另外还有许多人之所以把他们的脑力产品奉献在祭坛上，为的是纯粹功利目的。如果上帝有位天使跑来把所有属于这两类的人都赶出庙堂，那么聚集在那里的人就会大大减少……我们的（科斯）就是其中之一，这也就是我们所以爱戴他的原因。”① 我这里把原文中的普朗克改换成了科斯。

爱因斯坦认为，上帝的天使希望在科学庙堂里只保留少数人，他们是那些出于对宇宙和世界的纯粹好奇心而努力探索的人，像普朗克那样的科学家。在经济学被人们认作科学（至少我们希望把经济学发展成科学）的今天，我想说，由于科斯教授出于对经济世界和人类社会的纯粹好奇心而在科学庙堂里所做的建树，同普朗克与爱因斯坦这些伟大的物理学家一样，他也是上帝的天使特殊喜爱的、希望保留在科学庙堂里的少数科学家之一。

---

* 本文于 2013 年 9 月 3 日发表于 FT 中文网。此文写于科斯教授百岁大寿。在 2013 年 9 月 3 日得知科斯教授去世后做了微小文字修改，重发以怀念。本文致谢辞部分保持当时的原文。“感谢科斯教授在两年多以来的直接教诲，尤其感谢他在百岁大寿之际对本文之赞同与支持。也感谢许良英教授对原稿中科学史方面的讹误做出的指正。”感谢王宁博士的所有帮助。——编者注

① 原文见《探索的动机》，《爱因斯坦文集》第一卷。

下面我想从科学史和方法论的角度简单解释我的以上献辞。为此，让我再引用爱因斯坦同一祝词里的另一句话。这句话是关于认识科学规律的方法论，即怎样得到对科学规律的认识。“物理学家的最高使命是要得到那些普遍的基本定律，由此世界体系就能用单纯的演绎法建立起来。要通向这些定律，没有逻辑的道路，只有通过那种以对经验的共鸣式理解为依据的直觉。”我引用这些话的一个非常重要的原因，是从19世纪以来直至今日的一百多年里，经济学家一直非常羡慕甚至仰慕物理科学，希望把经济学变成像物理学那样的科学。一代接一代的经济学家一直有意识地在模仿物理科学。但不幸的是，在这个模仿的过程中，非常多的经济学家，包括一些最著名、最有影响力的经济学家，错失了经济科学的目标。他们没能认识到，虽然同物理学相似或者努力同物理学相似，经济学的最高使命“是要得到那些普遍的基本定律，由此世界体系就能用单纯的演绎法建立起来”，但是，“要通向这些定律，没有逻辑的道路，只有通过那种以对经验的共鸣式理解为依据的直觉，才能得到这些定律”。对方向的迷失导致许多经济学家把物理科学看成一组分析工具，以至百年来许多有重大影响的经济学家以及教科书中都曾把经济学概括为一组分析工具或工具箱（a box of analytical tools）。这样的流行看法误导了经济科学的发展，使部分经济学研究偏离了一门作为科学的学科应该关注的焦点：经济世界本身和人类社会本身。幸运的是，我们能够不断听到科斯教授向我们指出这种做法是错误的，是有害的。

我称科斯教授的这些教诲是对经济学的启蒙，因为这关乎经济科学的目标，关乎其发展的最基本的方向。为了理解科斯教授对我们的启蒙，我们需要首先理解科学的本质是什么。科学的本质是认识所有我们没有理解的基本事实。科学的起点一定是对事实的观察，科学的终点一定仍然是对事实的观察。科学是不可能通过逻辑证明来证明什么东西是对还是错。因为任何科学的理论是否成立只能取决于以观察为基础的验证。相比之下，作为分析工具，比如数学，它的起点是公理，终点是证毕。举一个例子就是微积分。它是物理学家牛顿发明的重要的分析工具，是物理学里不可缺少的非常重要的基本分析工具，但是微积分本身是数学，并不是物理学，也不是科学。

在经济学领域里，科斯教授是如同爱因斯坦所说的，依靠“以对经验的共鸣式理解为依据的直觉”提出问题解决问题的典范。科斯教授反复强调的经验和理论的研究方法，从根本上不同于今天许多同行中流行的那些时髦做法。这些流行的时髦做法过分局限于演绎的方法和归纳的方法，即从公理或假设到结论证明的演绎法；对系统数据进行经济计量（统计）分析的归纳法。

实际上，关于演绎法和归纳法在认识论上的局限是早已清楚讨论过的题目。早在 18 世纪的时候，亚当·斯密的师友休谟（斯密与休谟同为爱丁堡启蒙的核心人物）即已严格论述过演绎法和归纳法的局限性，清楚地说明单靠演绎法和归纳法本身是不可能走得远的。亚当·斯密从未受过这种方法论的限制。科斯作为今天的斯密也从不受这种方法论的限制。但是，可惜今天多数经济学家已经忘记了休谟的论述，或者从来没有听说过。为了理解科斯教授毕生努力推动的科学研究方法，重读休谟会极有帮助。

但是，也许很难说服很多经济学家认真对待古典经济学产生之前的哲人关于方法论的讨论。他们会认为古人的认识一定是落后的。甚至一些经济学家认为即便是科斯的理论都已经太老，甚至过时了。因此，提倡学习爱因斯坦的方法论也许更有利于说服以上那些人，尤其是那些特别看重形式推理之严格性的学者。毕竟爱因斯坦是 20 世纪以至有史以来最伟大的物理学家之一，其理论是最严谨的。

爱因斯坦告诉我们通向重大发现的道路不可能只靠逻辑，而要依赖以对经验的共鸣式理解为依据的直觉。这种直觉产生于对事实的观察故不能生于演绎，但由于其抽象性质，又超出归纳法。例如经济学里面“看不见的手”“科斯定律”“企业边界的理论”“交易成本理论”等，所有这些都既不是从演绎法推演而来，也不是从归纳法而来。与此相似，在物理科学里面，牛顿运动三定律及相对性原理都既不是单纯从演绎法而来，也不是从归纳法而来。这些不仅仅是科学史上的事实，其实方法论上也只能如此。科斯教授毕生努力推动的以严肃认真的案例分析为基础升华到概念和理论的研究方法，其实在许多自然科学研究中（如生物科学）都是一直普遍使用的。可惜，这些方法在今天的经济学界被很多人视为过时，认作不时髦，因而未加思索地抛弃一边。

为了进一步解释我的意思，让我把科斯对经济学的贡献和牛顿对物理学的贡献做一个对比，把“企业边界的理论”和“牛顿运动三定律”做一个对比。如上所述，从方法论上看，这两个贡献十分相似，都来自以对经验的共鸣式理解为依据的直觉，而不是演绎法或归纳法。从重要性上看，这二者也很相似。

17 世纪牛顿提出的牛顿运动三定律是开启经典力学、经典物理学的理论基础。不仅如此，它也是 20 世纪推动爱因斯坦广义相对论发展的最核心问题，时至今日，它仍然是今天物理学统一场论面对的最基本问题之一。与此相似，科斯七十多年前提出的“企业边界的理论”不仅开启了企业理论之先河，它同时也是整个经济学的基本理论起点之一，是认识市场、认识政府、认识制度、认识普遍的经济学基本问题的一个基本起点。在学术发展的过程中，经济学与物理学相似，分析工具可以经历很大的变化，问题的提出也越来越深化，但起源的最基本的核心问题原则上是不变的。生物科学中自 19 世纪以来持续至今的进化论与遗传学之争是另一个绝好的例子，说明相同的问题。

在将要结束我的献辞时，让我回到在献辞开始时引用的爱因斯坦的话。在科斯教授孜孜不倦的研究的一生里，推动他钻研的基本力量从来都是他对世界的纯粹好奇心。这使他不同于许多其他学者。这使他成为自古以来上帝的天使希望保留在科学庙堂里的很少的人。他不朽的对世界的好奇心尤其表现在他晚年的这十几年里，他把绝大部分精力注入在了解和推动对中国的研究。据科斯本人说，中国是他自幼就感到好奇并着迷的国家，这种情愫自从年轻时读了马可波罗之后就产生了。几十年里埋藏在他心里的一个问题是，为什么曾经处于世界之巅的中国会变得如此落后。

作为一个纯粹的学者，从 20 世纪 30 年代至今，科斯教授从来不追随时髦的东西；从来不被任何外来的力量影响他的见解及他的做法，更毋论权力与财富。他非常乐于做一个寂寞的现实世界的探索者，以满足他对世界强烈的好奇心。让我们再次祝福科斯教授的百岁高寿。

不做容易的事：追忆詹姆斯·莫里斯

我认识詹姆斯·莫里斯（James Mirrlees）有二十多年了。2018年8月29日，詹姆斯撒手人寰，噩耗传来，我深感震惊，那种沉重的感觉一时难以用笔墨表达。我知道他久卧病榻、重病缠身，但是所有认识他的人都说他有所好转，而我忙于工作和教学，奔波在世界各地，多次说过要去看他，没想到从此天人永隔，此时此刻只能用“追悔莫及”这四个字形容。

詹姆斯是一个特别平和、温和、随和的天才，讲话不多，身材很高，腰板笔直，永远面带微笑地对待所有人。两眼放光，像是能穿透你的灵魂。我最后一次与詹姆斯见面是去年夏天，那时他同时是香港中文大学和澳门大学的特别教授（Professor at-large）。春天的时候我去他家里，他说快要离开澳门大学了，他的最后一个博士研究生要答辩，希望我做答辩委员会的成员，我慨然应诺。夏天的时候，他作为博士生的导师，我作为答辩委员会成员一起在澳门大学出席答辩活动。

通常的答辩，说得直白一些就是挑毛病。作为答辩委员会的成员，我按照学术惯例挑了些毛病。在答辩现场，詹姆斯不作声。答辩结束了，那位博士生只需要对论文做小的修改即可通过。我们接受通过的结论都已经写好，字也签了，我以为万事大吉了，没想到还有个小小的余波在等着我。

和詹姆斯一起在回香港的路上，他用绅士风度最温和地暗示说，在若干地方上，他觉得我太苛刻了（这是我对他的表达的直白

---

* 本文2018年9月7日发表于FT中文网。——编者注

概要）。这件事让我感到，他对自己的学生，就像对自己的孩子一样，从内心里有一种保护的情怀。他还告诉我，他很快要去中亚国家访问。我们相约在那之后，在香港再聚。没想到，这竟是最后一别。

我和詹姆斯的友谊，既有学术上的切磋，也有个人的交往。他在信息不对称方面建立的模型，是影响经济学几乎所有领域的基础。因此，在读书时，他的工作就是我们学习的经典。他的名字，早已如雷贯耳。他的研究领域和我的导师之一埃里克·马斯金高度重合。这并不是偶合，因为，他们实际上都是阿罗（Kenneth Arrow）的学生。据阿罗自己说，虽然在詹姆斯的学位上正式签字的是别人，但学术上是阿罗在剑桥访问时，指导了他的论文，使他进入了信息不对称领域（Arrow，*On ethics and economics：conversations with Kenneth J. Arrow*，Routledge，2017）。因此，虽然他比马斯金年长，但他们是共同导师指导的，相当于同学，早在20世纪70年代末就成为朋友。当时马斯金刚获得博士学位，在剑桥访问。自从詹姆斯获得诺贝尔奖之后，诺贝尔经济学奖多次颁给信息不对称、激励机制、合同理论、机制设计领域的学者。几乎所有人都是阿罗的学生。

1991年哈佛大学博士毕业之后，我去英国伦敦经济学院任教。从距离上说，离当时在牛津大学执教的詹姆斯很近。在精神上，离他就更近了。因为伦敦经济学院的很多资深同事是他过去的同事和学生。我跟詹姆斯第一次直接的比较亲近的个人来往，是1995年在东京的计量经济学年会。计量经济学会是经济学界中最重要的国际组织，每四年开一次世界大会，在不同的国家轮流举办。

那天晚上，我们参加完一个重要仪式之后，一伙儿欧洲大学的年轻经济学者（现在多数都是经济学各领域的领军人物），去外面找地方吃饭，其中只有他是我们的长辈。他和我们混在一起，大家不分长幼、嘻嘻哈哈地一起开玩笑、逗乐、吃饭。那个场面一直深深地印刻在我的脑海中。每次想起来，都被他的和蔼可亲打动。在这十几个月之后，他获得了1996年的诺贝尔经济学奖。

詹姆斯的获奖，在经济学的几乎所有领域，在英国，都是一件非常轰动的事情。因为无论是他的理论的影响，以及他个人在学术界的直接巨大影响，超出多数其他的诺奖得主。伦敦经济学院为此举办庆祝活动，在场几乎所有的发言人都号称自己是詹姆斯的学生，包括间接的和间接又间接的，就像大家庭里讲家庭树的关系一样。为什么大家都说自己是詹姆斯的学生呢？经济学有很多的领域和分支，怎么可能这么多领域里的学者都是他的学生呢？因为他的理论和个人的影响力，不仅深刻，而且普遍。

当时伦敦经济学院的教授里，直接是他的学生的有好几个（更早时期，人数更多），而且每一位都是学术领袖，例如公共财政领域的、后来因重大学术贡献而被封爵的尼古拉斯·斯特恩（Nicholas Stern）、研究劳动经济学的艾伦·曼宁（Alan Manning），研究国际贸易的托尼·温纳博斯（Tony Venables）、研究博弈论和金融的申铉松（Hyun－Song Shin）、研究经济理论的凯文·罗伯茨（Kevin Roberts）等。我的导师马斯金的主要合作者帕萨·达斯古普塔（Partha Dasgupta，因重大学术贡献后被封爵）、彼得·哈蒙德（Peter Hammond）都是他直接的学生。金融领域的领军人物富兰克林·艾伦（Franklin Allen）、研究私有化方面的领军人物约翰·维克斯（John Vickers）、转轨经济学方面的领军人物保罗·西布莱特（Paul Seabright）等，都是他直接的学生。他的学生，国内著名经济学家张维迎，不需要我在此介绍。从他的直接学生的成就之大和领域之广，即可知道，詹姆斯对经济学的影响之普遍、之深刻。

詹姆斯获得诺贝尔奖的具体成就，是讨论最优税收的激励机制问题。最重要的是，他的工作首次为社会科学面对的最基本问题，即信息不对称问题，建立了模型，而且解出了其中的核心问题，从而为社会科学的大发展奠定了基础。信息不对称，作为社会科学面对的基本问题，最早是哈耶克在批评兰格的市场社会主义模型时提出来的。但詹姆斯是第一个通过严格分析破解这个重大问题的人。在此基础上，经过许多杰出学者的努力，当年哈耶克的哲学论断成为今天坚实的社会科学理论。当然，直接启发詹姆斯的并不是哈耶克，而是与他共享诺奖的威廉·维克里（William Vickrey）。他们研究的问题也不是市场社会主义，而是最优税收。但是，从理论上，这两个问题的基础都是信息不对称。与信息不对称高度相关的其他经济学理论包括合同理论和机制设计理论，又经常被归到博弈论里。而且，信息不对称在博弈论的文献中，占了非常大的比重。因此，博弈论的发展、机制设计理论的发展、合同理论的发展都和早期詹姆斯奠定的基础紧密相关。

詹姆斯长期在牛津，后来离开前往剑桥，再后来又离开剑桥来到香港，而且与中国经济走得非常近。这是一个始于伤感，终于幸福的故事，这个故事和他的两任太太有关。1993 年，詹姆斯相濡以沫的妻子因癌症过世，詹姆斯备受打击。睹物思人，一直沉浸在巨大的悲哀之中。见此，剑桥大学的同事，希望能帮助他走出丧妻之痛，邀请他前往剑桥。

詹姆斯的第二任太太派翠莎是一位中国问题专家。派翠莎本人曾经长期在中国生活和工作，“文革”之前与之后，她与许多重要的中国知识分子有密切的交往。派翠莎的前夫是一位非常著名的中国问题专家，也不幸过世。2001 年，派翠莎与詹姆斯再结良缘。婚后，在派翠莎的影响之下，詹姆斯，这位纯理论的经济学家、亚当·斯密的同乡，被带到了研究中国问题的圈子里。2004 年，在剑桥召开的中国经济学大会上，詹姆斯也破天荒地来参会，这是我第一次在讨论中国问题的大会上见到他，而且他是会议的主角。

我相信至少部分因为派翠莎的缘故，从剑桥退休之后，詹姆斯作为世界上最著名的理论经济学家之一，不远万里，来到香港中文大学，同时接受了澳门大学的聘书。

詹姆斯到香港的时间比我要早。当我决定要到香港去的时候，伦敦经济学院的同事们纷纷说：“成钢，你快去找詹姆斯吧，他在那儿一定很寂寞！”果然，我在香港第一次邂逅詹姆斯既不是在家里也不是在研讨会，而是在一场音乐会上。他定期去听音乐会，我也是相对有规律地去听音乐会，一见面我们彼此都非常兴奋。他滔滔不绝地讲述香港的趣闻，我说，你对香港比我熟悉多了。他说，只限于香港的山道野径（他热爱攀爬香港的山道）。

2007 年，我的导师马斯金获得诺贝尔经济学奖之后不久，我和詹姆斯在一个场合相遇，他笑眯眯地跟我说：“哦，那个年轻小伙子（that young chap）得奖了。”他开玩笑地称当时50多岁的马斯金为小伙子，其实他自己得诺奖的时候正好60岁。

很多诺奖得主的工作都是以詹姆斯·莫里斯的工作为基础或直接相关的。2016年获得诺奖的经济学家本特·霍姆斯特罗姆说：“詹姆斯的工作，是巨大量研究工作的起点。”而2016年诺奖另一位得主奥利弗·哈特，其著名工作之一是和桑福德·格罗斯曼合著的论文，解决了莫里斯的道德风险模型中没能解决的基本技术问题。从此，在激励机制理论、合同理论中，经典的模型起于莫里斯模型，但普遍的解要依赖格罗斯曼－哈特解。这是莫里斯开创领导合同理论的一个重要例子。

虽然取得了这样万众瞩目的成就，但是詹姆斯本人永远特别平和，这种平和不是表面上的，不是某个场合的，而是贯穿他的所有方面，贯穿他的一生。在学术上他是一位伟大的奠基人，在常人眼中他是领袖，但是他从来也不表现为权威，他跟年轻人永远是讨论的关系。

我记得最清楚的是1999年柏林的欧洲经济学会年会，我去听了他的演讲，感到受到重要启发。当时，哈特提出的不完备合同理论在学术界正在经历一场大辩论，辩论的中心是试图寻找不完备合同理论的理论基础，辩论很激烈但是没有答案。我朦胧中觉得詹姆斯给出了一个讨论的新思路。演讲结束之后，我上去跟詹姆斯说：“你的演讲给了我一个重要的启发。”听我说完之后，他说：“我对奥利弗·哈特的这个工作不了解，你讲给我听吧！”这番话让我非常吃惊，因为我只是一个无名年轻小辈，随口一说，而他是这么了不起的权威，竟然在我面前承认自己“不懂”。见我愣着，他说：“走，咱们俩找一家咖啡馆去。”我们俩找了一家咖啡馆，在桌子旁边坐下，他拿起桌子上的餐巾纸递给我说：“你就在这上面写，给我说说，我愿意知道这事儿。”

学术界还有一个重要故事值得记录下来，从中可以让我们感受到詹姆斯的为人。1996年，詹姆斯获得诺贝尔经济学奖，但有趣的是，和他的成就直接相关的另一篇论文，关于道德风险，在他获奖的时候并没有发表，一直拖到1999年才得以发表，而且是被邀请发表的。

学术界所谓的顶尖杂志都是投稿、同行评议制，没有邀请发表的。匿名同行的几轮评审非常挑剔。那个时期，博尔顿做《经济研究评论》（*The Review of Economic Studies* ）的主编，博尔顿说："咱们这行里有这么多经典的论文，被广泛引用，影响力特别大，但都没有发表，我想改变这个情况。"于是，他就写邀请信给几位最有名的经济学家，包括詹姆斯和马斯金，邀请他们把从来没有发表，但是在学术界早就产生重大影响的工作论文，送到他的杂志来。当然，博尔顿也在信中声明说："还是要通过评审的过程，不保证能发表。"

在这样的背景下，詹姆斯把这篇论文投给了《经济研究评论》，经过常规的评审流程之后，这篇论文终于得见天日。如果我没记错的话，这篇论文之所以没有发表，是因为詹姆斯曾经投给了经济计量学会的会刊 *Econometrica*。第一轮的评审已经通过，论文发表已经几乎是板上钉钉，但是詹姆斯自己把论文从编辑那里要了回来。这是常人难以理解的。因为在顶级期刊上发文章，对绝大多数人是一件非常重要的事，而詹姆斯发表文章的数量并不多。詹姆斯之所以这样做，原因是他发现论文里有漏洞，希望修改，后来就放在那儿了。可见，詹姆斯不仅是天才，是做出了重大贡献的经济学家，而且还有着无可挑剔的道德、人品、学风。

非常杰出的理论经济学家凯文·罗伯茨是我在伦敦经济学院的资深同事。有一次我问凯文："詹姆斯这么重要，为什么最近很长一段时间里，发表文章很少？"凯文回答说："因为他不做容易（trivial）的工作。而碰上不容易，同时还做得出的工作，机遇很小。"

经济学界广泛流传着很多詹姆斯的美好故事，我匆匆追忆往事，点点滴滴中都是詹姆斯温暖的笑容，我的心境也愈发因为他的突然离世而悲怆。詹姆斯就是这样一个人，永远保持平和，在我们眼中他是学术权威、泰斗，但在他自己的内心里，他完全是个普通人、年轻人。詹姆斯永远在我的心里。

麦克法夸尔："文革"起源的探索者

2 月 10 日，著名历史学家、哈佛大学费正清（John King Fairbank）中国研究中心前主任，国际上最有影响力的"文革"史学者罗德里克·麦克法夸尔（Roderick MacFarquhar，汉名马若德，1930 年 12 月 2 日—2019 年 2 月 10 日）教授在家中辞世，享年 88 岁。虽然早听说他身体不好，消息传来，我仍然被从天而降的震惊和沉痛笼罩，久久不能释怀。尽管悲伤难抑，但是我知道此时此刻，缅怀故人最好的办法就是用一篇文章纪念他。

我在哈佛大学读博士的时候，麦克法夸尔是费正清中国研究中心的主任。那时我和费正清中心有密切的来往，因此与他和他周围的许多人相识。论辈分他是我的老师，但我和麦克法夸尔有很多共同的地方：我们都是中国"文革"的亲历者，"文革"是我们的研究对象。当然，麦克法夸尔是国际上公认的研究"文革"的最重要的学者。而我至今并没有发表学术性的对"文革"的直接研究。

麦克法夸尔是费正清的学生。他对"文革"的研究得到了费正清的高度关注。在他力荐之下，麦克法夸尔成为哈佛大学的教授。早在"文革"期间，海外学术界就已经开始了对"文革"的研究。费正清的《美国与中国》（*The United States & China*）的第十六章《第二次革命》（即"文革"），可能是中外最早的研究"文革"的学术篇章。麦克法夸尔与费正清合编的《中国革命中的革命：1966—1982》，是政治学、经济学、社会学、历史学、文

---

* 本文 2019 年 2 月 14 日发表于 FT 中文网。——编者注

学多个领域的中国问题专家在哈佛大学召开的“文革”学术会议的文集，大体反映20世纪80年代末海外中国问题专家研究“文革”的水平。

传统上，每年哈佛大学最受本科学生欢迎的课程都是经济学的入门课，但是麦克法夸尔在20世纪80年代中后期开设的“文化革命”这门课，连续几年居然成为哈佛大学本科生里最受欢迎的课。来听课的学生爆满，以至于要到剧场里授课。在这门课上，他播放大量原始的“文革”纪录片片段，邀请多个来自中国、经历过“文革”的博士研究生当助教。因为“文革”既是我的社会科学学术生涯的起点，也是我的研究对象，我对“文革”的研究有很强的自己的看法。所以我选择不参与这门课程的助教工作。当年麦克法夸尔的许多助教后来成为著名学者。其中好几位一直都是我非常好的朋友，比如香港科技大学社会学系的丁学良教授、现任麻省理工学院斯隆商学院副院长的黄亚生教授、克莱蒙特·麦肯纳学院的裴敏欣教授等。

在海外学术界影响最大的“文革”研究文献，当属麦克法夸尔毕其学术生涯之功写成的两部巨著：《文化大革命的起源》三卷本（*The Origins of the Cultural Revolution*：*The Coming of the Cataclysm 1961—1966*，以下简称《起源》），和2006年与沈迈克（Michael Schoenhals）合著的《毛泽东最后的革命》（*Mao's Last Revolution*）。《毛泽东最后的革命》遵循学术标准，力求客观，被学术界公认为最好的“文革”通史。

《起源》一书系统记录了“文革”前十年的重要政治和经济事件，是迄今为止以理解“文革”为目的、讨论发起“文革”前十年重大历史事件的最重磅著作。该书将大量历史文件组织在一起，对“文革”和中国当代政治历史的研究做出巨大的贡献。但是，该书过于集中在记录领袖人物的文字、谈话和媒体报道上，缺少对制度的分析和理解，尤其缺少对中国制度性质的基本认识和分析。这是很多“文革”研究，尤其是海外中国问题专家关于“文革”著作中的通病：很少关切和讨论苏共对中共建设和性质的决定性作用，包括在中共建党时期；在50年代对中国建立制度的作用；以及苏联和中国制度的基本特点。多数学者缺少对极权制的基本理解、缺少对极权制在中国的基本理解，看不到苏共极权制与“文革”极权制的共性，而是过高判断了中苏分歧、冲突等方面的作用。

不了解极权制的性质，就无法理解中共大量的前后自相矛盾的政策。例如1946年相对于1956年、1954年相对于1958年。最重要的是，许多海外中国问题学者无法分辨什么是事实，什么是宣传。此外，多数著作集中关注笼统的现象，缺少对社会内部问题的了解和分析。费正清在《美国与中国》讨论“文革”一章的第一句写道：“从1962年到毛泽东去世的1976年9月，是我们最不了解的时期……因为这时期发生的事件如此怪异，而且使我们这些外部观察者如此困惑（它们也困惑中国国内的人）。”这句话至今仍然正确。

这些通病作祟导致了很多外国学者对“文革”这个极其复杂领域的研究有失偏颇。虽然依赖于大量的文献，但是《起源》一书对中国建立和巩固极权制的重大事件做出的解释有悖于历史事实的真相。例如，第一卷第四篇《反右运动》，既没有记录也没有关心“反右”运动中最核心的问题，即各民主党派挑战中共四十年代做出的与民主党派实行“联合政府”以及有限的宪政制度的承诺，而是将阐述的重点置于毛泽东和刘少奇在“反右”问题的矛盾上。误把毛泽东设计的“引蛇出洞”的阳谋，以及为了“引蛇出洞”而投放的诱饵和噪音当成真相，当成“他内心……发生的变化”（中文版第261页）。与此相似，书中关于“大跃进”的讨论非常精彩，但忽略了此前极权制的巩固和强化、“反右”对知识分子的迫害、对党内专制的加强（包括要求周恩来在全党面前检讨）等诸多核心事件，而这些恰恰是发生“大跃进”的前提。所有这些都是“文革”起因的重要部分，直接关系到对“文革”的性质和对毛泽东的性质的理解。

因为学术观点不同，作为尊重师长的学生，我和已是著名教授的麦克法夸尔之间没有很深的交道，只有互相尊重的来往。但是，我与麦克法夸尔的关系中，有一些有趣的经历。在麦克法夸尔的著作中，引用一个重要的证据，证明毛泽东跟刘少奇之间的严重冲突早在1956年或之前就产生了。这个证据引用的不是别人，恰恰是我父亲的话（第一卷第289页、第390页）。

1957年，我父亲许良英被打成“右派”。作为中国科学院最大的“右派”，《人民日报》1957年7月底和8月初两次刊文批判他，指责他制造党中央分裂的谣言，称毛泽东主张百花齐放，而刘少奇、彭真等反对毛。而麦克法夸尔则引用了《人民日报》中揭露批判我父亲的原话作为证据，证明毛与刘早在50年代中后期就有冲突。为此，麦克法夸尔委托过同事与我父亲有过当面交流，也有过直接的通信来往。我父亲曾写了很长的信向麦克法夸尔解释“反右”运动前后发生的事情，以及证据。我父亲说，他在1957年讲过的那些话，是他在被欺骗的情况下说的，不能作为证据。他认识到自己当时受骗上当的根据，是后来知道毛泽东自己亲口讲的，“百花齐放，百家争鸣”是“引蛇出洞”的阳谋，而“反右”运动是“引蛇出洞”的结果。因此，他希望麦克法夸尔不要引此为证。六十多年过去了，今天的证据清楚确凿，在“反右”运动上，毛泽东跟刘少奇、邓小平等之间并没有矛盾。但那时，麦克法夸尔坚持认为，我父亲1957年讲的话反映的是重要事实，因此坚持引用当年《人民日报》刊载的、我父亲的那些话作为证据。

有趣的是，他们俩为此争论不下的这段时间，在1988年底，我作为大陆留美学生去台湾访问。那是两岸之间的第一次交流，因而颇受关注。回到哈佛大学之后，麦克法夸尔在费正清中心主持过一场跨学科的学术会，由我们三个从台湾回来的大陆同学钱颖一、裴敏欣和我，报告和讨论相关问题。我注意到，麦克法夸尔和他的同事提到我的时候，称我为“the son”，意指与他争论的许良英教授的儿子。现在想起来，真是忍俊不禁又令人感慨。

我不仅对麦克法夸尔非常敬重，而且在费正清研究中心有很多紧密的合作关系，有许多共同的朋友。他的妻子，一位非常有成就的著名记者，英年早逝。在她病重期间，我还曾去医院里看望过她。值得一提的是，麦克法夸尔本人也曾经是重要的记者。

麦克法夸尔对“文革”的研究之所以做得如此出色，背景之一是“文革”期间，他曾是驻北京的记者。一方面，作为杰出的记者，他大量收集跟“文革”相关的信息；另一方面，他也目睹了“文革”的疯狂和残暴，这是极少数的外国人能经历的。

虽然“文革”已经结束40年了，但是学界对“文革”的研究仍然是肤浅和局限的。在有限的研究成果中，麦克法夸尔的贡献不可磨灭。虽然我与他的一些看法不同，但这些仅限于学术分歧，而在学术领域，学者之间的分歧是常态。无论作为人，还是作为学者，在我心目中，麦克法夸尔都极其令人尊敬。